Beaucamp/Lechelt

Prüfungsschemata Öffentliches Recht

Guy Beaucamp/Rainer Lechelt

Prüfungsschemata Öffentliches Recht

100 Prüfungsprogamme mit Erläuterungen

6., völlig neu bearbeitete Auflage

CFM C.F. Müller

Prof. Dr. Guy Beaucamp, Jahrgang 1964, Studium an den Universitäten Hamburg und Genf, Promotion 1996, Habilitation 2001, 2002 Justitiar, 2003 Verwaltungsrichter, seit 2004 Professor am Department Public Management der Fakultät Wirtschaft und Soziales der Hochschule für Angewandte Wissenschaften Hamburg.

Prof. Dr. Rainer Lechelt, Jahrgang 1961, Studium an der Universität Hamburg, Promotion 1994, 1994–2005 Professor im Fachbereich Finanzen der Fachhochschule für Öffentliche Verwaltung Hamburg, 2005–2010 Professor an der Hochschule für Finanzen Hamburg, 2010–2012 Professor an der Norddeutschen Akademie für Finanzen und Steuerrecht Hamburg (Fachhochschulbereich), seit 2012 Professor am Department Public Management der Fakultät Wirtschaft und Soziales der Hochschule für Angewandte Wissenschaften Hamburg.

Bibliografische Information der Deutschen Nationalbibliothek

Die Deutsche Nationalbibliothek verzeichnet diese Publikation in der Deutschen Nationalbibliografie; detaillierte bibliografische Daten sind im Internet über <http://dnb.d-nb.de> abrufbar.

Bei der Herstellung des Werkes haben wir uns zukunftsbewusst für umweltverträgliche und wiederverwertbare Materialien entschieden. Der Inhalt ist auf elementar chlorfreies Papier gedruckt.

ISBN 978-3-8114-9672-9

E-Mail: kundenservice@hjr-verlag.de

Telefon: +49 6221/489-555
Telefax: +49 6221/489-410

www.cfmueller-campus.de
www.hjr-verlag.de

Satz: Gottemeyer, Rot
Druck: Westermann Druck Zwickau

Vorwort

Dieses Buch wendet sich an Fortgeschrittene, d.h. Studierende, die sich mit den Inhalten des öffentlichen Rechts bereits beschäftigt haben, sei es dass sie die diesbezüglichen Veranstaltungen besucht, sei es dass sie eigenständig das eine oder andere Lehrbuch durchgearbeitet haben. Wir bieten das öffentliche Recht sozusagen in Form eines Skeletts an, welches zwar für jede Bewegung notwendig ist, aber allein dafür nicht ausreicht.

Der Text eignet sich zur Wiederholung und Verständniskontrolle, etwa vor Klausuren, als Basismaterial für private Arbeitsgruppen oder in Vorbereitung einer mündlichen Prüfung.

Angesichts der großen Vielfalt öffentlich-rechtlicher Fallkonstellationen können und wollen wir nicht versprechen, dass wir für jede Situation ein Prüfungsprogramm vorhalten. Gestützt auf unsere Lehr- und Prüfungserfahrung, die addiert fast 50 Jahre umfasst, schätzen wir, dass das Buch in 80-90 % der Aufgaben nützlich ist. Umgekehrt lässt sich mit Sicherheit sagen, dass diejenigen, die mit den dargebotenen Grundstrukturen und -programmen nicht vertraut sind, nur marginale Chancen auf Erfolge im öffentlichen Recht haben.

Unser Dank gilt *Jakob Beaucamp* für Anregungen und Korrekturlesen.

Verbesserungs- und Ergänzungsvorschläge nehmen wir gern unter guy.beaucamp@haw-hamburg.de oder rainer.lechelt@haw-hamburg.de entgegen.

Hamburg, im Juli 2014

Guy Beaucamp
Rainer Lechelt

Inhaltsverzeichnis

Literaturverzeichnis

Battis, Ulrich, Bundesbeamtengesetz, 4. Aufl. 2009

Battis, Ulrich/Krautzberger, Michael/Löhr, Rolf-Peter, Baugesetzbuch, 12. Aufl. 2014

Beaucamp, Guy, Elternrechte in der Schule, LKV 2003, 18 ff.

Beaucamp, Guy, Heilung und Unbeachtlichkeit von formellen Fehlern im Verwaltungsverfahren, JA 2007, 117 ff.

Beaucamp, Guy, Überprüfung bestandskräftiger Verwaltungsakte durch die Zivilgerichte, DVBl. 2004, 352 ff.

Beaucamp, Guy, Verwaltungsrechtliche Fragen rund um das Verkehrszeichen, JA 2008, 612 ff.

Beaucamp, Guy/Seifert, Jens, Soll der Zweckveranlasser weiterleben?, JA 2007, 577 ff.

Berkemann, Jörg, Das „verdeckte" summarische Verfahren der einstweiligen Anordnung des Bundesverfassungsgerichts, JZ 1993, 161 ff.

Brugger, Winfried, Gestalt und Begründung des Folgenbeseitigungsanspruchs, JuS 1999, 631 ff.

Degenhart, Christoph, Staatsorganisationsrecht, 29. Aufl. 2013

Detterbeck, Stefan, Allgemeines Verwaltungsrecht, 12. Auflage 2014

Dörr, Claus, Der gemeinschaftsrechtliche Staatshaftungsanspruch in der Rechtsprechung des Bundesgerichtshofs, DVBl. 2006, 598 ff.

Erbguth, Wilfried, Allgemeines Verwaltungsrecht mit Verwaltungsprozess- und Staatshaftungsrecht, 6. Aufl. 2014

Frenz, Walter, Die allgemeine Leistungs(vornahme)klage, JA 2010, 328 ff.

Frotscher, Werner/Kramer, Urs, Wirtschaftsverfassungs- und Wirtschaftsverwaltungsrecht, 6. Aufl. 2013

Geiger, Rudolf/Khan, Daniel-Erasmus/Kotzur, Markus, EUV/AEUV, 5. Aufl. 2010

Götz, Volkmar, Allgemeines Polizei- und Ordnungsrecht, 15. Aufl. 2013

Happ, Michael, Neues zur Abwägung (§ 1 VII BauGB)?, NVwZ 2007, 304 ff.

Herdegen, Matthias, Beurteilungsspielraum und Ermessen im strukturellen Vergleich, JZ 1991, 747 ff.

Hesse, Konrad, Grundzüge des Verfassungsrechts, 20. Aufl. 1995

Hobe, Stephan, Europarecht, 7. Aufl. 2012

Hufen, Friedhelm, Verwaltungsprozessrecht, 9. Aufl. 2013

Ipsen, Jörn, Staatsrecht I, Staatsorganisationsrecht, 25. Aufl. 2013

Jarass, Hans/Pieroth, Bodo, Grundgesetz, Kommentar, 13. Aufl. 2014

Karpenstein, Ulrich, Praxis des EU-Rechts, 2. Aufl. 2013

Kling, Michael, Die Haftung der Mitgliedstaaten der EG bei Verstößen gegen das Gemeinschaftsrecht, Jura 2005, 298 ff.

Koch, Hans-Joachim/Hendler, Reinhard, Baurecht, Raumordnungs- und Landesplanungsrecht, 5. Auflage, 2009

Kopp, Ferdinand/Ramsauer, Ulrich, Verwaltungsverfahrensgesetz, 14. Aufl. 2013

Kopp, Ferdinand/Schenke, Wolf-Rüdiger, Verwaltungsgerichtsordnung, 20. Aufl. 2014

Landmann, Robert von/Rohmer, Gustav, (Hrsg.), Gewerbeordnung, Band I, Loseblatt, Stand 09/2013

Leppek, Sabine, Beamtenrecht, 11. Aufl. 2011

Lindner, Josef Franz, Der passive Bestandsschutz im öffentlichen Baurecht, DÖV 2014, 313 ff.

Lisken, Hans/Denninger, Erhard/Rachor, Frederik, Handbuch des Polizeirechts, 5. Aufl. 2012

Manssen, Gerrit, Staatsrecht II – Grundrechte, 11. Aufl. 2014

Martini, Mario/Finkenzeller, Xaver, Die Abwägungsfehlerlehre, JuS 2012, 126 ff.

Maurer, Hartmut, Allgemeines Verwaltungsrecht, 18. Aufl. 2011

Metzner, Richard, Gaststättengesetz, 2002
Michael, Lothar/Morlok, Martin, Grundrechte, 4. Aufl. 2014
Morlok, Martin/Michael, Lothar, Staatsorganisationsrecht, 1. Aufl. 2013
Naumann, Kolja, Die Prüfung der Verhältnismäßigkeit im Rahmen gebundener Entscheidungen, DÖV 2011, 96 ff.
Niehues, Norbert/Fischer, Edgar, Prüfungsrecht, 5. Aufl. 2010
Ortloff, Karsten-Michael, Ermessen in § 35 Absatz II BauGB – Hat das Gesetz doch recht? NVwZ 1988, 320 ff.
Ossenbühl, Fritz, Der öffentlichrechtliche Erstattungsanspruch NVwZ 1991, 513 ff.
Pielow, Johann-Christian, Gewerberecht, BeckOK, Stand 01.03.2014
Pieroth, Bodo/Schlink, Bernhard/Kingreen, Thorsten/Poscher, Ralf, Grundrechte – Staatsrecht II, 29. Aufl. 2013
Pieroth, Bodo/Schlink, Bernhard/Kniesel, Michael, Polizei- und Ordnungsrecht, 7. Aufl. 2012
Ramsauer, Ulrich, Die Assessorprüfung im öffentlichen Recht, 7. Aufl. 2010
Ramsauer, Ulrich, Die Beseitigung rechtswidrig errichteter baulicher Anlagen, NordÖR 2006, 282 ff.
Schmidt, Reiner/Vollmöller, Thomas (Hrsg.), Kompendium Öffentliches Wirtschaftsrecht, 3. Aufl. 2007
Schmidt, Rolf, Allgemeines Verwaltungsrecht, Grundlagen des Verwaltungsverfahrens, Staatshaftungsrecht, 17. Aufl. 2014
Schnellenbach, Helmut, Beamtenrecht in der Praxis, 8. Aufl. 2013
Schöndorf-Haubold, Bettina, Die Haftung der Mitgliedstaaten für die Verletzung von EG-Recht durch nationale Gerichte, JuS 2006, 112 ff.
Schulze-Fielitz, Helmuth, Entwicklungstendenzen des allgemeinen Gewerberechts im Spiegel der Rechtsprechung 1991/92, NVwZ 1993, 1157 ff.
Sodan, Helge, Das Prinzip der Widerspruchsfreiheit der Rechtsordnung, DVBl 1999, 729 ff.
Spannowsky, Willy/Uechtritz, Michael, Öffentliches Baurecht, BeckOK, Stand 01.06.2014
Staupe, Jürgen, Schulrecht von A-Z, 6. Aufl. 2007
Stober, Rolf/Eisenmenger, Sven, Besonderes Wirtschaftsverwaltungsrecht, 15. Aufl. 2011
Stollmann, Frank, Öffentliches Baurecht, 9. Aufl. 2013
Streinz, Rudolf, Europarecht, 9. Aufl. 2012
Tettinger, Peter/Erbguth, Wilfried/Mann, Thomas, Besonderes Verwaltungsrecht, 11. Aufl. 2012
Tettinger, Peter/Wank, Rolf/Ennuschat, Jörg, Gewerbeordnung, 8. Aufl. 2011
Voßkuhle, Andreas, Entscheidungsspielräume der Verwaltung, JuS 2008, 117 ff.
Würtenberger, Thomas, Verwaltungsprozessrecht, 3. Aufl. 2011

Abkürzungsverzeichnis

a.A.	anderer Auffassung
a.F.	alter Fassung
Abl.	Amtsblatt
Abs.	Absatz
AEG	Allgemeines Eisenbahn Gesetz
AEUV	Vertrag über die Arbeitsweise der Europäischen Union
AGGerStrukG	Ausführungsgesetz zum Gerichtsstrukturgesetz
AGVwGO	Ausführungsgesetz zur Verwaltungsgerichtsordnung
Alt.	Alternative
AO	Abgabenordnung
APR	Allgemeines Persönlichkeitsrecht
Art.	Artikel
ASOG	Allgemeines Sicherheits- und Ordnungsgesetz
AtG	Atomgesetz
AufenthG	Aufenthaltsgesetz
Aufl.	Auflage
AULBErG SH	Gesetz über die Errichtung allgemeiner unterer Landesbehörden in Schleswig-Holstein
Ausn.	Ausnahme
B/K/L	Battis/Krautzberger/Löhr
BAföG	Bundes-Ausbildungsförderungsgesetz
BauGB	Baugesetzbuch
BauNVO	Baunutzungsverordnung
BauO Bln	Bauordnung für Berlin
BauO LSA	Bauordnung des Landes Sachsen-Anhalt
BauO NRW	Bauordnung für das Land Nordrhein-Westfalen
BauO	Bauordnung
Bay	Bayerisch
BayBeamtVG	Bayerisches Beamtenversorgungsgesetz
BayBesG	Bayerisches Besoldungsgesetz
BayBO	Bayerische Bauordnung
BayPAG	Bayerisches Polizeiaufgabengesetz
BBergG	Bundesberggesetz
BBesG	Bundesbesoldungsgesetz
Bbg	Brandenburgisch
BBG	Bundesbeamtengesetz
BbgBO	Brandenburgische Bauordnung
BDSG	Bundesdatenschutzgesetz
BeamtStG	Beamtenstatusgesetz
BeamtVG	Beamtenversorgungsgesetz
BeckOK	Beck'scher Online-Kommentar
BeckRS	Beck'sche Rechtsprechungssammlung
Berl	Berlinisch
Beschl.	Beschluss

BGB	Bürgerliches Gesetzbuch
BGBl	Bundesgesetzblatt
BGH	Bundesgerichtshof
BGHZ	Amtliche Sammlung der Entscheidungen des Bundesgerichtshofs in Zivilsachen
BImSchG	Bundes-Immissionsschutzgesetz
BLG	Bundesleistungsgesetz
BlnGastVO	Berliner Gaststättenverordnung
BNotO	Bundesnotarordnung
Brem	Bremisch
BremLBO	Bremische Landesbauordnung
BremPolG	Bremisches Polizeigesetz
BSG	Bundessozialgericht
Bsp.	Beispiel/Beispiele
bspw.	beispielsweise
BT	Bundestag
Buchst.	Buchstabe
BVerfG	Bundesverfassungsgericht
BVerfGE	Amtliche Sammlung der Entscheidungen des Bundesverfassungsgerichts
BVerfGG	Bundesverfassungsgerichtsgesetz
BVerwG	Bundesverwaltungsgericht
BVerwGE	Amtliche Sammlung der Entscheidungen des Bundesverwaltungsgerichts
BW	Baden-Württemberg
BWahlG	Bundeswahlgesetz
ca.	circa
DÖV	Die Öffentliche Verwaltung (Zeitschrift)
DVBl	Deutsches Verwaltungsblatt (Zeitschrift)
EGGVG	Einführungsgesetz zum Gerichtsverfassungsgesetz
EMRK	Europäische Menschenrechtskonvention
etc.	et cetera
EU	Europäische Union
EuG	Europäisches Gericht erster Instanz
EuGH	Europäischer Gerichtshof
EU-Recht	Recht der Europäischen Union
EUV	Vertrag über die Europäische Union
EuZW	Europäische Zeitschrift für Wirtschaftsrecht
EWR	Europäischer Wirtschaftsraum
EZB	Europäische Zentralbank
f.	folgende [singular]
FBA	Folgenbeseitigungsanspruch
ff.	folgende [plural]
FGO	Finanzgerichtsordnung
Fn.	Fußnote
FStrG	Fernstraßengesetz
G	Gesetz
GastG	Gaststättengesetz

GewO	Gewerbeordnung
GG	Grundgesetz
ggf.	gegebenenfalls
ggfs.	gegebenenfalls
GOBRat	Geschäftsordnung des Bundesrates
GOBReg	Geschäftsordnung der Bundesregierung
GOBT	Geschäftsordnung des Bundestages
grds.	grundsätzlich
GVBl	Gesetz- und Verordnungsblatt
GVG	Gerichtsverfassungsgesetz
h.M.	herrschende Meinung
HaftPflG	Haftpflichtgesetz
HBauO	Hamburgische Bauordnung
HBO	Hessische Bauordnung
HdBPOR	Handbuch des Polizeirechts
Hess	Hessisch
Hmb	Hamburgisch
HmbBeamtVG	Hamburgisches Beamtenversorgungsgesetz
HmbBesG	Hamburgisches Besoldungsgesetz
HmbEnteignungsG	Hamburgisches Enteignungsgesetz
HmbGastVO	Hamburgische Gaststättenverordnung
HmbPEG	Hamburgisches Pflichexemplargesetz
HmbSOG	Hamburgisches Sicherheits- und Ordnungsgesetz
Hrsg.	Herausgeber
HwO	Handwerksordnung
i.d.F.	in der Fassung
i.S.d.	im Sinne des
i.V.m.	in Verbindung mit
i.w.S.	im weitesten Sinne/im weitern Sinne
IFSG	Infektionsschutzgesetz
IStR	Internationales Steuerrecht (Zeitschrift)
JA	Juristische Arbeitsblätter (Zeitschrift)
JG	Justizgesetz
JugendschG	Jugendschutzgesetz
Jura	Juristische Ausbildung (Zeitschrift)
JuS	Juristische Schulung (Zeitschrift)
JZ	Juristenzeitung
KDV	Kriegsdienstverweigerung
L/R	Landmann/Rohmer
LandesBesG	Landesbesoldungsgesetz
LBauO M-V	Landesbauordnung Mecklenburg-Vorpommern
LBauO RhPf	Landesbauordnung Rheinland-Pfalz
LBauO	Landesbauordnung
LBeamtVGBW	Landesbeamtenversorgungsgesetz Baden-Württemberg
LBesGBW	Landesbesoldungsgesetz Baden-Württemberg
LBG NRW	Beamtengesetz für das Land Nordrhein-Westfalen

LBG	Landbeschaffungsgesetz
LBO BW	Landesbauordnung für Baden-Württemberg
LBO Saarl	Landesbauordnung Saarland
LBO SH	Landesbauordnung für das Land Schleswig-Holstein
LdGastG	Landesgaststättengesetz
Lit.	Literatur
LKV	Landes- und Kommunalverwaltung (Zeitschrift)
LSA	Land Sachsen-Anhalt
LuftVG	Luftverkehrsgesetz
LVwG	Landesverwaltungsgesetz
LVwVfG	Landesverwaltungsverfahrensgesetz
m.a.W.	mit anderen Worten
m.w.N.	mit weiteren Nachweisen
MBO	Musterbauordnung
MV	Mecklenburg-Vorpommern
NBauO	Niedersächsische Bauordnung
Nds	Niedersächsisch
Nds. SOG	Niedersächsisches Gesetz über die öffentliche Sicherheit und Ordnung
NJW- RR	Neue Juristische Wochenschrift Rechtsprechungsreport
NJW	Neue Juristische Wochenschrift (Zeitschrift)
NordÖR	Zeitschrift für öffentliches Recht in Norddeutschland
Nr.	Nummer
Nrn	Nummern
NVwZ	Neue Zeitschrift für Verwaltungsrecht
NVwZ-RR	Neue Zeitschrift für Verwaltungsrecht-Rechtsprechungsreport
NW	Nordrhein-Westfalen
NZG	Neue Zeitschrift für Gesellschaftsrecht
ö.-r.	öffentlich-rechtlich
OBG NRW	Ordnungsbehördengesetz Nordrhein-Westfalen
OBG	Ordnungsbehördengesetz
OEG	Opferentschädigungsgesetz
OLG	Oberlandesgericht
OVG	Oberverwaltungsgericht
OVGE	Amtliche Sammlung der Entscheidungen der Oberverwaltungsgerichte Münster und Lüneburg
OWiG	Gesetz über Ordnungswidrigkeiten
PAG	Polizeiaufgabengesetz
PassG	Passgesetz
PEG BW	Pflichtexemplargesetz Baden-Württemberg
PEG NRW	Pflichtexemplargesetz Nordrhein-Westfalen
PlanzV	Planzeichenverordnung
POG	Polizeiorganisationsgesetz
PolG	Polizeigesetz
PrALR	Preußisches Allgemeines Landrecht
RettungsG	Rettungsübernahmegesetz
RHBG	Gesetz über die Haftung des Reichs für seine Beamten

Rn.	Randnummer
RP	Rheinland-Pfalz
Rs.	Rechtssache
Rspr.	Rechtsprechung
RVO	Rechtsverordnung
S.	Satz
s.o.	siehe oben
s.u.	siehe unten
S/V	Schmidt/Vollmöller
Saar	Saarländisch
Sächs	Sächsisch
SächsBO	Sächsische Bauordnung
SächsVBl	Sächsische Verwaltungsblätter (Zeitschrift)
SGB	Sozialgesetzbuch
SGG	Sozialgerichtsgesetz
SH	Schleswig-Holstein
SHBeamtVG	Beamtenversorgungsgesetz Schleswig-Holstein
SHBesG	Besoldungsgesetz Schleswig-Holstein
Slg.	Amtliche Sammlung der Entscheidungen des Europäischen Gerichtshofs
SOG M-V	Gesetz über die öffentliche Sicherheit und Ordnung in Mecklenburg-Vorpommern
SOG	Sicherheits- und Ordnungsgesetz
sog	so genannt
SoldatG	Soldatengesetz
st. Rspr.	ständige Rechtsprechung
StAG	Staatsangehörigkeitsgesetz
StGB	Strafgesetzbuch
str.	streitig/strittig
StrEG	Gesetz über die Entschädigung für Strafverfolgungsmaßnahmen
StrWG	Straßen- und Wegegesetz
StVG	Straßenverkehrsgesetz
StVO	Straßenverkehrsordnung
T/E/M	Tettinger/Erbguth/Mann
T/W/E	Tettinger/Wank/Ennuschat
Thür	Thüringisch
ThürBO	Thüringer Bauordnung
TPG	Transplantationsgesetz
TV-L	Tarifvertrag für den öffentlichen Dienst der Länder
TVöD	Tarifvertrag für den öffentlichen Dienst
u.s.w.	und so weiter
UAbs.	Unterabsatz
UIG	Umweltinformationsgesetz
Urt.	Urteil
VA	Verwaltungsakt
Verf	Verfassung
VerfGH	Verfassungsgerichtshof
VersG	Versammlungsgesetz

VerwArch.	Verwaltungsarchiv (Zeitschrift)
VerwRspr	Verwaltungsrechtsprechung in Deutschland, Sammlung obergerichtlicher Entscheidungen aus dem Verfassungs- und Verwaltungsrecht (Zeitschrift)
VG	Verwaltungsgericht
VGH	Verwaltungsgerichtshof
vgl.	vergleiche
vs.	versus
VwGO	Verwaltungsgerichtsordnung
Vwv.	Verwaltungsvorschrift
VwVfG	Verwaltungsverfahrensgesetz
VwZG	Verwaltungszustellungsgesetz
WRV	„Weimarer Reichsverfassung" (Die Verfassung des Deutschen Reiches vom 11.08.1919)
WVG	Wasserverbandsgesetz
z.B.	zum Beispiel
ZfBR	Zeitschrift für deutsches und internationales Bau- und Vergaberecht
zit.	Zitiert
ZJS	Zeitschrift für das juristische Studium (online)
ZPO	Zivilprozessordnung

I. Prüfungsprogramme zum Europarecht (EuR)

Prüfungsprogramm 1:
Der Konflikt zwischen Unionsrecht und nationalem Recht

I. Versuch der **unionsrechtskonformen Auslegung** zur Ausräumung des Konflikts

II. **Grundregel:** Anwendungsvorrang des Unionsrechts vor jedem nationalen Recht, einschließlich der nationalen Verfassung[1]

III. Ausnahmen von der Grundregel (sehr selten durchschlagend)
1. Ausbrechender Rechtsakt
2. Verstoß des Unionsrechts gegen die in Art. 23 Abs. 1 S. 1 GG festgelegten Prinzipien

IV. Vom Unionsrecht eingeräumte Möglichkeit einer **abweichenden nationalen Regelung**

Hinweise

Zu I. Wenn die erforderliche europarechtskonforme Auslegung gelingt[2], bleiben beide Normen anwendbar. Diese Auslegung findet allerdings ihre Grenze am klaren Wortlaut der auszulegenden Vorschrift[3].

Zu II. Dass primäres und sekundäres EU-Recht vorrangig anzuwenden ist, folgt zum einen aus der Treuepflicht der Mitgliedstaaten (Art. 4 Abs. 3 EUV), zum anderen aus der Notwendigkeit, das Unionsrecht in allen Mitgliedstaaten gleichmäßig durchzusetzen. Anwendungsvorrang bedeutet, dass das nationale Recht im Kollisionsfall zurücktritt, jedoch nicht generell unwirksam wird[4]. Es kann z.B. auf rein nationale Sachverhalte oder auf Staatsangehörige aus Ländern, die nicht zur EU gehören, weiterhin angewandt werden.

Zu III. 1. Art. 5 Abs. 1 und 2 EUV legen fest, dass die Union nur auf solchen Gebieten tätig werden darf, die ihr von den Mitgliedstaaten vertraglich übertragen wurden. Einen Anwendungsvorrang solcher EU-Rechtsakte, die offensichtlich und in gravieren-

---

1 EuGH, Slg. 1964, 1251, 1270; EuGH, Slg. 1970, 1125, 1135; EuGH, Slg. 2000, I-69, 104; BVerfGE 129, 78, 104 f.; *Jarass/Pieroth*, Art. 23, Rn. 27; *Geiger/Khan/Kotzur*, Art. 4 EUV, Rn. 20 ff.; *Streinz*, § 3, Rn. 203; *Hobe*, § 10, Rn. 99; *Karpenstein*, Rn. 87; *Morlok/Michael*, § 10, Rn. 583.

2 EuGH, Slg. 2004, I-8835, 8917 f.; EuGH, Slg. 2006, I-6057, 6132; *EuGH*, NJW 2012, 509, 510; *Streinz*, § 5, Rn. 477 u. 499 ff.; *Jarass/Pieroth*, Art. 23, Rn. 13 u. 27; *Karpenstein*, Rn. 79; *Geiger/Khan/Kotzur*, Art. 4 EUV, Rn. 9.

3 EuGH Slg 2006, I-6057, 6131; *EuGH*, NJW 2012, 509, 510; BVerfG, NJW 2012, 670, 671 f.; *Karpenstein*, Rn. 81; *Streinz*, § 5, Rn. 501.

4 BVerfGE 73, 339, 375; 85, 191, 204; 123, 267, 402; 126, 286, 301 f.; 129, 78, 99 f.; 129, 78, 104 f.; *Hobe*, § 10, Rn. 100; *Jarass/Pieroth*, Art. 23, Rn. 27; *Streinz*, § 3, Rn. 220; *Morlok/Michael*, § 17, Rn. 583, 983 u. 990; *Geiger/Khan/Kotzur*, Art. 4 EUV, Rn. 24.

dem Ausmaß außerhalb der den EU-Organen zugestandenen Zuständigkeiten liegen (sogenannte ultra-vires-Rechtsakte) würde das Bundesverfassungsgericht nicht akzeptieren[5]. Die Untersuchung der sogenannten ausbrechenden Rechtsakte soll allerdings europarechtsfreundlich gehandhabt werden[6], deshalb ist zunächst eine unionsrechtskonforme Auslegung zu versuchen[7]. Weiterhin bedeutet dies, dass vor einer Verwerfung eines EU-Rechtakts wegen Kompetenzüberschreitung dem EuGH die Gelegenheit zu geben ist, im Rahmen des Vorabentscheidungsverfahrens (Art. 267 AEUV) zur Gültigkeit und zur Auslegung des strittigen Rechtsakts Stellung zu nehmen[8].

Zu III. 2. Sollten Rechtsakte der Europäischen Union unter den Verdacht geraten, die dort benannten demokratischen, rechtsstaatlichen, sozialen und föderativen Grundsätze (Strukturprinzipien) sowie den Grundsatz der Subsidiarität und einen im wesentlichen vergleichbaren Grundrechtsstandard nicht zu wahren, kann dies vom Bundesverfassungsgericht überprüft werden; es geht hier m.a.W. um die Wahrung der Verfassungsidentität i.S.d. Art. 79 Abs. 3 GG[9]. Ein EU-Rechtsakt, der als eine Verletzung der deutschen Verfassungsidentität bewertet wird, kann vom Bundesverfassungsgericht für unanwendbar erklärt werden[10].

In Bezug auf Grundrechte erscheint dieser Fall allerdings unwahrscheinlich, weil die Grundrechtscharta der EU durch den 2009 neu gefassten Art. 6 Abs. 1 EUV Bestandteil der EU-Rechtsordnung geworden ist[11]. In Hinblick auf das Demokratieprinzip hat das Bundesverfassungsgericht im Jahr 2009 ebenfalls entschieden, dass die Europäische Union in der Gestalt des Lissabonner Vertrages dieses ausreichend wahrt[12].

Zu IV. Einige Normen des AEUV erlauben den Mitgliedstaaten, teilweise in Abstimmung mit der Kommission, nationale Sonderregeln einzuführen oder beizubehalten, die über das Unionsrecht hinausgehen. Zu nennen sind hier insbesondere Art. 114 Abs. 4 - Abs. 6, Art. 169 Abs. 4 (Verbraucherschutz), Art. 193 (Umweltschutz) und Art. 346 (Wesentliche Sicherheitsinteressen) AEUV.

Fallbezogene Vertiefung

Zu I.-III. *Ehlers*, Jura 2011, 187 ff.; *Forschner*, ZJS-online 2011, 456 ff.; *Polzin*, JuS 2012, 1 ff.

Zu IV. *Geber*, JuS 2014, 20 ff.

5 BVerfGE 75, 223, 242; 89, 155, 188 u. 210; 123, 267, 353 f.; 126, 286, 302 f.; *BVerfG*, EuZW 2014, 192, 193 f.; *Hobe*, § 10, Rn. 99; *Geiger/Khan/Kotzur*, Art. 4 EUV, Rn. 30; *Streinz*, § 3, Rn. 236; *Jarass/Pieroth*, Art. 23, Rn. 42; *Karpenstein*, Rn. 94; *Morlok/Michael*, § 10, Rn. 595.

6 BVerfGE 123, 267, 354; 126, 286, 303 f.

7 *BVerfG*, EuZW 2014, 192, 200.

8 BVerfGE 126, 286, 304; *Hobe*, § 10, Rn. 99; s.a. Vorlagebeschluss *BVerfG*, EuZW 2014, 192 ff.

9 BVerfGE 113, 273, 296; 123, 267, 340, 343 f., 348 u. 353 f.; 126, 286, 302; 129, 78, 100; *Jarass/Pieroth*, Art. 23, Rn. 14 ff.; *Karpenstein*, Rn. 94; *Streinz*, § 3, Rn. 236 f.; *Geiger/Khan/Kotzur*, Art. 4 EUV, Rn. 29 f.; *Morlok/Michael*, § 10, Rn. 593 **mit kritischen Anmerkungen**.

10 BVerfGE 113, 273, 296; 123, 267, 354 f.; 126, 286, 302.

11 S. insoweit schon BVerfGE 102, 147, 161 ff.

12 BVerfGE 123, 267, 370 ff.

Prüfungsprogramm 2: Die Rechtmäßigkeit von EU-Sekundärrecht

I. Formelle Rechtmäßigkeit
1. **Zuständigkeit**
   a) Begrenzte Einzelermächtigung i.S.d. Art. 5 Abs. 1 S. 1, Abs. 2 EUV liegt vor (z.B. aus Art. 3 oder Art. 4 AEUV)
   b) Ausnahmsweise Vertragsabrundungskompetenz aus Art. 352 AEUV
2. **Verfahren**
   a) Ordentliches Gesetzgebungsverfahren (Art. 289 Abs. 1, 294 AEUV)
   b) Besonderes Gesetzgebungsverfahren (Art. 289 Abs. 2 AEUV)
3. **Begründungspflicht** (Art. 296 AEUV) und **Form** (Art. 297 AEUV)

II. Materielle Rechtmäßigkeit
1. Vereinbarkeit mit primärem Gemeinschaftsrecht, insbesondere den Grundfreiheiten (Art. 28 ff. AEUV)13 und den Grundrechten der Grundrechtscharta (Art. 6 Abs. 1 EUV)
2. Vereinbarkeit mit vorrangigem Sekundärrecht
3. Vereinbarkeit mit rechtsstaatlichen Anforderungen

III. Rechtsfolge bei Verstößen: I.d.R. rechtswidrig aber wirksam

Hinweise

Zu I. 1. a) Die Gesetzgebungskompetenzen im Unionsrecht werden auf ähnliche Weise verteilt wie die Gesetzgebungskompetenzen im Grundgesetz. Die ausschließliche Gesetzgebungskompetenz der Art. 2 Abs. 1 und 3 AEUV entspricht den Art. 71, 73 GG, die geteilte Zuständigkeit der Art. 2 Abs. 2, 4 Abs. 1, 2 AEUV lässt sich mit Art. 72, 74 GG vergleichen[14]. Darüber hinaus verfügt die Union noch über eine Reihe „weicher" Kompetenzen[15] aus den Art. 2 Abs. 3, 5 AEUV und Art. 2 Abs. 5, 6 AEUV. Die Mitgliedstaaten bleiben hier primär zuständig, die Union darf immerhin koordinieren, unterstützen oder ergänzen. Das Subsidiaritätsprinzip des Art. 5 Abs. 1 S. 2, Abs. 3 EUV i.V.m. dem Subsidiaritätsprotokoll[16] ist bei allen Gesetzgebungszuständigkeiten der Union zu beachten, abgesehen von der ausschließlichen Gesetzgebungskompetenz[17].

Umstritten sind die sogenannten „implied powers", die ungefähr der Kompetenz kraft Sachzusammenhangs[18] des deutschen Verfassungsrechts entsprechen. Danach sollen

13 S. insoweit Prüfungsprogramm EuR 4.
14 S. insoweit Prüfungsprogramm StR 7, I. u. II.
15 *Geiger/Khan/Kotzur,* Art. 2 EUV, Rn. 6.
16 Protokoll Nr. 2 zum Vertrag von Lissabon über die Anwendung der Grundsätze der Subsidiarität und der Verhältnismäßigkeit.
17 *Streinz,* § 6, Rn. 570a; *Geiger/Khan/Kotzur,* Art. 2 EUV, Rn. 4.
18 S. insoweit Prüfungsprogramm StR 7, III. 2.

der Union auch dann Gesetzgebungskompetenzen zukommen, wenn diese notwendig sind, um geschriebene Kompetenzen sinnvoll auszuüben[19].

Zu I. 1. b) Mit Ausnahme der gemeinsamen Außen- und Sicherheitspolitik (Art. 352 Abs. 4 AEUV) kann die Vertragsabrundungskompetenz in allen Politikbereichen eingesetzt werden. Sie ist allerdings an strenge formelle Voraussetzungen geknüpft[20]: Der Rat muss stets einstimmig entscheiden, das EU-Parlament zustimmen (Art. 352 Abs. 1 AEUV) und die nationalen Parlamente sind nach Art. 352 Abs. 2 AEUV zu beteiligen. Materiell muss die Lückenfüllung für die Verwirklichung der Vertragsziele (Art. 3 EUV) nötig sein und darf nicht zu faktischen Vertragsänderungen führen[21]. Andernfalls würde Art. 48 EUV (Vertragsänderungsverfahren) ausgehebelt.

Zu I. 2. a) Das Initiativmonopol für die Rechtssetzung der Union liegt gemäß Art. 17 Abs. 2 EUV in aller Regel bei der Kommission (Ausnahmen in Art. 289 Abs. 4 AEUV). Als eigentliche Gesetzgeber fungieren dann das Europäisches Parlament und der Rat (Art. 14 Abs. 1 bzw. 16 Abs. 1 EUV). Die Einzelheiten des ordentlichen Gesetzgebungsverfahrens, welches in aller Regel angewandt wird[22], ergeben sich aus den Art. 289 Abs. 1, 294 AEUV.

Zu I. 2. b) Das besondere Gesetzgebungsverfahren ist meistens durch eine schwächere Rolle des Europäischen Parlaments gekennzeichnet[23]. Dieses hat etwa nur ein Anhörungsrecht – z.B. in den Fällen der Art. 21 Abs. 3, 22 Abs. 1, 23 Abs. 2 oder 118 Abs. 2 AEUV – oder nur die Möglichkeit dem Rechtsakt zuzustimmen oder diesen abzulehnen, wie z.B. bei Art. 19 Abs. 1, Art. 86 Abs. 1 und 352 Abs. 1 AEUV, jedoch keine Gestaltungsrechte. Das besondere Gesetzgebungsverfahren muss in der jeweiligen Kompetenzvorschrift ausdrücklich angeordnet sein.

Zu II. 1. Das Primärrecht ist nach den Worten des EuGH „Grundlage, Rahmen und Grenze" des Sekundärrechts[24]. Bevor man zu dem Resultat kommen kann, dass eine Sekundärrechtsnorm gegen die Verträge verstößt, muss man allerdings erfolglos eine primärrechtskonforme Auslegung versucht haben[25].

Zu II. 2. Die Verordnung ist – bei gleichem Regelungsgegenstand – gegenüber Richtlinie und Beschluss vorrangig[26]. Durchführungsakte (Tertiärrecht aus Art. 290 oder 291 AEUV) sind gegenüber ihrer Ermächtigungsgrundlage nachrangig. Ansonsten sind bei Normkonflikten des Unionsrechts die bekannten Regeln lex specialis und lex posterior heranzuziehen.

---

19 Bejahend EuGH, Slg. 1996, I-1759, 1787; *Hobe*, § 7, Rn. 103 ff.; *Geiger/Khan/Kotzur*, Art. 7 AEUV, Rn. 6.
20 Vertiefend *Streinz*, § 6, Rn. 540; *Hobe*, § 7, Rn. 98 ff.
21 EuGH, Slg. 1996, I-1759, 1788 f.; *Hobe*, § 7, Rn. 101; *Geiger/Khan/Kotzur*, Art. 352 AEUV, Rn. 5.
22 *Hobe*, § 10, Rn. 63.
23 *Hobe*, § 10, Rn. 67.
24 EuGH, Slg. 1978, 1771, 1778.
25 EuGH, Slg. 1983, 4063, 4075; EuGH, Slg. 1995, I-1651, 1683; *Geiger/Khan/Kotzur*, Art. 288 AEUV, Rn. 5; *Karpenstein*, Rn. 123.
26 *Geiger/Khan/Kotzur*, Art. 288 AEUV, Rn. 5.

Zu II. 3. In erster Linie ist hier der Grundsatz der Verhältnismäßigkeit aus Art. 5 Abs. 1 S. 2, Abs. 4 EUV (s.a. Art. 52 Abs. 1 GRCh)[27] zu nennen. Weiterhin gehören hierhin der Bestimmtheitsgrundsatz[28] und die Einschränkung der Rückwirkung (für strafrechtliche Normen s. Art. 49 Abs. 1 GRCh)[29]. Weitere rechtsstaatliche Anforderungen an Verwaltungsentscheidungen finden sich in Art. 41 GRCh.

Zu III. Nichtigkeit tritt nur ganz ausnahmsweise ein, wenn nämlich der Rechtsakt an einem so schweren und offensichtlichen Fehler leidet, dass ihn die Unionsrechtsordnung nicht dulden kann[30]. Ein solcher Fehler kann etwa in einer unzureichenden Begründung eines Rechtaktes liegen, die inhaltliche Konsequenzen möglich erscheinen lässt[31]. Ein weiteres Beispiel wäre eine falsche Rechtsgrundlage für einen Rechtsakt[32].

27 *Geiger/Khan/Kotzur*, Art. 6 EUV, Rn. 41; *Streinz*, § 3, Rn. 173.
28 EuGH, Slg.1979, 461, 553 f.; EuGH, Slg. 1996, I-431, 471 ff.; *Geiger/Khan/Kotzur*, Art. 6 EUV, Rn. 38; *Karpenstein*, Rn. 124 u. 239.
29 EuGH, Slg.1984, 2689, 2718; EuGH, Slg. 1993, I-4751, 4790 f.; *Karpenstein*, Rn. 82 u. 124; *Geiger/Khan/Kotzur*, Art. 6 EUV, Rn. 40.
30 EuGH, Slg. 1994, I-2555, 2647; EuGH, Slg. 1999, I-4399, 4439; EuGH, Slg. 2004, I-8923, 8958.
31 EuGH, Slg. 1996, I-5151, 5211 u. 5215.
32 EuGH, Slg. 1988, 855, 894 ff.

Prüfungsprogramm 3: Die direkte Wirkung von Richtlinien

I. Richtlinie nicht rechtzeitig **oder** unzureichend in nationales Recht umgesetzt

II. Richtlinienbestimmung **begünstigt** den Einzelnen

III. Richtliniennorm ist unbedingt und so genau formuliert ist, dass der Einzelne unmittelbar aus der Richtlinie ein konkretes Recht ableiten kann

Hinweise

Generell: Im Gegensatz zu den Verordnungen des Art. 288 Abs. 2 AEUV wirken die Richtlinien nach Art. 288 Abs. 3 AEUV typischerweise nicht unmittelbar und verbindlich in allen Mitgliedstaaten, sondern bedürfen der Umsetzung und Ausformung durch die nationalen Gesetzgeber. In den Richtlinien selbst wird eine Umsetzungsfrist festgelegt, die meist zwei oder drei Jahre beträgt. Versäumt ein Mitgliedstaat indes diese Fristen oder setzt er eine Richtlinie nicht ordnungsgemäß um, können Bürgerinnen und Bürger sich nach ständiger Rechtsprechung des EuGH[33] unter den oben genannten Bedingungen direkt auf die Unionsrichtlinie berufen. Dies gilt sowohl gegenüber nationalen Gerichten als auch nationalen Behörden[34].

Zu I. Beispiele unzureichender Umsetzung bilden etwa die Umsetzung nur durch Verwaltungsvorschriften und nicht durch Gesetze oder Verordnungen[35] oder die im nationalen Umsetzungsrecht fehlende Sanktion für einen Verstoß gegen eine Regelung aus der Richtlinie[36].

Ergänzend sei darauf hingewiesen, dass es den Mitgliedstaaten bereits während der Umsetzungsfrist der Richtlinie untersagt ist, nationale Normen zu erlassen, die Ziele der Richtlinie in Frage stellen[37].

Zu II. Der Mitgliedstaat kann sich also nicht auf eine noch nicht umgesetzte Richtlinie berufen, wenn er seine Bürger **belasten** will[38]. Auch die direkte Wirkung einer noch nicht umgesetzten Richtlinie zwischen Privaten (horizontale Drittwirkung) wird überwiegend abgelehnt[39].

---

33 EuGH, Slg. 1982, 53, 70 f.; EuGH, Slg. 1991, I-5357, 5409; *EuGH*, EuZW 1996, 654, 655 f.; *EuGH*, EuZW 1996, 695, 698; s.a. *Karpenstein*, Rn. 57; *Geiger/Khan/Kotzur*, Art. 288 AEUV, Rn. 17 ff.; *Streinz*, § 5, Rn. 494 ff.; *Hobe*, § 10, Rn. 30 u. 35.

34 EuGH, Slg. 1989, 1839, 1870 f.; *Streinz*, § 5, Rn. 487.

35 EuGH, Slg. 1991, I-2567, 2601 f.; EuGH, Slg. 1999, I-8001, 8011; *Karpenstein*, Rn. 59.

36 EuGH, Slg. 2003, I-10155, 10215; *Karpenstein*, Rn. 64.

37 EuGH, Slg. 1997, I-7411, 7449; EuGH, Slg. 2005, I-9981, 10038; *Geiger/Khan/Kotzur*, Art. 288 AEUV, Rn. 11; *Karpenstein*, Rn. 73; *Streinz*, § 5, Rn. 505; *Hobe*, § 10, Rn. 30.

38 *Karpenstein*, Rn. 67; *Streinz*, § 5, Rn. 488; *Geiger/Khan/Kotzur*, Art. 288 AEUV, Rn. 17.

39 EuGH, Slg. 2004, I-8835, 8916; *EuGH*, NJW 2010, 427, 429; *Geiger/Khan/Kotzur*, Art. 288 AEUV, Rn. 17; *Hobe*, § 10, Rn. 31 f.; *Karpenstein*, Rn. 68; *Streinz*, § 5, Rn. 489 ff. jeweils m.w.N. zur Diskussion.

Zu III. Die einzelne Richtliniennorm muss „self-executing" sein, d.h. sie darf keinen Ermessens- oder Gestaltungsspielraum des nationalen Gesetzgebers mehr vorsehen[40].

Fallbezogene Vertiefung

Herrmann/Michl, JuS 2009, 1065 ff.

40 *Streinz*, § 5, Rn. 494; *Karpenstein*, Rn. 65.

**Prüfungsprogramm 4:
Die Grundfreiheiten des AEUV**

I. Anwendbarkeit der Grundfreiheit

II. Eingriff in den Schutzbereich einer Grundfreiheit

1. **Sachlicher** Schutzbereich (Ware, Arbeitnehmer, Niederlassung, Dienstleistung, Kapital- oder Zahlungsverkehr),
2. **Persönlicher** Schutzbereich (EU-Bürger im Regelfall, Gesellschaften über Art. 54 und 62 AEUV),
3. **Räumlicher** Schutzbereich (grenzüberschreitender Bezug),
4. Staatliche **Beschränkungsmaßnahme** entweder in Gestalt einer Mengenbeschränkung (s. z.B. Art. 34, 35 AEUV), einer direkten oder indirekten Diskriminierung oder in Gestalt einer sonstigen Beschränkung, welche die Ausübung der Grundfreiheit mittelbar oder unmittelbar, tatsächlich oder potentiell behindert oder weniger attraktiv macht (Maßnahme gleicher Wirkung i.S.d. Art. 34, 35 AEUV; Dassonville-Formel)[41].

III. Rechtfertigung des Eingriffs

1. **Geschriebene** Rechtfertigungsgründe (Art. 36, 45 Abs. 3, 52, 62, 64, 65, 66 AEUV)
2. **Ungeschriebene** Rechtfertigungsgründe, das sind zwingende Gründe des Allgemeinwohls (Cassis-de-Dijon-Rechtsprechung[42]) wie z.B. Umweltschutz, Verbraucherschutz, wirksame steuerliche Kontrolle, Schutz des lauteren Wettbewerbs, die jedoch **nicht diskriminierend** wirken dürfen
3. Grundrechte
4. Verhältnismäßigkeit des Eingriffs

Hinweise

Zu I. Nicht gegeben bei vertraglicher Sondervorschrift (z.B. Art. 110 AEUV) oder wenn eine rechtsharmonisierende Spezialregelung in Richtlinie oder Verordnung vorliegt (z.B. Freizügigkeitsrichtlinie; Dienstleistungsrichtlinie; s.a. Art. 114, 115 AEUV). Die Grundfreiheiten finden ebenfalls keine Anwendung, wenn die Bereichsausnahmen der Art. 45 Abs. 4, Art. 51 und Art. 62 AEUV einschlägig sind. Der Begriff „öffentliche Verwaltung" wird unionsrechtlich allerdings restriktiv ausgelegt und erfasst nur in engerem Sinne hoheitliche Tätigkeiten wie z.B. Tätigkeiten bei der Polizei, dem Militär, der Justiz oder der Steuerverwaltung[43].

---

41 EuGH, Slg. 1974, 837, 852; EuGH, GewArch 2009, 298, 299; *EuGH*, EuZW 2012, 797, 798 f.; *Hobe*, § 15, Rn. 68 ff.; *Karpenstein*, Rn. 170; *Streinz*, § 11, Rn. 839; *Geiger/Khan/Kotzur*, Art. 34 AEUV, Rn. 8 f.

42 EuGH, Slg. 1979, 649, 662.

43 *Streinz*, § 11, Rn. 902; *Geiger/Khan/Kotzur*, Art. 45 AEUV, Rn. 43; *Hobe*, § 16, Rn. 157 u. § 17, Rn. 182 f.

Zu II. 1. Als **Waren** werden alle beweglichen Sachen angesehen, die einen Geldwert haben und Gegenstand von Handelsgeschäften sein können[44]. **Arbeitnehmer** erbringen – auch in Teilzeit – eine wirtschaftliche Leistung, erhalten ein nicht völlig unwesentliches Entgelt und sind abhängig beschäftigt, d.h. weisungsgebunden[45]. Dabei spielt es keine Rolle, ob der Arbeitsvertrag wirksam ist. Auch Tätigkeiten im öffentlichen Dienst, die nicht unter die Bereichsausnahme des Art. 45 Abs. 4 AEUV fallen, sind vom Arbeitnehmerbegriff erfasst, so etwa die Arbeit als Notar[46] oder Rechts- und Studienreferendar[47].

Die **Niederlassungs**freiheit gilt dagegen für Selbständige oder Unternehmen (Art. 49 Abs. 2 AEUV), die auf eigene Rechnung sowie eigenes wirtschaftliches Risiko tätig werden; sie teilen ihre Arbeitszeit und ihre Tätigkeit frei ein und sind nicht weisungsgebunden[48]. Von der vorübergehenden, ebenfalls selbständigen **Dienstleistung** (Art. 56 ff. AEUV) unterscheidet sich die Niederlassung durch einen festen Betriebssitz sowie die Dauerhaftigkeit der Tätigkeit und die rechtliche Eingliederung in den Wirtschaftsablauf des Aufnahmestaates[49]. Dienstleistungen können aktiv im EU-Ausland angeboten oder vom Kunden dort aufgesucht werden; schließlich gibt es noch die Variante, dass nur die Dienstleistung die Grenze überschreitet (Korrespondenzdienstleistung wie Rundfunk, Internetdienstleistung)[50].

Kapitalverkehr in Art. 63 Abs. 1 AEUV meint den Transfer von Geld, Wertpapieren, Krediten oder Sachkapital (Unternehmensanteile, Immobilien) hauptsächlich für Investitionen oder sonstige Finanzgeschäfte[51]. **Zahlungsverkehr** (Banknoten, Überweisungen) in Art. 63 Abs. 2 AEUV erfasst die Abwicklung der Gegenleistung für Waren bzw. Dienstleistungen aus dem EU-Ausland[52].

Zu II. 2. Unabhängig von der Staatsangehörigkeit eines EU-Mitgliedstaates dürfen sich alle diejenigen, die Waren innerhalb der EU ein- oder ausführen auf die Warenverkehrsfreiheit berufen (Art. 28 Abs. 2 AEUV)[53]. Gleiches gilt für den innergemeinschaftlichen Zahlungs- und Kapitalverkehr, der sogar auch für Drittstaaten generell gilt (s. Wortlaut Art. 63 Abs. 1 und Abs. 2 AEUV jeweils am Ende)[54].

---

44 EuGH, Slg. 1968, 633, 642; *Hobe*, § 15, Rn. 63; *Geiger/Khan/Kotzur*, Art. 28 AEUV, Rn. 16; *Streinz*, § 11, Rn. 795; *Karpenstein*, Rn. 169.

45 EuGH, Slg. 2003, I-13187, 13228; *Geiger/Khan/Kotzur*, Art. 45 AEUV, Rn. 8; *Karpenstein*, Rn. 195; *Hobe*, § 16, Rn. 135.

46 *EuGH*, NJW 2011, 2941, 2942 ff.

47 *EuGH*, NJW 2010, 137, 138.

48 EuGH, GewArch 2009, 298, 300; *Hobe*, § 17, Rn. 174; *Karpenstein*, Rn. 202 f.; *Geiger/Khan/Kotzur*, Art. 49 AEUV, Rn. 5.

49 EuGH, Slg. 1991, I-3905, 3965; EuGH, Slg. 1995, I-4165, 4195 f.; EuGH, Slg. 1996, I-6511, 6536 f.; *EuGH*, NJW 2011, 2941; BGH, NJW 2005, 3732; *Karpenstein*, Rn. 189; *Hobe*, § 17, Rn. 175 u. § 18, Rn. 212; *Geiger/Khan/Kotzur*, Art. 57 AEUV, Rn. 2 f.; *Streinz*, § 11, Rn. 912.

50 *Geiger/Khan/Kotzur*, Art. 57 AEUV, Rn. 8 ff.; *Streinz*, § 11, Rn. 913; *Hobe*, § 18, Rn. 207.

51 *Hobe*, § 19, Rn. 248; *Streinz*, § 11, Rn. 925; *Karpenstein*, Rn. 209 f.; *Geiger/Khan/Kotzur*, Art. 63 AEUV, Rn. 3 f.

52 EuGH, Slg. 1984, 377, 404; *Karpenstein*, Rn. 209; *Geiger/Khan/Kotzur*, Art. 63 AEUV, Rn. 6; *Hobe*, § 19, Rn. 252; *Streinz*, § 11, Rn. 925.

53 *Hobe*, § 15, Rn. 83; *Streinz*, § 11, Rn. 790.

54 *Streinz*, § 11, Rn. 794; *Hobe*, § 19, Rn. 253.

Zu II. 3. Rein nationale Sachverhalte – etwa die Klage eines deutschen Bierbrauers gegen das deutsche Reinheitsgebot – werden von den Grundfreiheiten nicht erfasst[55]. Dies kann man sich u.a. an der in Art. 34 und 35 AEUV verwandten Formulierung „zwischen den Mitgliedstaaten" merken. Allerdings ist der EuGH sehr großzügig: Es reicht, wenn ein Fall denkbar ist, in dem eine nationale Beschränkung Auswirkungen auf den Unionshandel hat[56]. Kommt es aufgrund des Diskriminierungsverbots für Unionsbürger zu der Situation, dass die eigenen Staatsangehörigen strenger behandelt werden (sogenannte Inländerdiskriminierung) ist dies am nationalen Recht, in Deutschland also an Art. 3 Abs. 1 GG[57] zu messen[58].

Zu II. 4. Die Grundfreiheiten sind in erster Linie gegen Eingriffe von Trägern staatlicher Gewalt, unabhängig von deren Organisationsform, gerichtet[59]. Jedoch können auch privatrechtlich organisierte Verbände oder private Arbeitgeber ausnahmsweise verpflichtet sein, die Grundfreiheiten zu beachten, insbesondere, wenn sie über eine monopolartige Marktmacht verfügen (Drittwirkung der Grundfreiheiten)[60]. Ferner sind Schutzpflichten zugunsten der Marktfreiheiten anerkannt, wenn etwa private Dritte Warentransporte aus anderen EU-Ländern verhindern[61].

Um die sehr weite **Dassonville-Formel** einzugrenzen, hat der EuGH die sogenannte **Keck-Rechtsprechung** entwickelt und ausgebaut, die vertriebsbezogene Einschränkungen der Marktfreiheiten im Gegensatz zu produktbezogenen Einschränkungen, das sind z.B. Normen zur Bezeichnung, zur Form, zum Gewicht, zur Aufmachung, zur Etikettierung oder zur Verpackung nicht als Eingriffe bewertet[62]. Die vertriebsbezogenen Eingriffe, auch als Verkaufsmodalitäten bezeichnet, wie etwa Ladenschlusszeiten, Sonntagsarbeits- und -öffnungsverbote oder ein generelles Verbot des Verkaufs unter Einkaufspreis dürfen allerdings **nicht diskriminieren** und **nicht den Marktzugang verhindern**[63].

Noch nicht abschließend geklärt ist die Frage, ob die Keck-Rechtsprechung auch auf die Personenverkehrsfreiheiten und die Dienstleistungsfreiheit übertragen werden soll[64].

---

55 *Karpenstein*, Rn. 160; *Streinz,* § 11, Rn. 797 u. 820; *Hobe*, § 13, Rn. 22 ff.
56 EuGH, Slg. 1997, I-2343, 2347 f.; *Karpenstein*, Rn. 162; *Geiger/Khan/Kotzur,* Art. 34 AEUV, Rn. 9.
57 S. hierzu Prüfungsprogramm GR 10.
58 *Hobe*, § 13, Rn. 22 f.; *Streinz,* § 11, Rn. 819 ff.; *Geiger/Khan/Kotzur,* Art. 18 AEUV, Rn. 13; *Karpenstein*, Rn. 164
59 *Streinz,* § 11, Rn. 849; *Karpenstein*, Rn. 131 f.; *Hobe*, § 13, Rn. 32;
60 EuGH, Slg. 1995, I- 4921, 5065; EuGH, Slg. 2000, I-4139, 4171 ff.; *EuGH*, EuZW 2012, 797, 799; *Karpenstein*, Rn. 137 ff.; *Geiger/Khan/Kotzur,* Art. 45 AEUV, Rn. 18; *Streinz,* § 11, Rn. 850; *Hobe*, § 13, Rn. 32.
61 EuGH, Slg. 1997, I-6959, 6998 f.; *Geiger/Khan/Kotzur,* Art. 34 AEUV, Rn. 10; *Streinz,* § 11, Rn. 852; *Karpenstein*, Rn. 140;
62 *Streinz,* § 11, Rn. 881; *Hobe*, § 15, Rn. 74 ff.; *Karpenstein*, Rn. 171; *Geiger/Khan/Kotzur,* Art. 34 AEUV, Rn. 21 f.
63 *Karpenstein*, Rn. 175; *Streinz,* § 11, Rn. 881 f.; *Geiger/Khan/Kotzur,* Art. 34 AEUV, Rn. 22; *Hobe*, § 15, Rn. 77 ff.
64 **Bejahend** *Streinz,* § 11, Rn. 815 f.; *Geiger/Khan/Kotzur,* Art. 58 AEUV, Rn. 18; offen lassend *Karpenstein*, Rn. 187 jeweils m.w.N.

Zu III. 1. Mitgliedstaatliche Eingriffe in die Grundfreiheiten können insbesondere mit Gründen der öffentlichen Sicherheit und Ordnung gerechtfertigt werden. **Öffentliche Sicherheit** meint dabei wesentliche Fragen der äußeren und inneren Sicherheit[65], z.B. den Schutz wesentlicher öffentlicher Dienstleistungen oder den Schutz vor Straftätern. Die **öffentliche Ordnung** erfasst schwere Gefährdungen eines gesellschaftlichen Grundinteresses[66]. Unter **öffentlicher Sittlichkeit** lässt sich die Summe der Moralvorstellungen einer Gesellschaft verstehen (z.B. Abwehr von Pornographie)[67]. Bei der Beurteilung dessen, was im einzelnen Mitgliedstaat genau zu den genannten Begriffen gehört, räumt der EuGH den Mitgliedstaaten einen gewissen Spielraum ein[68].

Nationaler **Gesundheitsschutz** drückt sich im Bereich der Warenverkehrsfreiheit z.B. in technischen, arzneimittel- oder lebensmittelrechtlichen Regelungen aus[69]. Sollen Gesundheitsaspekte die Arbeitnehmerfreizügigkeit begrenzen (Art. 45 Abs. 3 AEUV), gilt die Spezialregelung aus Art. 29 der Freizügigkeitsrichtlinie (RL 2004/38/EG): Nur Krankheiten mit epidemischen Potential und sonstige ansteckende Krankheiten rechtfertigen Einschränkungen.

Art. 36 AEUV enthält eine Reihe weiterer Rechtfertigungsgründe, die die Warenverkehrsfreiheit begrenzen können[70]: Das nationale Tierschutz- und Artenschutzrecht, den Kulturgüterschutz, etwa durch Ausfuhrverbote oder Vorkaufsrechte nationaler Stellen sowie den Schutz des gewerblichen Eigentums (Patent-, Urheber-, Markenrechte).

Besondere Beschränkungsmöglichkeiten weist schließlich Art. 65 Abs. 1 AEUV auf. Der Kapital- und Zahlungsverkehr darf aus Gründen des nationalen Steuerrechts oder der Finanzaufsicht begrenzt werden. Hier geht es u.a. darum Rechtsverstößen wie Geldwäsche nachzugehen[71].

Rein wirtschaftliche Aspekte dürfen generell, d.h. weder im Zusammenhang mit geschriebenen Rechtfertigungsgründen noch als ungeschriebene Rechtfertigungsgründe geltend gemacht werden[72].

Zu III. 2. Durch Richterrecht hat der EuGH die Möglichkeiten erweitert, einen Eingriff in die Grundfreiheiten zu rechtfertigen[73]. Bei den zwingenden Allgemeinwohlgründen, die verlangt werden, ist die Rechtsprechung eher großzügig[74], was zu einer gewissen Unübersichtlichkeit geführt hat[75]. Neben den bereits oben genannten Gesichtspunk-

65 EuGH, Slg. 1991, I-4621, 4652; *Geiger/Khan/Kotzur*, Art. 36 AEUV, Rn. 6 u. Art. 45 AEUV, Rn. 41; *Hobe*, § 15, Rn. 109; *Streinz*, § 11, Rn. 885.

66 *Geiger/Khan/Kotzur*, Art. 45 AEUV, Rn. 41; ähnlich *Streinz*, § 11, Rn. 885.

67 EuGH, Slg. 1979, 3795, 3813; *Streinz*, § 11, Rn. 885.

68 EuGH, Slg. 1974,1337, 1350; EuGH, Slg. 2000, I-1335, 1361 f.; EuGH, Slg. 2004, I-9609, 9654; *Karpenstein*, Rn. 220; *Geiger/Khan/Kotzur*, Art. 36 AEUV, Rn. 4.

69 *Geiger/Khan/Kotzur*, Art. 36 AEUV, Rn. 8.

70 Einzelheiten bei *Geiger/Khan/Kotzur*, Art. 36 AEUV, Rn. 11 ff.; *Streinz*, § 11, Rn. 885.

71 *Hobe*, § 19, Rn. 259; *Streinz*, § 11, Rn. 928.

72 EuGH, Slg. 1993, I-2239, 2272 f.; *Karpenstein*, Rn. 219 u. 224; *Geiger/Khan/Kotzur*, Art. 36 AEUV, Rn. 5 u. Art. 65 AEUV, Rn. 4; *Streinz*, § 11, Rn. 843.

73 *Streinz*, § 11, Rn. 838 ff.; *Hobe*, § 15, Rn. 93 ff.; *Geiger/Khan/Kotzur*, Art. 34 AEUV, Rn. 15 ff.; *Karpenstein*, Rn. 223 ff.

74 *Streinz*, § 11, Rn. 843.

75 *Karpenstein*, Rn. 225.

ten hat der EuGH z.B. noch den Schutz der Sozialordnung[76], den Schutz der Medienvielfalt[77], die Förderung der Nationalsprache[78] oder den Arbeitsschutz[79] als zwingende Erfordernisse des Allgemeinwohls anerkannt. Beschränkungen auf der Basis der Cassis-de-Dijon-Rechtsprechung setzen immer voraus, dass nationale und einheimische Sachverhalte **formal gleich** behandelt werden[80].

Meinungs- oder Versammlungsfreiheit, können Einschränkungen der Grundfreiheiten im Einzelfall rechtfertigen, wenn die Grundrechte sich nach Abwägung als wertvoller herausstellen und der Verhältnismäßigkeitsgrundsatz gewahrt bleibt[81].

Zu III. 4. Die nationale Maßnahme zur Beschränkung einer Grundfreiheit muss zur Verwirklichung des jeweiligen Allgemeinwohlziels geeignet und erforderlich sein, d.h. es darf kein milderes, gleich wirksames Mittel geben; des Weiteren muss die Bedeutung der Grundfreiheit mit der Relevanz des Allgemeinwohlziels angemessen austariert sein (Verhältnismäßigkeit im engeren Sinne) [82].

Fallbezogene Vertiefung

Generell: *Ruffert*, JuS 2009, 97 ff.

Dienstleistungsfreiheit: *Leupold*, Jura 2011, 762 ff.

Niederlassungsfreiheit: *Burk*, Jura 2010, 284 ff.

Drittwirkung der Grundfreiheiten: *Ludwigs/Weidermann*, Jura 2014, 152 ff.

76 EuGH, Slg. 1998, I-1831, 1884 f.
77 EuGH, Slg. 2007, I-11135, 11167 f.
78 EuGH, Slg. 1989, I-3967, 3993.
79 EuGH, Slg. 2007, I-10779, 10834 f.
80 *Karpenstein*, Rn. 227; *Hobe*, § 15, Rn. 97 u. 106; *Streinz*, § 11, Rn. 840; *Geiger/Khan/Kotzur*, Art. 34 AEUV, Rn. 19 u. Art. 36 AEUV, Rn. 2.
81 EuGH, Slg. 2003, I-5659, 5718; EuGH, Slg. 2004, I-9609, 9653; *Hobe*, § 15, Rn. 115 f.; *Karpenstein*, Rn. 226; *Streinz*, § 11, Rn. 844 u. 854; *Geiger/Khan/Kotzur*, Art. 34 AEUV, Rn. 10.
82 *Geiger/Khan/Kotzur*, Art. 34 AEUV, Rn. 19 u. Art. 36 AEUV, Rn. 15 ff.; *Hobe*, § 15, Rn. 104; *Karpenstein*, Rn. 231 ff.; *Streinz*, § 11, Rn. 888 jeweils m.w.N.; s.a. Prüfungsprogramm AVR 10.

Prüfungsprogramm 5:
Das allgemeine Diskriminierungsverbot (Art. 18 AEUV)

I. Keine Spezialregelung i.S.d. Art. 18 Abs. 2 AEUV einschlägig

II. Keine vertragliche Spezialregelung, etwa Grundfreiheit oder Art. 157 AEUV einschlägig

III. Direkte oder indirekte Diskriminierung aufgrund der Staatsangehörigkeit im Anwendungsbereich der Verträge

IV. Objektive Rechtfertigungsmöglichkeit für die Ungleichbehandlung[83], die dem Verhältnismäßigkeitsgrundsatz entsprechen muss

Hinweise

Zu I. und II. Art. 18 AEUV findet nur subsidiär Anwendung[84]. Die Norm hat allerdings i.V.m. Art. 21 AEUV besonders in Hinsicht auf Sozialleistungen eine hohe Relevanz[85].

Zu III. Eine verdeckte Diskriminierung liegt vor, wenn die Anknüpfung an ein anderes Unterscheidungsmerkmal als das der Staatsangehörigkeit dennoch zu ähnlichen Ergebnissen führt, wie etwa das Erfordernis eines festen Wohnsitzes im Inland[86]. Art. 18 AEUV spielte eine entscheidende Rolle bei der Anwendungserweiterung des Art. 19 Abs. 3 GG auf juristische Personen mit Sitz im EU-Ausland, die sich nun ebenfalls auf die Grundrechte berufen können, die ihrem Wesen nach auf juristische Personen anwendbar sind[87].

Die Formulierung „in ihrem Anwendungsbereich" wird weit ausgelegt; es genügt ein Bezug zum sekundären oder primären Unionsrecht[88]. In Verbindung mit Art. 21 AEUV sind z.B. auch Schüler, Studierende, Rentner oder Touristen erfasst.

Nicht im Anwendungsbereich der Verträge liegen rein nationale Sachverhalte; ohne grenzüberschreitenden Bezug bleibt es für Inländer bei Art. 3 GG[89]. Überwiegend wird Art. 18 AEUV ferner nur für das Verhältnis EU-Mitgliedstaat zu EU-Bürger, nicht für Beziehungen unter Privaten herangezogen[90].

83 EuGH, Slg. 2002, I-2965, 2990 f.; EuGH, Slg. 2008, I-4143, 4147; *Hobe*, § 13, Rn. 12.
84 *Hobe*, § 13, Rn. 14; *Geiger/Khan/Kotzur*, Art. 18 AEUV, Rn. 2; *Karpenstein*, Rn. 216.
85 *Streinz*, § 12, Rn. 983.
86 EuGH, Slg. 2002, I-2965, 2988 f.; EuGH, Slg. 2008, I-4143, 4147; *Geiger/Khan/Kotzur*, Art. 18 AEUV, Rn. 9; *Karpenstein*, Rn. 214 ff.; *Hobe*, § 13, Rn. 12.
87 BVerfGE 129, 78, 97 ff.
88 EuGH, Slg. 2008, I-4143, 4146; *EuGH*, NVwZ 2009, 93, 94; *Karpenstein*, Rn. 217; *Geiger/Khan/Kotzur*, Art. 18 AEUV, Rn. 12.
89 *Geiger/Khan/Kotzur*, Art. 18 AEUV, Rn. 10 u. 13 ff.; *Hobe*, § 13, Rn. 22 ff.
90 *Hobe*, § 13, Rn. 15; *Geiger/Khan/Kotzur*, Art. 18 AEUV, Rn. 4 jeweils m.w.N. zur Gegenauffassung; offen gelassen bei *Karpenstein*, Rn. 139.

**Prüfungsprogramm 6:
Das Vertragsverletzungsverfahren (Art. 258 ff. AEUV)**

I. Zulässigkeit
1. **Klageberechtigte:** Kommission (Art. 258 Abs. 2 AEUV) und Mitgliedstaaten (Art. 259 Abs. 1 AEUV)
2. **Klagegegner:** Mitgliedstaat
3. **Streitgegenstand:** Verletzung von primärem oder sekundärem Unionsrecht durch nationale Organe oder Behörden eines Mitgliedstaates
4. **Klagebefugnis:** Überzeugung der klagenden Partei von der Vertragsverletzung
5. **Vorverfahren:**
   a) Im Fall des Art. 258 AEUV: Mahnschreiben der Kommission, daraufhin Äußerungsmöglichkeit des Mitgliedstaates, anschließend begründete Stellungnahme der Kommission mit Fristsetzung, Klage erst bei Nichtbefolgung innerhalb der Frist
   b) Im Fall des Art. 259 AEUV: Einschaltung der Kommission (Art. 259 Abs. 2 AEUV), Streitiges Verfahren der Mitgliedstaaten vor der Kommission mit abschließender begründeter Stellungnahme der Kommission (Art. 259 Abs. 3 AEUV)

II. Begründetheit Vertragsverstoß liegt in tatsächlicher und rechtlicher Hinsicht vor

III. Wirkung der EuGH-Entscheidung: Mitgliedstaat muss die Vertragsverletzung unverzüglich beseitigen (Art. 260 Abs. 1 AEUV). Anderenfalls kann ein Pauschalbetrag oder ein Zwangsgeld verhängt werden (Art. 260 Abs. 2 und Abs. 3 AEUV).

Hinweise

Generell: In Vertragsverletzungsverfahren geht es häufig um die nicht rechtzeitige oder fehlerhafte Umsetzung von Unionsrecht in nationales Recht[91]. Das Verfahren wird durch Verweis auch bei Streitigkeiten zwischen den Mitgliedstaaten und der Europäischen Investitionsbank (Art. 271 a) AEUV) sowie der Europäischen Zentralbank bzw. dem Europäischen System der Zentralbanken und den nationalen Zentralbanken angewandt (Art. 271 d) AEUV).

Zu I. 1. Natürliche oder juristische Personen können kein Vertragsverletzungsverfahren erzwingen, da die Klage vor dem EuGH in das Ermessen der Kommission gestellt ist[92]. Sie bleiben auf die nationalen Gerichte verwiesen.

91 *Hobe*, § 11, Rn. 138.
92 EuGH, Slg. 1998, I-199, 204; *Geiger/Khan/Kotzur*, Art. 258 AEUV, Rn. 3; *Karpenstein*, Rn. 424; *Streinz*, § 4, Rn. 396.

Zu I. 3. Handeln privatrechtlich organisierte Einrichtungen unionsrechtswidrig, reicht es aus wenn dieses Verhalten dem Mitgliedstaat zugerechnet werden kann, weil er etwa die Mehrheit der Anteile hält oder die Einrichtung maßgeblich finanziert[93].

Zu I. 5. Das Vorverfahren entfällt in den Fällen des Art. 108 Abs. 2, 114 Abs. 9 AEUV und 348 Abs. 2 AEUV.

Ergibt die Äußerung des Mitgliedstaates, dass eine Vertragsverletzung doch nicht vorliegt, stellt die Kommission das Verfahren ein. Die abschließende begründete Stellungnahme der Kommission darf keine Sach- oder Rechtsrügen enthalten, die nicht bereits im Mahnschreiben angesprochen wurden[94]. Auch der Inhalt der Klage ist durch den Inhalt der begründeten Stellungnahme im Vorverfahren definiert[95].

Zu II. Die Vertragsverletzung setzt weder Verschulden des Mitgliedstaates noch die Verursachung eines Schadens voraus[96]. Auf Umsetzungsschwierigkeiten in einem Bundesstaat kann sich der Mitgliedstaat ebenso wenig berufen wie auf befürchtete innenpolitische Probleme[97]. Auch die Tatsache, dass andere Mitgliedstaaten sich ebenfalls vertragswidrig verhalten, stellt keinen Rechtfertigungsgrund dar[98].

93 EuGH, Slg. 1982, 4005, 4019 f.
94 EuGH, Slg. 1998, I- 5449, 5501; *Geiger/Khan/Kotzur,* Art. 258 AEUV, Rn. 14; *Streinz,* § 8, Rn. 624.
95 EuGH, Slg. 1998, I- 5449, 5501; *Streinz,* § 8, Rn. 624; *Hobe*, § 11, Rn. 139; *Geiger/Khan/Kotzur,* Art. 258 AEUV, Rn. 18.
96 EuGH, Slg. 1997, I-7453, 7468.
97 EuGH, Slg. 1981, 457, 462; EuGH, Slg. 1995, I-4443, 4466 ff.; EuGH, Slg. 1997, I-7453, 7467.
98 EuGH, Slg. 1979, 2239, 2746.

Prüfungsprogramm 7:
Die Nichtigkeitsklage (Art. 263 f. AEUV)

I. Zulässigkeit

1. **Klageberechtigte:** Mitgliedstaaten, Europäisches Parlament, Europäischer Rat, Rat, Kommission (Art. 263 Abs. 2 AEUV), Rechnungshof, Europäische Zentralbank, Ausschuss der Regionen (Art. 263 Abs. 3 AEUV), natürliche und juristische Personen (Art. 263 Abs. 4 AEUV)
2. **Klagegegner:** Alle oben genannten mit Ausnahme der Mitgliedstaaten und der natürlichen und juristischen Personen
3. **Streitgegenstand:** Überprüfung der rechtsverbindlichen Handlungen der Gemeinschaftsorgane mit Außenwirkung (Art. 263 Abs. 1 AEUV)
4. **Klagebefugnis:** Unproblematisch und unbeschränkt für die Klageberechtigten aus Art. 263 Abs. 2 AEUV (privilegiert klagebefugt); genauer zu behandeln für die Klageberechtigten aus Art. 263 Abs. 3 und Abs. 4 AEUV
5. **Klagefrist:** Zwei Monate nach Bekanntgabe der relevanten Handlung (Art. 263 Abs. 6 AEUV)

II. Begründetheit Vorliegen eines der Nichtigkeitsgründe aus Art. 263 Abs. 2 AEUV, das sind Unzuständigkeit, Verletzung wesentlicher Formvorschriften, Verletzung der Verträge oder Ermessensmissbrauch

III. Wirkung der EuGH-Entscheidung: Nichtigerklärung (Art. 264, 266 AEUV)

Hinweise

Zu I. 3. Es darf sich also weder um Empfehlungen und Stellungnahmen (Art. 288 Abs. 5 AEUV) noch um reine Innenrechtsakte handeln[99].

Zu I. 4. Die in Art. 263 Abs. 3 AEUV aufgezählten Institutionen dürfen nicht die Verletzung jeglichen Unionsrechts rügen, sondern müssen dartun, dass die Rechtsverletzung sie in eigenen Rechten betrifft[100]. Gemäß Art. 263 Abs. 4 AEUV müssen natürliche und juristische Personen, zu denen auch solche des öffentlichen Rechts wie die Bundesländer zählen[101], darlegen, dass die zur Überprüfung gestellte Handlung eines Unionsorgans direkt an sie gerichtet ist (Art. 263 Abs. 4, 1. Alt. AEUV) – etwa in Form eines Beschlusses (Art. 288 Abs. 4 AEUV) – oder sie unmittelbar und individuell betrifft (Art. 263 Abs. 4, 2. Alt. AEUV). Die Unmittelbarkeit von Entscheidungen, die an Dritte gerichtet sind, lässt sich bejahen, wenn der Kläger durch die Maßnahme direkt benachteiligt wird, ohne dass es weiterer Umsetzungsakte bedarf, z.B. trifft dies für eine EU-Verordnung zu, nicht aber für eine EU-Richtlinie, weil diese – selbst wenn sie ausnahmsweise unmittelbar wirken sollte[102] – den Einzelnen dann nicht belasten

99 *Streinz,* § 8, Rn. 635 f.; *Geiger/Khan/Kotzur,* Art. 263 AEUV, Rn. 11.
100 *Geiger/Khan/Kotzur,* Art. 263 AEUV, Rn. 17; *Streinz,* § 8, Rn. 646.
101 EuGH, Slg. 1999, II- 3663, 3701; *Geiger/Khan/Kotzur,* Art. 263 AEUV, Rn. 19.
102 S. hierzu Prüfungsprogramm 3.

darf[103]. Hinzukommen muss die individuelle Betroffenheit des Nicht-Adressaten. Diese wird nach der sogenannten Plaumann-Formel vom EuGH nur angenommen, soweit der Einzelne durch den angegriffenen Rechtsakt aufgrund bestimmter persönlicher Eigenschaften oder ihn aus dem Kreis der übrigen Personen heraushebender Umstände berührt wird[104]. Eine solche Konstellation liegt allerdings nur selten vor[105], etwa wenn ein Unionsrechtsakt auf bestimmte, bereits gestellte Anträge oder Genehmigungen reagiert oder bestehende Rechtspositionen Einzelner entzieht. Die dritte Möglichkeit natürlicher und juristischer Personen, eine Nichtigkeitsklage zu erheben folgt aus Art. 263 Abs. 4, 3. Alt. AEUV. Es muss hierfür um einen Rechtsakt mit Verordnungscharakter gehen, der unmittelbar wirkt und keines Durchführungsaktes bedarf. Hiermit sollen nach umstrittener Auffassung Rechtsakte nach Art. 290 und 291 Abs. 2 AEUV gemeint sein[106].

Zu II. Unzuständigkeit kann aus einem Überschreiten der Verbandskompetenz der Union folgen, aber auch aus einem Überschreiten der Kompetenz des handelnden EU-Organs[107]. Die Verletzung wesentlicher Formvorschriften führt nur dann zur Begründetheit der Nichtigkeitsklage, wenn die Verletzung sich auf das Entscheidungsergebnis ausgewirkt haben kann[108]. Zur Vereinbarkeit mit den Verträgen kann Prüfungsprogramm 2 II. herangezogen werden. Ein Ermessensmissbrauch liegt vor, wenn absichtlich ein rechtswidriges Ziel verfolgt wurde oder wenn die erlassene Maßnahme aus anderen Gründen den Zweck verfehlt, zu deren Erreichen die vertraglichen Befugnisse verliehen wurden[109]. Dieses Verständnis von Ermessensmissbrauch ist deutlich enger als im deutschen Recht[110].

Fallbezogene Vertiefung

Böhm, JA 2009, 679 ff.

103 *Hobe*, § 11, Rn. 150.

104 EuGH, Slg. 1963, 211, 238 f.; EuGH, Slg. 1987, 941, 951 f.; EuGH, Slg. 1994, I-1853, 1885 f.; EuGH, Slg. 1999, II- 3663, 3701; *Streinz*, § 8, Rn. 652; *Geiger/Khan/Kotzur*, Art. 263 AEUV, Rn. 30 m.w.N. zur Kritik an dieser Rspr.

105 *Geiger/Khan/Kotzur*, Art. 263 AEUV, Rn. 29.

106 *EuG*, Urt. v. 06.09.2011, Rs. T 18/10, Rn. 36 ff., juris; *EuG*, Urt. v. 25.10.2011, Rs. T-262/10, Rn. 21, juris; *Streinz*, § 8, Rn. 655 m.w.N.; **A.A.** jede EU-Verordnung angreifbar *Hobe*, § 11, Rn. 150.

107 *Streinz*, § 8, Rn. 641; *Geiger/Khan/Kotzur*, Art. 263 AEUV, Rn. 35.

108 *Geiger/Khan/Kotzur*, Art. 263 AEUV, Rn. 36; *Streinz*, § 8, Rn. 642.

109 EuGH, Slg. 1995, I-2019, 2050 f.; *Streinz*, § 8, Rn. 644.

110 *Geiger/Khan/Kotzur*, Art. 263 AEUV, Rn. 39; vergl. insoweit Prüfungsprogramm AVR 11. IV.

Prüfungsprogramm 8:
Die Untätigkeitsklage (Art. 265 AEUV)

I. Zulässigkeit
1. **Klageberechtigte:** Mitgliedstaaten, Unionsorgane (Art. 265 Abs. 1 AEUV), natürliche und juristische Personen (Art. 265 Abs. 3 AEUV)
2. **Klagegegner:** Europäisches Parlament, Europäischer Rat, Rat, Kommission, Europäische Zentralbank, sonstige Einrichtungen der EU (Art. 265 Abs. 1 AEUV)
3. **Streitgegenstand:** Feststellung rechtswidriger Untätigkeit der unter 2. genannten Institutionen (Art. 265 Abs. 1 AEUV)
4. **Klagebefugnis:** Unproblematisch und unbeschränkt für die Klageberechtigten aus Art. 265 Abs. 1 AEUV (privilegiert klagebefugt); genauer zu behandeln für die Klageberechtigten aus Art. 265 Abs. 3 AEUV
5. Aufforderung zum Tätigwerden (Art. 265 Abs. 2 AEUV)
6. **Klagefrist:** Zwei Monate nach fruchtloser Aufforderung zum Tätigwerden (Art. 265 Abs. 2 AEUV)

II. Begründetheit gegeben, wenn das beklagte Unionsorgane aus primärem oder sekundärem Unionsrecht eine Pflicht zum Handeln hatte, der es nicht nachgekommen ist bzw. der Pflicht gegenüber einer natürlichen oder juristischen Person einen Beschluss zu erlassen, nicht nachgekommen ist.

III. Wirkung der EuGH-Entscheidung: Rechtswidrigkeit des Unterlassens wird festgestellt, Handlungspflicht folgt dann aus Art. 266 AEUV

Hinweise

Generell: Die Untätigkeitsklage ist nachrangig gegenüber der Nichtigkeitsklage[111]. Sobald das beklagte Organ irgendetwas getan hat, ist die Nichtigkeitsklage zu wählen, für die Untätigkeitsklage fehlt dann das Rechtsschutzbedürfnis[112].

Zu I. 4. Natürliche und juristische Personen sind in zweifacher Hinsicht in ihrer Klagebefugnis beschränkt[113]: zum einen können sie nur rechtsverbindliche Maßnahmen beantragen – also keine Stellungnahmen oder Empfehlungen – zum anderen muss sich die Maßnahme individuell an sie richten, so dass Verordnungen und Richtlinien ausscheiden. Parallel zur Nichtigkeitsklage können allerdings auch Nichtadressaten die Untätigkeitsklage erheben, wenn sie unmittelbar und individuell von der gegen einen Dritten zu erlassenden Maßnahme betroffen wären[114].

---

111 Prüfungsprogramm 6.
112 *Hobe*, § 11, Rn. 157; *Geiger/Khan/Kotzur*, Art. 265 AEUV, Rn. 4; *Streinz*, § 8, Rn. 666.
113 *Streinz*, § 8, Rn. 663 u. 667; *Hobe*, § 11, Rn. 157; *Geiger/Khan/Kotzur*, Art. 265 AEUV, Rn. 9.
114 EuGH, Slg. 1996, I-6065, 6104 f.; EuGH, Slg. 1998, II-3407, 3426; *Geiger/Khan/Kotzur*, Art. 265 AEUV, Rn. 9; *Hobe*, § 11, Rn. 158; *Karpenstein*, Rn. 350; *Streinz*, § 8, Rn. 668.

Prüfungsprogramm 9:
Das Vorabentscheidungs- oder Vorlageverfahren (Art. 267 AEUV)

I. Statthafte Vorlagefrage
1. Auslegungsfragen des gesamten Unionsrechts, Handlungen der Organe, Einrichtungen und sonstigen Stellen (Art. 267 Abs. 1 Buchst. a, b AEUV)
2. Gültigkeit von Handlungen der Organe, insbesondere Gültigkeit des Sekundärrechts, sowie der Handlungen von Einrichtungen und sonstigen Stellen (Art. 267 Abs. 1 Buchst. b AEUV)

II. Entscheidungserheblichkeit der Vorlagefrage

III. Vorlageberechtigt ist jedes nationale Gericht (Art. 267 Abs. 2 AEUV)

IV. Zur Vorlage verpflichtet sind alle letztinstanzlichen Gerichte der Mitgliedstaaten (Art. 267 Abs. 3 AEUV)

V. Wirkung der EuGH-Entscheidung:
1. Auslegungsvorlage: Bindung des vorlegenden Gerichts und aller anderen mit der gleichen Sache befassten Instanzgerichte
2. Gültigkeitsvorlage: Allgemeine Bindungswirkung auch für weitere Verfahren, wenn die Ungültigkeit des Rechtsaktes festgestellt wurde[115]

Hinweise

Zu I. Rein nationale Rechtsfragen scheiden hier ebenso aus wie Fragen nach der konkreten Vereinbarkeit einer innerstaatlichen Maßnahme mit dem Unionsrecht[116].

Zu II. Wenn der Ausgangsrechtsstreit keinen plausiblen Zusammenhang mit dem Unionsrecht aufweist oder dieser Zusammenhang rein hypothetisch ist, fehlt es an der erforderlichen Entscheidungserheblichkeit der Vorlagefrage[117].

Zu III. Als Gericht gilt ein unabhängiges Organ, das auf gesetzlicher Grundlage in einem rechtlich geordneten Verfahren Rechtsstreitigkeiten aufgrund von Rechtsnormen entscheidet und dessen Entscheidungen Rechtskraft erlangen[118].

Zu IV. Neben den obersten Gerichten der Mitgliedstaaten sind von Art. 267 Abs. 3 AEUV auch die Gerichte erfasst, gegen deren Entscheidungen kein ordentlicher Rechtsbehelf mehr zur Verfügung steht[119]. Ordentliche Rechtsbehelfe sind auch die Beschwer-

115 *Streinz,* § 8, Rn. 690; *Hobe*, § 11, Rn. 179.
116 *Hobe*, § 11, Rn. 173; *Streinz,* § 8, Rn. 683.
117 EuGH, Slg. 1995, I- 4921, 5059 f.; EuGH, Slg. 2002, I-2157, 2202 f.; *EuGH*, NZG 2011, 1357, 1359; *Streinz,* § 8, Rn. 685; *Karpenstein*, Rn. 369; *Hobe*, § 11, Rn. 174; *Geiger/Khan/Kotzur,* Art. 267 AEUV, Rn. 15 f.
118 *Streinz,* § 8, Rn. 679; *Hobe*, § 11, Rn. 171; *Karpenstein*, Rn. 366; *Geiger/Khan/Kotzur,* Art. 267 AEUV, Rn. 12.
119 EuGH, Slg. 2002, I-4839, 4885 f.; *Karpenstein*, Rn. 379; *Streinz,* § 8, Rn. 687; *Geiger/Khan/Kotzur,* Art. 267 AEUV, Rn. 17; offen gelassen bei *Hobe*, § 11, Rn. 175.

den gegen die Nichtzulassung von Revision und Berufung[120]. Die Verfassungsbeschwerde oder das Wiederaufnahmeverfahren zählen jedoch nicht den ordentlichen Rechtsbehelfen[121]. Ausnahmsweise kann die Vorlagepflicht entfallen, wenn die Rechtsfrage bereits vom EuGH geklärt wurde oder die Antwort so offensichtlich ist, dass für vernünftige Zweifel kein Raum bleibt[122].

Legt ein deutsches Gericht trotz bestehender Verpflichtung nicht vor, verletzt es nicht nur Art. 267 Abs. 3 AEUV und Art. 4 Abs. 3 EUV, sondern es liegt zugleich eine Verletzung des grundrechtsgleichen Rechts aus Art. 101 Abs. 1 S. 2 GG (gesetzlicher Richter) vor, was eine Verfassungsbeschwerde ermöglicht[123].

Zu V. Die Entscheidungen des EuGH nach Art. 267 AEUV wirken grundsätzlich zurück, können aber in ihrer Wirkung ausdrücklich auf die Zeit nach der Entscheidung begrenzt werden[124].

Fallbezogene Vertiefung

Böhm, JA 2009, 679 ff.

120 EuGH, Slg. 2002, I-4839, 4885 f.; *BVerwG*, NVwZ 1993, 770; *Streinz*, § 8, Rn. 687.
121 *Karpenstein*, Rn. 379; *Geiger/Khan/Kotzur*, Art. 267 AEUV, Rn. 18.
122 *Streinz*, § 8, Rn. 689; *Hobe*, § 11, Rn. 176; *Geiger/Khan/Kotzur*, Art. 267 AEUV, Rn. 19; *Karpenstein*, Rn. 380 f.
123 BVerfGE 129, 78, 105 f.; *Karpenstein*, Rn. 386; *Geiger/Khan/Kotzur*, Art. 267 AEUV, Rn. 41 ff.; *Hobe*, § 11, Rn. 178.
124 *Hobe*, § 11, Rn. 180; *Streinz*, § 8, Rn. 691; *Geiger/Khan/Kotzur*, Art. 267 AEUV, Rn. 40.

Prüfungsprogramm 10: Die Amtshaftungsklage (Art. 268 AEUV i.V.m. Art. 340 Abs. 2 und Abs. 3 AEUV)

I. Zulässigkeit
1. **Klageberechtigte:** natürliche und juristische Personen
2. **Klagegegner:** Die Union, vertreten durch das EU-Organ, dem ein schädigendes Verhalten zugerechnet werden kann
3. **Streitgegenstand:** Schadensersatz für Unionsrechtsakte
4. **Klagebefugnis:** Kläger muss vortragen, durch eine rechtswidrige Handlung eines Unionsorgans einen Schaden erlitten zu haben
5. **Rechtsschutzbedürfnis:** fehlt a) wenn innerstaatliche Klagemöglichkeiten bestehen b) wenn Schaden durch rechtzeitige Erhebung einer Nichtigkeits- oder Untätigkeitsklage hätte abgewandt werden können
6. **Klagefrist:** Fünf Jahre nach Eintritt des schadensverursachenden Ereignisses (Art. 46 EuGH-Satzung)

II. Begründetheit gegeben, wenn der geltend gemachte Anspruch in tatsächlicher und rechtlicher Hinsicht besteht, d.h. rechtswidriges administratives oder legislatives Handeln eines Unionsorgans, der EZB oder eines Bediensteten einen Schaden beim Kläger verursacht hat[125]

III. Wirkung der EuGH-Entscheidung: Verurteilung zur Schadensersatzzahlung in Geld, vollstreckbar nach Art. 280, 299 AEUV

Hinweise

Zu I. 1. Auch nicht rechtsfähige Verbände werden als klageberechtigt anerkannt[126]. Umstritten ist die Klageberechtigung der Mitgliedstaaten[127].

Zu I. 5. Ist etwa ein Schaden dadurch entstanden, dass ein Mitgliedstaat rechtmäßiges EU-Recht nicht rechtzeitig oder nicht fehlerfrei umgesetzt hat, muss der Mitgliedstaat vor seinen Gerichten verklagt werden[128].

Zu II. Verschulden wird nicht gefordert[129]. Die als verletzt gerügte Unionsrechtsnorm muss auch den Kläger schützen[130].

125 Ausführlich insoweit Prüfungsprogramm StH 3.
126 *Streinz,* § 8, Rn. 673; *Hobe*, § 11, Rn. 163.
127 Bejahend *Streinz,* § 8, Rn. 673.
128 EuGH, Slg. 1979, 623, 638; *Geiger/Khan/Kotzur,* Art. 268 AEUV, Rn. 3; *Hobe*, § 11, Rn. 164.
129 *Streinz,* § 8, Rn. 677.
130 *Streinz,* § 8, Rn. 677.

II. Prüfungsprogramme zum Staatsorganisationsrecht (StOrg)

Prüfungsprogramm 1: Die Verfassungsmäßigkeit eines verfassungsändernden Gesetzes (Art. 79 GG)

I. Formelle Verfassungsmäßigkeit

1. Zuständigkeit des Bundes
2. Einhaltung der Regeln über das Gesetzgebungsverfahren (Art. 76 ff. GG), insbesondere **Zwei-Drittel-Mehrheit** in Bundestag und Bundesrat (Art. 79 Abs. 2 GG)
3. **Ausdrückliche** Ergänzung oder Änderung des Grundgesetztextes (Art. 79 Abs. 1 S. 1 GG)
4. Ausfertigung durch den Bundespräsidenten und Verkündung im Bundesgesetzblatt (Art. 82 Abs. 1 GG)

II. Materielle Verfassungsmäßigkeit (Art. 79 Abs. 3 GG)

1. Erhalt der Gliederung in Länder
2. Erhalt der grundsätzlichen Mitwirkung der Länder bei der Gesetzgebung
3. Erhalt der in Art. 1 und 20 GG niedergelegten Grundsätze

Hinweise

Zu I. 1. Dass der Bund für Änderungen der Bundesverfassung zuständig ist, ergibt sich u.a. aus der Zuweisung an zwei Bundesorgane in Art. 79 Abs. 2 GG.

Zu I. 2. Zu beachten ist, dass zwei Drittel aller Bundestagsabgeordneten zustimmen müssen, also bei 598 Abgeordneten mindestens 399. Im Bundesrat ist die erforderliche Mehrheit bei 46 der 69 Stimmen erreicht.

Zu II. 1. Es müssen nicht alle bestehenden Länder erhalten bleiben, sonst wäre Art. 29 GG sinnlos[1]. Den verbleibenden Ländern steht indes ein Kernbestand eigener Aufgaben und eigenständiger Aufgabenerfüllung zu[2].

Zu II. 2. Das „grundsätzlich" erlaubt eine Modifizierung der aktuellen Mitwirkungsmöglichkeiten des Bundesrates[3], erlaubt es aber nicht, den Bundesrat ersatzlos abzuschaffen, seine Einspruchs- und Zustimmungsrechte auf bloße Informationsrechte zu reduzieren oder ein Verfahren vorzusehen, welches eine leichte Umgehung des Bundesrates ermöglicht.

---

1 *Morlok/Michael*, Rn. 920; *Jarass/Pieroth*, Art. 79, Rn. 8.
2 BVerfGE 87, 181, 196 f.; *Jarass/Pieroth*, Art. 79, Rn. 8.
3 *Jarass/Pieroth*, Art. 79, Rn. 9; *Degenhart*, Rn. 725.

Zu II. 3. Von der sogenannten Ewigkeitsgarantie des Art. 79 Abs. 3 GG ist nur Art. 1 GG erfasst, die anderen Grundrechte nur insoweit wie sie Kerngehalte der Menschenwürde beinhalten[4], was etwa für das Willkürverbot bejaht wird[5].

Ebenso sind die Staatsgrundsätze des Art. 20 GG, also Rechtsstaat[6], Demokratie[7], Sozialstaat, Bundesstaat[8] und Republik nicht in jeder Einzelheit, sondern nur in den ihren Kerngehalten von Art. 79 Abs. 3 GG geschützt[9]. Nachträgliche Ergänzungen wie Art. 20 Abs. 4 GG genießen den Schutz der Ewigkeitsgarantie ebenso wenig[10] wie nicht in Art. 20 GG aufgenommene Staatsziele wie etwa der Umwelt- und Tierschutz aus Art. 20a GG oder die Beachtung des gesamtwirtschaftlichen Gleichgewichts in Art. 109 Abs. 2 GG.

Fallbezogene Vertiefung

Rozek, JuS 2008, 250 ff.

4 BVerfGE 84, 90, 121; 109, 279, 310; *Degenhart*, Rn. 243; *Ipsen*, Rn. 1043; *Jarass/Pieroth*, Art. 79, Rn. 10.
5 BVerfGE 84, 90, 121; 94, 12, 34; 95, 48, 62; *Jarass/Pieroth*, Art. 79, Rn. 11.
6 S. hierzu Prüfungsprogramm 2.
7 S. hierzu Prüfungsprogramm 3.
8 S. hierzu Prüfungsprogramm 5.
9 BVerfGE 109, 279, 310; *Jarass/Pieroth*, Art. 79, Rn. 12.
10 *Jarass/Pieroth*, Art. 79, Rn. 12.

Prüfungsprogramm 2: Kerngehalte des Rechtsstaatsprinzips

I. Die **Gewaltenteilung** (Art. 20 Abs. 2 S. 2 GG)

II. Der **Vorrang** der Verfassung und der **Vorrang** des Gesetzes aus Art. 20 Abs. 3 GG

III. Der **Vorbehalt** des Gesetzes und die **Wesentlichkeitstheorie**

IV. Das **Bestimmtheitsgebot**[11]

V. Der Grundsatz der **beschränkten Rückwirkung** von Gesetzen[12]

VI. Die **Rechtsschutzgarantie** des Art. 19 Abs. 4 GG[13]

VII. Der **Verhältnismäßigkeitsgrundsatz**[14]

VIII. Die **Unabhängigkeit** der Richter (Art. 97 GG)

IX. Die **Justizgrundrechte** (Art. 101, 103 Abs. 1 GG)

Hinweise

Zu I. Die Gewaltenteilung etabliert ein System der Kontrolle und Gegenkontrolle (checks and balances), welches der Machtverteilung und damit der Freiheitssicherung dient[15]. Zunächst hat jede der drei Gewalten eine unterschiedliche Aufgabe: Die Legislative stellt generell-abstrakte Regeln auf, die für alle Bürger gelten[16]. Die Judikative entscheidet Streitfälle als eine unbeteiligte und unabhängige Instanz nach rechtlichen Regeln in einem förmlichen Verfahren[17]. Die Exekutive – Regierung und Verwaltung – ist dann die Staatstätigkeit, die weder Gesetzgebung noch Rechtsprechung darstellt[18]. Zu dieser sachlichen Funktionentrennung kommt eine persönliche Funktionentrennung hinzu, die in einer Reihe von Inkompatibilitätsvorschriften Ausdruck findet (Art. 55 Abs. 1, Art. 94 Abs. 1 S. 3, Art. 137 Abs. 1 GG sowie §§ 5 ff. AbgG, § 3 Abs. 3 BVerfGG, § 4 DRiG). Trotz der festgestellten sachlichen und persönlichen Funktionentrennung ist die Gewaltenteilung im Grundgesetz nicht streng durchgehalten[19]. Dies lässt sich z.B. an der Verordnungsgebung durch die Exekutive, Verwaltungsaufgaben der Gerichte etwa beim Handelsregister oder dem Grundbuch, sowie Regierungsfunktionen des Parlaments, etwa bei Bundeswehreinsätzen erkennen. Das Bundesverfassungsgericht hält diese Überschneidungen der Gewalten für tolerabel, solange

---

11 S. hierzu Prüfungsprogramm 6 II. 1 Verfassungsmäßigkeit eines Bundesgesetzes.
12 S. hierzu Prüfungsprogramm 6 II. 2. Verfassungsmäßigkeit eines Bundesgesetzes.
13 S. hierzu Prüfungsprogramm GR 9.
14 S. hierzu Prüfungsprogramm AVR 10.
15 BVerfGE 9, 268, 279; 67, 100, 130; 95, 1, 15; 124, 78, 120; *Degenhart*, Rn. 295; *Morlok/Michael*, Rn. 273 u. 332; *Ipsen*, Rn. 754.
16 *Ipsen*, Rn. 756; *Degenhart*, Rn. 296.
17 *Ipsen*, Rn. 758; *Degenhart*, Rn. 299; *Jarass/Pieroth*, Art. 92, Rn. 4 ff.
18 *Degenhart*, Rn. 297; *Ipsen*, Rn. 757.
19 *Ipsen*, Rn. 766; *Morlok/Michael*, Rn. 331; *Jarass/Pieroth*, Art. 20, Rn. 24.

eine Gewalt nicht Aufgaben aus dem Kernbereich der anderen Gewalt übernimmt und damit ein Übergewicht über die andere Gewalt erlangt[20].

Zu II. Verstößt ein Gesetz gegen die Verfassung, ist es von Anfang an nichtig[21], es sei denn eine verfassungskonforme Auslegung erweist sich als möglich. Diese setzt voraus, dass mindestens zwei Auslegungsmöglichkeiten zur Wahl stehen, von denen die eine dem höherrangigen Recht entspricht, die andere aber nicht; in einer solchen Situation ist die verfassungskonforme Lösung zu wählen[22]. Wie jede andere Auslegung scheitert die verfassungskonforme Auslegung allerdings dann, wenn sie sich in Widerspruch zum klaren Wortlaut und zum Sinn und Zweck des Gesetzes setzen würde[23].

Das Gesetz wiederum steht über allen anderen Rechtsakten, etwa Verordnungen, Verwaltungsvorschriften und Verwaltungsakten[24]. Verwaltung und Gerichte müssen die Gesetze einhalten und dürfen nicht gegen sie handeln.

Zu III. Der Vorbehalt des Gesetzes, der zusätzlich auf das Demokratieprinzip gestützt wird[25], verbietet der Verwaltung ein Handeln ohne gesetzliche Grundlage. Er gilt zunächst für jeden Grundrechtseingriff[26], darüber hinaus aber auch für andere grundlegende Entscheidungen der Staatsgewalt mit Grundrechtsrelevanz (Grundrechtswesentlichkeit)[27], etwa die Einführung des Sexualkundeunterrichts an Schulen[28] oder die Zulassung von Atomkraftwerken[29]. Denn es ist Aufgabe der Parlamente, grundrechtswesentliche oder aus anderen Gründen hoch relevante Entscheidungen zu treffen[30]. Drittens muss das Parlament seine Gesetze umso präziser formulieren, je intensiver in Grundrechte eingegriffen werden soll[31]. Die Verwaltung soll nämlich jedenfalls bei Eingriffen in Rechte des Bürgers im Gesetz Handlungsmaßstäbe vorfinden, die ihr Verhalten steuern und begrenzen[32]. An diesem dritten Merkmal kann eine Delegation auf den Verordnungsgeber scheitern[33].

Zu VIII. Art. 97 Abs. 1 GG garantiert die sachliche Unabhängigkeit der Richterinnen und Richter, die nicht an Weisungen, sondern nur an das Gesetz gebunden sind. So

20 BVerfGE 9, 268, 279 f.; 95, 1, 15; 106, 51, 60; *Ipsen*, Rn. 767; *Degenhart*, Rn. 295; *Morlok/Michael*, Rn. 331.
21 BVerfGE 84, 9, 20 f.; *Morlok/Michael*, Rn. 67 u. 322; *Ipsen*, Rn. 795; *Jarass/Pieroth*, Art. 20, Rn. 33.
22 BVerfGE 88, 145, 166; 95, 64, 93; 124, 25, 39; *Degenhart*, Rn. 22 u. 802; *Jarass/Pieroth*, Art. 20, Rn. 34.
23 BVerfGE 34, 165, 200; 71, 81, 105; 90, 263, 275; 110, 226, 267; 112, 164, 183; 122, 39, 61; 124, 25, 39; *Jarass/Pieroth*, Art. 20, Rn. 34 a; *Morlok/Michael*, Rn. 1039.
24 *Ipsen*, Rn. 798; *Degenhart*, Rn. 294; *Morlok/Michael*, Rn. 322; *Jarass/Pieroth*, Art. 20, Rn. 39.
25 BVerfGE 83, 130, 142; *Jarass/Pieroth*, Art. 20, Rn. 15; *Degenhart*, Rn. 38 ff.; *Morlok/Michael*, Rn. 325.
26 *Degenhart*, Rn. 314 ff.; *Morlok/Michael*, Rn. 326; *Jarass/Pieroth*, Art. 20, Rn. 49; *Ipsen*, Rn. 799.
27 *Ipsen*, Rn. 800; *Jarass/Pieroth*, Art. 20, Rn. 48; *Morlok/Michael*, Rn. 327.
28 BVerfGE 47, 46, 78 ff.; *Degenhart*, Rn. 331.
29 BVerfGE 49, 89, 126 f.
30 BVerfGE 33, 125, 159; 34, 165, 192 f; 49, 89, 126; 98, 218, 251 f.; 107, 104, 128.
31 BVerfGE 49, 89, 127; 83, 130, 152; 108, 282, 306 ff.; 110, 33, 55 f.; 120, 378, 408; *Jarass/Pieroth*, Art. 20, Rn. 54; *Morlok/Michael*, Rn. 327; *Degenhart*, Rn. 332.
32 BVerfGE 8, 274, 325; 21, 73, 79 f.; 52, 1, 41; 120, 274, 316; 120, 378, 407.
33 S.u. Prüfungsprogramm 9, I. 3.

werden ein faires Verfahren und eine inhaltlich gerechte Entscheidung gesichert[34]. Art. 97 Abs. 2 GG gewährleistet der Judikative auch eine grundsätzliche persönliche Unabhängigkeit[35], da Richterinnen und Richter gegen ihren Willen weder versetzt noch entlassen werden dürfen (Ausn.: Art. 98 Abs. 2 GG).

Zu IX. Art. 101 Abs. 1 GG verhindert, dass man Art. 97 GG unterläuft, indem man ad hoc ein Gericht aus Personen zusammenstellt, von denen man eine bestimmte Entscheidung erwartet[36]. M.a.W. müssen die Richterinnen und Richter, die einen Fall entscheiden sollen, bereits feststehen, bevor der Fall das Gericht erreicht[37]. Art. 103 Abs. 1 GG gewährleistet allen Verfahrensbeteiligten die Möglichkeit, Stellung zu nehmen[38]. Weitergehend begründet die Norm Informationspflichten der Gerichte und verpflichtet diese die Äußerungen der Verfahrensbeteiligten zur Kenntnis zu nehmen und angemessen zu berücksichtigen[39].

Fallbezogene Vertiefung

Zu den Justizgrundrechten: *Otto,* JuS 2012, 21 ff. u. 412 ff.

34 *Ipsen*, Rn. 825.
35 *Ipsen*, Rn. 832 f.; *Jarass/Pieroth*, Art. 97, Rn. 10 ff.; *Morlok/Michael*, Rn. 982.
36 *Morlok/Michael*, Rn. 987; *Ipsen*, Rn. 387.
37 *Degenhart*, Rn. 452; *Jarass/Pieroth*, Art. 101, Rn. 8; *Ipsen*, Rn. 387.
38 BVerfGE 107, 395, 408 ff.; *Jarass/Pieroth*, Art. 103, Rn. 1 u. 10; *Morlok/Michael*, Rn. 988; *Degenhart*, Rn. 458.
39 *Degenhart*, Rn. 458; *Morlok/Michael*, Rn. 988; *Jarass/Pieroth*, Art. 103, Rn. 9 u. 11.

Prüfungsprogramm 3: Kerngehalte des Demokratieprinzips

I. **Volkssouveränität** und demokratische Legitimation (Art. 20 Abs. 2 S. 1, S. 2 GG)

II. **Mehrheitsprinzip**

III. **Wahlen, Abstimmungen** (Art. 20 Abs. 2 S. 2 GG) und Wahlrechtsgrundsätze (Art. 38 Abs. 1 S. 1 GG)[40]

IV. **Freies Mandat** (Art. 38 Abs. 1 S. 2 GG)

V. **Mehrparteiensystem**, **Chancengleichheit** der Parteien und Recht auf Bildung und Ausübung einer **Opposition**

VI. **Wehrhafte** Demokratie (Art. 9 Abs. 2, 18, 21 Abs. 2 GG)

Hinweise

Zu I. Kein König und keine Adelsschicht, sondern das Volk selbst soll herrschen, hierin liegt der Grundgedanke[41]. Von Staatsgewalt i.S.d. Art. 20 Abs. 2 S. 1 GG spricht man, wenn Entscheidungen getroffen werden, noch nicht bei vorbereitender oder beratender Tätigkeit[42]. Die demokratische Legitimation des Staatshandelns hat drei Quellen: zunächst sind die drei Staatsgewalten institutionell legitimiert, da sie in Art. 20 Abs. 2 S. 2 GG als Mittel der Volksherrschaft benannt werden[43]. Sachlich-inhaltlich können sich Justiz und Verwaltung auf die Legitimation durch die Gesetze stützen, die die Parlamente erlassen haben[44]. Die Legislative wiederum regiert nur auf Zeit[45] und ist vom Volk durch wiederkehrende Wahlen kontrollierbar. Die dritte Legitimationsquelle ist organisatorisch-personeller Natur: Jeder Amtsträger muss seine Ernennung auf eine ununterbrochene Legitimationskette, die bis zum Parlament reicht, zurückführen können[46].

Zu II. Aus Art. 42 Abs. 2 S. 1, 52 Abs. 3 S. 1, 63 Abs. 2 S. 1, 79 Abs. 2 und 121 GG lässt sich folgern, dass – sofern nicht alle einverstanden sind – die Mehrheit in den Gremien die Entscheidungen trifft – das Mehrheitsprinzip gilt generell für Demokratie[47].

---

40 S. Prüfungsprogramm 4.
41 *Morlok/Michael*, Rn. 128; *Degenhart*, Rn. 25; *Jarass/Pieroth*, Art. 20, Rn. 4.
42 BVerfGE 83, 60, 73 f.; 93, 37, 68; 107, 59, 87; *Jarass/Pieroth*, Art. 20, Rn. 4.
43 BVerfGE 49, 89, 125.
44 *Jarass/Pieroth*, Art. 20, Rn. 10; *Degenhart*, Rn. 29.
45 *Morlok/Michael*, Rn. 138.
46 BVerfGE 83, 60, 72; 93, 37, 68; 107, 59, 87; *Jarass/Pieroth*, Art. 20, Rn. 9 a; *Degenhart*, Rn. 29; *Morlok/Michael*, Rn. 134 f.
47 *Morlok/Michael*, Rn. 159; *Jarass/Pieroth*, Art. 20, Rn. 15; *Degenhart*, Rn. 639 für den Bundestag.

Zu III. Wahlen sind personenbezogen, Abstimmungen sachbezogen[48]. Letztere sind im Grundgesetz nur ganz selten vorgesehen, nämlich nur in Art. 29 und Art. 146 GG. Anders als viele Landesverfassungen stellt das Grundgesetz deshalb eine stark repräsentative Demokratie dar[49].

Zu IV. Im Unterschied zum imperativen Mandat, das Delegierte an den Willen ihrer Wählerinnen und Wähler bindet, sind die Bundestagsabgeordneten unabhängig und sollen so das gesamte Volk repräsentieren[50]. Regeln, die Abgeordnete verpflichten Tätigkeiten neben der Mandatsausübung und Einkünfte hieraus offenzulegen, sind verfassungsgemäß[51], weil nur so die Transparenz hergestellt werden kann, die das Vertrauen der Wähler in die Gewählten sichert. Im Verhältnis der Abgeordneten zu ihren Fraktionen, die Ausdruck der parteienstaatlichen Demokratie des Art. 21 GG sind, kann es Konflikte geben, die die Freiheit des Mandats gefährden. Grob gesagt wird Fraktionsdisziplin, die sich etwa in Vorgesprächen bei wichtigen Entscheidungen, Probeabstimmungen oder im Extremfall in einem Fraktionsausschluss ausdrückt, für zulässig gehalten[52]. Fraktionszwang, der abweichendes Stimmverhalten mit finanziellen Sanktionen oder der Verpflichtung zum Mandatsverzicht bestraft, verstößt jedoch gegen Art. 38 Abs. 1 S. 2 GG[53].

Zu V. Die genannten Elemente sind bereits 1952 als wichtige Bestandteile der freiheitlich demokratischen Grundordnung anerkannt worden[54]. Die Chancengleichheit der Parteien leitet das Bundesverfassungsgericht aus Art. 21 Abs. 1 GG i.V.m. Art. 3 Abs. 1 GG her[55]. Sie gilt sowohl beim Wahlvorgang – hier wird häufig auch Art. 38 Abs. 1 GG herangezogen[56] – als auch bei der Wahlvorbereitung und schließlich auch im Bereich der Parteienfinanzierung[57]. Einfachrechtlich ist sie in § 5 PartG niedergelegt.

Weil die Bundesregierung in aller Regel auch über die Mehrheit der Stimmen im Bundestag verfügt, verlagert sich die parlamentarische Kontrolle von Regierung und Verwaltung auf die Opposition[58]. Wichtige Rechte der Opposition sind z.B. Durchsetzung einer Sondersitzung des Bundestages (Art. 39 Abs. 3 GG), die Einsetzung eines Untersuchungsausschusses (Art. 44 Abs. 1 GG)[59] die Abwahl des amtierenden Bundeskanzlers bei gleichzeitiger Wahl eines neuen Bundeskanzlers (Art. 67 Abs. 1 GG – konstruktives Misstrauensvotum). Die Öffentlichkeitsarbeit der Regierung darf

48 *Morlok/Michael*, Rn. 133; *Jarass/Pieroth*, Art. 20, Rn. 4; *Degenhart*, Rn. 110.
49 *Degenhart*, Rn. 28.
50 *Morlok/Michael*, Rn. 667; *Jarass/Pieroth*, Art. 38, Rn. 34; *Degenhart*, Rn. 649.
51 BVerfGE 118, 277, 334 ff. zu § 44a AbgG.
52 *Morlok/Michael*, Rn. 699 f.; *Degenhart*, Rn. 655; *Jarass/Pieroth*, Art. 38, Rn. 42 f.
53 *Morlok/Michael*, Rn. 699 u. 671; *Jarass/Pieroth*, Art. 38, Rn. 43; *Degenhart*, Rn. 656.
54 BVerfGE 2, 1, 12 f. u. Leitsatz 2.
55 BVerfGE 107, 286, 294; 111, 54, 104 f.; 111, 382, 398; 129, 300, 319; *BVerfG*, NVwZ 2014, 439, 441; *Morlok/Michael*, Rn. 247; *Jarass/Pieroth*, Art. 21, Rn. 16; *Ipsen*, Rn. 162; *Degenhart*, Rn. 55.
56 BVerfGE 82, 322, 337 f.; 120, 82, 104; *Morlok/Michael*, Rn. 247.
57 BVerfGE 111, 54, 104 f.
58 BVerfGE 49, 70, 85 f.; *Ipsen*, Rn. 276; *Degenhart*, Rn. 668.
59 Zusammenstellung der Untersuchungsausschüsse der letzten Legislaturperioden bei *Ipsen*, Rn. 215.

sich nicht gegen die Opposition richten[60] und muss – insbesondere vor Wahlen – sehr zurückhaltend betrieben werden[61].

Zu VI. Die genannten Normen erlauben ein Vorgehen gegen erklärte Feinde der freiheitlich demokratischen Grundordnung. Bundesweite Vereine können gemäß § 3 Abs. 2 VereinsG vom Bundesinnenminister, nur landesweit tätige Vereine von den zuständigen Landesbehörden verboten werden. In Bezug auf Art. 18 und Art. 21 Abs. 2 GG besteht eine Entscheidungsmonopol des Bundesverfassungsgerichts. Bis zu dessen Entscheidung kann sich jeder auf seine Grundrechte berufen bzw. darf eine Partei nicht als verfassungswidrig betrachtet und deswegen benachteiligt werden[62].

Fallbezogene Vertiefung

Pieroth, JuS 2010, 473 ff.

60 BVerfGE 44, 125, 149 f.
61 *Degenhart*, Rn. 758; *Jarass/Pieroth*, Art. 38, Rn. 17 m.w.N.
62 *Degenhart*, Rn. 59.

Prüfungsprogramm 4:
Die Wahlrechtsgrundsätze als inhaltlicher Maßstab für wahlrechtsändernde Gesetze (Art. 38 Abs. 1 GG)

I. **Allgemein** – jeder und jede darf wählen und kann gewählt werden.

II. **Unmittelbar** – es gibt keine zwischen Wähler und Kandidat geschaltete Institutionen[63] wie etwa das Wahlmännergremium bei der Präsidentenwahl in den USA.

III. **Frei** – es darf seitens des Staates keinen psychischen oder physischen Druck auf die Wahlentscheidung geben[64], nicht vor, nicht bei und nicht nach der Wahl.

IV. **Gleich** – jede Stimme soll gleich viel zählen. Niemand soll ohne triftigen Grund von einer Kandidatur ausgeschlossen werden. Streng wird dies beim Zählwert der Stimmen gesehen[65], Ausnahmen werden beim Erfolgswert der Stimmen für zulässig gehalten.

V. **Geheim** – die Wahlentscheidung muss unbeobachtet und unkontrolliert getroffen werden, eine öffentliche Stimmabgabe ist unzulässig[66].

VI. Wahlvorschlagsverfahren, Stimmauszählung und die Feststellung des Wahlergebnisses müssen **öffentlich kontrollierbar** sein[67].

Hinweise

Generell: Über Art. 28 Abs. 1 S. 2 GG gelten die Wahlrechtsgrundsätze auch für Wahlen in den Ländern, Kreisen und Gemeinden. Verstöße gegen die Wahlrechtsgrundsätze können im Wege der Verfassungsbeschwerde gerügt werden (Art. 93 Abs. 1 Nr. 4a GG).

Zu I. Jede Verringerung der Zahl der wahlberechtigten oder der wählbaren Staatsbürger beeinträchtigt eine allgemeine Wahl[68] und bedarf deshalb einer Begründung. Dass die unter 18-jährigen nicht an Bundestagswahlen teilnehmen dürfen, ist durch Art. 38 Abs. 2 GG gerechtfertigt. Ausländer dürfen deshalb nicht an Wahlen in Bund und Ländern teilnehmen, weil sie nicht zum deutschen Volk i.S.d. Art. 20 Abs. 2 S. 2 GG gezählt werden[69]. Immerhin ist EU-Ausländern durch Art. 28 Abs. 1 S. 3 GG das aktive und passive Wahlrecht bei Kommunalwahlen eröffnet.

63 *Ipsen*, Rn. 80; *Jarass/Pieroth*, Art. 38, Rn. 14; *Degenhart*, Rn. 80; *Morlok/Michael*, Rn. 199.
64 BVerfGE 44, 125, 139; 124, 1, 24; *Degenhart*, Rn. 82; *Ipsen*, Rn. 91; *Jarass/Pieroth*, Art. 38, Rn. 16; *Morlok/Michael*, Rn. 202.
65 *Morlok/Michael*, Rn. 206; *Degenhart*, Rn. 84 f.
66 *Morlok/Michael*, Rn. 214; *Jarass/Pieroth*, Art. 38, Rn. 11; *Ipsen*, Rn. 88; *Degenhart*, Rn. 80.
67 BVerfGE 123, 39, 68 ff.; 124, 1, 22 f.; *Degenhart*, Rn. 83; *Morlok/Michael*, Rn. 216.
68 BVerfGE 28, 220, 225; 58, 202, 205; 59, 119, 125; *Ipsen*, Rn. 75; *Jarass/Pieroth*, Art. 38, Rn. 13.
69 *Degenhart*, Rn. 78; *Jarass/Pieroth*, Art. 38, Rn. 5.

Zu III. Eine Wahlpflicht wird als unzulässig betrachtet[70]. Zur Wahlfreiheit gehört auch, dass das Einreichen von Wahlvorschlägen nicht zu stark behindert wird und dass innerparteilich mehrere Kandidaten konkurrieren dürfen[71]. Schließlich lässt sich zur Wahlfreiheit – aber auch zur Wahlgleichheit – rechnen, dass die Öffentlichkeitsarbeit der Regierung vor Wahlen nur noch zurückhaltend i.S. notwendiger Information tätig wird, nicht aber als Werbemaschine für die amtierende Regierung eingesetzt wird[72].

Zu IV. Die 5 %-Klausel des § 6 Abs. 6 BWahlG beschränkt den Erfolg von Stimmen, die an Parteien vergeben werden, die unter diesem Wert bleiben. Sie wird damit gerechtfertigt, dass nur so eine Zersplitterung des Parlaments verhindert und die Bildung einer stabilen Regierung gesichert werden könne[73]. Zudem begrenzt die Klausel die Chancen von Parteien, die sich nur einem einzigen Thema widmen. Auf der Ebene der Kommunen wird eine Sperrklausel nicht mehr für gerechtfertigt gehalten[74]. Gleiches wird für die Wahl zum Europäischen Parlament angenommen[75].

Die Wahlrechtsgleichheit wird vom Bundesverfassungsgericht im Unterschied zum allgemeinen Gleichheitssatz des Art. 3 Abs. 1 GG streng formal interpretiert. Für Einschränkungen des passiven oder aktiven Wahlrechts billigt das Gericht[76] mit Zustimmung der Lehre[77] dem Gesetzgeber nur einen eng bemessenen Spielraum zu, indem es für Differenzierungen einen zwingenden rechtfertigenden Grund fordert.

Zu V. Die Briefwahl, die gewisse Gefahren für die Geheimheit der Wahl birgt, wird damit gerechtfertigt, dass sie Menschen, die das Wahllokal am Wahltag nicht aufsuchen können, das Wählen dennoch ermöglicht und damit die Allgemeinheit der Wahl fördert[78].

Zu VI. Der Einsatz von Wahlcomputern, die Stimmen zählen und das Gesamtergebnis ausrechnen, kann an diesem ungeschriebenen Grundsatz scheitern.

Fallbezogene Vertiefung

Lampert, JuS 2011, 884 ff.

70 *Morlok/Michael*, Rn. 202; *Jarass/Pieroth*, Art. 38, Rn. 16.
71 *Morlok/Michael*, Rn. 203; *Jarass/Pieroth*, Art. 38, Rn. 16.
72 BVerfGE 63, 230, 243; *Morlok/Michael*, Rn. 213; *Degenhart*, Rn. 82; *Jarass/Pieroth*, Art. 38, Rn. 17.
73 BVerfGE 82, 322, 338; 95, 408, 421 f.; *Ipsen*, Rn. 100; *Jarass/Pieroth*, Art. 38, Rn. 25; *Degenhart*, Rn. 87.
74 BVerfGE 120, 82, 109 ff.; *VerfGH NW*, DVBl 1999, 1271, 1272 ff.; *HmbVerfG*, DVBl 2013, 304, 306 ff.
75 BVerfGE 129, 300, 324 ff.; *BVerfG*, NVwZ 2014, 439, 443 ff.
76 BVerfGE 12, 73, 77; 13, 243, 247; 28, 220, 225; 34, 81, 99; 41, 399, 413; 57, 43, 56; 69, 92, 106; 82, 322, 338; 95, 408, 418 f.; 120, 82, 102; 124, 1, 18; 129, 300, 320; 131, 316, 336 u. 338; *BVerfG*, NVwZ 2014, 439, 442.
77 *Jarass/Pieroth*, Art. 38, Rn. 3 u. 23; *Ipsen*, Rn. 105; *Morlok/Michael*, Rn. 211 f.
78 *Morlok/Michael*, Rn. 215; *Degenhart*, Rn. 81; *Jarass/Pieroth*, Art. 38, Rn. 21.

Prüfungsprogramm 5: Kerngehalte des Bundesstaatsprinzips (Art. 20 Abs. 1 GG)

I. **Homogenität** der Landesverfassungen mit dem GG (Art. 28 Abs. 1 S. 1 GG)
II. Grundsätzlicher Ausgangspunkt: Länderzuständigkeit (Art. 30, 70, 83 GG)
III. **Vorrang** des Bundesrechts (Art. 31 GG)
IV. Mitwirkung der Länder an der Bundesgesetzgebung über den Bundesrat (Art. 50 ff. GG)[79]
V. Ungeschriebener Grundsatz der **Bundestreue**
VI. Möglichkeit des **Bundeszwangs** (Art. 37 GG)

Hinweise

Zu I. Die Verfassungsautonomie der Länder wird durch die Homogenitätsklausel des Art. 28 Abs. 1 S. 1 GG eingeschränkt. Die Norm garantiert nur die Homogenität in den Grundsätzen, nicht bei der Ausgestaltung im Einzelnen[80]. Zu starke Abweichungen der Landesverfassungen von den Staatsgrundsätzen des Art. 20 GG würden die Zusammenarbeit im Bundesstaat in Gefahr bringen[81].

Zu III. Die Vorschrift ist so zu verstehen, dass kompetenzgemäß erlassenes Bundesrecht[82] Landesrecht jeder Rangstufe bricht[83], sich also eine Bundesrechtsverordnung auch gegen eine entgegenstehende Vorschrift aus einer Landesverfassung durchsetzt. Bei Abweichungskompetenzen der Länder[84] ist Art. 31 GG nicht anzuwenden.

Zu V. Die Pflicht zur Bundestreue, auch als Pflicht zum bundesfreundlichen bzw. länderfreundlichen Verhalten bezeichnet, trifft alle Akteure im Bundesstaat[85]. Der Grundsatz regelt die Art und Weise der Ausübung von Kompetenzen und die Handhabung von Konflikten, schafft aber keine neuen Kompetenzen[86]. Er kann Informations-, Tätigkeits-, Mitwirkungs- und Rücksichtnahmepflichten begründen[87].

Zu VI. Die Norm ist als ultima ratio zu betrachten und nur dann zu nutzen, wenn Verhandlungen oder Androhung des Bundeszwanges nicht weiterhelfen[88]. Sie ist bis-

---

79 S. hierzu auch Prüfungsprogramm 6, I. 2.
80 *Jarass/Pieroth*, Art. 28, Rn. 4 f.; *Degenhart*, Rn. 478; *Ipsen*, Rn. 712; *Morlok/Michael*, Rn. 532.
81 *Ipsen*, Rn. 711.
82 *Degenhart*, Rn. 198; *Jarass/Pieroth*, Art. 31, Rn. 3; *Ipsen*, Rn. 723 f.
83 *Jarass/Pieroth*, Art. 31, Rn. 5.
84 S.u. Prüfungsprogramm 8, III.
85 BVerfGE 12, 205, 254; *Ipsen*, Rn. 717; *Degenhart*, Rn. 494; *Jarass/Pieroth*, Art. 20, Rn. 20.
86 BVerfGE 103, 81, 88; *Jarass/Pieroth*, Art. 20, Rn. 21; *Degenhart*, Rn. 501; **a.A.** *Morlok/Michael*, Rn. 526 m.w.N.
87 BVerfGE 12, 205, 254 f.; *Degenhart*, Rn. 503; *Ipsen*, Rn. 719.
88 *Morlok/Michael*, Rn. 525; *Jarass/Pieroth*, Art. 37, Rn. 3.

lang nicht zum Einsatz gekommen[89]. Sie setzt die Verletzung grundgesetzlicher oder bundesgesetzlicher Pflichten durch ein Bundesland voraus, einen Beschluss der Bundesregierung sowie die Zustimmung des Bundesrates.

89 *Ipsen*, Rn. 736; *Jarass/Pieroth*, Art. 37, Rn. 1; *Degenhart*, Rn. 532.

Prüfungsprogramm 6:
Die Verfassungsmäßigkeit eines Bundesgesetzes

I. Formelle Verfassungsmäßigkeit
1. Gesetzgebungs**zuständigkeit** des Bundes (Art. 70 ff. GG)[90]
2. Einhaltung der Regeln über das Gesetzgebungs**verfahren** (Art. 76 ff. GG)
3. **Form:** Ausfertigung durch den Bundespräsidenten und Verkündung im Bundesgesetzblatt (Art. 82 Abs. 1 GG)

II. Materielle Verfassungsmäßigkeit
1. Einhaltung des rechtsstaatlichen Bestimmtheitsgebots
2. Wahrung des rechtsstaatlichen Gebots der begrenzten Rückwirkung
3. Wahrung der Grundrechte und des Verhältnismäßigkeitsgrundsatzes[91]
4. Einhaltung sonstigen materiellen Verfassungsrechts

Hinweise

Zu I. 2. Werden im Gesetzgebungsverfahren zwingende Regeln der Art. 76 ff. GG nicht gewahrt, ist das Gesetz nichtig[92]. Dies gilt etwa für eine unterbliebene rechtzeitige Beteiligung des Bundesrates (Art. 76 Abs. 2 S. 1 GG)[93], für einen nicht mit der erforderlichen Mehrheit zustande gekommenen Gesetzesbeschluss (Art. 77 Abs. 1 i.V.m. 42 Abs. 2 GG u. § 45 GOBT) oder die unterbliebene, aber notwendige Zustimmung des Bundesrates[94]. Zustimmungsbedürftig sind alle Gesetze, die als solche ausdrücklich im Grundgesetz gekennzeichnet sind. Als Beispiele seien genannt: verfassungsändernde Gesetze (Art. 79 Abs. 2 GG), Gesetze, die sich mit der Bundesauftragsverwaltung beschäftigen (Art. 85 Abs. 1, Abs. 2, 87 c, 87 d Abs. 2 GG) und Gesetze, die die Verteilung der Finanzmittel betreffen (Art. 104a Abs. 4, 105 Abs. 3, 106 Abs. 3, Abs. 4, 107 Abs. 1, 109 Abs. 4 GG). Ordnet das Grundgesetz eine Zustimmung des Bundesrates nicht an, handelt es sich um ein Einspruchsgesetz, dessen Zustandekommen der Bundesrat nur verzögern, nicht aber verhindern kann (vergl. Art. 77 Abs. 3, Abs. 4, 78 GG).

Wird ein zustimmungspflichtiges Gesetz später geändert, ist das Änderungsgesetz nicht automatisch auch zustimmungsbedürftig, sondern es gilt folgende differenzierende Lösung[95]: Das Änderungsgesetz bedarf einer Zustimmung des Bundesrates, wenn es selbst zustimmungsbedürftige Vorschriften enthält oder früher zustimmungsbedürftige Regelungen ändert. Schließlich tritt die Zustimmungspflicht ein, wenn das

---

90 Einzelheiten in Prüfungsprogramm 7.
91 S. insoweit Prüfungsprogramme GR bzw. AVR 10.
92 BVerfGE 44, 308, 313; *Jarass/Pieroth*, Art. 76, Rn. 1a.
93 *Morlok/Michael*, Rn. 900; *Degenhart*, Rn. 218.
94 *Degenhart*, Rn. 225 u. 231; *Ipsen*, Rn. 350; *Jarass/Pieroth*, Art. 77, Rn. 6; *Morlok/Michael*, Rn. 909 u. 911.
95 BVerfGE 37, 363, 382; 48, 127, 180; 126, 77, 100; *Ipsen*, Rn. 369 ff.; *Jarass/Pieroth*, Art. 77, Rn. 5; *Degenhart*, Rn. 714 ff.

Gesetz eine Systemverschiebung bewirkt, sodass die ursprüngliche Zustimmung des Bundesrates unterlaufen wird.

Verstöße gegen die Geschäftsordnungen der am Gesetzgebungsverfahren beteiligten Bundesorgane führen nur dann zur Nichtigkeit des Gesetzes, wenn darin gleichzeitig eine evidente Verfassungsverletzung liegt[96].

Zu I. 3. Der Bundespräsident darf die **formelle** Verfassungsmäßigkeit des Gesetzes überprüfen[97]. Zur **materiellen** Prüfungskompetenz siehe Prüfungsprogramm 10. In der Regel enthalten Gesetze und Verordnungen das Datum, an dem sie in Kraft treten. Als Auffangregelung fungiert insoweit Art. 82 Abs. 2 S. 2 GG.

Zu II. 1. Das allgemeine rechtsstaatliche Bestimmtheitsgebot bedeutet nach ständiger Rechtsprechung des Bundesverfassungsgerichts, dass gesetzliche Regelungen so gefasst sein müssen, dass der Betroffene die Rechtslage erkennen und sein Verhalten danach ausrichten kann[98]. So soll z.B. der Abgabepflichtige anhand der relevanten Vorschrift die auf ihn entfallende Abgabe in ihrer Höhe abschätzen können[99]. Auslegungsbedürftigkeit schadet der Bestimmtheit einer Norm allerdings nicht[100]. Neben dem Wortlaut dürfen also auch systematische, historische und teleologische Aspekte genutzt werden, um einer Vorschrift einen ausreichenden Grad an Bestimmtheit zu verschaffen. Entscheidend ist letztlich die Perspektive juristischer Experten, so dass es eher um Bestimmbarkeit, als um Bestimmtheit geht[101]. Überdies muss der durch Auslegung ermittelte Norminhalt nicht immer das gleiche Bestimmtheitsniveau erreichen. Das Bundesverfassungsgericht lehnt es ausdrücklich ab, das hinreichende Maß an Bestimmtheit abstrakt-generell festzulegen, Normenklarheit wird also als variabel verstanden[102]. In Abhängigkeit von der Eigenart der zur regelnden Lebenssachverhalte, dem Normzweck und der Intensität der zu erwartenden Grundrechteingriffe werden von Gesetz zu Gesetz unterschiedliche Bestimmtheitsanforderungen akzeptiert[103]. Wegen Art. 103 Abs. 2 GG gelten die strengsten Bestimmtheitsanforderungen im Straf- und Ordnungswidrigkeitenrecht[104].

Zu II. 2. Falls das zu untersuchende Gesetz erst am Verkündungstag in Kraft tritt, stellt sich das Rückwirkungsproblem nicht. Anderenfalls ist die Zulässigkeit des rückwirken-

96 BVerfGE 34, 9, 25; *Degenhart*, Rn. 224; *Ipsen*, Rn. 230; *Jarass/Pieroth*, Art. 40, Rn. 9; *Morlok/Michael*, Rn. 906.

97 *Morlok/Michael*, Rn. 868 u. 913; *Degenhart*, Rn. 784; *Ipsen*, Rn. 495; *Jarass/Pieroth*, Art. 82, Rn. 3.

98 BVerfGE 17, 306, 314; 21, 73, 79; 31, 255, 264; 45, 400, 420; 52, 1, 41; 102, 254, 337; 108, 52, 75; 108, 186, 235; 110, 33, 53; 113, 348, 375 f.; 120, 274, 316; *BVerfG*, NJW 2013, 3151, 3159.

99 BVerfGE 108, 186, 235 f.; BFHE 214, 430, 434 f. m.w.N.

100 BVerfGE 21, 245, 261; 31, 255, 264; 45, 400, 420; 63, 312, 324; 78, 205, 212; 84, 133, 149; 93, 213, 238; 96, 68, 97; 102, 254, 337; 103, 21, 33; 106, 1, 19; 108, 1, 20; 110, 33, 56 f.; *BVerfG*, NVwZ 2008, 1229, 1230; *BVerfG*, NJW 2013, 3151, 3159; *Jarass/Pieroth*, Art. 20, Rn. 58; *Degenhart*, Rn. 374; *Morlok/Michael*, Rn. 343.

101 *Morlok/Michael*, Rn. 345.

102 BVerfGE 56, 1, 13; 103, 111, 135; 108, 186, 235; *BVerfG*, NJW 2013, 3151, 3159; *Morlok/Michael*, Rn. 344 f.; *Jarass/Pieroth*, Art. 20, Rn. 59.

103 BVerfGE 56, 1, 13.

104 *Morlok/Michael*, Rn. 346; *Degenhart*, Rn. 377.

den Inkraftsetzens zu überprüfen, welches etwa im Steuerrecht oder im Rentenversicherungsrecht nicht selten vorkommt. Hierbei sind zwei Konstellationen unproblematisch:

- Art. 103 Abs. 2 GG ordnet für das Straf- und Ordnungswidrigkeitenrecht ein strenges Rückwirkungsverbot an[105].
- Generell erlaubt ist dagegen eine Rückwirkung, die Bürgerinnen und Bürger lediglich begünstigt.

Bei Belastungen, die nicht dem materiellen Straf- und Ordnungswidrigkeitenrecht zuzurechnen sind, unterscheidet man zwischen der Rückbewirkung von Rechtsfolgen (echte Rückwirkung) und der tatbestandlichen Rückanknüpfung (unechte Rückwirkung). Erstere knüpft an bereits abgeschlossene Sachverhalte an[106], z.B. erhebt der Staat nachträglich Steuern für das bereits abgelaufene Steuerjahr oder verändert das Rentenrecht dahingehend, dass sich Rentenkürzungen bei Rentenbeziehern ergeben. Weil sich die Bürger auf den Bestand der jeweiligen Rechtslage verlassen dürfen, ist die echte Rückwirkung nur in eng begrenzten Fällen zulässig[107]:

- Bagatellverschlechterung[108];
- Die Betroffenen mussten mit der Rechtsänderung rechnen – ihr Vertrauensschutz endet, sobald der Bundestag ein neues Gesetz beschlossen hat[109];
- Es wird eine unklare, verworrene Rechtslage beseitigt[110] oder die bisherige Lösung war verfassungswidrig;
- Sonstige zwingende Gründe des Allgemeinwohls, die stärker wiegen als der Vertrauensschutz der Betroffenen[111].

Die tatbestandliche Rückanknüpfung (unechte Rückwirkung) erfasst zwar auch in der Vergangenheit liegende Sachverhalte, die aber noch nicht als abgeschlossen zu bewerten sind[112]. Hierzu gehört etwa eine Steuererhöhung für das laufende Jahr oder eine Rentenreform, die die Rentenaussichten noch berufstätiger Menschen verschlechtert. Diese Variante der Rückwirkung wird als generell zulässig bewertet, es sei denn, das Vertrauen der Bürger auf den Bestand der Regelung ist ausnahmsweise von höherem Gewicht als die mit der Änderung verfolgten Gemeinwohlinteressen[113]. Eventuell

105 BVerfGE 30, 367, 385; 95, 96, 131; *Degenhart*, Rn. 388; *Jarass/Pieroth*, Art. 103, Rn. 53; *Morlok/Michael*, Rn. 351.

106 BVerfGE 30, 367, 386; 88, 384, 403 f.; 95, 64, 86; 101, 239, 263; 114, 258, 300; 127, 1, 17; *Jarass/Pieroth*, Art. 20, Rn. 68; *Morlok/Michael*, Rn. 352; *Degenhart*, Rn. 394.

107 BVerfGE 37, 363, 397; 72, 200, 257; 88, 384, 403; 95, 64, 87; 127, 1, 17; *Morlok/Michael*, Rn. 353; *Degenhart*, Rn. 394.

108 BVerfGE 72, 200, 258 f.; 95, 64, 87; *Jarass/Pieroth*, Art. 20, Rn. 72a; *Degenhart*, Rn. 396.

109 BVerfGE 13, 261, 272; 37, 363, 397 f.; 45, 142, 173 f.; 72, 200, 260 f.; 103, 392, 404; *Jarass/Pieroth*, Art. 20, Rn. 72a; *Morlok/Michael*, Rn. 359; *Degenhart*, Rn. 396.

110 BVerfGE 13, 261, 272; 98, 17, 39; *Degenhart*, Rn. 396; *Morlok/Michael*, Rn. 359; *Jarass/Pieroth*, Art. 20, Rn. 72a.

111 BVerfGE 13, 261, 272; 101, 239, 263 f.; *Jarass/Pieroth*, Art. 20, Rn. 72a; *Morlok/Michael*, Rn. 353 u. 359; *Degenhart*, Rn. 396.

112 BVerfGE 30, 367, 386; 95, 64, 86; 101, 239, 263; *Degenhart*, Rn. 394; *Jarass/Pieroth*, Art. 20, Rn. 69; *Morlok/Michael*, Rn. 354.

113 BVerfGE 95, 64, 86; 105, 17, 37 f.; 109, 96, 122; 127, 1, 17 f.; *Jarass/Pieroth*, Art. 20, Rn. 73 f.; *Degenhart*, Rn. 394 u. 397; *Morlok/Michael*, Rn. 355 ff.

muss der Gesetzgeber mit einer Übergangsregelung für einen verhältnismäßigen Ausgleich sorgen, wie dies etwa bei der stufenweisen Erhöhung des Renteneintrittsalters geschehen ist.

Fallbezogene Vertiefung

Seifahrt, JuS 2010, 790 ff.; *Hartmann/Kamm*, Jura 2014, 283 ff. zum Gesetzgebungsverfahren; *Frenzel*, JuS 2010, 27 ff. u. 119 ff.

Prüfungsprogramm 7: Gesetzgebungszuständigkeit des Bundes

I. Ausschließliche Gesetzgebung (Art. 71, 73 GG aber auch andernorts im GG)

II. Konkurrierende Gesetzgebung (Art. 72, 74 GG)

1. Ohne Erforderlichkeitsprüfung, sogenannte Vorrangkompetenz[114] (Art. 72 Abs. 1, 74 Abs. 1 Nr. 1, 2, 3, 6, 9, 10, 12, 14, 16, 17, 18, 19, 21, 23, 24, 27-33 GG)
2. Mit Erforderlichkeitsprüfung (Art. 72 Abs. 2, 74 Abs. 1 Nr. 4, 7, 11, 13, 15, 19a, 20, 22, 25, 26 sowie 105 Abs. 2, 3. Fall GG)

III. Ungeschriebene Gesetzgebungskompetenzen

1. Kraft Natur der Sache
2. Kraft Sachzusammenhangs
3. Annexkompetenz

Hinweise

Zu I. Über die Nr. 1-14 des Art. 73 GG hinaus gibt es über das ganze GG verstreut noch zahlreiche weitere ausschließliche Gesetzgebungskompetenzen des Bundes, nämlich immer dann, wenn ein GG-Artikel mit der Formulierung *„Das Nähere regelt ein Bundesgesetz"* oder ähnlich endet[115]. Als Beispiele seien Art. 4 Abs. 3 (KDV), Art. 21 Abs. 3 (Parteien), Art. 22 Abs. 1 (Berlin), Art. 23 (Europa), Art. 24 (Übertragung von Hoheitsrechten), Art. 26 Abs. 2 (Kriegswaffenkontrolle), Art. 29 Abs. 2 (Neugliederung des Bundesgebiets) Art. 38 Abs. 3 (BT-Wahl), Art. 41 Abs. 3 (Wahlprüfung) und Art. 105 Abs. 1 GG (Zölle und Finanzmonopole) genannt. Gemäß Art. 71 GG dürfen die Länder in den Bereichen der ausschließlichen Gesetzgebung nur dann gesetzgeberisch tätig werden, wenn sie ausdrücklich dazu ermächtigt worden sind.

Zu II. 1. Für den Bereich der konkurrierenden Gesetzgebungsbefugnis des Bundes gilt generell, dass ein Bundesgesetz eine zeitliche Sperrwirkung für die Landesgesetzgeber auslöst, sobald es verkündet und bis es wiederaufgehoben worden ist; inhaltlich reicht die Sperrwirkung soweit, wie das Bundesgesetz die Materie erfasst, was im Wege der Auslegung zu klären ist[116].

Zu II. 2. Im Unterschied zu Art. 72 Abs. 1 GG muss ein Bundesgesetz, welches sich auf Art. 72 Abs. 2 GG und die dort genannten Materien stützt, den Erforderlichkeitstest bestehen.

---

114 So *Morlok/Michael*, Rn. 446; *Degenhart*, Rn. 188; *Jarass/Pieroth*, Art. 72, Rn. 3 u. *Ipsen*, Rn. 558 sprechen von Kernkompetenz.

115 *Degenhart*, Rn. 167; *Morlok/Michael*, Rn. 444; *Jarass/Pieroth*, Art. 30, Rn. 4; *Ipsen*, Rn. 553.

116 *Morlok/Michael*, Rn. 445 ff.; *Ipsen*, Rn. 558 ff.; *Jarass/Pieroth*, Art. 72, Rn. 11 ff.; *Degenhart*, Rn. 192 f.

Ein Bundesgesetz ist zur Herstellung gleich**wertiger**, also nicht gleicher, Lebensverhältnisse im Bundesgebiet erforderlich, wenn sich die Lebensverhältnisse **erheblich**, nämlich so weit auseinander entwickeln, dass das bundesstaatliche Sozialgefüge beeinträchtigt ist oder sich diese Gefahr abzeichnet[117].

Zur Wahrung der Rechtseinheit im gesamtstaatlichen Interesse ist ein Bundesgesetz dann erforderlich, wenn eine Rechtszersplitterung problematische Folgen für Bund und Länder auslöst, die nicht hingenommen werden können[118], oder erhebliche Rechtsunsicherheit und unzumutbare Behinderungen im länderübergreifenden Rechtsverkehr erzeugt[119].

Die Wahrung der Wirtschaftseinheit im gesamtstaatlichen Interesse erfordert ein Bundesgesetz, wenn Länderregelungen oder fehlende Regelungen erhebliche Nachteile für die Gesamtwirtschaft mit sich bringen und die Funktionsfähigkeit des gesamten Wirtschaftsraums gefährden[120].

Ob ein Bundesgesetz als erforderlich gelten kann, können Zweifler nach Art. 93 Abs. 1 Nr. 2a GG vom Bundesverfassungsgericht überprüfen lassen.

Zu III. 1. Die Gesetzgebungskompetenz kraft Natur der Sache kommt ausschließlich dem Bund zu und erfasst Materien, die im Interesse des Gesamtstaates liegen und deshalb nur vom Bund geregelt werden können[121]. Beispielsfälle bilden die Bundesorden, die Raumordnung im Bundesgebiet oder Bannmeilen um Bundesorgane.

Zu III. 2. Diese Kompetenz ermöglicht einen Übergriff in eine **ungeregelte** Materie, wenn dies dringend nötig ist, um eine geregelte Bundeskompetenz sinnvoll auszuüben[122]. So kann z.B. die Regelung der Altersversorgung der Bezirksschornsteinfeger auf den Kompetenztitel des Art. 74 Abs. 1 Nr. 11 GG (Handwerk) gestützt werden[123] und die Regelung zu Sendezeiten für Parteien auf Art. 21 Abs. 3 GG[124]. In Bezug auf die Beratungslösung bei Schwangerschaftsabbrüchen wird schließlich ein Sachzusammenhang mit dem Strafrecht (Art. 74 Abs. 1 Nr. 1 GG) angenommen[125].

Zu III. 3. Annexkompetenzen sind schwer von der Kompetenz kraft Sachzusammenhangs zu unterscheiden[126]. Sie erlauben ebenfalls den Übergriff des Bundesgesetzge-

---

117 BVerfGE 111, 226, 253; 112, 226, 244; *Ipsen*, Rn. 574; *Morlok/Michael*, Rn. 452; *Jarass/Pieroth*, Art. 72, Rn. 20; *Degenhart*, Rn. 190.

118 BVerfGE 106, 62, 145; *Ipsen*, Rn. 574.

119 BVerfGE 111, 226, 254; *Degenhart*, Rn. 190; *Morlok/Michael*, Rn. 454.

120 BVerfGE 111, 226, 254; 112, 226, 246; *Jarass/Pieroth*, Art. 72, Rn. 22; *Morlok/Michael*, Rn. 453; *Degenhart*, Rn. 190; *Ipsen*, Rn. 574.

121 BVerfGE 11, 89, 96 ff.; *Morlok/Michael*, Rn. 464; *Degenhart*, Rn. 182; **a.A.** *Ipsen*, Rn. 553 f. angesichts der Dichte der Kompetenzkataloge überflüssig.

122 BVerfGE 98, 265, 299 ff; 110, 33, 48; *Degenhart*, Rn. 183; *Jarass/Pieroth*, Art. 70, Rn. 9; *Ipsen*, Rn. 592 f.; *Morlok/Michael*, Rn. 463.

123 BVerfGE 1, 264, 272.

124 BVerfGE 12, 205, 240 f.

125 BVerfGE 98, 265, 299 ff.

126 *Morlok/Michael*, Rn. 463; *Jarass/Pieroth*, Art. 70, Rn. 12; *Ipsen*, Rn. 591 u. 594; *Degenhart*, Rn. 184.

bers in ihm nicht explizit zugewiesene Bereiche. Es geht hier häufig darum, geschriebene Bundeskompetenzen abzurunden, etwa in Hinsicht auf eine Gebührenerhebung[127], Verfahrens- und Vollstreckungsregeln, Statistik[128] oder die Gefahrenabwehr im jeweiligen Kompetenzbereich[129].

127 BVerwGE 112, 194, 199.
128 BVerfGE 8, 104, 118 f.
129 BVerfGE 78, 374, 386 f.

Prüfungsprogramm 8:
Gesetzgebungszuständigkeit eines Bundeslandes

I. Grundsätzliche Kompetenzvermutung aus Art. 70, 30 GG

II. Gesetzgebungskompetenz des Bundes aus Art. 71, 73 bzw. Art. 72 Abs. 1, Abs. 2, 74 oder anderweitig nicht gegeben[130]

III. **Abweichungsgesetzgebungskompetenz** des Landes im Bereich der Materien des Art. 72 Abs. 3 GG

IV. **Ersetzungsbefugnis** des Landes aus Art. 125a Abs. 1, 125a Abs. 2 oder 72 Abs. 4 GG

Hinweise

Zu III. In Bezug auf die Materien des Art. 72 Abs. 3 GG existiert eine echte und dauerhafte Konkurrenzsituation zwischen dem Bundesgesetzgeber und den Landesgesetzgebern[131]. Es wird nach Art. 72 Abs. 3 S. 3 GG das jeweils spätere Gesetz angewendet (lex posterior Regel), ohne dass allerdings das frühere Gesetz außer Kraft gesetzt würde[132]. Eine ähnliche Regelung findet sich in Art. 84 Abs. 1 GG hinsichtlich des Verwaltungsverfahrens und der Behördeneinrichtung bei der Landesverwaltung unter Bundesaufsicht. Eine schlichte Negativregelung dergestalt, dass das Bundesgesetz nicht gelten solle, wird überwiegend für zulässig gehalten[133].

Zu IV. Art. 125a Abs. 1 GG erfasst Materien, die den Ländern durch die Föderalismusreform 2006 zugesprochen wurden, also etwa das Strafvollzugsrecht, das Versammlungsrecht, das Ladenschlussrecht oder das Gaststättenrecht. Hier gilt das „alte" Bundesrecht solange fort, bis der Landesgesetzgeber tätig wird. Im Gegensatz hierzu darf der Landesgesetzgeber in den Fällen des Art. 72 Abs. 4 GG und Art. 125a Abs. 2 GG erst nach einer Ermächtigung durch den Bund Gesetze erlassen. Immerhin räumt Art. 93 Abs. 2 GG der Landesregierung oder dem Landesparlament die Möglichkeit ein, vom Bundesverfassungsgericht feststellen zu lassen, dass die Erforderlichkeit gemäß Art. 72 Abs. 4 GG nicht mehr besteht oder das Bundesrecht, also ein Änderungsgesetz, im Bereich des Art. 125a Abs. 2 GG nicht mehr erlassen werden dürfe (Kompetenzfreigabeverfahren[134]). Diese Feststellung des Gerichts ersetzt dann die Ermächtigung des Bundes.

130 Einzelheiten in Prüfungsprogramm 7.
131 *Ipsen*, Rn. 582; *Jarass/Pieroth*, Art. 72, Rn. 29; *Morlok/Michael*, Rn. 445 u. 455 sprechen von Parallelkompetenzen.
132 *Jarass/Pieroth*, Art. 72, Rn. 32; *Degenhart*, Rn. 194; *Morlok/Michael*, Rn. 459; *Ipsen*, Rn. 581.
133 *Morlok/Michael*, Rn. 458; *Jarass/Pieroth*, Art. 72, Rn. 30 m.w.N. zu anderen Ansichten.
134 *Jarass/Pieroth*, Art. 125a, Rn. 11.

Prüfungsprogramm 9: Die Rechtmäßigkeit einer Rechtsverordnung des Bundes

I. Wirksame Ermächtigung zum Erlass der Verordnung
1. Verfassungsmäßigkeit des Gesetzes, welches die Verordnungsermächtigung enthält[135]
2. Richtiger Ermächtigungsadressat (Art. 80 Abs. 1 S. 1 GG)
3. Bestimmtheit der Verordnungsermächtigung nach Inhalt, Zweck und Ausmaß (Art. 80 Abs. 1 S. 2 GG)

II. Rechtmäßigkeit der Verordnung selbst
1. Zuständiger Verordnungsgeber aus I. 2.
2. Ordnungsgemäßes Verfahren, z.B. eventuell Zustimmung des Bundesrates nach Art. 80 Abs. 2 GG
3. Zitat der Ermächtigungsgrundlage (Art. 80 Abs. 1 S. 3 GG)
4. Veröffentlichung im Bundesgesetzblatt (Art. 82 Abs. 1 S. 2 GG)
5. Materielle Vereinbarkeit der Verordnung mit der gesetzlichen Ermächtigung, anderen Bundesgesetzen und dem GG

Hinweise

Zu I. 2. Insoweit kommen nur die Bundesregierung, ein Bundesminister oder die Landesregierungen in Frage.

Zu I. 3. Für Rechtsverordnungen der Länder gelten meist ähnliche Regeln[136]. Fehlen diese, kann Art. 80 Abs. 1 S. 2 GG analog angewandt werden[137].

Der Gesetzgeber hat ein Verordnungsprogramm zu entwerfen, dessen Auslegung es ermöglicht, die zentralen Inhalte der Verordnung, ihre Ziele und ihre Regelungsgrenzen zu bestimmen[138]. Bürgerinnen und Bürger werden so in die Lage versetzt, in etwa vorherzusehen, was auf sie zukommen kann[139]. Je höher die Eingriffsintensität der geplanten Verordnung sein wird, desto genauer muss die Verordnungsermächtigung gefasst sein[140]. Geht es um grundrechtswesentliche Fragen, kann der Parlamentsvorbehalt dazu führen, dass eine Entscheidung nicht auf den Verordnungsgeber abgewälzt werden darf[141].

135 S.o. Prüfungsprogramm 6.
136 S. z.B. Art. 61 Abs. 1 VerfBW; Art. 53 Abs. 1 HmbVerf; Art. 57 Abs. 1 VerfMV; Art. 75 Abs. 1 SächsVerf; Art. 38 Abs. 1 VerfSH.
137 *Ipsen*, Rn. 794; **a.A.** rechtsstaatliches Bestimmtheitsgebot *Degenhart*, Rn. 347.
138 BVerfGE 58, 257, 277; *Morlok/Michael*, Rn. 367; *Jarass/Pieroth*, Art. 80, Rn. 11.
139 *Morlok/Michael*, Rn. 367.
140 *Jarass/Pieroth*, Art. 80, Rn. 12 f.
141 BVerfGE 40, 237, 248 ff.; 84, 212, 226; 88, 103, 116; 98, 218, 251; 108, 282, 310 f.; *Jarass/Pieroth*, Art. 20, Rn. 53; *Ipsen*, Rn. 768; *Morlok/Michael*, Rn. 610 f.

Zu I. 5. Die Vorschriften der Rechtsverordnung müssen sich zunächst im Rahmen der gesetzlichen Ermächtigungsnorm bewegen, um nicht rechtswidrig zu sein. Im Übrigen gelten die gleichen materiellen Anforderungen wie an Gesetze[142]: hinreichende Bestimmtheit, Rückwirkung nur in gewissen Grenzen und Wahrung der Grundrechte sowie des Verhältnismäßigkeitsprinzips.

142 S.o. Prüfungsprogramm 6.

Prüfungsprogramm 10:
Zentrale Argumente im Streit um das materielle Prüfungsrecht des Bundespräsidenten aus Art. 82 Abs. 1 GG

I. Der **Wortlaut** des Art. 82 Abs. 1 S. 1 GG lässt beide Deutungen zu[143].

II. Die Vorläufernorm, Art. 70 WRV, wurde als umfassendes Prüfungsrecht des Reichspräsidenten verstanden[144]. Ob dies **historische** Argument indes überzeugt, ist zweifelhaft, weil der Bundespräsident, wie etwa Art. 58 GG zeigt, insgesamt eine viel schwächere Machtposition hat als der Reichspräsident nach der Weimarer Verfassung und das Grundgesetz gerade insoweit als Gegenentwurf zur WRV betrachtet werden kann.

III. **Systematisch** könnte der Amtseid des Art. 56 GG herangezogen werden, um ein materielles Prüfungsrechts des Bundespräsidenten zu begründen. Dies erscheint jedoch nicht plausibel[145], weil sich der Bundespräsident zwar verpflichtet, das Grundgesetz zu wahren, dieses aber keine klare Aussage darüber enthält, ob er die inhaltliche Verfassungsmäßigkeit von Gesetzen kontrollieren darf. Ebenfalls als **systematisches Argument** lässt sich der Aspekt einordnen, die Prüfung der materiellen Verfassungsmäßigkeit sei primär Aufgabe des Bundesverfassungsgerichts und nicht die des Bundespräsidenten[146]. Andererseits schließt eine vorgelagerte materielle Prüfung des Bundespräsidenten die Prüfung des Bundesverfassungsgerichts nicht aus, welches nachträglich etwa im Wege der Organstreitigkeit[147] vom Bundestag angerufen werden kann[148].

IV. Die Verpflichtung auch des Bundespräsidenten auf die Verfassung aus **Art. 20 Abs. 3 GG** streitet schließlich für ein materielles Prüfungsrecht. Kein Verfassungsorgan soll dazu gezwungen sein, an einem in seinen Augen verfassungswidrigen Akt mitzuwirken[149].

V. Im **Ergebnis** wird ein materielles Prüfungsrecht des Bundespräsidenten überwiegend bejaht, sofern es sich auf Fälle offenkundiger Verfassungsverstöße beschränkt[150].

143 *Degenhart*, Rn. 786; *Ipsen*, Rn. 497; *Morlok/Michael*, Rn. 870.
144 Die Norm lautete: Der Reichspräsident hat die verfassungsmäßig zustande gekommenen Gesetze auszufertigen und binnen Monatsfrist im Reichs-Gesetzblatt zu verkünden.; *Morlok/Michael*, Rn. 872 m.w.N.
145 *Degenhart*, Rn. 786; *Morlok/Michael*, Rn. 871.
146 *Jarass/Pieroth*, Art. 82, Rn. 3.
147 S. Prüfungsprogramm VerfPR 4.
148 *Ipsen*, Rn. 499; *Morlok/Michael*, Rn. 875; *Degenhart*, Rn. 787.
149 *Ipsen*, Rn. 499; *Morlok/Michael*, Rn. 875; *Jarass/Pieroth*, Art. 82, Rn. 3; *Degenhart*, Rn. 787 f.
150 *Degenhart*, Rn. 789; *Ipsen*, Rn. 499; *Jarass/Pieroth*, Art. 82, Rn. 3; etwas weitergehend *Morlok/Michael*, Rn. 877 ff.

Prüfungsprogramm 11: Die Arbeitsprinzipien der Bundesregierung (Art. 65 GG)

I. Das **Kanzlerprinzip** (Art. 65 S. 1 GG)

II. Das **Ressortprinzip** (Art. 65 S. 2 GG)

III. Das **Kollegialprinzip** (Art. 65 S. 3 GG)

Hinweise

Zu I. Durch seine Richtlinienkompetenz hat die Bundeskanzlerin bzw. der Bundeskanzler eine sehr starke Stellung innerhalb der Regierung[151]. Als richtlinienfähig gelten zunächst alle ressortübergreifenden politischen Grundentscheidungen[152], etwa zur Erarbeitung einer Steuerreform oder zum Ausbau der EU. Es wird ebenfalls für zulässig gehalten, dass die Bundeskanzlerin Einzelentscheidungen von hoher politischer Bedeutung fällt, auch wenn sie ein bestimmtes Ministerium betreffen[153]. Als Beispiel käme hier der Ausstieg aus der Atomenergie in Frage. Als nicht richtlinienfähig gelten dagegen Detailentscheidungen zu einzelnen ressortinternen Fragen, etwa Weisungen an einzelne Beamte in einem Ministerium[154].

Zu II. Das Ressortprinzip behält jeder Ministerin und jedem Minister die ressortinternen Sachentscheidungen vor. Hierzu gehören z.B. die Binnenorganisation des Ministeriums, die Verteilung der dem Ministerium zugeteilten Finanzmittel und die Personalentscheidungen[155]. Im Gegenzug ist die Ministerin bzw. der Minister für alles verantwortlich, was im Ministerium geschieht[156]. Begrenzend wirken Richtlinien der Kanzlerin bzw. des Kanzlers (Art. 65 S. 1 GG).

Zu III. Die Bundesregierung als Ganzes ist u.a. zuständig für den Bundeszwang (Art. 37 GG) für die Entscheidung von interministeriellen Meinungsverschiedenheiten (Art. 65 S. 3 GG), für den Erlass einer Geschäftsordnung (Art. 65 S. 4 GG), für das Einbringen von Gesetzesvorlagen (Art. 76 Abs. 1 GG), für den Erlass von Rechtsverordnungen (Art. 80 Abs. 1 GG), für den Erlass von allgemeinen Verwaltungsvorschriften (Art. 84 Abs. 2, 85 Abs. 2 GG) sowie für eine Reihe von haushaltsrechtlichen Beschlüssen (Art. 110, 113 GG). Die Regierung beschließt nach § 24 GOBReg mit der Mehrheit, vorausgesetzt dass mindestens die Hälfte ihrer Mitglieder anwesend ist. Schweigt ein Ministerium bei Beschlüssen im schriftlichen Umlaufverfahren, darf dies nicht als Zustimmung gewertet werden[157].

151 *Degenhart*, Rn. 756; *Morlok/Michael*, Rn. 797; *Ipsen*, Rn. 427.
152 *Morlok/Michael*, Rn. 798; *Jarass/Pieroth*, Art. 65, Rn. 3; *Ipsen*, Rn. 428; *Degenhart*, Rn. 755.
153 *Degenhart*, Rn. 755; *Ipsen*, Rn. 429, *Morlok/Michael*, Rn. 798; *Jarass/Pieroth*, Art. 65, Rn. 3.
154 *Degenhart*, Rn. 756.
155 *Jarass/Pieroth*, Art. 65, Rn. 5; *Morlok/Michael*, Rn. 800.
156 *Ipsen*, Rn. 464 f.
157 BVerfGE 91, 148, 171 f.

III. Prüfungsprogramme zu den Grundrechten (GR)

Prüfungsprogramm 1: Die Beeinträchtigung eines Freiheitsgrundrechts mit Gesetzesvorbehalt

I. Schutzbereich
1. Persönlich[1]
2. Sachlich

II. Eingriff
1. Durch einen Grundrechtsverpflichteten
2. Klassisch durch direkte, gezielte und rechtsförmliche staatliche Anordnung mit belastender Wirkung[2]
3. Jede Beeinträchtigung grundrechtsgeschützten Verhaltens, sei sie nur faktisch, mittelbar, unbeabsichtigt, aber dem Staat zurechenbar[3]

III. Verfassungsrechtliche Rechtfertigung
1. Formell verfassungsgemäße gesetzliche Grundlage[4], eventuell sogar Parlamentsgesetz (Wesentlichkeitstheorie)
2. Entspricht den Anforderungen des jeweiligen Gesetzesvorbehalts
3. Wahrt die Anforderungen des Art. 19 Abs. 1 und 2 GG
4. Erweist sich als verhältnismäßig[5]

Hinweise

Zu I. 2. Der sachliche Schutzbereich lässt sich auch als Grundrechtstatbestand bezeichnen[6]. Es geht um die Frage welche der zahlreichen Grundrechte thematisch zum Sachverhalt passen. Jedes Freiheitsrecht schützt ein bestimmtes Verhalten oder Rechtsgut[7], hier ist der eher karge Text der Grundrechte auszulegen. Einzelheiten zu den sachlichen Schutzbereichen der wichtigsten Freiheitsgrundrechte finden Sie im Definitionskatalog[8].

Zu II. 1. Der Urheber des Eingriffs muss an Grundrechte gebunden sein (Art. 1 Abs. 3 GG). Der Staat muss sich nicht nur an Grundrechte halten, wenn er hoheitlich auftritt,

1 S. hierzu Prüfungsprogramm GR 3.
2 *Pieroth/Schlink/Kingreen/Poscher*, Rn. 251; *Manssen*, Rn. 137; *Michael/Morlok*, Rn. 492; *Jarass/Pieroth*, vor Art. 1, Rn. 27.
3 *Pieroth/Schlink/Kingreen/Poscher*, Rn. 253 f.; *Jarass/Pieroth*, vor Art. 1, Rn. 28 f.
4 S. Prüfungsprogramm StOrg 6 u. 7.
5 S. Prüfungsprogramm AVR 10.
6 *Michael/Morlok*, Rn. 36.
7 *Pieroth/Schlink/Kingreen/Poscher*, Rn. 212 ff.; *Jarass/Pieroth*, vor Art. 1, Rn. 19; *Manssen*, Rn. 27.
8 Unter 6.

sondern auch wenn er Staatsaufgaben in privatrechtlichen Formen wahrnimmt[9] oder wenn er sie gemischtwirtschaftlich wahrnimmt, indes noch einen beherrschenden Einfluss hat[10] (keine Flucht in das Privatrecht). Auch der Private, der kraft Beleihung befugt ist, hoheitliche Befugnisse auszuüben, unterliegt der Grundrechtsbindung[11]. Schließlich wird nach überwiegender Auffassung auch bei staatlicher Bedarfsdeckung (Fiskalgeschäfte) und bei erwerbswirtschaftlicher Betätigung des Staates die Grundrechtsbindung bejaht[12]. Abgelehnt wird eine unmittelbare Grundrechtsgeltung allerdings im Verhältnis von Bürgern untereinander. Hier wirken die Grundrechte nur mittelbar, über die Generalklauseln des Privatrechts (sogenannte mittelbare Drittwirkung oder Ausstrahlungswirkung).

Zu II. 2. Beispiele für solche gezielte Hoheitstätigkeit bilden etwa gesetzliche Verbote bestimmter Tätigkeiten (Motorradfahren ohne Helm, Besuch des Sonnenstudios durch Minderjährige), aber auch Einzelfallentscheidungen wie ein Versammlungsverbot, eine Hausdurchsuchung oder eine Verurteilung zu einer Freiheitsstrafe. Liegt ein klassischer Eingriff vor, braucht man auf II. 3. nicht mehr einzugehen.

Zu II. 3. Ob die sogenannten mittelbaren Eingriffe den klassischen Eingriffen gleichzustellen sind oder ob es sich um allgemeine Lebensrisiken – wie z.B. Krankheiten, Unfälle oder Ehescheidungen – handelt, vor denen Grundrechte nicht schützen können[13], hängt von folgenden Aspekten ab. Für das Vorliegen eines Grundrechtseingriffs spricht, dass die – wenn auch nicht unbedingt gewollte – Auswirkung des staatlichen Handelns objektiv vorhersehbar war[14]. So kann staatliche Information sich wie ein Eingriff auswirken[15], wenn daraus vorhersehbare negative Konsequenzen für die Betroffenen folgen. Es liegt dagegen bei Grundrechtsauswirkungen von ganz geringer Intensität nahe, einen Grundrechtseingriff abzulehnen[16]. Schließlich spielt es für das Vorliegen einer Beeinträchtigung eine Rolle, wie lang die Kausalkette zwischen staatlichem Handeln und der Auswirkung auf das Grundrecht ist[17].

Zu III. 1. Ordnungsgemäß erlassene Verordnungen oder Satzungen reichen grundsätzlich als rechtfertigende Normen aus[18]. Ein Parlamentsgesetz wird nach überwiegender Meinung nur dann für erforderlich gehalten, wenn es um Entscheidungen

9 *Pieroth/Schlink/Kingreen/Poscher*, Rn. 187; *Michael/Morlok*, Rn. 468 f.; *Jarass/Pieroth*, Art. 1, Rn. 38.
10 BVerfGE 128, 226, 244 ff.; *Jarass/Pieroth*, Art. 1, Rn. 39 f.; *Pieroth/Schlink/Kingreen/Poscher*, Rn. 187.
11 *Jarass/Pieroth*, Art. 1, Rn. 41; *Michael/Morlok*, Rn. 468; *Pieroth/Schlink/Kingreen/Poscher*, Rn. 183.
12 *Pieroth/Schlink/Kingreen/Poscher*, Rn. 187; *Michael/Morlok*, Rn. 470 f. *Jarass/Pieroth*, Art. 1, Rn. 38; jeweils m.w.N. zur Gegenauffassung; s.a. BVerfGE 98, 365, 395.
13 *Michael/Morlok*, Rn. 37.
14 *Michael/Morlok*, Rn. 498.
15 **Bejahend** BVerfGE 105, 279, 300 f.; 113, 63, 76 f.; **ablehnend** BVerfGE 105, 252, 273.
16 *Pieroth/Schlink/Kingreen/Poscher*, Rn. 260 f.; *Manssen*, Rn. 139; *Jarass/Pieroth*, vor Art. 1, Rn. 29; Intensität als Kriterium **ablehnend** *Michael/Morlok*, Rn. 499.
17 *Jarass/Pieroth*, vor Art. 1, Rn. 29.
18 *Jarass/Pieroth*, vor Art. 1, Rn. 43; *Michael/Morlok*, Rn. 576; *Pieroth/Schlink/Kingreen/Poscher*, Rn. 273.

geht, die für die Verwirklichung von Grundrechten wesentlich sind[19]. Beispiele hierfür sind die Einführung des Sexualkundeunterrichts an Schulen[20] oder die Regelung des Jugendstrafvollzuges[21].

Zu III. 2. Manche Grundrechte wie etwa Art. 2 Abs. 2, 10 Abs. 2 oder Art. 12 Abs. 1 GG enthalten einfache Gesetzesvorbehalte. Auch die Einschränkung der allgemeinen Handlungsfreiheit aus Art. 2 Abs. 1 GG unterliegt einem einfachen Gesetzesvorbehalt, da die ganz h.M. unter den Begriff der „verfassungsmäßigen Ordnung" jedes Gesetz fasst, welches formell und materiell mit der Verfassung übereinstimmt[22]. Andere Grundrechte, wie etwa Art. 5 Abs. 2, Art. 6 Abs. 3, Art. 8 Abs. 2 oder Art. 11 Abs. 2 GG stellen Anforderungen an das einschränkende Gesetz (qualifizierte Gesetzesvorbehalte)[23].

Zu III. 3. Art. 19 Abs. 1 S. 1 GG soll verhindern, dass ein Gesetz nur für eine Einzelperson oder nur für eine Einzelsituation gemacht wird, weil die Betroffenen gegen einen Verwaltungsvollzug in Gesetzesform nur sehr geringe Rechtschutzmöglichkeiten haben[24]. Als Einzelfallgesetz wird ein Gesetz angesehen, wenn es nur einen einzigen aktuellen Sachverhalt erfasst, wie z.B. bei Art. 14 Abs. 3 S. 2 GG denkbar[25]. Kein Einzelfallgesetz liegt vor, wenn es zwar im Augenblick nur einen Anwendungsfall gibt, die Vorschrift in Zukunft jedoch weitere Anwendungsfälle haben könnte (sogenanntes Maßnahmegesetz)[26].

Das Zitiergebot des **Art. 19 Abs. 1 S. 2 GG** weist den Gesetzgeber warnend darauf hin, dass die erlassenen Normen zu Grundrechtseingriffen ermächtigen[27]. Diese Warn- und Besinnungsfunktion gilt auch bei einer Veränderung vorhandener Eingriffsnormen, die zu neuen Grundrechtseinschränkungen führt[28].

Um zu verhindern, dass der Gesetzgeber am Ende jedes Gesetzes prophylaktisch alle denkbaren Grundrechtskonflikte erfassen muss, legt das Bundesverfassungsgericht Art. 19 Abs. 1 Satz 2 GG sehr restriktiv aus. Die Verfassungsbestimmung kommt nur bei solchen Grundrechten zur Anwendung, die aufgrund ausdrücklicher Ermächtigungen vom Gesetzgeber eingeschränkt werden dürfen[29]. Erfasst sind demnach Art. 2 Abs. 2 Satz 1 und Satz 2, 6 Abs. 3, 8 Abs. 2, 10 Abs. 2, 11 Abs. 2, 13 Abs. 2-5, 7 sowie

19 BVerfGE 61, 260, 275; 88, 103, 116; *Michael/Morlok*, Rn. 578; *Jarass/Pieroth*, Art. 20, Rn. 47 ff.; *Pieroth/Schlink/Kingreen/Poscher*, Rn. 274 ff.

20 BVerfGE 47, 46, 79.

21 BVerfG, NJW 2006, 2093, 2094.

22 BVerfGE 6, 32, 38; 59, 275, 278; 80, 137, 153; 103, 197, 215; *Michael/Morlok*, Rn. 636; *Jarass/Pieroth*, Art. 2, Rn. 13; *Pieroth/Schlink/Kingreen/Poscher*, Rn. 408.

23 *Jarass/Pieroth*, vor Art. 1, Rn. 40; *Manssen*, Rn.148.

24 *Michael/Morlok*, Rn. 588.

25 Diese Norm als speziell im Verhältnis zu Art. 19 Abs. 1 S. 1 GG betrachtend BVerfGE 95, 1, 26.

26 BVerfGE 99, 367, 400; s.a. *BVerfG*, NJW 2013, 3151, 3161; *Jarass/Pieroth*, Art. 19, Rn. 2; *Manssen*, Rn. 177.

27 BVerfGE 64, 72, 79 f.; 85, 386, 403 f.; 113, 348, 366; *Pieroth/Schlink/Kingreen/Poscher*, Rn. 323; *Manssen*, Rn. 164; *Jarass/Pieroth*, Art. 19, Rn. 3; *Michael/Morlok*, Rn. 580.

28 BVerfGE 113, 348, 366; *Manssen*, Rn. 165; *Pieroth/Schlink/Kingreen/Poscher*, Rn. 323.

29 BVerfGE 83, 130, 154; *BVerfG*, NJW 1999, 3399, 3400; BVerfGE 113, 348, 366.

16 Abs. 1 Satz 2 GG[30]. Nicht zitierpflichtig sind Einschränkungen der allgemeinen Handlungsfreiheit[31], der Meinungsfreiheit und alle Einschränkungen von Grundrechten, die, wie etwa Art. 4 Abs. 3, 6 Abs. 1, 9 Abs. 1, Abs. 3, 12 Abs. 1 Satz 2 und 14 Abs. 1 Satz 2 GG, einen Regelungs- oder Ausgestaltungsauftrag an den Gesetzgeber beinhalten[32]. Schließlich gilt das Zitiergebot nur für gezielte und unmittelbare gesetzliche Grundrechtseingriffe nicht jedoch für mittelbare, d.h. aus der Position des Gesetzgebers kaum vorauszusehende, und deshalb nicht zielgerichtete Grundrechtsbeeinträchtigungen[33].

Art. 19 Abs. 2 GG soll verhindern, dass nach einem Eingriff von einem Grundrecht nichts mehr übrig bleibt[34]. Denkt man an die lebenslange Freiheitsstrafe mit anschließender Sicherheitsverwahrung oder den finalen Rettungsschuss, lässt sich die Norm zumindest nicht so verstehen, dass sie den einzelnen Grundrechtsträger meint. Überwiegend wird deshalb ein generelles Verständnis vertreten[35], d.h. ein Grundrecht darf nicht allgemein völlig entwertet werden. Umstritten bleibt, ob es einen absoluten Wesenskern einzelner Grundrechte gibt, der unantastbar ist[36], oder ob bei Einhaltung aller Anforderungen an das beschränkende Gesetz, insbesondere des Verhältnismäßigkeitsgrundsatzes, Art. 19 Abs. 2 GG quasi automatisch gewahrt ist (relative Sicht)[37]. Für die Falllösung erscheint die letztgenannte Ansicht praktikabler.

Fallbezogene Vertiefung

Graf von Kielmannsegg, JuS 2009, 19 ff. und 118 ff.; *Scheidler*, Jura 2012, 256 ff.

---

30 *Jarass/Pieroth*, Art. 19, Rn. 4.
31 *BVerfG*, NJW 1999, 3399, 3400; *Michael/Morlok*, Rn. 581; *Manssen*, Rn. 164.
32 *Jarass/Pieroth*, Art. 19, Rn. 5; *Manssen*, Rn. 164; vergl. auch BVerfGE 64, 72, 80 f.; *Pieroth/Schlink/Kingreen/Poscher*, Rn. 324.
33 *BVerfG*, NJW 1999, 3399, 3400; *Manssen*, Rn. 164; *Jarass/Pieroth*, Art. 19, Rn. 4; *Pieroth/Schlink/Kingreen/Poscher*, Rn. 324.
34 *Pieroth/Schlink/Kingreen/Poscher*, Rn. 315.
35 BVerfGE 109, 133, 156; 117, 71, 96; *Manssen*, Rn. 193; **a.A.** *Pieroth/Schlink/Kingreen/Poscher*, Rn. 319.
36 *Manssen*, Rn. 194; *Pieroth/Schlink/Kingreen/Poscher*, Rn. 314.
37 BVerfGE 58, 300, 348; 109, 133, 156; 117, 71, 96; *Jarass/Pieroth*, Art. 19, Rn. 9.

Prüfungsprogramm 2: Die Beeinträchtigung eines Freiheitsgrundrechts ohne Gesetzesvorbehalt

I. Schutzbereich
1. Persönlich[38]
2. Sachlich

II. Eingriff[39]
1. Durch einen Grundrechtsverpflichteten
2. Klassisch durch direkte und rechtsförmliche staatliche Anordnung mit belastender Wirkung
3. Jede Beeinträchtigung grundrechtsgeschützten Verhaltens, sei sie nur faktisch, mittelbar, unbeabsichtigt, aber dem Staat zurechenbar

III. Verfassungsrechtliche Rechtfertigung
1. Formell verfassungsgemäße gesetzliche Grundlage[40]
2. Bringt eine verfassungsimmanente Schranke zur Geltung, d.h. schützt Grundrechte Dritter oder einen anderen Wert von Verfassungsrang
3. Wahrt die Anforderungen des Art. 19 Abs. 1 und 2 GG, abgesehen vom Zitiergebot
4. Findet einen verhältnismäßigen[41] Ausgleich zwischen den konfligierenden Verfassungswerten im Sinne einer praktischen Konkordanz

Hinweise

Zu III. 2. Einige Grundrechte, wie etwa Art. 4 Abs. 1, 5 Abs. 3, Art. 8 in Hinsicht auf Versammlungen in geschlossenen Räumen, Art. 9 Abs. 1 und Abs. 3, Art. 17 und Art. 19 Abs. 4 GG sind vorbehaltlos gewährleistet. Weil aber aus systematischen Gründen keine Norm der Verfassung absoluten Vorrang vor den anderen Normen haben kann, m.a.W. die Verfassungswerte grundsätzlich gleich bedeutsam sind, können auch die Grundrechte ohne Gesetzesvorbehalt eingeschränkt werden[42]. Für die vom Wortlaut her gesehen unbeschränkten Grundrechte gelten **verfassungsimmanente Schranken**, das sind die kollidierenden Grundrechte[43] oder sonstige Verfassungswerte von vergleichbar hohem Rang[44]. Zu letzteren zählen etwa die Staatsgrundsätze[45] oder

38 S. hierzu Prüfungsprogramm 3.
39 S.o. Prüfungsprogramm 1.
40 S. Prüfungsprogramm StOrg 6. u. 7.
41 S. Prüfungsprogramm AVR 10.
42 *Michael/Morlok*, Rn. 711; *Manssen*, Rn. 149; *Pieroth/Schlink/Kingreen/Poscher*, Rn. 338 f.
43 BVerfGE 84, 212, 228; 100, 214, 223 f.; 108, 282, 297; *Jarass/Pieroth*, vor Art. 1, Rn. 48; *Michael/Morlok*, Rn. 711; *Manssen*, Rn. 150.
44 BVerfGE 67, 213, 228; 83, 130, 139 f.; 84, 212, 228; 108, 282, 297; *Michael/Morlok*, Rn. 711; *Manssen*, Rn. 151; *Jarass/Pieroth*, vor Art. 1, Rn. 49.
45 *Michael/Morlok*, Rn. 727.

der Schutz der freiheitlich demokratischen Grundordnung[46]. Bloße Kompetenznormen stellen für sich genommen dagegen keine verfassungsimmanenten Schranken dar[47].

Zu III. 3. Grundrechte, die nur verfassungsimmanente Schranken kennen, unterliegen nicht dem Zitiergebot[48]. Zum Verbot des Einzelfallgesetzes und zur Wesensgehaltsgarantie s.o. Prüfungsprogramm 1, zu 3. c).

Zu III. 4. Der von *Konrad Hesse* geprägte Begriff der praktischen Konkordanz[49] bringt zum Ausdruck, dass möglichst keiner der beiden konfligierenden Verfassungswerte gänzlich unterliegen oder obsiegen soll. Vielmehr muss sich der Gesetzgeber bemühen – und dies wird bei der Verhältnismäßigkeitsprüfung kontrolliert –, von beiden Verfassungswerten so viel wie möglich übrig zu lassen (Optimierung)[50].

Fallbezogene Vertiefung

Anhand von Art. 5 Abs. 3 GG *Kobor,* JuS 2006, 593 ff. u. 695 *ff.*; anhand von Art. 4 Abs. 1 GG *Neureither,* JuS 2006, 1067 ff. u. JuS 2007, 20 ff.

46 *Manssen*, Rn. 151; *Michael/Morlok*, Rn. 730.
47 *Michael/Morlok*, Rn. 720; *Jarass/Pieroth*, vor Art. 1, Rn. 49; *Manssen*, Rn. 152; *Pieroth/Schlink/Kingreen/Poscher*, Rn. 345.
48 BVerfGE 83, 130, 154; *Pieroth/Schlink/Kingreen/Poscher*, Rn. 324; *Jarass/Pieroth*, Art. 19, Rn. 5; *Michael/Morlok*, Rn. 581; *Manssen*, Rn. 164.
49 *Hesse,* Rn. 72, 317 ff.
50 *Michael/Morlok*, Rn. 733 ff.; *Jarass/Pieroth*, Einl., Rn. 13; *Manssen*, Rn. 149.

Prüfungsprogramm 3: Drei mögliche Probleme beim persönlichen Schutzbereich

I. Deutschen- oder Menschenrecht

II. Grundrechtsträgerschaft von **juristischen Personen**

III. Grundrechtsfähigkeit und **-mündigkeit**, insbesondere bei Minderjährigen

Hinweise

Zu I. Die meisten Grundrechte sind Menschenrechte, nur Art. 8 Abs. 1, 9 Abs. 1, 11 Abs. 1, 12 Abs. 1, 16 Abs. 2, 20 Abs. 4 und Art. 33 Abs. 1 und 2 GG beschränken ihre Geltung auf Deutsche i.S.d. Art. 116 GG. Aufgrund des Anwendungsvorrangs des Art. 18 AEUV (Diskriminierungsverbot) dürfen sich auch EU-Bürger auf die Deutschengrundrechte berufen[51]. Ausländer aus Nicht-EU-Staaten können im Bereich der Deutschengrundrechte den – allerdings schwächeren – Grundrechtsschutz des Art. 2 Abs. 1 GG in Anspruch nehmen[52].

Zu II. Art. 19 Abs. 3 GG regelt die Grundrechtsgeltung für inländische juristische Personen **des Privatrechts**. Beispiele für die Nichtanwendbarkeit bilden etwa die Art. 1 Abs. 1, Art. 2 Abs. 2, Art. 3 Abs. 2, die Gewissensfreiheit des Art. 4 Abs. 1, Art. 6 oder Art 16 GG. Mit Rücksicht auf Art. 18 AEUV dürfen sich auch juristische Personen des Privatrechts mit Sitz in einem EU-Mitgliedstaat über Art. 19 Abs. 3 GG auf die Grundrechte berufen[53].

Für juristische Personen des **öffentlichen Rechts** gelten Grundrechte in aller Regel nicht, weil diese grundrechtsverpflichtet sind und nicht gleichzeitig grundrechtsberechtigt sein können[54]. Ausnahmen werden für solche Einrichtungen gemacht, die den Bürgerinnen und Bürgern zur Verwirklichung ihrer individuellen Grundrechte dienen, z.B. Kirchen (s.a. Art. 140 GG i.V.m. Art. 137 Abs. 5 WRV), Hochschulen und Rundfunkanstalten[55].

Zu III. Natürliche Personen sind von Geburt an bis zu ihrem Tod grundrechtsfähig[56]. Schutzpflichten des Staates können sogar für noch nicht geborene Kinder[57] oder für

---

51 *Pieroth/Schlink/Kingreen/Poscher*, Rn. 131; *Michael/Morlok*, Rn. 448; *Manssen*, Rn. 41; *Jarass/Pieroth*, Art. 19, Rn. 12.

52 *Manssen*, Rn. 41 f.; *Jarass/Pieroth*, Art. 19, Rn. 11; *Michael/Morlok*, Rn. 445; *Pieroth/Schlink/Kingreen/Poscher*, Rn. 128.

53 BVerfGE 129, 78, 97 ff.

54 BVerfGE 61, 82, 100 ff.; 98, 17, 47; *Pieroth/Schlink/Kingreen/Poscher*, Rn. 170 f.; *Michael/Morlok*, Rn. 459 f.; *Jarass/Pieroth*, Art. 19, Rn. 24.

55 *Jarass/Pieroth*, Art. 19, Rn. 28 f.; *Michael/Morlok*, Rn. 462; *Pieroth/Schlink/Kingreen/Poscher*, Rn. 174 f.

56 *Pieroth/Schlink/Kingreen/Poscher*, Rn. 132; *Michael/Morlok*, Rn. 450; *Jarass/Pieroth*, Art. 19, Rn. 10.

57 BVerfGE 39, 1, 36 f.; 88, 203, 251.

bereits Verstorbene gelten[58]. Die Grundrechtsmündigkeit, d.h. die Erlaubnis, Grundrechte vor Gericht selbst geltend zu machen, wird überwiegend an die individuelle Einsichtsfähigkeit des minderjährigen Grundrechtsträgers gekoppelt[59].

Fallbezogene Vertiefung

Graf von Kielmannsegg, JuS 2009, 216 ff.; *Scheidler*, Jura 2012, 256 ff.

58 BVerfGE 30, 173, 194.
59 *Michael/Morlok*, Rn. 452; *Pieroth/Schlink*, Rn. 1229; *Jarass/Pieroth*, Art. 19, Rn. 13.

Prüfungsprogramm 4:
Das Unterlassen staatlicher Schutzmaßnamen zugunsten eines Grundrechtsträgers

I. Schutzbereich
1. Persönlich[60]
2. Sachlich

II. Grundrecht durch Handlungen nicht grundrechtsgebundener Dritter gefährdet (Schutzpflicht ausgelöst)

III. Verstoß gegen das **Untermaßverbot** durch völlige Untätigkeit oder den Einsatz evident unzureichender Mittel

Hinweise

Zu II. Der grundrechtsverpflichtete Staat darf nicht tatenlos zusehen, wie Dritte – seien es Private, seien es ausländische Staaten – Grundrechte beeinträchtigen oder gefährden[61]. Art. 1 Abs. 1 S. 2 GG und die Bedeutung der Grundrechte als objektive Wertentscheidungen verlangen z.B. den Erlass von Strafvorschriften oder den Schutz vor Gefahren der Technik durch Genehmigungsverfahren. Schutzpflichten haben besondere Bedeutung im Bereich des Art. 2 Abs. 2 GG[62].

Zu III. Das Bundesverfassungsgericht billigt dem Gesetzgeber bei der Erfüllung von Schutzpflichten einen weiten Gestaltungsspielraum zu[63]. Insbesondere müssen auch die grundrechtlichen Belange der Dritten berücksichtigt werden[64]. Ferner ist darauf zu achten, dass Schutzbemühungen des Staates dem Einzelnen nicht seine Autonomie nehmen[65]. Die Schutzpflicht ist nur verletzt, wenn Maßnahmen des Gesetzgebers zur Bekämpfung einer von Dritten ausgehenden Gefahr für das Grundrecht nicht vorhanden oder völlig unzureichend sind (Evidenzkontrolle)[66]. Bagatellbeeinträchtigungen durch Dritte werden also nicht erfasst[67]. Nur äußerst selten folgt aus einem Verstoß gegen das Untermaßverbot auch der Einsatz eines bestimmten Mittels[68].

---

60 S. hierzu Prüfungsprogramm 3.

61 BVerfGE 114, 73, 89 f.; 121, 317, 356 f.; *Pieroth/Schlink/Kingreen/Poscher*, Rn.110 ff.; *Jarass/Pieroth*, vor Art. 1, Rn. 7; *Michael/Morlok*, Rn. 511; *Manssen*, Rn. 50.

62 *Michael/Morlok*, Rn. 514; *Manssen*, Rn. 282 f.

63 BVerfGE 96, 56, 64; 121, 317, 356 f.; *Manssen*, Rn. 52; *Michael/Morlok*, Rn. 515; *Pieroth/Schlink/Kingreen/Poscher*, Rn. 113 ff.; *Jarass/Pieroth*, vor Art. 1, Rn. 6.

64 *Manssen*, Rn. 53; *Michael/Morlok*, Rn. 739.

65 *Michael/Morlok*, Rn. 517.

66 BVerfGE 88, 203, 254; 109, 190, 247; *Jarass/Pieroth*, vor Art. 1, Rn. 56; *Pieroth/Schlink/Kingreen/Poscher*, Rn. 308 ff.

67 *Michael/Morlok*, Rn. 514.

68 Strafrechtliche Mittel für den Schutz des ungeborenen Lebens fordern BVerfGE 39, 1, 46 ff.; 88, 203, 257 f.; *Michael/Morlok*, Rn. 633.

Fallbezogene Vertiefung

Graf von Kielmannsegg, JuS 2009, 216 ff.

Prüfungsprogramm 5: Wirkung der Grundrechte zwischen Privaten

I. Konflikt zwischen zwei Privaten, etwa im Miet- oder Bürgschaftsrecht

II. Schutzbereich eines Grundrechts eröffnet
1. Persönlich[69]
2. Sachlich

III. Keine ausnahmsweise unmittelbare Wirkung eines Grundrechts, wie z.B. Art. 9 Abs. 3 S. 2 GG

IV. Ausreichende Beachtung der **mittelbaren Grundrechtswirkung** über die Ausstrahlung in zivilrechtliche Normen, insbesondere die Generalklauseln

Hinweise

Zu III. Private werden durch Verfassungsrecht nur äußerst selten direkt gebunden. Neben Art. 9 Abs. 3 S. 2 GG lässt sich hier noch Art. 48 Abs. 1 und Abs. 2 GG nennen.

Zu IV. Der Zivilrechtsgesetzgeber muss aufgrund des Art. 1 Abs. 3 GG bei seinen Entscheidungen Grundrechte von Anfang an berücksichtigen, will er nicht Gefahr laufen, dass die gesetzten Normen als verfassungswidrig beurteilt werden[70].

Vertragsschließende Bürgerinnen und Bürger dürfen sich dagegen auf ihre durch Art. 2 Abs. 1 GG geschützte Privatautonomie berufen und sind nicht unmittelbar grundrechtsgebunden[71]. Erneut begründet jedoch die Bedeutung der Grundrechte als objektive Wertentscheidungen für die gesamte Rechtsordnung, dass sie auch in rein zivilrechtliche Beziehungen hineinwirken[72]. So sind Klauseln in Mietverträgen, die einer Mieterin oder einem Mieter das Heiraten verbieten, über § 138 BGB wegen eines Verstoßes gegen Art. 6 Abs. 1 GG als nichtig zu bewerten. Die Informationsfreiheit des Art. 5 Abs. 1 S. 1 GG kann dazu führen, dass der Vermieter dem Mieter das Anbringen einer Satellitenantenne an der Außenwand des Hauses erlauben muss[73]. In diesen sogenannten Drittwirkungsfällen sind allerdings die gegenläufigen Grundrechte der anderen Vertragspartei (Vertragsfreiheit; Eigentumsfreiheit) ebenfalls ausreichend zu berücksichtigen, indem eine am Verhältnismäßigkeitsprinzip orientierte Abwägung durchgeführt wird[74].

---

69 S. hierzu Prüfungsprogramm 3.

70 *Pieroth/Schlink/Kingreen/Poscher*, Rn. 193; *Manssen*, Rn. 107; *Jarass/Pieroth*, Art. 1, Rn. 52.

71 *Manssen*, Rn. 106; *Pieroth/Schlink/Kingreen/Poscher*, Rn. 191; *Michael/Morlok*, Rn. 478.

72 BVerfGE 73, 261, 269; 112, 332, 358; *Pieroth/Schlink/Kingreen/Poscher*, Rn. 196; *Jarass/Pieroth*, Art. 1, Rn. 54.

73 *BVerfG*, NJW 1994, 1147 f.; *BVerfG*, NJW 1994, 2143.

74 BVerfGE 112, 332, 358; 114, 339, 348; *Pieroth/Schlink/Kingreen/Poscher*, Rn. 198; *Michael/Morlok*, Rn. 484; *Jarass/Pieroth*, Art. 1, Rn. 54.

Fallbezogene Vertiefung

Graf von Kielmannsegg, JuS 2009, 216 ff.; *Augsberg/Viellechner,* JuS 2008, 406 ff.

6. Definitionskatalog: Die sachlichen Schutzbereiche der wichtigsten Freiheitsgrundrechte

Vorbemerkung: Über die im Folgenden beschriebenen positiven Verhaltensweisen hinaus schützen die Grundrechte generell auch die negative Seite, also z.B. das Recht seine Gesundheit zu beschädigen, gewissenlos zu handeln, zu schweigen, sich nicht zu versammeln, keinen Beruf auszuüben, sein Eigentum aufzugeben u.s.w.

Art. 1 Abs. 1 (Menschenwürde): Der Schutzbereich wird hier vom Eingriff her bestimmt. Er ist verletzt, wenn ein Mensch zum bloßen Objekt staatlichen Handelns gemacht wird[75], z.B. durch Folter[76] oder die totale Erfassung des Privatlebens[77]. Denken Sie an den Stasi-Film „Das Leben der Anderen".

Art. 2 Abs. 1 (Allgemeine Handlungsfreiheit): Erfasst jedes menschliche Verhalten[78], welches nicht in den Schutzbereich eines spezielleren Grundrechts fällt. Typische Bereiche, die nur vom Auffanggrundrecht des Art. 2 Abs. 1 GG abgedeckt werden, sind etwa die Vertragsfreiheit[79], die Freiheit der Wahl des Verkehrsmittels[80] oder der Schutz vor der Auferlegung von Steuern[81].

Art. 2 Abs. 1 i.V.m. Art. 1 Abs. 1 (Allgemeines Persönlichkeitsrecht): Schützt die Privat- und Intimsphäre[82] sowie die Selbstbestimmung des Einzelnen über seine persönlichen Daten (informationelle Selbstbestimmung)[83] oder seine Darstellung in der Öffentlichkeit (Recht am eigenen Wort und am eigenen Bild)[84]. Zum Schutzbereich dieses vom Bundesverfassungsgericht entwickelten Grundrechts zählen ferner das Recht, die eigene Abstammung zu erfahren[85], der Anspruch Strafgefangener auf Resozialisierung[86] und das Recht auf Vertraulichkeit und Integrität informationstechnischer Systeme (Computergrundrecht)[87].

---

75 BVerfGE 109, 133, 149 f.; 109, 279, 312 f.; 115, 118, 153; *Michael/Morlok*, Rn. 135; *Pieroth/Schlink/Kingreen/Poscher*, Rn. 374 ff.; *Jarass/Pieroth*, Art. 1, Rn. 11; *Manssen*, Rn. 213.

76 *Michael/Morlok*, Rn. 151; *Pieroth/Schlink/Kingreen/Poscher*, Rn. 378; *Jarass/Pieroth*, Art. 1, Rn. 11.

77 BVerfGE 120, 274, 335; 130, 1, 22.

78 BVerfGE 6, 32, 36; 80, 137, 152 f.; *Pieroth/Schlink/Kingreen/Poscher*, Rn. 386; *Manssen*, Rn. 225; *Jarass/Pieroth*, Art. 2, Rn. 5; *Michael/Morlok*, Rn. 435, 438.

79 BVerfGE 88, 384, 403; 103, 197, 215; *Michael/Morlok*, Rn. 442; *Jarass/Pieroth*, Art. 2, Rn. 9; *Pieroth/Schlink/Kingreen/Poscher*, Rn. 388.

80 BVerfGE 80, 137, 154 f.; *Jarass/Pieroth*, Art. 2, Rn. 7; *Michael/Morlok*, Rn. 442.

81 BVerfGE 87, 153, 169; 105, 17, 32 f.; *Jarass/Pieroth*, Art. 2, Rn. 5; *Manssen*, Rn. 227; *Pieroth/Schlink/Kingreen/Poscher*, Rn. 388.

82 BVerfGE 72, 155, 170; 79, 256, 268; 120, 180, 198 f.; *Pieroth/Schlink/Kingreen/Poscher*, Rn. 394 ff.; *Jarass/Pieroth*, Art. 2, Rn. 47 f.; *Manssen*, Rn. 241.

83 BVerfGE 65, 1, 43; 117, 202, 228; 118, 168, 184; *Manssen*, Rn. 242; *Jarass/Pieroth*, Art. 2, Rn. 37 u. 42 ff.; *Pieroth/Schlink/Kingreen/Poscher*, Rn. 399.

84 *Manssen*, Rn. 244 f.; *Jarass/Pieroth*, Art. 2, Rn. 40; *Pieroth/Schlink/Kingreen/Poscher*, Rn. 397 f.

85 BVerfGE 79, 256, 268 ff.; 90, 263, 271; *Jarass/Pieroth*, Art. 2, Rn. 74.

86 BVerfGE 45, 187, 238 f.; 98, 169, 200; 103, 21, 39 f.; *Jarass/Pieroth*, Art. 2, Rn. 72a.

87 BVerfGE 120, 274, 302 f.; *Jarass/Pieroth*, Art. 2, Rn. 37 u. 46; *Pieroth/Schlink/Kingreen/Poscher*, Rn. 400; *Manssen*, Rn. 243.

Art. 2 Abs. 2 S. 1 (Leben): Schützt die biologisch-physische Existenz[88] im Zeitraum von der Einnistung der Eizelle (Nidation) bis zum Herz- und Hirntod[89].

Art. 2 Abs. 2 S. 1 (Gesundheit): Wehrt Einwirkungen auf die biologisch-physische Integrität ab[90], wie z.B. Zwangsuntersuchungen (Blutentnahme), oder Zwangsmedikationen in psychiatrischen Anstalten. Erfasst auch psychische Einwirkungen, soweit sie den oben genannten Einwirkungen ähnlich sind (Verursachung einer psychischen Krankheit; Lärm)[91].

Art. 2 Abs. 2 S. 2 (Freiheit der Person): Meint die körperliche Bewegungsfreiheit; der Staat darf seine Bürgerinnen und Bürger nicht grundlos festhalten oder von bestimmten Orten fernhalten[92]. Hauptanwendungsfälle sind die polizeiliche Ingewahrsamnahme, die Untersuchungs- oder Strafhaft sowie die Sicherungsverwahrung. Geht es um solche Freiheitsentziehungen, gemeint ist damit ein nicht nur kurzfristiges Einsperren in einem eng umgrenzten Raum[93], gelten die zusätzlichen Garantien des Art. 104 Abs. 2-4 GG.

Art. 4 Abs. 1 und Abs. 2 (Glaube): Schützt innere Überzeugungen von der Stellung des Menschen in der Welt, der Existenz bzw. Nichtexistenz höherer Mächte sowie bejahendenfalls deren Bedeutung für die Menschen[94]. Die in Art. 4 Abs. 1 und Abs. 2 GG niedergelegten einzelnen Aspekte der Glaubensfreiheit werden als einheitliches Grundrecht verstanden, welches sowohl die innere religiöse Überzeugung (forum internum) als auch die Ausübung der Religion und das Handeln nach ihren Geboten umfasst, etwa in Gestalt des sichtbaren Gebets oder der Missionierung (forum externum)[95]. Um zu verhindern, dass jedes beliebige Verhalten durch die Berufung auf die Glaubensfreiheit vor staatlichen Eingriffen abgeschirmt wird, ist die durch ein verbindliches religiöses Gebot ausgelöste Motivation der Betätigung zumindest plausibel darzulegen[96]. Ganz überwiegend wirtschaftlich oder politisch motivierte Aktivitäten, denen ein innerer Zusammenhang mit der Religionsausübung fehlt, werden deshalb nicht von der Glaubensfreiheit geschützt[97].

---

88 *Manssen*, Rn. 270; *Pieroth/Schlink/Kingreen/Poscher*, Rn. 419; *Jarass/Pieroth*, Art. 2, Rn. 81.

89 *Michael/Morlok*, Rn. 162 f.

90 BVerfGE 56, 54, 73; *Manssen*, Rn. 271; *Pieroth/Schlink/Kingreen/Poscher*, Rn. 420; *Michael/Morlok*, Rn.166 f.; *Jarass/Pieroth*, Art. 2, Rn. 83.

91 BVerfGE 56, 54, 75; *Jarass/Pieroth*, Art. 2, Rn. 83; *Pieroth/Schlink/Kingreen/Poscher*, Rn. 420; *Manssen*, Rn. 271; *Michael/Morlok*, Rn. 167.

92 BVerfGE 94, 166, 198; *Manssen*, Rn. 288; *Jarass/Pieroth*, Art. 2, Rn. 112; *Michael/Morlok*, Rn. 173; *Pieroth/Schlink/Kingreen/Poscher*, Rn. 442.

93 *Michael/Morlok*, Rn. 174; *Pieroth/Schlink/Kingreen/Poscher*, Rn. 447; *Manssen*, Rn. 299; *Jarass/Pieroth*, Art. 2, Rn. 114.

94 Ähnlich *Manssen*, Rn. 303; *Jarass/Pieroth*, Art. 4, Rn. 8.

95 BVerfGE 83, 341, 354; 108, 282, 297; *Michael/Morlok*, Rn. 184 u. 191 f.; *Manssen*, Rn. 301; *Jarass/Pieroth*, Art. 4, Rn. 1 f.; **kritisch insoweit** *Pieroth/Schlink/Kingreen/Poscher*, Rn. 546 f.

96 *Michael/Morlok*, Rn. 195 f.; *Pieroth/Schlink/Kingreen/Poscher*, Rn. 552 ff.; *Jarass/Pieroth*, Art. 4, Rn. 13 f.; *Manssen*, Rn. 304.

97 *Pieroth/Schlink/Kingreen/Poscher*, Rn. 554.

Art. 4 Abs. 1 (Gewissen): Eine Gewissensentscheidung wird angenommen, wenn eine ernsthafte, an Gut und Böse orientierte Entscheidung vorliegt, die der Einzelne für sich als verpflichtend empfindet und gegen die er nicht ohne Gewissensnot handeln kann[98]. Die Kriegsdienstverweigerung des Art. 4 Abs. 3 GG bildet insoweit ein klassisches Beispiel. Wie bei der Glaubensfreiheit müssen die Grundrechtsträger plausibel darlegen, dass ihr Gewissen ihnen eine bestimmte Handlung gebietet oder verbietet[99].

Art. 5 Abs. 1 S. 1 (Meinung): Umfasst Werturteile zu beliebigen Themen soweit sie nicht in Formalbeleidigungen oder Schmähkritik ausarten[100], sowie Tatsachenbehauptungen, soweit sie nicht erwiesen unwahr sind[101]. Meinungsäußerungen, die Zustimmung erzwingen wollen, indem sie Gewalt oder wirtschaftlichen Druck androhen, sind nicht von Art. 5 Abs. 1 S. 1 GG geschützt[102] (Parallele zu Art. 8 Abs. 1 GG).

Art. 5 Abs. 1 S. 1 (Informationsfreiheit): Erfasst das Sammeln und Entgegennehmen von Informationen[103]. Die Informationsquellen müssen allgemein zugänglich sein, d.h. für die Öffentlichkeit bestimmt[104] wie etwa Radio, Fernsehen, Internet oder Zeitung. Nicht hierzu gehören etwa private Aufzeichnungen oder Akten in Betrieben[105] oder Behörden[106].

Art. 5 Abs. 1 S. 2 (Pressefreiheit): Meint alle gedruckten Erzeugnisse und alle physischen Bild- und Tonträger, die zur Verbreitung bestimmt sind[107]. Aus journalistischer Perspektive sind folgende Tätigkeiten geschützt: die rechtmäßige Informationsbeschaffung (inklusive Quellenschutz, der Zeugnisverweigerungsrechte gebietet), die Arbeit in der Redaktion sowie das Verfassen, Veröffentlichen und Vertreiben des Textes[108].

Art. 5 Abs. 1 S. 2 (Rundfunkfreiheit): Schützt jede drahtlose oder drahtgebundene Übertragung von Informationen durch elektromagnetische Wellen, die sich an die Allgemeinheit richtet[109]; gemeint sind Hörfunk und Fernsehen, auch via Kabel, Pay-TV,

98 BVerfGE 12, 45, 55; 48, 127, 173; *Michael/Morlok*, Rn. 186; *Jarass/Pieroth*, Art. 4, Rn. 45 f.; *Pieroth/Schlink/Kingreen/Poscher*, Rn. 564 ff.; *Manssen*, Rn. 330.

99 *Manssen*, Rn. 331; *Pieroth/Schlink/Kingreen/Poscher*, Rn. 566; *Michael/Morlok*, Rn. 196; *Jarass/Pieroth*, Art. 4, Rn. 46.

100 *Michael/Morlok*, Rn. 209 f.; *Pieroth/Schlink/Kingreen/Poscher*, Rn. 594; *Jarass/Pieroth*, Art. 5, Rn. 5; *Manssen*, Rn. 343.

101 *Jarass/Pieroth*, Art. 5, Rn. 6; *Manssen*, Rn. 344 f.; *Michael/Morlok*, Rn. 209 f.; *Pieroth/Schlink/Kingreen/Poscher*, Rn. 596 ff.

102 *Pieroth/Schlink/Kingreen/Poscher*, Rn. 601; *Michael/Morlok*, Rn. 210; *Manssen*, Rn. 351; *Jarass/Pieroth*, Art. 5, Rn. 10.

103 *Jarass/Pieroth*, Art. 5, Rn. 25; *Pieroth/Schlink/Kingreen/Poscher*, Rn. 610; *Manssen*, Rn. 358.

104 BVerfGE 90, 27, 32; 103, 44, 60; *Manssen*, Rn. 356; *Pieroth/Schlink/Kingreen/Poscher*, Rn. 608.

105 BVerfGE 66, 116, 137; *Jarass/Pieroth*, Art. 5, Rn. 22; *Manssen*, Rn. 356.

106 *Jarass/Pieroth*, Art. 5, Rn. 24; **kritisch** *Michael/Morlok*, Rn. 214; *Pieroth/Schlink/Kingreen/Poscher*, Rn. 608.

107 *Pieroth/Schlink/Kingreen/Poscher*, Rn. 611; *Michael/Morlok*, Rn. 222; *Jarass/Pieroth*, Art. 5, Rn. 34; **enger** nur Druckerzeugnisse *Manssen*, Rn. 361.

108 *Manssen*, Rn. 363; *Jarass/Pieroth*, Art. 5, Rn. 36 f.; *Pieroth/Schlink/Kingreen/Poscher*, Rn. 613.

109 *Jarass/Pieroth*, Art. 5, Rn. 47; *Manssen*, Rn. 369; *Pieroth/Schlink/Kingreen/Poscher*, Rn. 618.

Teletext und Online-Dienste[110]. Wie bei der Pressefreiheit reicht der Schutzbereich von der Informationsbeschaffung bis zur Ausstrahlung[111].

Art. 5 Abs. 1 S. 2 (Filmfreiheit): Erfasst Bilderreihen, die zur Projektion bestimmt sind, auch auf Video-Bändern, DVD und Blue-Ray-Disks[112]. Das Grundrecht schützt die Freiheit Filme herzustellen, zu bewerben, zu verbreiten und aufzuführen[113].

Art. 5 Abs. 3 (Kunstfreiheit): Präzise lässt sich der Schutzbereich dieses Grundrechts angesichts seines vielgestaltigen Gegenstandes nicht bestimmen[114]. Man behilft sich mit drei Annäherungen, wobei es ausreicht, dass der zu untersuchende Gegenstand bzw. das zu untersuchende Verhalten unter eine Variante subsumiert werden kann[115]:

- Der formale Kunstbegriff fragt, ob das Werk einer bestimmten Kunstgattung, wie etwa Literatur, Malerei, Bildhauerei, Musik, Theater, Tanz etc. zugeordnet werden kann[116].
- Der materiale Kunstbegriff betont die freie schöpferische Gestaltung, in der Eindrücke, Erfahrungen, Erlebnisse und Gedanken durch das Medium einer bestimmten Formensprache zur unmittelbaren Anschauung gebracht werden[117].
- Der offene Kunstbegriff betrachtet die Vieldeutigkeit und Interpretationsoffenheit eines Werkes als entscheidend für das Vorliegen von Kunst[118].

Die Kunstfreiheit schützt den Entstehungsprozess eines Werks (Werkbereich) ebenso wie seine Verbreitung, Veröffentlichung oder Ausstellung (Wirkbereich)[119].

Art. 5 Abs. 3 (Wissenschaftsfreiheit): Es geht bei diesem Grundrecht um planmäßige Versuche zur Ermittlung der Wahrheit in der Forschung[120] und deren Vermittlung in der Lehre. Wissenschaftliche Arbeit ist durch rationales, methodisches, kritikoffenes und nachprüfbares Vorgehen gekennzeichnet[121]. Nicht geschützt sind die Verbreitung von offenbaren Vorurteilen und Fälschungen[122].

---

110 *Manssen*, Rn. 369; *Pieroth/Schlink/Kingreen/Poscher*, Rn. 618; *Jarass/Pieroth*, Art. 5, Rn. 48; *Michael/Morlok*, Rn. 227.

111 BVerfGE 121, 30, 58; *Manssen*, Rn. 370; *Jarass/Pieroth*, Art. 5, Rn. 51; *Pieroth/Schlink/Kingreen/Poscher*, Rn. 619.

112 *Pieroth/Schlink/Kingreen/Poscher*, Rn. 625; *Manssen*, Rn. 380; *Jarass/Pieroth*, Art. 5, Rn. 61; *Michael/Morlok*, Rn. 228.

113 *Manssen*, Rn. 381; *Jarass/Pieroth*, Art. 5, Rn. 62.

114 BVerfGE 67, 213, 225; 119, 1, 20; *Pieroth/Schlink/Kingreen/Poscher*, Rn. 659; *Manssen*, Rn. 416.

115 *Michael/Morlok*, Rn. 234; *Pieroth/Schlink/Kingreen/Poscher*, Rn. 662.

116 BVerfGE 67, 213, 226 f.; *Pieroth/Schlink/Kingreen/Poscher*, Rn. 660; *Jarass/Pieroth*, Art. 5, Rn. 118; *Manssen*, Rn. 418; *Michael/Morlok*, Rn. 236.

117 BVerfGE 30, 173, 188 f.; 67, 213, 226; 119, 1, 20 f.; *Manssen*, Rn. 417; *Jarass/Pieroth*, Art. 5, Rn. 118; *Pieroth/Schlink/Kingreen/Poscher*, Rn. 660; von *Michael/Morlok*, Rn. 235 als idealistischer Kunstbegriff bezeichnet.

118 BVerfGE 67, 213, 227; *Manssen*, Rn. 419; *Michael/Morlok*, Rn. 237; *Pieroth/Schlink/Kingreen/Poscher*, Rn. 660; *Jarass/Pieroth*, Art. 5, Rn. 118.

119 BVerfGE 119, 1, 21 f.; *Michael/Morlok*, Rn. 243; *Jarass/Pieroth*, Art. 5, Rn. 120; *Manssen*, Rn. 421; *Pieroth/Schlink/Kingreen/Poscher*, Rn. 663 f.

120 BVerfGE 35, 79, 113; 90, 1, 12; *Pieroth/Schlink/Kingreen/Poscher*, Rn. 670; *Jarass/Pieroth*, Art. 5, Rn. 136; *Michael/Morlok*, Rn. 244.

121 *Michael/Morlok*, Rn. 244; *Pieroth/Schlink/Kingreen/Poscher*, Rn. 670 f.; *Jarass/Pieroth*, Art. 5, Rn. 136.

122 *Manssen*, Rn. 405; *Jarass/Pieroth*, Art. 5, Rn. 136; *Michael/Morlok*, Rn. 244.

Art. 6 Abs. 1 (Ehe): Schützt die dauerhafte Verbindung von Frau und Mann, die in einer rechtlich anerkennungsfähigen Form geschlossen wurde[123]. Nicht gemeint sind nichteheliche Lebensgemeinschaften, Mehrfachehen und gleichgeschlechtliche Lebenspartnerschaften[124].

Art. 6 Abs. 1 (Familie): Jegliches Zusammenleben von Eltern mit Kindern fällt unter den verfassungsrechtlichen Begriff der Familie[125].

Art. 6 Abs. 2 S. 1 (Elternrecht): Solange die Kinder minderjährig sind, kommt es den Eltern zu, für ihr körperliches Wohl (Pflege) und ihr geistiges und seelisches Wohl (Erziehung) zu sorgen[126]. Hierzu zählen auch die Umgangsrechte der Väter nichtehelicher Kinder[127]. Im schulischen Bereich soll Art. 6 Abs. 2 Satz 1 GG nach h.M. den gleichen Rang wie die staatliche Schulaufsicht aus Art. 7 Abs. 1 GG haben[128]. Die Gerichtspraxis zeigt indes, dass sich der Elternwille, wenn man einmal von Art. 7 Abs. 2 GG absieht, nur sehr selten gegen die staatlichen Organisationsinteressen durchzusetzen vermag[129].

Art. 7 Abs. 4 (Freiheit zur Gründung von Privatschulen): Eine genehmigungspflichtige Ersatzschule i.S.d. Art. 7 Abs. 4 S. 2 GG liegt vor, wenn ihr Programm dem Besuch dem einer öffentlichen Schule entspricht und sie schulpflichtige Schüler aufnimmt[130]. Für Volksschulen, das sind Grund- und Hauptschulen mit maximal acht Schuljahren[131], gilt Art. 7 Abs. 5 GG als Spezialvorschrift. Wegen der sehr strengen Genehmigungsvoraussetzungen, die Art. 7 Abs. 4 S. 3 und S. 4 GG für die privaten Ersatzschulen aufstellen, wird überwiegend angenommen, dass diese Schulen einen grundsätzlichen Anspruch auf staatliche Förderung haben, ohne dass allerdings eine bestimmte finanzielle Leistung direkt aus der Verfassung abgeleitet werden könnte[132]. Solche **Leistungsrechte** finden sich im Grundrechtskatalog sehr selten, weitere Beispiele bieten Art. 6 Abs. 4 und Abs. 5 GG sowie Art. 1 Abs. 1 GG i.V.m. dem Sozialstaatsprinzip (Anspruch auf das Existenzminimum)[133].

---

123 *Pieroth/Schlink/Kingreen/Poscher*, Rn. 689 ff.; *Michael/Morlok*, Rn. 252; *Jarass/Pieroth*, Art. 6, Rn. 4.

124 *Pieroth/Schlink/Kingreen/Poscher*, Rn. 689; *Jarass/Pieroth*, Art. 6, Rn. 4 f.; *Manssen*, Rn. 432 f.

125 *Jarass/Pieroth*, Art. 6, Rn. 8 f.; *Michael/Morlok*, Rn. 255; *Manssen*, Rn. 436; *Pieroth/Schlink/Kingreen/Poscher*, Rn. 695 f.

126 *Manssen*, Rn. 440; *Pieroth/Schlink/Kingreen/Poscher*, Rn. 698; *Michael/Morlok*, Rn. 256.

127 BVerfGE 108, 82, 99 ff.; 127, 132, 147 ff.; *Michael/Morlok*, Rn. 256.

128 BVerfGE 34, 165, 183; 47, 46, 71 f.; 52, 223, 236; 96, 288, 303; 98, 218, 244; *Jarass/Pieroth*, Art. 7, Rn. 6.

129 Einzelheiten insoweit bei *Beaucamp*, LKV 2003, 18 ff.

130 *Pieroth/Schlink/Kingreen/Poscher*, Rn. 737; *Manssen*, Rn. 477; *Jarass/Pieroth*, Art. 7, Rn. 31.

131 *Jarass/Pieroth*, Art. 7, Rn. 35.

132 BVerfGE 75, 40, 62 ff.; 90, 107, 114 f.; 112, 74, 83 f.; *Michael/Morlok*, Rn. 262; *Manssen*, Rn. 57 u. 478 f.; *Pieroth/Schlink/Kingreen/Poscher*, Rn. 741; **vorsichtiger, nur Schutzpflicht annehmend** *Jarass/Pieroth*, Art. 7, Rn. 29.

133 *Manssen*, Rn. 56 f.; *Pieroth/Schlink/Kingreen/Poscher*, Rn. 78 f.; *Jarass/Pieroth*, Art. 1, Rn. 22 f.

Art. 8 (Versammlung): Zusammenkunft mindestens zweier Menschen[134] zu einem gemeinsamen Zweck, der darin besteht, eine Meinung kundtun zu wollen[135]. Erfasst sind auch Versammlungen, die sich fortbewegen (Aufzüge)[136]. Nicht geschützt sind waffentragende oder unfriedliche Versammlungen. Von **Unfriedlichkeit** wird ausgegangen, wenn aggressive Handlungen, etwa tätliche Gewalt, vorkommen oder drohen[137]. Eine Sitzblockade, selbst mit Anketten, reicht hierfür nicht aus, solange die Teilnehmer sich widerstandslos wegtragen lassen[138]. Wenn nur einzelne Teilnehmer **Waffen**, das sind objektiv gefährliche Gegenstände[139], wie z.B. auch Baseballschläger, haben oder gewalttätig werden, ohne dass die Versammlungsleitung und die Versammlungsmehrheit dies wollen, muss die Polizei gegen diese Einzelpersonen vorgehen und sie aus der Versammlung ausschließen[140].

Art. 9 Abs. 1 (Vereinigung): Liegt vor, wenn sich zumindest zwei natürliche oder juristische Personen freiwillig für längere Zeit zusammenschließen, um einen gemeinsamen Zweck zu verfolgen; hinzukommen muss eine organisierte Willensbildung der Mitglieder (angelehnt an § 2 Abs. 1 VereinsG)[141]. Erfasst sind etwa Bürgerinitiativen, Vereine und Gesellschaften, nach überwiegender Meinung aber nicht öffentlich-rechtliche Zwangskörperschaften[142]. Umstritten ist die Frage, ob die negative Vereinigungsfreiheit das Recht umfasst, öffentlich-rechtlichen Zwangsverbänden fernzubleiben[143] oder ob insoweit nur Art. 2 Abs. 1 GG gilt[144].

Art. 9 Abs. 3 (Koalition): Ist eine Vereinigung, die den speziellen Zweck der Wahrung und Förderung der Arbeits- und Wirtschaftsbedingungen verfolgt. Wegen ihrer Funktion für die Tarifautonomie wird von Koalitionen ferner verlangt, dass sie von der Gegenseite unabhängig und gegnerfrei organisiert sind[145], d.h. dass in Arbeitgeberverbänden keine Gewerkschaftsmitglieder vertreten sind und umgekehrt. Inwieweit zusätzlich Überbetrieblichkeit vorliegen muss, ist umstritten[146].

---

134 *Manssen*, Rn. 488; *Pieroth/Schlink/Kingreen/Poscher*, Rn. 755; *Michael/Morlok*, Rn. 268.

135 BVerfGE 69, 315, 342 f.; 104, 92, 104; 128, 226, 250; *Manssen*, Rn. 485 ff.; *Jarass/Pieroth*, Art. 8, Rn. 3; **a.A.** auf das einschränkende Merkmal der Meinungskundgabe verzichtend *Pieroth/Schlink/Kingreen/Poscher*, Rn. 753; *Michael/Morlok*, Rn. 272.

136 *Jarass/Pieroth*, Art. 8, Rn. 4; *Manssen*, Rn. 488.

137 *Michael/Morlok*, Rn. 277; *Jarass/Pieroth*, Art. 8, Rn. 8; *Pieroth/Schlink/Kingreen/Poscher*, Rn. 759; *Manssen*, Rn. 492.

138 BVerfGE 104, 92, 106; *Jarass/Pieroth*, Art. 8, Rn. 8; *Pieroth/Schlink/Kingreen/Poscher*, Rn. 760.

139 *Jarass/Pieroth*, Art. 8, Rn. 9; *Michael/Morlok*, Rn. 280; *Pieroth/Schlink/Kingreen/Poscher*, Rn. 756.

140 *Jarass/Pieroth*, Art. 8, Rn. 10; *Pieroth/Schlink/Kingreen/Poscher*, Rn. 761; *Manssen*, Rn. 493; *Michael/Morlok*, Rn. 279.

141 BVerwGE 106, 177, 181; *Jarass/Pieroth*, Art. 9, Rn. 3; *Michael/Morlok*, Rn. 289 ff.; *Manssen*, Rn. 523 f.; *Pieroth/Schlink/Kingreen/Poscher*, Rn. 782 ff.

142 *Manssen*, Rn. 523; *Michael/Morlok*, Rn. 291; *Jarass/Pieroth*, Art. 9, Rn. 4.

143 So z.B. *Pieroth/Schlink/Kingreen/Poscher*, Rn. 792; *Michael/Morlok*, Rn. 299.

144 So BVerfGE 10, 89, 102; 38, 281, 297 f.; *BVerfG*, NVwZ 2007, 808, 811; *Jarass/Pieroth*, Art. 9, Rn. 7; *Manssen*, Rn. 526.

145 BVerfGE 50, 290, 368; *Jarass/Pieroth*, Art. 9, Rn. 35; *Michael/Morlok*, Rn. 309 ff.; *Pieroth/Schlink/Kingreen/Poscher*, Rn. 796; *Manssen*, Rn. 543 f.

146 **Dafür** BVerfGE 50, 290, 368; *Manssen*, Rn. 544; *Pieroth/Schlink/Kingreen/Poscher*, Rn. 796; **dagegen** *Michael/Morlok*, Rn. 311; *Jarass/Pieroth*, Art. 9, Rn. 35.

Art. 10 Abs. 1 (Briefgeheimnis): Schützt die Vertraulichkeit individueller schriftlich niedergelegter Kommunikation[147]. Erfasst sind auch Päckchen und Postkarten, nicht aber reine Werbe- und Warensendungen[148].

Art. 10 Abs. 1 (Postgeheimnis): Schützt jede über Posteinrichtungen verschickte Sendung vor Einsichtnahme[149], wird gegenüber privaten Dienstleistern durch einfaches Recht (§ 202 StGB, § 39 PostG) gesichert.

Art. 10 Abs. 1 (Fernmeldegeheimnis): Meint die vertrauliche Übermittlung von individuellen Informationen über drahtgebundene oder drahtlose Telekommunikationseinrichtungen[150]. Das Grundrecht deckt neben dem Telefon und dem Telefax auch den Nachrichtenversand über das Internet, E-Mail-Verkehr oder SMS ab[151]. Vom Schutzbereich erfasst ist sowohl der Inhalt der Kommunikation als auch ihre äußeren Umstände wie Zeitpunkt, Dauer und Häufigkeit[152].

Art. 11 Abs. 1 (Freizügigkeit): Erlaubt es allen Bürgern sich an jedem Ort in Deutschland aufzuhalten und zu wohnen[153]. **Wohnen** liegt bei einem dauerhaften Aufenthalt vor, der Schaffung eines Lebensmittelpunkts (§ 7 BGB)[154]. **Aufenthalt** meint vorübergehendes Verweilen, etwa im Urlaub oder auf einer Geschäftsreise[155]. In Abgrenzung zu **Art. 2 Abs. 2 S. 2 GG (Freiheit der Person)**, der die körperliche Bewegungsfreiheit schützt, soll der Aufenthalt in Art. 11 Abs. 1 GG von einer gewissen Dauer sein, die etwa einen Tag beträgt[156].

Art. 12 Abs. 1 (Berufsfreiheit): Beruf ist jede dauerhafte, nicht gemeinschaftsschädliche Tätigkeit, die zur Schaffung und Erhaltung einer Lebensgrundlage dient[157]. Das Grundrecht schützt die Berufsausübung (Wie) und die Berufswahl (Ob)[158]. **Eingriffe** in die Berufsfreiheit liegen nur bei einer **berufsregelnden Tendenz** vor, d.h. eine Berufsregelung muss beabsichtigt sein, sich unmittelbar auf bestimmte Berufe auswirken oder zumindest mittelbare Auswirkungen von einigem Gewicht nach sich ziehen[159].

147 *Manssen*, Rn. 557; *Michael/Morlok*, Rn. 322; *Jarass/Pieroth*, Art. 10, Rn. 1.

148 *Pieroth/Schlink/Kingreen/Poscher*, Rn. 830; *Manssen*, Rn. 557; *Michael/Morlok*, Rn. 322.

149 *Jarass/Pieroth*, Art. 10, Rn. 4; *Pieroth/Schlink/Kingreen/Poscher*, Rn. 833 ff.; *Manssen*, Rn. 558.

150 BVerfGE 120, 274, 307; 124, 43, 54; *Michael/Morlok*, Rn. 324; *Pieroth/Schlink/Kingreen/Poscher*, Rn. 837.

151 *Jarass/Pieroth*, Art. 10, Rn. 5; *Manssen*, Rn. 559; *Michael/Morlok*, Rn. 324; *Pieroth/Schlink/Kingreen/Poscher*, Rn. 837.

152 BVerfGE 120, 274, 307; *Manssen*, Rn. 559; *Pieroth/Schlink/Kingreen/Poscher*, Rn. 837.

153 BVerfGE 80, 137, 150; 110, 177, 190; *Pieroth/Schlink*, Rn. 856; *Manssen*, Rn. 578; *Jarass/Pieroth*, Art. 11, Rn. 2; **strenger,** nur zur Begründung eines Lebenskreises *Michael/Morlok*, Rn. 330.

154 *Pieroth/Schlink/Kingreen/Poscher*, Rn. 857; *Jarass/Pieroth*, Art. 11, Rn. 2.

155 *Pieroth/Schlink/Kingreen/Poscher*, Rn. 858 ff.; *Manssen*, Rn. 578; *Jarass/Pieroth*, Art. 11, Rn. 2.

156 *Manssen*, Rn. 578; *Jarass/Pieroth*, Art. 11, Rn. 2; zusätzlich auf Bedeutung des Aufenthalts abhebend *Pieroth/Schlink/Kingreen/Poscher*, Rn. 859.

157 BVerfGE 115, 276, 300 f.; *Manssen*, Rn. 591 ff.; auf das Merkmal „nicht gemeinschaftsschädlich" verzichten *Michael/Morlok*, Rn. 350; in Bezug auf dies Merkmal ebenfalls abweichend *Pieroth/Schlink/Kingreen/Poscher*, Rn.879 ff.; *Jarass/Pieroth*, Art. 12, Rn. 9.

158 *Pieroth/Schlink/Kingreen/Poscher*, Rn. 894; *Michael/Morlok*, Rn. 352; *Jarass/Pieroth*, Art. 12, Rn. 10; *Manssen*, Rn. 597.

159 *Jarass/Pieroth*, Art. 12, Rn. 14 ff.; *Pieroth/Schlink/Kingreen/Poscher*, Rn. 892 f.; *Manssen*, Rn. 602 ff.; *Michael/Morlok*, Rn. 338.

Art. 13 Abs. 1 (Wohnung): Als Wohnung werden alle Räume angesehen, die nicht allgemein zugänglich sind und in denen sich das private Leben entfaltet (räumliche Privatsphäre); deshalb zählen z.B. Nebenräume wie Keller und Böden, umfriedete Gärten am Haus, Wohnwagen und Hotelzimmer hierzu[160]. Nach h.M. fallen **Betriebs- und Geschäftsräume** in den Schutzbereich des Art. 13 Abs. 1 GG[161]. Umstritten ist allerdings die Frage, ob dies auch für solche Betriebs- und Geschäftsräume gilt, die für die Öffentlichkeit zugänglich sind[162].

Art. 14 Abs. 1 (Eigentum): Das Grundrecht schützt neben dem Rechtsinstitut Privateigentum[163], die dem Einzelnen vom Gesetzgeber zugeordneten vermögenswerten Rechte, wie Sach- und Grundeigentum, dingliche Rechte, Besitzrechte, Forderungen, Urheber- und Patentrechte usw.[164]. Selbst öffentlich-rechtliche Ansprüche werden als Eigentum bewertet, wenn sie einem Einzelnen privatnützig zugeordnet sind und auf eigenen Leistungen beruhen, wie etwa der Rentenanspruch oder der Anspruch auf Arbeitslosengeld[165]. Nicht vom Eigentumsschutz erfasst ist das Vermögen als solches[166] sowie Gewinnerwartungen und Lagevorteile[167].

Eigentümerinnen und Eigentümer werden durch Art. 14 Abs. 1 GG davor geschützt, dass ihnen bestehendes Eigentum genommen wird, aber auch davor, dass die von ihnen geplanten Nutzungen (Verkauf, Vermietung, Vernichtung) unverhältnismäßig beschränkt werden[168].

Art. 14 Abs. 1 (Erbrecht): Wie beim Eigentum wird der Gesetzgeber durch die Erbrechtsgarantie verpflichtet, ein privates Erbrecht zur Verfügung zu stellen und zu erhalten (Institutsgarantie)[169]. Zum Kern des Erbrechts gehört die Testierfreiheit[170]. Abgaben auf Ererbtes müssen verhältnismäßig sein[171].

---

160 *Manssen*, Rn. 655; *Pieroth/Schlink/Kingreen/Poscher*, Rn. 947 f.; *Michael/Morlok*, Rn. 368; *Jarass/Pieroth*, Art. 13, Rn. 4.

161 BVerfGE 32, 54, 68 ff.; 76, 83, 88; 96, 44, 51; 120, 274, 309; *Pieroth/Schlink/Kingreen/Poscher*, Rn. 950; *Manssen*, Rn. 655; *Jarass/Pieroth*, Art. 13, Rn. 5; *Michael/Morlok*, Rn. 369.

162 **Dafür:** BVerfGE 97, 228, 265; BVerwGE 121, 345, 348; **dagegen:** *Michael/Morlok*, Rn. 369; *Jarass/Pieroth*, Art. 13, Rn. 5 m.w.N.

163 *Michael/Morlok*, Rn. 378; *Manssen*, Rn. 674; *Jarass/Pieroth*, Art. 14, Rn. 3.

164 *Jarass/Pieroth*, Art. 14, Rn. 6 f.; *Manssen*, Rn. 677; *Pieroth/Schlink/Kingreen/Poscher*, Rn. 977 ff.; *Michael/Morlok*, Rn. 381 f.

165 BVerfGE 70, 101, 110; 117, 272, 292 ff.; *Jarass/Pieroth*, Art. 14, Rn. 10 f.; *Manssen*, Rn. 679 f.; *Pieroth/Schlink/Kingreen/Poscher*, Rn. 986 ff.; *Michael/Morlok*, Rn. 388 f.

166 *Manssen*, Rn. 681; *Pieroth/Schlink/Kingreen/Poscher*, Rn. 985; *Jarass/Pieroth*, Art. 14, Rn. 5; strittig für die Auferlegung von Steuern *Michael/Morlok*, Rn. 384 ff. m.w.N.

167 BVerfGE 110, 274, 290; *Pieroth/Schlink/Kingreen/Poscher*, Rn. 983 f. u. 990; *Michael/Morlok*, Rn. 383; *Manssen*, Rn. 678; *Jarass/Pieroth*, Art. 14, Rn. 22.

168 *Pieroth/Schlink/Kingreen/Poscher*, Rn. 990 ff.; *Manssen*, Rn. 675; *Jarass/Pieroth*, Art. 14, Rn. 15.

169 *Manssen*, Rn. 719; *Jarass/Pieroth*, Art. 14, Rn. 90.

170 *Pieroth/Schlink/Kingreen/Poscher*, Rn. 997; *Manssen*, Rn. 720; *Jarass/Pieroth*, Art. 14, Rn. 102.

171 BVerfGE 63, 312, 327; 93, 165, 174; *Manssen*, Rn. 721; *Jarass/Pieroth*, Art. 14, Rn. 104.

Prüfungsprogramm 7: Fünf qualifizierte Gesetzesvorbehalte, die man genauer kennen muss

I. Das **allgemeine** Gesetz in Art. 5 Abs. 2 GG

II. Die Anforderungen der **Drei-Stufen-Lehre** an Gesetze die in die Berufsfreiheit eingreifen (Art. 12 Abs. 1 S. 2 GG)

III. Die **Durchsuchung** in Art. 13 Abs. 2 GG

IV. Die **Enteignung** in Art. 14 Abs. 3 GG

V. Die **Inhalts- und Schrankenbestimmung** in Art. 14 Abs. 1 S. 2 GG

Hinweise

Zu I. Jedes Gesetz gilt als allgemein, welches sich nicht gegen eine bestimmte Meinung oder die Meinungsfreiheit an sich richtet, sondern andere höherwertige Rechtsgüter schützen will[172]. Das allgemeine Gesetz muss allerdings im Lichte der Bedeutung des Art. 5 Abs. 1 GG für den freiheitlichen demokratischen Staat ausgelegt werden (Wechselwirkungslehre)[173], was zu einer verschärften Verhältnismäßigkeitsprüfung führt[174]. Trotz fehlender Allgemeinheit hat das Bundesverfassungsgericht § 130 Abs. 4 StGB (öffentliche Verherrlichung, Rechtfertigung oder Billigung der NS-Herrschaft) für verfassungsgemäß gehalten, weil es insoweit eine historisch bedingte verfassungsimmanente Ausnahme vom Verbot des Sonderrechts gegen eine bestimmte Meinung angenommen hat[175].

Zu II. Um die Unterscheidung, die Art. 12 Abs. 1 GG zwischen Berufsausübung und Berufswahl trifft, nicht völlig einzuebnen, hat das Bundesverfassungsgericht die Drei-Stufen-Lehre entwickelt[176], die die Verhältnismäßigkeitsprüfung der Gesetze bestimmt, welche in die Berufsfreiheit eingreifen[177]. Auf der ersten Stufe stehen Regelungen, die nur die Ausübung eines Berufes betreffen wie etwa Auskunfts- und Dokumentationspflichten oder Ladenschlussregelungen. Sie sind zulässig, wenn die Normen durch

172 BVerfGE 7, 198, 210 f.; 71, 162, 175; 97, 125, 146; 120, 180, 200; 123, 186, 238 f.; 124, 300, 322 f.; *Michael/Morlok*, Rn. 652 f.; *Pieroth/Schlink/Kingreen/Poscher*, Rn. 637 f.; *Manssen*, Rn. 388; *Jarass/Pieroth*, Art. 5, Rn. 67.

173 BVerfGE 7, 198, 209; 61, 1, 10 f.; *Pieroth/Schlink/Kingreen/Poscher*, Rn. 640; *Michael/Morlok*, Rn. 653; *Jarass/Pieroth*, Art. 5, Rn. 69; *Manssen*, Rn. 395.

174 *Michael/Morlok*, Rn. 653; *Jarass/Pieroth*, Art. 5, Rn. 69 f.

175 BVerfGE 124, 300, 327 ff.; **kritisch** *Michael/Morlok*, Rn. 654; *Manssen*, Rn. 391 ff.; *Pieroth/Schlink/Kingreen/Poscher*, Rn. 645 f.

176 BVerfGE 7, 377, 404 ff.; 39, 210, 225 f.; 77, 84, 105 f.; 77, 308, 332; *Manssen*, Rn. 618; **kritisch** hierzu mit Alternativvorschlägen *Michael/Morlok*, Rn. 681 ff.

177 BVerfGE 7, 377, 408; *Pieroth/Schlink/Kingreen/Poscher*, Rn. 916 f.; *Michael/Morlok*, Rn. 674 u. 681 ff.; *Jarass/Pieroth*, Art. 12, Rn. 33; *Manssen*, Rn. 618.

vernünftige Gründe des Allgemeinwohls gerechtfertigt werden können[178]. Auf der zweiten Stufe sind Anforderungen an den Berufszugang anzusiedeln, die aber grundsätzlich von allen Kandidatinnen und Kandidaten erfüllt werden können[179] (subjektive Berufswahlregelungen wie etwa der Abschluss eines bestimmten Studiums für die Tätigkeit als Ärztin oder Richterin, aber auch bestimmte Altersgrenzen). Für solche Normen muss der Gesetzgeber besonders wichtige Gemeinschaftsgüter ins Feld führen können[180]. Will der Gesetzgeber schließlich die Zahl derjenigen absolut beschränken, die einen bestimmten Beruf ausüben dürfen (objektive Berufswahlregelung, Bedürfnisprüfung)[181], muss er besonders wichtige Gemeinschaftsgüter schützen wollen, die zudem nachweisbar und schwer gefährdet sind[182]. Beispiele für solche hochrangigen Rechtsgüter wären etwa die Volksgesundheit[183], die finanzielle Stabilität der gesetzlichen Krankenversicherung[184] oder der schnelle Aufbau einer effektiven Verwaltung in den neuen Bundesländern[185].

Zu III. Eine Durchsuchung liegt vor, wenn Staatsbedienstete eine Wohnung ohne Einwilligung des Besitzers mit dem Ziel betreten, dort nach versteckten Dingen oder Menschen zu suchen[186]. Durchsuchungen und die sogenannten Lauschangriffe des Art. 13 Abs. 3 bis Abs. 5 GG lösen den Richtervorbehalt aus, sonstige Beschränkungen, wie etwa gewerberechtliche Betretungsbefugnisse, unterfallen Art. 13 Abs. 7 GG.

Zu IV. Eine Enteignung ist gegeben, wenn durch Gesetz oder staatlichen Einzelakt eine konkrete Eigentumsposition einem einzelnen Bürger vollständig oder teilweise entzogen wird, um eine bestimmte öffentliche Aufgabe zu erfüllen (staatlicher Güterbeschaffungsvorgang)[187]. Ausnahmsweise sind Enteignungen zugunsten Privater möglich, wenn diese dann dauerhaft einen bestimmten öffentlichen Zweck fördern[188].

Zu V. Inhalts- und Schrankenbestimmungen gestalten die Eigentumsfreiheit abstrakt-generell aus, wenden sich also an alle Eigentümer; sie greifen aber nicht auf konkrete Eigentumsobjekte zu[189] (z.B. Beschränkungen der Baufreiheit durch Landesbauordnungen und Bebauungspläne, Verbot des Handels mit Kernbrennstoffen, Sklaven oder

178 BVerfGE 7, 377, 405 f.; 77, 308, 332; 109, 64, 85; 123, 186, 238; *Michael/Morlok*, Rn. 678; *Jarass/Pieroth*, Art. 12, Rn. 45; *Manssen*, Rn. 620; *Pieroth/Schlink/Kingreen/Poscher*, Rn. 925.

179 BVerfGE 7, 377, 406 f.; *Pieroth/Schlink/Kingreen/Poscher*, Rn. 901 f.; *Manssen*, Rn. 631; *Michael/Morlok*, Rn. 679; *Jarass/Pieroth*, Art. 12, Rn. 35.

180 *Michael/Morlok*, Rn. 679; *Jarass/Pieroth*, Art. 12, Rn. 46; *Manssen*, Rn. 631.

181 *Jarass/Pieroth*, Art. 12, Rn. 36; *Manssen*, Rn. 636; *Pieroth/Schlink/Kingreen/Poscher*, Rn. 895.

182 BVerfGE 7, 377, 408 f.; 75, 284, 296; *Michael/Morlok*, Rn. 680; *Manssen*, Rn. 637; *Pieroth/Schlink/Kingreen/Poscher*, Rn. 925 ff.; *Jarass/Pieroth*, Art. 12, Rn. 48.

183 BVerfGE 103, 172, 184; 126, 112, 140.

184 BVerfGE 103, 172, 184 f.

185 BVerfGE 84, 133, 151 f.

186 BVerfGE 76, 83, 89; *Jarass/Pieroth*, Art. 13, Rn. 14; *Michael/Morlok*, Rn. 596; *Pieroth/Schlink/Kingreen/Poscher*, Rn. 952; *Manssen*, Rn. 663.

187 BVerfGE 70, 191, 199 f.; 102, 1, 15 f.; 104, 1, 9 f.; *Michael/Morlok*, Rn. 696; *Jarass/Pieroth*, Art. 14, Rn. 75 ff.; *Pieroth/Schlink/Kingreen/Poscher*, Rn. 1000 f.; *Manssen*, Rn. 692 f.

188 BVerfGE 74, 264, 285 ff.; BVerwGE 116, 365, 371 f.; *Michael/Morlok*, Rn. 696; *Jarass/Pieroth*, Art. 14, Rn. 87.

189 BVerfGE 58, 300, 330; 72, 66, 76; *Pieroth/Schlink/Kingreen/Poscher*, Rn. 998 f.; *Manssen*, Rn. 688; *Jarass/Pieroth*, Art. 14, Rn. 34; *Michael/Morlok*, Rn. 702.

menschlichen Organen). Um die Verhältnismäßigkeit einer Inhalts- und Schrankenbestimmung zu wahren, die früher gewährte Eigentumspositionen verändert, können Übergangsregelungen erforderlich sein[190]. Selten ist eine Neuregelung des Gesetzgebers zwar für den Normalfall angemessen, für Einzelfälle indes so belastend, dass für diese ein finanzieller Ausgleich geboten erscheint (ausgleichspflichtige Inhalts- und Schrankenbestimmung)[191].

Über die Enteignung und die soeben geschilderte Inhalts- und Schrankenbestimmung hinaus, können Anwendungs- und Vollzugsakte – bisweilen unbeabsichtigt und indirekt – Eigentumsbeeinträchtigungen auslösen (sonstige Eingriffe)[192]. Aus dem allgemeinen Rechtsgedanken, dass niemand entschädigungslos gezwungen sein sollte, sein Eigentum für das allgemeine Wohl zu opfern (§§ 74, 75 Einleitung zum Allgemeinen Preußischen Landrecht), haben die Gerichte insoweit die Rechtsinstitute des enteignungsgleichen und enteignenden Eingriffs entwickelt, die mittlerweile als Gewohnheitsrecht anerkannt sind[193].

Voraussetzungen für einen Entschädigungsanspruchs wegen eine enteignungsgleichen Eingriffs sind[194]:

- Hoheitliche Maßnahme (ausgenommen Gesetze),
- beeinträchtigt rechtswidrig, was das Sonderopfer indiziert, und unmittelbar eine von Art. 14 Abs. 1 GG geschützte Eigentumsposition,
- und war nicht im Vorwege durch ein zumutbares Rechtsmittel abwendbar.

Beispiele hierfür wären etwa die Beschädigung eines Gebäudes durch ein misslungenes Manöver eines Bundeswehrpanzers oder die schlechte Koordination von Straßenbauarbeiten, die dadurch nicht wie geplant drei Monate, sondern ein ganzes Jahr dauern, und so zu starken Umsatzeinbußen bei betroffenen Betrieben führen.

Entschädigungsansprüche wegen eines enteignenden Eingriffs lassen sich bejahen wenn[195]:

- Eine hoheitliche Maßnahme,
- die rechtmäßig ist,
- als atypische Nebenfolge eine von Art. 14 Abs. 1 GG geschützte Eigentumsposition unmittelbar beeinträchtigt,
- und den Geschädigten kein überwiegendes Mitverschulden trifft.

Als Beispiel kommt etwa ein Feuerwehreinsatz in Betracht, der beim nicht vom Feuer betroffenen Nachbarn den Keller volllaufen lässt und dort gelagerte Vorräte vernichtet.

---

190 *Jarass/Pieroth*, Art. 14, Rn. 47; *Michael/Morlok*, Rn. 704; *Pieroth/Schlink/Kingreen/Poscher*, Rn. 1014.

191 BVerfGE 58, 137, 150; 100, 226, 244 ff.; *Michael/Morlok*, Rn. 704 f.; *Jarass/Pieroth*, Art. 14, Rn. 53; *Manssen*, Rn. 699; *Pieroth/Schlink/Kingreen/Poscher*, Rn. 1012.

192 *Michael/Morlok*, Rn. 706 f.; *Jarass/Pieroth*, Art. 14, Rn. 49 ff.

193 Beispiel für den enteignungsgleichen Eingriff etwa BGHZ 125, 19, 20 (Überschwemmungsschaden); *Michael/Morlok*, Rn. 706 f.; *Jarass/Pieroth*, Art. 14, Rn. 56 ff.; *Pieroth/Schlink/Kingreen/Poscher*, Rn. 1026; *Manssen*, Rn. 713 ff.

194 *Jarass/Pieroth*, Art. 14, Rn. 57; *Manssen*, Rn. 714; vertiefend Prüfungsprogramm StH 6.

195 Beispiel für den enteignenden Eingriff etwa BGHZ 122, 76, 77 f. (Fluglärm); 129, 124, 125 (Fluglärm); 166, 37, 39 ff. (Überschwemmungsschaden); *Manssen*, Rn. 713; vertiefend Prüfungsprogramm StH 5.

Auch der fehlgehende Schuss eines Polizeibeamten, der ein Fahrzeug mit fliehenden Bankräubern treffen möchte, stattdessen aber eine Fensterscheibe zerstört, käme als Fall für einen Anspruch aus enteignendem Eingriff in Frage.

Fallbezogene Vertiefung

Zu 1. *Nolte/Tams,* JuS 2004, 199 ff.

Zu 2. *Hebeler,* JA 2008, 413 ff.; *Nolte/Tams,* JuS 2006, 130 ff.; *Mann/Worthmann*, JuS 2013, 385 ff.

Zu 3. *Wißmann,* JuS 2007, 324 ff.

Zu 4. und 5. *Lege,* Jura 2011, 507 ff.; *Jochum/Durner,* JuS 2005, 320 ff. und

Prüfungsprogramm 8: Grundrechtskonkurrenz

Liegt vor, wenn **eine** staatliche Maßnahme **mehrere** Grundrechte einer Bürgerin berührt[196].

I. Art. 2 Abs. 1 GG (allgemeine Handlungsfreiheit) tritt hinter speziellere Freiheitsrechte und Art. 3 Abs. 1 GG tritt hinter speziellere Gleichheitsrechte zurück[197].

II. Das eindeutig sachnähere Grundrecht verdrängt das nur am Rande Berührte (Subsidiarität), so z.B. schützt Art. 12 Abs. 1 GG primär den Erwerb, Art. 14 Abs. 1 GG das Erworbene[198].

III. Liegt kein Spezialitäts- oder Subsidiaritätsfall vor, sind alle betroffenen Grundrechte nebeneinander zu prüfen (Idealkonkurrenz)[199].

Hinweise

Zu I. Hat man also den Schutzbereich eines speziellen Freiheitsrechts bejaht, ist es ein Fehler, anschließend noch Art. 2 Abs. 1 GG (Allgemeine Handlungsfreiheit) wegen der gleichen staatlichen Maßnahme zu prüfen[200].

Zu II. Weitere Beispiele wären eine künstlerische Darbietung anlässlich einer politischen Versammlung, die eine versammlungsspezifische Sanktion auslöst und deshalb in erster Linie an Art. 8 Abs. 1 GG beurteilt werden sollte[201]. Außerdem lässt sich vertreten, dass die wirtschaftliche Verwertung eines Kunstwerks unter Art. 12 Abs. 1 GG fällt, nicht aber unter die Kunstfreiheit[202].

Zu III. Art. 5 Abs. 3 GG und Art. 4 Abs. 1 GG sind etwa beide einschlägig, wenn das Aufstellen eines bestimmten religiösen Kunstwerks untersagt wird. Art. 8 Abs. 1 GG und Art. 5 Abs. 1 GG kommen beide zum Tragen, wenn eine Versammlung wegen einer bestimmten, dort zu erwartenden Meinungsäußerung verboten wird[203]. Beginnen sollte man die Prüfung mit dem stärkeren Grundrecht, das ist dasjenige, welches schlechter eingeschränkt werden kann.

Fallbezogene Vertiefung

Pischel, JA 2006, 357 ff.

196 *Jarass/Pieroth*, vor Art. 1, Rn. 17; *Michael/Morlok*, Rn. 50; *Pieroth/Schlink/Kingreen/Poscher*, Rn. 346.
197 *Jarass/Pieroth*, vor Art. 1, Rn. 18 u. Art. 3, Rn. 2; *Michael/Morlok*, Rn. 751 u. 783; **a.A.** *Pieroth/Schlink/Kingreen/Poscher*, Rn. 539.
198 *Michael/Morlok*, Rn. 53.
199 *Michael/Morlok*, Rn. 51 u. 55; *Jarass/Pieroth*, vor Art. 1, Rn. 18; *Pieroth/Schlink/Kingreen/Poscher*, Rn. 355.
200 *Pieroth/Schlink/Kingreen/Poscher*, Rn. 387 ff.; *Michael/Morlok*, Rn. 53 u. 418; *Manssen*, Rn. 226.
201 *Michael/Morlok*, Rn. 53.
202 *Michael/Morlok*, Rn. 53 u. 240.
203 *Manssen*, Rn. 491.

Prüfungsprogramm 9:
Vier Grundinformationen zu Art. 19 Abs. 4 GG

I. Stellt eines der wenigen Leistungsrechte der Verfassung dar[204].

II. Verlangt nicht irgendeinen, sondern einen **effektiven Rechtsschutz**.

III. Öffentliche Gewalt in Art. 19 Abs. 4 GG meint jegliche Exekutivakte[205]. Gesetzgebung und Rechtsprechung sind nicht erfasst.

IV. Eine Rechtsverletzung wird – parallel zu § 42 Abs. 2 VwGO – bereits dann angenommen, wenn diese nach dem Vorbringen des Betroffenen möglich erscheint[206]; nur die Popularklage soll ausgeschlossen werden[207].

Hinweise

Zu II. Zwar wird kein Instanzenzug verlangt[208], aber Art. 19 Abs. 4 GG fordert etwa vorläufige Rechtsschutzmöglichkeiten, wenn anderenfalls vollendete Tatsachen geschaffen würden[209]. Auch die – nur ausnahmsweise zulässige – vorbeugende Unterlassungsklage gegen drohende Verwaltungsakte wird auf das Gebot effektiven Rechtsschutzes gestützt[210]. Ferner verlangt Art. 19 Abs. 4 GG, dass Bürgerinnen und Bürger auch gegen erledigtes Verwaltungshandeln vorgehen können, wenn dieses ihre Rechte intensiv verletzt hat[211]. Schließlich wird auch das Gebot, Klägern ohne finanzielle Ressourcen Prozesskostenhilfe zur Verfügung zu stellen, aus Art. 19 Abs. 4 GG hergeleitet[212].

Zu III. Nur wenn die Verwaltung wie ein anderer Markteilnehmer Güter erwirbt oder Aufträge vergibt, ist Art. 19 Abs. 4 GG nicht einschlägig[213]. Ausnahmsweise kann die Norm auf richterliche Anordnungen angewandt werden, falls Richter per Gesetz in den Vollzug von Exekutivakten eingeschaltet sind (z.B. Telekommunikationsüberwachung nach § 100b StPO, Beschlagnahme nach §§ 98, 100 StPO)[214].

---

204 *Jarass/Pieroth*, Art. 19, Rn. 32; *Manssen*, Rn. 761; *Michael/Morlok*, Rn. 885.
205 *Michael/Morlok*, Rn. 879; *Pieroth/Schlink/Kingreen/Poscher*, Rn. 1098 ff.; *Manssen*, Rn. 765; *Jarass/Pieroth*, Art. 19, Rn. 42 f.
206 *Manssen*, Rn. 771; *Jarass/Pieroth*, Art. 19, Rn. 41; *Pieroth/Schlink/Kingreen/Poscher*, Rn. 1104; *Michael/Morlok*, Rn. 878; s. hierzu auch Prüfungsprogramm VerwPR 2, IV.
207 *Michael/Morlok*, Rn. 867; *Pieroth/Schlink/Kingreen/Poscher*, Rn. 1106.
208 *Manssen*, Rn. 774; *Jarass/Pieroth*, Art. 19, Rn. 56.
209 *Michael/Morlok*, Rn. 889; *Pieroth/Schlink/Kingreen/Poscher*, Rn. 1110; *Jarass/Pieroth*, Art. 19, Rn. 59; *Manssen*, Rn. 775.
210 *Jarass/Pieroth*, Art. 19, Rn. 58.
211 *Pieroth/Schlink/Kingreen/Poscher*, Rn. 1110; *Jarass/Pieroth*, Art. 19, Rn. 61; *Manssen*, Rn. 777
212 *Michael/Morlok*, Rn. 889; *Pieroth/Schlink/Kingreen/Poscher*, Rn. 1110; *Jarass/Pieroth*, Art. 3, Rn. 67.
213 BVerfGE 116, 135, 149 f.; *Manssen*, Rn. 766.
214 *Jarass/Pieroth*, Art. 19, Rn. 45; *Manssen*, Rn. 769.

Zu IV. Subjektive Rechte i.S.d. Art. 19 Abs. 4 GG sind nicht nur Grundrechte, sondern auch einfachgesetzlich geschützte Rechte oder auf einer Sonderbeziehung beruhende Rechte, wie etwa eine Zusage der Verwaltung[215].

Fallbezogene Vertiefung

Bickenbach, JuS 2007, 813 ff. und 910 ff.

215 *Manssen*, Rn. 772; *Pieroth/Schlink/Kingreen/Poscher*, Rn. 1102 f.; *Michael/Morlok*, Rn. 874 u. 878.

**Prüfungsprogramm 10:
Der allgemeine Gleichheitssatz (Art. 3 Abs. 1 GG)**

I. Benachteiligende **rechtliche Ungleichbehandlung** oder benachteiligende **rechtliche Gleichbehandlung** von Sachverhalten, Gruppen oder Personen

II. Ein spezielles Gleichheitsrecht greift nicht ein

III. Rechtfertigender Grund
1. Vorliegen eines objektiv nachvollziehbaren Grundes für die Ungleich- bzw. Gleichbehandlung, andernfalls Verstoß gegen das **Willkürverbot**
2. Angemessenes Verhältnis zwischen dem Grad der Ungleichheit zwischen den Gruppen (Differenzierungsgrund) und dem Grad der Ungleichbehandlung (Differenzierungsfolge)

Hinweise

Zu I. Am Anfang der Prüfung des Art. 3 Abs. 1 GG steht die Bildung sinnvoller Vergleichsgruppen. Diese müssen einen gemeinsamen Bezugspunkt, einen gemeinsamen Oberbegriff aufweisen (tertium comparationis)[216]. So werden etwa Motorradfahrer zum Tragen eines Schutzhelms verpflichtet, Radfahrer dagegen nicht, obwohl beide Gruppen am Straßenverkehr teilnehmen. Hunde sind steuerpflichtig, Wellensittiche dagegen nicht, obwohl beide Haustiere sind.

Der allgemeine Gleichheitssatz verpflichtet den einzelnen Hoheitsträger nur in seinem Wirkungskreis, so dass z.B. Subventionen oder Sozialleistungen, die ein Bundesland zur Verfügung stellt, ein anderes aber nicht, nicht mit Hinweis auf Art. 3 Abs. 1 GG angegriffen werden können[217]. Ferner sind Vergleiche zwischen früherer und aktueller Rechtslage nicht zulässig, weil Art. 3 Abs. 1 GG nicht in der Zeit wirkt. Der Gesetzgeber kann nämlich sein Regelungskonzept zu bestimmten Stichtagen ändern[218], auch wenn er bisweilen zum Erlass von Übergangsregelungen verpflichtet sein wird.

Zu III. 1. Die Standardformel des Bundesverfassungsgerichts lautet insoweit, dass wesentlich Gleiches nicht willkürlich ungleich, wesentlich Ungleiches nicht willkürlich gleich behandelt werden dürfe[219].

Zu III. 2. Das Bundesverfassungsgericht konstatiert eine Verletzung des allgemeinen Gleichheitssatzes auch dann, wenn eine Gruppe von Normadressaten im Vergleich zu anderen Normadressaten anders behandelt wird, obwohl zwischen beiden Gruppen keine Unterschiede von solcher Art und solchem Gewicht bestehen, dass sie die ungleiche Behandlung rechtfertigen könnten[220].

---

216 *Manssen*, Rn. 818; *Pieroth/Schlink/Kingreen/Poscher*, Rn. 463 ff.; *Michael/Morlok*, Rn.789 ff.
217 *Jarass/Pieroth*, Art. 3, Rn. 9; *Michael/Morlok*, Rn. 803.
218 BVerfGE 87, 1, 43 f.; 101, 239, 270; *Jarass/Pieroth*, Art. 3, Rn. 32 f.
219 BVerfGE 1, 14, 52; 78, 104, 121; 98, 365, 385; 116, 135, 161.
220 BVerfGE 55, 72, 88; 82, 60, 86; 107, 133, 141; 112, 50, 67; 124, 199, 219 f.

Im Einzelnen ist umstritten, was in dieser Prüfungsstufe genau abzuarbeiten ist. Konsens besteht immerhin darüber, dass mit der Gleich- bzw. Ungleichbehandlung nur legitime Zwecke verfolgt werden dürfen, und dass das eingesetzte Unterscheidungsmerkmal die Erreichung dieser Zwecke fördern muss[221]. Überwiegend wird ferner untersucht, ob eine schwächere Ungleichbehandlung die Ziele des Gesetzes ähnlich gut erreicht hätte (Erforderlichkeit)[222]. Einigkeit besteht wiederum über die abschließende Abwägung zwischen Art und Gewicht der Unterschiede und den Folgen, die Gesetzgeber bzw. die Verwaltung hieran knüpft[223].

Besteht der Vorwurf an den Gesetzgeber darin, Ungleiches gleich zu behandeln, muss untersucht werden, ob das Recht in unangemessener Weise zu wenig differenziert hat, ob also die vorhandenen Unterschiede zwischen den Vergleichsgruppen zu einer Ungleichbehandlung führen müssten[224].

Neben den genauen Prüfungskriterien der sogenannten neuen Formel zu Art. 3 Abs. 1 GG ist es auch nicht leicht zu bestimmen, wann die Prüfung der Willkürformel ausreicht und wann die umfassendere Prüfung angezeigt ist. In Orientierung an der Rechtsprechung des Bundesverfassungsgerichts lassen sich immerhin einige Faustregeln formulieren:

- Je intensiver sich die Ungleichbehandlung auswirkt und je intensiver in die Grundrechtssphäre des Bürgers eingegriffen wird, desto stärker wird kontrolliert[225] – ein Beispiel hierfür wären berufsqualifizierende Prüfungen.
- Sachbezogene Ungleichbehandlungen werden in der Regel nur auf Willkürlichkeit hin geprüft, personenbezogene Ungleichbehandlungen unterliegen der vollen Prüfung[226].
- Mehr Spielraum wird dem Gesetzgeber bei Leistungen an Bürgerinnen und Bürger eingeräumt[227].
- Ebenfalls mehr Spielraum für Pauschalierung und Typisierung sieht das Bundesverfassungsgericht, wenn der Gesetzgeber Massenerscheinungen zu regeln hat, wie dies etwa im Steuerrecht, im Sozialversicherungsrecht oder bei der allgemeinen Ordnung des Wirtschaftslebens der Fall ist[228].

Fallbezogene Vertiefung

Schwarz, JuS 2009, 315 ff.

---

221 *Pieroth/Schlink/Kingreen/Poscher*, Rn. 472 f.; *Michael/Morlok*, Rn. 800 f.; *Manssen*, Rn. 847; *Jarass/Pieroth*, Art. 3, Rn. 18.

222 *Jarass/Pieroth*, Art. 3, Rn. 18; *Manssen*, Rn. 847; *Pieroth/Schlink/Kingreen/Poscher*, Rn. 475 f.; **a.A.** *Michael/Morlok*, Rn. 802.

223 *Manssen*, Rn. 847; *Jarass/Pieroth*, Art. 3, Rn. 18; *Pieroth/Schlink/Kingreen/Poscher*, Rn. 472; *Michael/Morlok*, Rn. 803 ff.

224 *Michael/Morlok*, Rn. 804.

225 BVerfGE 91, 346, 363; 116, 135, 161; *Michael/Morlok*, Rn. 795; *Jarass/Pieroth*, Art. 3, Rn. 22; *Pieroth/Schlink*, Rn. 470.

226 BVerfGE 88, 87, 96; 91, 346, 362 f.; 92, 26, 51 f.; 116, 135, 160; 124, 199, 220; *Pieroth/Schlink/Kingreen/Poscher*, Rn. 470; *Manssen*, Rn. 849 ff.; *Michael/Morlok*, Rn. 795; *Jarass/Pieroth*, Art. 3, Rn. 19 ff.

227 BVerfGE 100, 195, 205; 112, 164, 175; 122, 1, 23; *Jarass/Pieroth*, Art. 3, Rn. 23.

228 BVerfGE 70, 1, 34; 96, 1, 6; 101, 297, 309; 110, 274, 293; 117, 1, 30 ff.; 123, 1, 19; *Jarass/Pieroth*, Art. 3, Rn. 30 f.; *Manssen*, Rn. 856; *Pieroth/Schlink/Kingreen/Poscher*, Rn. 478.

Prüfungsprogramm 11:
Besondere Gleichheitssätze (Art. 3 Abs. 2 und Abs. 3 GG)

I. Benachteiligende rechtliche Ungleichbehandlung, die direkt oder indirekt an eines der in Art. 3 Abs. 2 und Abs. 3 GG genannten Merkmale anknüpft

II. Rechtfertigung
1. Formell verfassungsgemäße gesetzliche Grundlage
2. Bringt eine verfassungsimmanente Schranke zur Geltung, d.h. schützt kollidierendes Verfassungsrecht, etwa Grundrechte Dritter oder einen anderen Wert von Verfassungsrang[229]
3. Findet einen verhältnismäßigen[230] Ausgleich zwischen den konfligierenden Verfassungswerten im Sinne einer praktischen Konkordanz

Hinweise

Zu I. Die Differenzierungsverbote der Art. 3 Abs. 2 und Abs. 3 GG gelten zunächst, wenn die Ungleichbehandlung rechtlich an ein in Art. 3 Abs. 2 oder Abs. 3 GG genanntes Merkmal anknüpft, also eine Benachteiligung zum Ziel hat[231]. Dies liegt etwa vor, wenn z.B. Vereine bestimmter politischer Provenienz eine Subvention erhalten, andere jedoch nicht (unmittelbare oder direkte Ungleichbehandlung). Die Vorschriften werden aber auch dann angewandt, wenn an andere Unterscheidungsmerkmale angeknüpft wird, aber im Ergebnis dennoch ganz überwiegend eine der durch Art. 3 Abs. 2 und Abs. 3 GG benannten Gruppen benachteiligt wird (mittelbare oder indirekte Diskriminierung)[232]. Dies würde etwa für steuerrechtliche Bestimmungen zutreffen, die starke Nachteile für Alleinerziehende beinhalten, die zu ca. 90 % Frauen sind.

Die Differenzierungsmerkmale des Art. 3 Abs. 3 GG sind folgendermaßen definiert:
- Abstammung = die biologische Vorfahren (nicht die Staatsangehörigkeit)[233];
- Rasse = Zugehörigkeit zu einer Gruppe mit real oder auch nur vermeintlich vererbbaren Eigenschaften[234];
- Sprache = meint die Muttersprache[235];

229 BVerfGE 92, 91, 109 u. 111; 114, 357, 364; *Jarass/Pieroth*, Art. 3, Rn. 93 u. 134; *Michael/Morlok*, Rn. 817 f.
230 S. Prüfungsprogramm AVR 10.
231 *Jarass/Pieroth*, Art. 3, Rn. 86 u. 119; *Michael/Morlok*, Rn. 809.
232 BVerfGE 113, 1, 15; 114, 357, 364; 121, 241, 254 f.; 126, 29, 54; *Jarass/Pieroth*, Art. 3, Rn. 87 u. 119; *Pieroth/Schlink/Kingreen/Poscher*, Rn. 481; *Michael/Morlok*, Rn. 809; **skeptisch** *Manssen*, Rn. 826 f.
233 BVerfGE 9, 124, 128; *Pieroth/Schlink/Kingreen/Poscher*, Rn. 480; *Michael/Morlok*, Rn. 826; *Jarass/Pieroth*, Art. 3, Rn. 121; *Manssen*, Rn. 824.
234 *Michael/Morlok*, Rn. 827; *Jarass/Pieroth*, Art. 3, Rn. 122; *Manssen*, Rn. 824; *Pieroth/Schlink/Kingreen/Poscher*, Rn. 480.
235 *Michael/Morlok*, Rn. 828; *Manssen*, Rn. 824; *Jarass/Pieroth*, Art. 3, Rn. 123.

- Heimat = die örtliche Herkunft eines Menschen aus Dorf, Stadt oder Gegend (Westfale, Franke, Buxtehuder)[236];
- Herkunft = die Klasse oder Schicht aus der jemand stammt[237];
- Glauben s. hierzu unter 6. im Definitionskatalog Freiheitsrechte Art. 4 GG
- Politische Anschauung = haben und äußern bestimmter politischer Ansichten[238];
- Behinderung = eine von ihren Auswirkungen her nicht nur vorübergehenden Funktionsbeeinträchtigung, die auf einem regelwidrigen, insbesondere altersuntypischen, körperlichen, geistigen oder seelischen Zustand beruht[239].

Zu beachten ist, dass Art. 3 Abs. 2 S. 2 GG und Art. 3 Abs. 3 S. 2 GG umgekehrte Diskriminierungen, d.h. ungleich verteilte Begünstigungen, erlauben, um faktische Chancennachteile für Frauen und behinderte Menschen auszugleichen[240].

Zu II. 1. Jedenfalls wenn direkt an ein verbotenes Differenzierungskriterium angeknüpft wird, lässt sich dies als Eingriff bewerten, der ohne gesetzliche Grundlage unzulässig ist[241].

Zu II. 2. Bei Art. 3 Abs. 2 GG dürfen ausnahmsweise auch solche Gründe zur Rechtfertigung von Differenzierungen zwischen Männern und Frauen angeführt werden, die auf objektiven biologischen Unterschieden beruhen und deshalb zwingend erforderlich sind[242] (z.B. Mutterschaftsurlaub oder Stillzeiten während der Arbeitszeit nur für Frauen).

Fallbezogene Vertiefung

Schwarz, JuS 2009, 417 ff.

236 BVerfGE 9, 124, 128; 48, 281, 287; 102, 41, 53; *Jarass/Pieroth*, Art. 3, Rn. 124; *Manssen*, Rn. 824; *Michael/Morlok*, Rn. 829; *Pieroth/Schlink/Kingreen/Poscher*, Rn. 480.

237 BVerfGE 9, 124, 128; 48, 281, 287 f.; *Pieroth/Schlink/Kingreen/Poscher*, Rn. 480; *Manssen*, Rn. 824; *Jarass/Pieroth*, Art. 3, Rn. 125.

238 *Manssen*, Rn. 824; *Jarass/Pieroth*, Art. 3, Rn. 128; **a.A.** BVerfGE 39, 334, 368 nur das Haben der politischen Meinung sei geschützt.

239 BVerfGE 96, 288, 301; 99, 341, 356 f.; *Michael/Morlok*, Rn. 831; *Jarass/Pieroth*, Art. 3, Rn. 144; *Manssen*, Rn. 833; *Pieroth/Schlink/Kingreen/Poscher*, Rn. 480.

240 BVerfGE 109, 64, 89; 113, 1, 15; *Pieroth/Schlink/Kingreen/Poscher*, Rn. 484; *Michael/Morlok*, Rn. 823.

241 *Jarass/Pieroth*, Art. 3, Rn. 94; *Michael/Morlok*, Rn. 781.

242 BVerfGE 85, 191, 207; 92, 91, 109; 114, 357, 364; *Jarass/Pieroth*, Art. 3, Rn. 95; *Manssen*, Rn. 828.

IV. Prüfungsprogramme zum Verfassungsprozessrecht (VerfPR)

Prüfungsprogramm 1: Die Verfassungsbeschwerde (Art. 93 Abs. 1 Nr. 4a und 4b GG, §§ 90 ff. BVerfGG)

I. Zulässigkeit

1. **Zuständigkeit** des BVerfG, Art. 93 Abs. 1 Nr. 4a und 4b GG, § 13 Nr. 8a, §§ 90 bis 95 BVerfGG
2. **Beschwerdefähigkeit**
3. **Beschwerdegegenstand**
4. **Beschwerdebefugnis**
   a) Möglichkeit der Rechtsverletzung
   b) Eigene, gegenwärtige und unmittelbare Rechtsbetroffenheit
5. **Rechtsschutzbedürfnis**
   a) Rechtswegerschöpfung
   b) Subsidiaritätsgrundsatz
6. **Sonstige Sachentscheidungsvoraussetzungen**
   a) Verfahrens-/Prozessfähigkeit
   b) Form (§§ 23, 92 BVerfGG)
   c) Frist (§ 93 BVerfGG)
   d) Weitere Voraussetzungen

II. Begründetheit: Verletzung von Grundrechten oder grundrechtsgleichen Rechten

Hinweise

Zu I. 1. Die Verfassungsbeschwerde hat zahlenmäßig die größte Bedeutung mit zuletzt ca. 5410-6500 Fällen jährlich, auch wenn letztlich nur 2-3 % der Verfahren erfolgreich sind[1]. Weit überwiegend handelt es sich um Individualverfassungsbeschwerden (Art. 93 Abs. 1 Nr. 4a GG). Sie sind Gegenstand dieses Prüfungsprogramms. Kommunalverfassungsbeschwerden (Art. 93 Abs. 1 Nr. 4b GG) sind schon aufgrund ihrer Subsidiarität gemäß Art. 93 Abs. 1 Nr. 4b GG, § 91 Satz 2 BVerfGG von erheblich geringerer Relevanz. Vorläufige Regelungen sind im Wege einstweiliger Anordnungen nach § 32 Abs. 1 BVerfGG möglich[2].

1 S. http://www.bundesverfassungsgericht.de/organisation/gb2013/A-I-1.html und A-I-4.html; *Pieroth/Schlink/Kingreen/Poscher*, Rn. 1224.

2 Prüfungsprogramm 6.

Zu I. 2. Beschwerdefähig sind alle Grundrechtsfähigen, das heißt alle Träger von Grundrechten[3] und der in Art. 93 Abs. 1 Nr. 4a GG, § 90 Abs. 1 BVerfGG genannten grundrechtsgleichen Rechte („Jedermann")[4]. Nach wohl überwiegender Auffassung kommt es für die Beschwerdefähigkeit auch darauf an, dass dem Beschwerdeführer gerade das gerügte Grundrecht zustehen kann[5].

Zu I. 3. Als Beschwerdegegenstand („Maßnahme der öffentlichen Gewalt") kommt jede Handlung oder Unterlassung (vgl. § 95 Abs. 1 Satz 1 BVerfGG) der grundrechtsgebundenen (inländischen) öffentlichen Gewalt (Art. 1 Abs. 3 GG; Gesetzgebung – vollziehende Gewalt – Rechtsprechung) in Betracht unabhängig von ihrer Form, also Gesetze, Rechtsverordnungen, Satzungen, Urteile, Beschlüsse, Verwaltungsakte, Realakte usw., nicht jedoch Entscheidungen des BVerfG selbst[6]. Sind in derselben Sache mehrere Rechtsakte ergangen, hat der Beschwerdeführer die Wahl, ob er gegen alle oder nur einige Rechtsakte oder nur gegen einen Rechtsakt vorgehen will[7]. Unionsrecht scheidet als Beschwerdegegenstand aus, solange auf Unionsebene ein vergleichbarer Grundrechtsschutz gewährleistet ist (Kooperationsmodell)[8]. Unionsrecht umsetzende deutsche Normsetzungsakte sind nur dann möglicher Beschwerdegegenstand, wenn und soweit das Unionsrecht dem Normsetzer bei der Umsetzung Gestaltungsspielräume belässt[9]. Ein Unterlassen ist tauglicher Beschwerdegegenstand, wenn der Gesetzgeber trotz eines ausdrücklichen und hinreichend konkreten Regelungsauftrages oder einer Schutzpflicht völlig untätig geblieben ist[10].

Zu I. 4. Eine Beschwerdebefugnis liegt vor, wenn es möglich[11] ist, dass der Beschwerdeführer „selbst, gegenwärtig und unmittelbar"[12] durch das Handeln der öffentlichen Gewalt in einem seiner Grundrechte oder gleichgestellten Rechte verletzt ist. Zur Vermeidung von „Popularverfassungsbeschwerden"[13] muss es um die Verteidigung eigener Rechte des Beschwerdeführers gehen. Das ist bei unmittelbarer Betroffenheit unproblematisch, nicht jedoch bei mittelbarer Betroffenheit[14]. Die Rechtsbeeinträchtigung muss zudem gegenwärtig sein, das heißt, sie muss schon vorliegen und noch andauern[15]. Zukünftige Regelungen sind ausnahmsweise rügefähig, wenn sie relevante Vorwirkungen entfalten, also bereits jetzt zu Dispositionen veranlassen, die später

3 Prüfungsprogramm GR 3.
4 BVerfGE 39, 302, 312 m. w. N.; 115, 205, 227.
5 BVerfGE 115, 205, 227; *Manssen*, Rn. 867; **a.A.** *Pieroth/Schlink/Kingreen/Poscher*, Rn. 1228.
6 *Jarass/Pieroth*, Art. 93, Rn. 50 m.w.N.
7 *Pieroth/Schlink/Kingreen/Poscher*, Rn. 1233.
8 BVerfGE 102, 147, 162; BVerfG, DVBl 2001, 1130; *Manssen*, Rn. 87; *Michael/Morlok*, Rn. 922; *Degenhart*, Rn. 271 ff.
9 BVerfGE 122, 1, 21; *Jarass/Pieroth*, Art. 93, Rn. 50 b.
10 *Jarass/Pieroth*, Art. 93, Rn. 50 a m.w.N.; *Pieroth/Schlink/Kingreen/Poscher*, Rn. 1232; *Michael/Morlok*, Rn. 925.
11 *Jarass/Pieroth*, Art. 93, Rn. 52; *Ipsen*, Rn. 954; *Manssen*, Rn. 871; *Pieroth/Schlink/Kingreen/Poscher*, Rn. 1235 ff.; *Michael/Morlok*, Rn. 928.
12 BVerfGE 108, 370, 384.
13 BVerfGE 79, 1, 14; *Michael/Morlok*, Rn. 926; *Pieroth/Schlink/Kingreen/Poscher*, Rn. 1243; *Manssen*, Rn. 875.
14 *Jarass/Pieroth*, Art. 93, Rn. 54 ff.; *Pieroth/Schlink/Kingreen/Poscher*, Rn. 1245 f.
15 *Manssen*, Rn. 876; *Pieroth/Schlink/Kingreen/Poscher*, Rn. 1249.

nicht mehr korrigiert werden können[16]. Bei erledigten Maßnahmen liegt eine Beschwerdebefugnis vor, wenn Wiederholungsgefahr[17] besteht oder sich aus ihnen sonstige Folgewirkungen für die Gegenwart ableiten[18]. Bei Rechtssatzverfassungsbeschwerden ist das Unmittelbarkeitskriterium oftmals problematisch, da Rechtssätze in der Regel auf Umsetzung angelegt sind und erst der Umsetzungsakt zur unmittelbaren Rechtsbeeinträchtigung führt. Bei sich selbst vollziehenden Normen („self executing") stellt sich dieses Problem nicht. Auch Straf- und Ordnungswidrigkeitengesetze scheiden nicht wegen fehlender Unmittelbarkeit als Beschwerdegegenstand aus, da ein Abwarten der Sanktion unzumutbar ist[19]; überdies enthalten sie implizit eine Verhaltensteuerung, die gegenwärtig ist.

Da das BVerfG keine sog. Superrevisionsinstanz ist[20], muss der Beschwerdeführer bei Verfassungsbeschwerden gegen Einzelakte (sog. Urteilsverfassungsbeschwerden) eine spezifische Grundrechtsverletzung geltend machen[21], die bspw. daraus folgen kann, dass Grundrechte übersehen wurden, ihre Tragweite verkannt wurde oder das Recht willkürlich angewandt wurde[22]. Die in jeder fehlerhaften Rechtsanwendung liegende (allgemeine) Grundrechtsverletzung zumindest in Art. 2 Abs. 1 GG genügt nicht. Ist eine spezifische Grundrechtsverletzung offensichtlich ausgeschlossen, ist eine Verfassungsbeschwerde unzulässig[23], bei fehlender Offensichtlichkeit unbegründet.

Zu I. 5. a) Vor Erhebung einer Verfassungsbeschwerde muss zunächst der vorhandene maßnahmenspezifische Primärrechtsschutz erschöpfend in Anspruch genommen worden sein (§ 90 Abs. 2 Satz 1 BVerfGG). Ist das der Fall oder steht kein solcher Rechtsschutz zur Verfügung – wie bspw. gegen Gesetze – steht der Grundsatz der Rechtswegerschöpfung der Verfassungsbeschwerde nicht entgegen.

Zu I. 5. b) Eine Verfassungsbeschwerde kann am allgemeinen Subsidiaritätsgrundsatz scheitern, wenn es zwar keinen maßnahmenspezifischen Primärrechtsschutz gibt, aber eine andere Möglichkeit der Klärung durch die Fachgerichtsbarkeit besteht[24]. Bei sich selbst vollziehenden Satzungen und Rechtsverordnungen, für die kein Verfahren nach § 47 VwGO in Betracht kommt, kann an eine allgemeine Feststellungsklage[25] gedacht werden, da die Verwaltungsgerichte in diesen Fällen nicht nur eine Prüfungs-, sondern auch eine Verwerfungskompetenz besitzen. Zweifelhaft und unzumutbar erscheint ein solches Vorgehen bei formellen Gesetzen, da für sie eine Vorlagepflicht nach Art. 100 Abs. 1 GG besteht[26]. Allerdings würde auch in diesen Fällen eine vorherige „Aufbereitung" der Sach- und Rechtslage durch das Fachgericht erfolgen, wenn

16 BVerfGE 75, 78, 95; *Manssen*, Rn. 876; weitere Beispiele bei *Jarass/Pieroth*, Art. 93, Rn. 55.
17 *BVerfG*, NVwZ 1989, 451; BVerfGE 103, 44, 58 f.; 116, 69, 79.
18 BVerfGE 48, 314 ff.; 56, 99, 106; 99, 129, 138.
19 *Manssen*, Rn. 877.
20 *Pieroth/Schlink/Kingreen/Poscher*, Rn. 1277 ff.
21 *Pieroth/Schlink/Kingreen/Poscher*, Rn. 1280 ff.; *Michael/Morlok*, Rn. 979 ff.
22 BVerfGE 60, 234, 238; *Jarass/Pieroth*, Art. 93, Rn. 73; *Pieroth/Schlink/Kingreen/Poscher*, Rn. 1287 ff.
23 *Pieroth/Schlink/Kingreen/Poscher*, Rn. 1293.
24 *BVerfG*, NVwZ 2000, 1407; *Pieroth/Schlink/Kingreen/Poscher*, Rn. 1261.
25 *BVerfG*, NVwZ 2006, 922; BVerfGE 115, 81, 91 ff.; *Michael/Morlok*, Rn. 934; *Manssen*, Rn. 881 f.
26 S. insoweit Prüfungsprogramm 2.

zunächst ein Feststellungsverfahren angestrengt würde[27]. Eng begrenzte Ausnahmen vom Grundsatz der Rechtswegerschöpfung sieht § 90 Abs. 2 Satz 2 BVerfGG vor (sog. Vorabentscheidung)[28]. Auch bei Unzumutbarkeit anderer Rechtsschutzmöglichkeiten macht das BVerfG von den beiden zuvor genannten Grundsätzen Ausnahmen[29].

Zu I. 6. Die exemplarisch genannten sonstigen Sachentscheidungsvoraussetzungen sind nur zu erörtern, wenn der Sachverhalt Anlass dazu gibt.

Zu I. 6. a)-c) Der Beschwerdeführer muss nicht nur beschwerdefähig, sondern auch verfahrens- bzw. – in allgemeiner Terminologie – prozessfähig sein. Das BVerfGG regelt die Prozessfähigkeit nicht. Liegt sie nicht schon in Anlehnung an allgemeines Verfahrensrecht vor, kann sie gleichwohl gegeben sein. So können Minderjährige Verfassungsbeschwerden erheben, wenn sie grundrechtsmündig sind; das hängt wiederum von der Einsichtsfähigkeit der konkreten Person ab[30]. Fehlt es daran, müssen sich Minderjährige vertreten lassen (§ 1629 BGB bzw. §§ 1896 ff. BGB)[31]. Zur Postulationsfähigkeit siehe § 22 BVerfGG. Formwahrend sind auch Telegramm, Telefax und Computerfax.

Zu I. 6. d) Der Entlastung des BVerfG dient das Annahmeverfahren nach den §§ 93a ff. BVerfGG. Über die Annahme entscheiden Kammern, die mit drei Richtern besetzt sind (§ 15a BVerfGG). Nicht erforderlichen oder nicht mehr erforderlichen Verfassungsbeschwerden fehlt das allgemeine Rechtsschutzbedürfnis[32]. Einer bei unveränderter Sach- und Rechtslage erhobenen erneuten Verfassungsbeschwerde desselben Beschwerdeführers mit demselben Begehren steht die materielle Rechtskraft entgegen (vgl. § 41 BVerfGG).

Zu II. Die Verfassungsbeschwerde ist begründet, wenn durch die gerügte Maßnahme der öffentlichen Gewalt Grundrechte (vgl. Art. 1-19 GG) oder grundrechtsgleiche Rechte (vgl. § 90 Abs. 1 BVerfGG) des Beschwerdeführers spezifisch verletzt sind. Da Grundrechtsbeeinträchtigungen nur unter Beachtung des gesamten objektiven Verfassungsrechts gerechtfertigt sein können, wird auch die Einhaltung dieses Rechts vom BVerfG geprüft[33]. Demgemäß nimmt das BVerfG anlässlich der Möglichkeit einer Rechtsverletzung und des Vorliegens der anderen Zulässigkeitsvoraussetzungen für sich eine umfassende Prüfungskompetenz in Anspruch und untersucht die Maßnahme unter allen verfassungsrechtlichen Gesichtspunkten[34].

Hat eine Verfassungsbeschwerde keine Aussicht auf Erfolg, wird sie entweder gar nicht erst zur Entscheidung angenommen (§ 93c BVerfGG), bei Unzulässigkeit oder offensichtlicher Unbegründetheit verworfen (§ 24 BVerfG) oder bei sonstiger Unbe-

27 *Jarass/Pieroth*, Art. 93, Rn. 57.
28 *Jarass/Pieroth*, Art. 93, Rn. 63 f.
29 BVerfGE 79, 1, 24; *Michael/Morlok*, Rn. 934; *Pieroth/Schlink/Kingreen/Poscher*, Rn. 1264 f.
30 BVerfGE 28, 243, 255; *Manssen*, Rn. 869; *Michael/Morlok*, Rn. 921.
31 *Jarass/Pieroth*, Art. 93, Rn. 49 m.w.N. auch zu Geisteskranken und Betreuten; *Pieroth/Schlink/Kingreen/Poscher*, Rn. 1229.
32 *Jarass/Pieroth*, Art. 93, Rn. 66 f.
33 *Pieroth/Schlink/Kingreen/Poscher*, Rn. 1273 ff. m.w.N.
34 *Jarass/Pieroth*, Art. 93, Rn. 72; *Pieroth/Schlink/Kingreen/Poscher*, Rn. 1276.

gründetheit zurückgewiesen. Bei erfolgreichen Verfassungsbeschwerden ergibt sich der Entscheidungsinhalt aus § 95 BVerfGG. Das BVerfG kann die Verfassungswidrigkeit der gerügten Maßnahme der öffentlichen Gewalt und auch ihrer Wiederholung feststellen (§ 95 Abs. 1 BVerfGG), verfassungswidrige Entscheidungen aufheben und die Sache an ein zuständige Gericht zurückverweisen (§ 95 Abs. 2 BVerfGG) und schließlich verfassungswidrige Gesetze für nichtig erklären (§ 95 Abs. 3 BVerfGG). Die Nichtigkeitserklärung unterbleibt und es erfolgt nur eine Feststellung der Verfassungswidrigkeit des Gesetzes, wenn die Nichtigkeitserklärung schwerwiegende Folgen hätte[35]. Ggfs. gewährt das BVerfG zur Beseitigung des Verfassungsverstoßes (Art. 20 Abs. 3 GG) eine Übergangsfrist, in der die verfassungswidrige Norm weiter angewandt werden darf (§ 35 BVerfGG)[36]. Möglich ist auch, dass das BVerfG die Vereinbarkeit einer Norm mit dem Grundgesetz in einer verfassungskonformen Auslegung feststellt. Bei verfassungswidrigem Unterlassen wird in der Regel ebenfalls nur die Verfassungswidrigkeit des gegenwärtigen Zustandes festgestellt. Entscheidungen des BVerfG haben Bindungswirkung nach § 31 Abs. 1 BVerfGG und Gesetzeskraft nach Maßgabe des § 31 Abs. 2 BVerfGG. Hinsichtlich der Vollstreckung von Vollzugsakten aufgrund einer verfassungswidrigen Norm siehe § 79 BVerfGG (§ 95 Abs. 3 Satz 3 BVerfGG).

Bezüge zu anderen Prüfungsprogrammen

Für die Begründetheitsprüfung bei Verfassungsbeschwerden braucht man die Prüfungsprogramme zur formellen und materiellen Verfassungsmäßigkeit von Gesetzen[37] sowie die Prüfungsprogramme zu den Freiheits[38]- und Gleichheitsrechten[39].

Fallbezogene Vertiefung

Geis/Thirmeyer, JuS 2012, 316 ff.; *Schmidt*, JA 2008, 763 ff.

35 BVerfGE 83, 130, 154.
36 BVerfGE 128, 326, 332.
37 Prüfungsprogramme StOrg 1, 6 u.7.
38 Prüfungsprogramme GR 1., 2. u. 6.
39 Prüfungsprogramme GR 10 u. 11.

Prüfungsprogramm 2:
Die konkrete Normenkontrolle (Art. 100 GG, §§ 80 ff. BVerfGG)

I. Zulässigkeit
1. **Zuständigkeit** des BVerfG, Art. 100 Abs. 1 GG, § 13 Nr. 11, §§ 80 ff. BVerfGG
2. Vorlageberechtigtes **Gericht**
3. **Vorlagegegenstand**
   a) Formelle, nachkonstitutionelle Gesetze, die gegen das Grundgesetz verstoßen
   b) Landesrecht i.S.v. „Landesgesetzen", die gegen das Grundgesetz verstoßen
   c) Landesgesetze, die gegen ein früher erlassenes Bundesgesetz verstoßen
4. **Weitere Vorlagevoraussetzungen**
   a) Überzeugung von der Verfassungswidrigkeit
   b) Entscheidungserheblichkeit
5. **Sonstige Sachentscheidungsvoraussetzungen**

II. Begründetheit: Verstoß des vorgelegten Gesetzes gegen höherrangiges Recht

Hinweise

Zu I. 1. Gerichte dürfen aus der gewonnenen Überzeugung von der Verfassungswidrigkeit eines Gesetzes nicht selbst die Konsequenz der Nichtigkeit und damit der Unbeachtlichkeit dieser Norm für den zu entscheidenden Fall ziehen. Ihnen fehlt die sog. Verwerfungskompetenz, die dem BVerfG vorbehalten ist[40]. Sie haben vielmehr zu dieser Frage eine Entscheidung des BVerfG einzuholen und bis dahin das Verfahren auszusetzen. Die Prüfung der Verletzung von Landesverfassungsrecht bleibt Sache der Landesverfassungsgerichte (Art. 100 Abs. 1 Satz 1 erster Fall GG). Zahlenmäßig stellt die konkrete Normenkontrolle das zweitbedeutsamste Verfahren dar[41].

Zu I. 2. Vorlageberechtigt und -verpflichtet sind alle staatlichen Gerichte, also sachlich unabhängige Spruchkörper, die durch den förmlichen Gesetzgeber als Gerichte eingerichtet wurden und gerichtliche Aufgaben wahrzunehmen haben.

Zu I. 3. Gesetze im Sinne des Art. 100 Abs. 1 Satz 1 GG sind nur formelle, nachkonstitutionelle[42] Gesetze, also Gesetze, die in einem förmlichen Gesetzgebungsverfahren nach Maßgabe des GG zustande gekommen sind[43]. Rechtsverordnungen, Satzungen und vorkonstitutionelle Gesetze sind nicht vorlagefähig. Die Verwerfungskompetenz liegt in diesen Fällen bei den Fachgerichten[44]. Zu beachten ist, dass ein vorkonstitutionelles Gesetz als nachkonstitutionell anzusehen ist, wenn der nachkonstitutio-

40 *Jarass/Pieroth*, Art. 100, Rn. 2; *Morlok/Michael*, Rn. 1043; *Degenhart*, Rn. 837; *Ipsen*, Rn. 931.
41 Bis zum 31.12.2013 waren 3.557 Verfahren eingegangen s. http://www.bundesverfassungsgericht.de/organisation/gb2013/A-I-4.html.
42 Art. 145 Abs. 2 GG; *Jarass/Pieroth*, Art. 145 Rn. 2 m.w.N.
43 *Ipsen*, Rn. 934.
44 *Ipsen*, Rn. 935; *Morlok/Michael*, Rn. 1044.

nelle Gesetzgeber es in seinen Willen aufgenommen und sich damit zu dessen Regelungsgehalt bekannt hat[45]. Das kann beispielsweise der Fall sein bei vorkonstitutionellen Regelungen, die selbst unverändert bleiben, aber im engen Zusammenhang mit nachkonstitutionellen maßgeblichen Änderungen stehen. Weitere Fälle: Neuverkündung des vorkonstitutionellen Gesetzes, Verweis auf vorkonstitutionelle Gesetze in nachkonstitutionellen Gesetzen, sachlich enger Zusammenhang zwischen nachkonstitutionellen und vorkonstitutionellen Gesetzen. Die Beschränkung auf formelle Gesetze gilt auch für Art. 100 Abs. 1 Abs. 1 Satz 2 erster Fall GG trotz der Formulierung „Landesrecht“[46]. Die sog. satzungsvertretenden formellen Bebauungsplangesetze nach dem BauGB sind kein zulässiger Vorlagegegenstand[47], ebenso wenig Landesgesetze gemäß Art. 80 Abs. 4 GG[48].

Zu I. 4. a) Gerichte sind nicht nur berechtigt, sondern – bei Zweifeln – auch verpflichtet, die Wirksamkeit von Normen zu überprüfen. Eine verfassungskonforme Auslegung kann die Zweifel beseitigen[49]. Am Ende der Prüfung muss das Gericht von der Wirksamkeit bzw. Unwirksamkeit der Norm überzeugt sein; bloße Zweifel reichen für eine Richtervorlage nicht aus[50].

Zu I. 4. b) Die Frage der Wirksamkeit der Rechtsnorm muss entscheidungserheblich sein. Das ist dann der Fall, wenn bei Gültigkeit der Rechtsnorm anders zu entscheiden wäre als bei ihrer Ungültigkeit[51]. Führt Unionsrecht zur Unanwendbarkeit einer Rechtsnorm, ist die Frage ihrer Verfassungsmäßigkeit nicht mehr entscheidungserheblich[52].

Zu I. 5. Auf die Schriftform (§ 23 Abs. 1 Satz 1 BVerfGG) und die Begründungspflicht (§ 23 Abs. 1 Satz 2, § 80 Abs. 2 BVerfGG) sei hingewiesen. Eine Fristbestimmung gibt es nicht. Ein Antrag der Prozessbeteiligten ist nicht erforderlich (§ 80 Abs. 3 BVerfGG).

Zu II. Maßstab für Bundesgesetze ist das Grundgesetz[53], für Landesgesetze das Grundgesetz[54], aber auch Bundesgesetze. Kommt das BVerfG zu dem Ergebnis, dass die geprüfte Rechtsnorm mit dem maßgeblichen höherrangigen Recht unvereinbar ist, erklärt es die Rechtsnorm inter omnes (§ 31 Abs. 1 BVerfGG) und mit Gesetzeskraft (§ 31 Abs. 2 BVerfGG) ex tunc für nichtig (§§ 82 Abs. 1, § 78 BVerfGG). Abweichend hiervon und gestützt auf § 31 Abs. 2 BVerfGG beschränkt sich das BVerfG zur Respektierung der Gestaltungsfreiheit des Gesetzgebers[55] oder zur Abwendung eines zu Rechtsunsicherheit führenden drohenden Rechtsvakuums auf die Feststellung der

45 *Ipsen*, Rn. 940; *Degenhart*, Rn. 838; *Jarass/Pieroth*, Art. 100, Rn. 8 f.
46 *Jarass/Pieroth*, Art. 100, Rn. 6.
47 BVerfGE 70, 35, 57 f.
48 *Jarass/Pieroth*, Art. 100, Rn. 6 m.w.N.
49 *Degenhart*, Rn. 838; *Morlok/Michael*, Rn. 1045; *Jarass/Pieroth*, Art. 100, Rn. 10.
50 *Jarass/Pieroth*, Art. 100, Rn. 10; *Degenhart*, Rn. 838; *Ipsen*, Rn. 945; *Morlok/Michael*, Rn. 1045.
51 BVerfGE 80, 96, 100; 84, 233, 236 f.; 98, 169, 199; 121, 233, 237 f.; *Morlok/Michael*, Rn. 1046; *Degenhart*, Rn. 838; *Ipsen*, Rn. 942 f.; *Jarass/Pieroth*, Art. 100, Rn. 11 ff.
52 BVerfGE 85, 191, 203.
53 Prüfungsprogramme StOrg 6 u.7.
54 Prüfungsprogramm StOrg 8.
55 BVerfGE 77, 308, 337.

Verfassungswidrigkeit der Norm und erklärt „nur" die Unvereinbarkeit derselben mit dem Grundgesetz (Unvereinbarkeitserklärung). Daraus folgt die Unanwendbarkeit der Norm ex nunc, sofern nicht, gestützt auf § 35 BVerfGG, die übergangsweise weitere Anwendbarkeit trotz Unvereinbarkeit bis zu einer gesetzgeberischen Neuregelung angeordnet wird. Ggfs. trifft das BVerfG sogar selbst Übergangsregelungen. Kann das BVerfG keinen Rechtsverstoß feststellen, erklärt es die Vereinbarkeit der Rechtsnorm mit dem herangezogenen höherrangigen Recht (Vereinbarkeitserklärung, vgl. § 31 Abs. 2 BVerfGG).

Bezüge zu anderen Prüfungsprogrammen

Sieht ein Gericht entscheidungserhebliches Unionsrecht als unklar oder ungültig an, so kann es den EuGH im Wege des Vorabentscheidungsverfahrens (Art. 267 AEUV) hiermit befassen; letztinstanzliche Gerichte müssen dies tun[56].

Fallbezogene Vertiefung

Geis/Schmidt, JuS 2012, 121 ff.

56 Einzelheiten in Prüfungsprogramm EuR 9.

Prüfungsprogramm 3:
Die abstrakte Normenkontrolle (Art. 93 Abs. 1 Nr. 2, GG, §§ 76-79 BVerfGG)

I. Zulässigkeit
1. **Zuständigkeit** des BVerfG, Art. 93 Abs. 1 Nr. 2, GG, § 13 Nr. 6, §§ 76 ff. BVerfGG
2. **Antragsberechtigung**, § 76 Abs. 1 BVerfGG
   a) Bundesregierung
   b) Landesregierung
   c) Viertel der Mitglieder des Deutschen Bundestages
3. **Antragsgegenstand**: Bundes- und Landesrecht
4. **Prüfungsmaßstab**
   a) Landesrecht: gesamtes Bundesrecht
   b) Bundesrecht: Grundgesetz (Art. 93 Abs. 1 Nr. 2 GG).
5. **Antragsbefugnis:** Meinungsverschiedenheiten oder Zweifel
6. **Sonstige Zulässigkeitsvoraussetzungen**

II. Begründetheit: Verstoß der angegriffenen Norm gegen höherrangiges Recht

Hinweise

Zu I. 1. Abstrakte Normenkontrollen sind im Vergleich zu Verfassungsbeschwerde- und konkreten Normenkontrollverfahren selten. Bis zum 31.12.2013 gab es lediglich 178 Verfahren[57]. Die Erforderlichkeit eines Bundesgesetzes nach Art. 72 Abs. 2 und Art. 72 Abs. 4 GG kann ebenfalls in einem abstrakten Normenkontrollverfahren überprüft werden (Art. 93 Abs. 1 Nr. 2a, Abs. 2 GG, § 13 Nr. 6a, 6b, §§ 76-79 BVerfGG).

Zu I. 2. Der Kreis der Antragsberechtigten ist abschließend[58]. Die Bundesregierung (Art. 62 GG) ist nur als Kollegialorgan antragsberechtigt. Welches Landesorgan die Landesregierung als Ganzes bildet, ergibt sich aus dem Landesverfassungsrecht (z.B. Art. 33 Abs. 2 Satz 1 HV). Das antragsberechtigte Viertel der Mitglieder des Bundestages wird aus Abgeordneten gebildet, die in der Sache nach außen einheitlich auftreten und identische Ziele verfolgen[59]. In den Fällen der Art. 93 Abs. 1 Nr. 2a und Art. 93 Abs. 2 GG sind die Landesregierungen, die Landesparlamente und der Bundesrat antragsberechtigt.

Zu I. 3. Bundes- und Landesrecht kann umfassend zur Kontrolle gestellt werden, z.B. Gesetze, Rechtsverordnungen, Satzungen, vor- und nachkonstitutionelles sowie geschriebenes und ungeschriebenes Recht[60], auch innerstaatliche Recht, das Unions-

57 Siehe http://www.bundesverfassungsgericht.de/organisation/gb2013/A-I-4.html.
58 BVerfGE 21, 52, 53 f.; 68, 346, 349; *Ipsen*, Rn. 908; *Degenhart*, Rn. 830.
59 BVerfGE 68, 346, 350.1
60 *Jarass/Pieroth*, Art. 93, Rn. 21 ff.; *Ipsen*, Rn. 913 f.

recht im Rahmen eines unionsrechtlich gewährten Gestaltungsspielraums umsetzt[61], nicht aber sekundäres Unionsrecht selbst[62]. Letzteres kann dem EuGH zur Prüfung vorgelegt werden[63].

In der Regel muss das zur Überprüfung gestellte Recht zumindest verkündet[64] und darf noch nicht außer Kraft getreten sein. Eine Ausnahme wird bei Zustimmungsgesetzen zu völkerrechtlichen Verträgen gemacht, um zu verhindern, dass völkerrechtlich Pflichten begründet werden, die nicht verfassungskonform erfüllt werden können[65]. Sie können bereits Antragsgegenstand sein, wenn Ausfertigung und Verkündung noch ausstehen. Eine weitere Ausnahme besteht bei Normen, die zwar außer Kraft getretenen sind, aber noch andauernde Folgewirkungen haben[66].

Zu I. 4. Art. 93 Abs. 1 Nr. 2 GG und § 76 Abs. 1 BVerfGG divergieren im Wortlaut hinsichtlich der Frage, ob neben dem Grundgesetz auch sonstiges Bundesrecht Maßstab für das zur Prüfung anstehende Bundesrecht sein soll. Nach h.M. soll es jedenfalls kein unmittelbarer Maßstab sein[67].

Zu I. 5. Das BVerfG legt § 76 Abs. 1 BVerfGG verfassungskonform (Art. 93 Abs. 1 Nr. 2 GG) weit aus[68]: konkrete Meinungsverschiedenheiten oder Zweifel über die Vereinbarkeit mit dem Grundgesetz bzw. Bundesrecht genügen. Es muss lediglich ein objektives Klarstellungsinteresse bestehen[69]. Es ist nicht erforderlich, dass der Antragsberechtigte sich eine Meinung in die eine oder andere Richtung bereits gebildet hat (so aber § 76 Abs. 1 BVerfGG[70]). Für die Antragstellung ist kein Betroffensein in eigenen Rechten oder Interessen erforderlich[71]. Nach h. M. kann eine Landesregierung auch das Landesrecht anderer Länder zur Kontrolle stellen[72]. § 76 Abs. 1 BVerfGG bietet zwei Varianten, zum einen den Normverwerfungsantrag (Nr. 1), zum anderen den Normbestätigungsantrag (Nr. 2).

Zu I. 6. Es gibt keinen Antragsgegner[73], keine Antragsfrist[74] und keine Verwirkung[75]. Eine Zustimmung zum später angefochtenen Gesetz im Bundesrat lässt die Antrags-

---

61 BVerfGE 125, 260, 306 ff.; *Degenhart*, Rn. 272; *Jarass/Pieroth*, Art. 93, Rn. 23 m.w.N.
62 *Degenhart*, Rn. 274 u. 830; *Jarass/Pieroth*, Art. 93, Rn. 23.
63 S. insoweit Prüfungsprogramm EuR 9.
64 *Degenhart*, Rn. 830; *Ipsen*, Rn. 916; *Jarass/Pieroth*, Art. 93, Rn. 21; *Morlok/Michael*, Rn. 1037.
65 BVerfGE 1, 396, 411 ff.; 36, 1, 13; *Degenhart*, Rn. 830; *Ipsen*, Rn. 917; *Jarass/Pieroth*, Art. 93, Rn. 21.
66 BVerfGE 100, 249, 257; *Jarass/Pieroth*, Art. 93, Rn. 24.
67 *Jarass/Pieroth*, Art. 93, Rn. 27 m.w.N.
68 *BVerfG*, NJW 1998, 589.
69 BVerfGE 113, 167, 193; *Degenhart*, Rn. 830; *Jarass/Pieroth*, Art. 93, Rn. 25; *Morlok/Michael*, Rn. 1038.
70 *Morlok/Michael*, Rn. 1038; für teilweise Nichtigkeit des § 76 Abs. 1 BVerfGG *Jarass/Pieroth*, Art. 93, Rn. 24.
71 BVerfGE 103, 111, 124 m.w.N.; *Degenhart*, Rn. 830; *Ipsen*, Rn. 920.
72 Bejahend BVerfGE 83, 37, 49 f. m.w.N.; *Degenhart*, Rn. 830; *Jarass/Pieroth*, Art. 93, Rn. 25.
73 BVerfGE 1, 208, 219 f.; 20, 56, 95; 52, 63, 68; *Ipsen*, Rn. 906; *Morlok/Michael*, Rn. 1036; *Jarass/Pieroth*, Art. 93, Rn. 19.
74 BVerfGE 7, 305, 310; 38, 258, 269; 79, 311, 326 f.; *Jarass/Pieroth*, Art. 93, Rn. 19; *Morlok/Michael*, Rn. 1036.
75 BVerfGE 99, 57, 66 f.; *Jarass/Pieroth*, Art. 93, Rn. 19.

berechtigung nicht entfallen[76]. Gemäß § 23 Abs. 1 BVerfGG muss der Antrag schriftlich gestellt und begründet werden.

Zu. II. Das BVerfG prüft die angegriffene Rechtsnorm umfassend[77], unternimmt indes auch den Versuch der verfassungskonformen Auslegung[78]. Uneingeschränkt gilt der Gesetzesvorrang. Der Gesetzesvorbehalt ist relevant, wenn das gerügte Recht nur aufgrund einer gesetzlichen Ermächtigung ergehen darf. Ist das abstrakte Normenkontrollverfahren zulässig und begründet, erklärt das BVerfG das betroffene Bundes- bzw. Landesrecht mit Gesetzeskraft (§ 31 Abs. 2 BVerfGG) inter omnes (§ 31 Abs. 1 BVerfGG) ex tunc für (ganz oder teilweise) nichtig (§ 78 BVerfGG). Die Auswirkung einer Nichtigerklärung auf die aufgrund der nichtigen Norm erlassenen Hoheitsakte regelt § 79 BVerfGG. Abweichend von einer Nichtigerklärung bedient sich das BVerfG in Sonderfällen der Unvereinbarkeitserklärung[79] bzw. der Appellentscheidung. Teilweise lässt es auch die (befristete) weitere Anwendung bis zur Neuregelung zu[80].

Bezüge zu anderen Prüfungsprogrammen

Geht es um untergesetzliche Normen kommt auch Rechtsschutz nach § 47 VwGO in Betracht[81]. Für Unionsrecht stehen das Vertragsverletzungsverfahren, die Nichtigkeitsklage oder die Untätigkeitsklage zu Verfügung[82].

Fallbezogene Vertiefung

Geis/Schmidt, JuS 2012, 121 ff.

76 BVerfGE, 101, 158, 213; *Jarass/Pieroth*, Art. 93, Rn. 25.
77 *Degenhart*, Rn. 831.
78 *Morlok/Michael*, Rn. 1039; *Degenhart*, Rn. 853.
79 BVerfGE 87, 234, 234/235; *Morlok/Michael*, Rn. 1041; *Degenhart*, Rn. 856.
80 BVerfGE 83, 130, 130; 101, 158,160; *Degenhart*, Rn. 856; *Morlok/Michael*, Rn. 1042.
81 Prüfungsprogramm VerwPR 12.
82 Prüfungsprogramme EuR 6.-8.

Prüfungsprogramm 4:
Das Organstreitverfahren (Art. 93 Abs. 1 Nr. 1 GG, §§ 63-67 BVerfGG)

I. Zulässigkeit
1. **Zuständigkeit** des BVerfG, Art. 93 Abs. 1 Nr. 1 GG, § 13 Nr. 5, §§ 63-67 BVerfGG
2. **Antragsteller und Antragsgegner**, Art. 93 Abs. 1 Nr. 1 GG, § 63 BVerfGG
   a) Oberste Bundesorgane (siehe GG)
   b) Andere Beteiligte mit eigenen Rechten aus GG, GOen
3. **Antragsgegenstand**, § 64 Abs. 1 BVerfGG
   a) Streitigkeit im Rahmen eines grundgesetzlichen Rechtsverhältnisses
   b) Rechtserhebliche Maßnahme oder Unterlassung
4. **Antragsbefugnis**, § 64 Abs. 1 BVerfGG: Verletzung oder unmittelbare Gefährdung eigener grundgesetzlicher Rechte und Pflichten
5. **Sonstige Sachentscheidungsvoraussetzungen**
   a) Form, §§ 23, 64 Abs. 2 BVerfGG
   b) Sechs-Monats-Frist, § 64 Abs. 3 BVerfGG
   c) Rechtsschutzbedürfnis

II. Begründetheit: Der Antrag ist begründet, wenn der Antragsteller oder das Organ, dem er angehört, durch die Maßnahme oder Unterlassung des Antragsgegners in seinen ihm durch das Grundgesetz übertragenen Rechten und Pflichten verletzt oder unmittelbar gefährdet ist.

Hinweise

Zu I. 1. Bis zum 31.12.2013 wurden 208 Organstreitverfahren beim BVerfG anhängig[83].

Zu I. 2. Die Aufzählung der Antragsteller und Antragsgegner in § 63 BVerfGG ist deutlich knapper als die Aufzählung im Art. 93 Abs. 1 Nr. 1 GG. Weil das einfache Recht die Verfassungsnorm jedoch nicht wirksam einzuschränken vermag, gilt das in Art. 93 Abs. 1 Nr. 1 GG Festgehaltene[84]. Neben dem Bundespräsidenten (Art. 54 ff. GG), dem Bundestag (Art. 38 ff. GG), dem Bundesrat (Art. 50 ff. GG) und der Bundesregierung (Art. 62 ff. GG) sind auch die Bundesversammlung[85] (Art. 54 GG) und der Gemeinsame Ausschuss[86] (Art. 53 a GG) als oberste Bundesorgane mögliche Verfahrensbeteiligte. Zu den anderen Beteiligten gehören z.B. der Bundestagspräsident[87], Abgeord-

83 Siehe http://www.bundesverfassungsgericht.de/organisation/gb2013/A-I-4.html.
84 *Jarass/Pieroth*, Art. 93, Rn. 5; *Morlok/Michael*, Rn. 1025.
85 *Jarass/Pieroth*, Art. 93, Rn. 5 ff.
86 *Jarass/Pieroth*, Art. 93, Rn. 6a.; *Morlok/Michael*, Rn. 1024; *Degenhart*, Rn. 817.
87 BVerfGE 62, 1, 33; *Degenhart*, Rn. 817; *Morlok/Michael*, Rn.1024.

nete[88] des Deutschen Bundestages, Fraktionen[89], Bundestagsausschüsse[90], Minderheiten des Bundestages, denen eigene Rechte eingeräumt sind (z.B. i.S.d. Art. 39 Abs. 3 Satz 3, Art. 42 Abs. 1, Art. 44 Abs. 1 Satz 1, Art. 61 Abs. 1 Satz 2 GG)[91], der Bundesratspräsident[92], einzelne Bundesminister[93] und auch politische Parteien, wenn es um Rechte geht, die sich aus ihrem besonderen verfassungsrechtlichen Status ergeben[94].

Antragsgegner können auch mehrere der genannten möglichen Verfahrensbeteiligten sein, wenn sie an der als rechtsverletzend oder -gefährdend gerügten Maßnahme selbständig mitgewirkt haben[95].

Zu I. 3. Die Streitigkeit muss gerade im Grundgesetz verankert und deshalb durch Auslegung des Grundgesetzes lösbar sein[96]. Die gerügte Maßnahme oder Unterlassung muss für den Antragsteller rechtlich verbindlich und damit rechtserheblich sein[97]. Ein bloßes beeinträchtigendes Verhalten ist nicht ausreichend[98]. Dass § 64 Abs. 1 BVerfGG inhaltlich von Art. 93 Abs. 1 Nr. 1 GG abweicht, wird als zulässige Konkretisierung der Verfassungsrechtsnorm durch den Gesetzgeber angesehen[99].

Zu I. 4. Die Antragsbefugnis nach § 64 Abs. 1 BVerfGG ist zu bejahen, wenn die Möglichkeit[100] einer Verletzung bzw. unmittelbaren Gefährdung eigener grundgesetzlicher Rechte und Pflichten besteht. Zu beachten ist, dass es um die Verteidigung von Positionen der Verfahrensbeteiligten geht, die das staatsinterne Recht gewährt und für wehrfähig erklärt[101]. Es muss um Rechte und Pflichten gehen, die durch das Grundgesetz selbst, ggfs. konkretisiert in den Geschäftsordnungen, nicht aber allein durch die GOBT bzw. GOBRat übertragen sind[102]. Die angegriffenen Maßnahmen müssen eigene Rechte und Pflichten des Antragstellers oder des Organs, dem er angehört, betreffen[103]. Hinzuweisen ist darauf, dass eine Verletzung von Rechten und Pflichten des Bundestages nicht zugleich eine Verletzung von Rechten und Pflichten des einzelnen Abgeordneten bedeutet[104]. Der Abgeordnete ist auch kein Organteil des Bundestages[105].

88 *Jarass/Pieroth*, Art. 93, Rn. 6; *Morlok/Michael*, Rn.1026; *Degenhart*, Rn. 817; *Ipsen*, Rn. 884.
89 BVerfGE 70, 324, 350 f.; *BVerfG*, EuZW 2014, 192, 195; *Ipsen*, Rn. 881; *Morlok/Michael*, Rn. 1024.
90 BVerfGE 2, 143, 160; 67, 100, 124; 113, 113, 120 f.; *Jarass/Pieroth*, Art. 93, Rn. 6; *Morlok/Michael*, Rn.1024; *Ipsen*, Rn. 881.
91 *Jarass/Pieroth*, Art. 93, Rn. 6; *Degenhart*, Rn. 817.
92 *Jarass/Pieroth*, Art. 93, Rn. 6a.
93 *Ipsen*, Rn. 883; *Morlok/Michael*, Rn.1024; *Degenhart*, Rn. 817; *Jarass/Pieroth*, Art. 93, Rn. 6a.
94 *Degenhart*, Rn. 817; *Jarass/Pieroth*, Art. 93, Rn. 6a; *Morlok/Michael*, Rn.1027; **a.A.** *Ipsen*, Rn. 886.
95 Vgl. BVerfGE 2, 147, 167; *Jarass/Pieroth*, Art. 93, Rn. 13 m.w.N.
96 BVerfGE 70, 324, 350 ff.; 118, 277, 318; *Jarass/Pieroth*, Art. 93, Rn. 8 f.
97 BVerfGE 96, 264, 277; *Degenhart*, Rn. 818; *Ipsen*, Rn. 887; als Problem der Antragsbefugnis sieht dies *Jarass/Pieroth*, Art. 93, Rn. 12 m.w.N.
98 BVerfGE 2, 143, 168.
99 BVerfGE 95, 250, 261 f.; *Degenhart*, Rn. 819.
100 *Jarass/Pieroth*, Art. 93, Rn. 12; *Ipsen*, Rn. 887; *Morlok/Michael*, Rn.1029.
101 BVerfGE 2, 143, 152.
102 *Degenhart*, Rn. 819; *Jarass/Pieroth*, Art. 93, Rn. 6 u. 18.
103 *Degenhart*, Rn. 819.
104 BVerfGE 90, 286, 342 f.; 117, 359, 366 ff.
105 BVerfGE 70, 324, 352 ff.; 90, 286, 342 f.; *Degenhart*, Rn. 819; *Jarass/Pieroth*, Art. 93, Rn. 11; *Morlok/Michael*, Rn.1026.

Zu I. 5 c) Das Rechtsschutzbedürfnis entfällt nur ausnahmsweise, wenn etwa der Antragsteller das gerügte Verhalten selbst hätte verhindern können oder sich rechtsmissbräuchlich verhalten hat[106].

Zu II. Das BVerfG stellt in seiner Entscheidung fest, ob die beanstandete Maßnahme oder Unterlassung gegen eine Bestimmung des Grundgesetzes verstößt, und bezeichnet diese (§ 67 Sätze 1, 2 BVerfGG). Ggfs. hat das BVerfG nach § 67 Satz 3 BVerfGG auch die Möglichkeit der Entscheidung einer Rechtsfrage.

Fallbezogene Vertiefung

Fuerst/Steffahn, JuS 2012, 90 ff.; *Geis/Meier*, JuS 2011, 699 ff.

106 *Jarass/Pieroth*, Art. 93, Rn. 14; *Degenhart*, Rn. 820.

Prüfungsprogramm 5:
Der Bund-Länder-Streit (Art. 93 Abs. 1 Nr. 3, §§ 68-70 BVerfGG)

I. Zulässigkeit
1. **Zuständigkeit** des BVerfG, Art. 93 Abs. 1 Nr. 3, § 13 Nr. 7, §§ 68 ff. BVerfGG
2. **Verfahrensbeteiligte**, § 68 BVerfGG
   a) Der Bund, vertreten durch die Bundesregierung
   b) Ein Land, vertreten durch seine Landesregierung
3. **Verfahrensgegenstand**, § 69 i.V.m. § 64 Abs. 1 BVerfGG vs. Art. 93 Abs. 1 Nr. 3 GG
4. **Antragsbefugnis**, § 69 i.V.m. § 64 Abs. 1 BVerfGG
5. **Sonstige Sachentscheidungsvoraussetzungen**
   a) Vorherige Anrufung des Bundesrates in Fällen des § 84 Abs. 4 Satz 1 GG
   b) Form, §§ 23, § 69 i.V.m. § 64 Abs. 2 BVerfGG
   c) Sechs-Monats-Frist, § 69 i.V.m. § 64 Abs. 3 BVerfGG, bei Fall a) Monatsfrist des § 70 BVerfGG
   d) Rechtsschutzbedürfnis

II. Begründetheit
Verletzung bzw. unmittelbare Gefährdung eines eigenen verfassungsrechtlich gewährten Rechts

Hinweise

Zu I. 1. Bund-Länder-Streitverfahren sind in der Praxis mit 45 bis zum 31.12.2013 zu verzeichnenden Eingängen selten[107].

Zu I. 2. Das Bund-Länder-Streitverfahren ist ein kontradiktorische Verfahren, bei dem der Bund bzw. einzelne Länder als Verfahrensbeteiligte auftreten, jeweils vertreten durch ihre Regierung (§ 68 BVerfGG). Für das Handeln als Regierung muss ein entsprechender Regierungsbeschluss herbeigeführt werden. Auch wenn das Verfahren zumeist als Bund-Länder-Streitverfahren bezeichnet wird, ist durchaus die Variante eines Streits von Ländern untereinander denkbar[108].

Zu I. 3. Verfahrensgegenstand können alle konkreten Meinungsverschiedenheiten über grundgesetzliche[109] – auch ungeschriebene[110] – Rechte und Pflichten im Bund-Länder-Verhältnis sein. Die Aufzählung in Art. 93 Abs. 1 Nr. 3 GG ist nicht abschließend („insbesondere"). Geht es um eine verwaltungsrechtliche Streitigkeit, nichtverfassungsrechtlicher Art zwischen Bund und Ländern, ist nicht das BVerfG, sondern das BVerwG in erster und letzter Instanz anzurufen (§ 40 Abs. 1 Satz 1, § 50 Abs. 1 Nr. 1

107 Siehe http://www.bundesverfassungsgericht.de/organisation/gb2013/A-I-4.html.
108 *Degenhart*, Rn. 824.
109 *Degenhart*, Rn. 824.
110 *Degenhart*, Rn. 825.

VwGO). Für die Abgrenzung ist entscheidend, welches Rechtsgebiet für den Rechtsstreit prägend ist, Verfassungsrecht oder einfaches Recht[111]. Gemäß § 69 i.V.m. § 64 Abs. 1 BVerfGG kommt es nach der zulässigen gesetzgeberischen Einengung darauf an, dass eine konkrete, rechtserhebliche Maßnahme bzw. ein entsprechendes Unterlassen vorliegt[112].

Zu I. 4. Eine Antragsbefugnis ist gegeben, wenn eine Verletzung eigener, unmittelbar sich aus dem Grundgesetz ergebender Rechte (Kompetenzen, Zuständigkeiten), die das Bund-Länder-Verhältnis betreffen, möglich ist[113]. Eigene Rechte in diesem Sinne liegen vor, wenn der betreffende Verband die Einhaltung der Verfassungsrechtsnorm verlangen kann[114].

Zu I. 5. Das Rechtsschutzbedürfnis entfällt, wenn der Streit beigelegt wurde oder sich erledigt hat, es sei denn, es besteht weiterhin ein besonderes Interesse an der Feststellung durch das BVerfG[115].

Zu II. Der Antrag hat in der Sache Erfolg, wenn der Antragsgegner den Antragsteller durch die gerügte Maßnahme oder das gerügte Unterlassen in seinen grundgesetzlichen Rechten verletzt bzw. unmittelbar gefährdet. Prüfungsmaßstab ist nur Verfassungsrecht, das dem Antragsteller als eigene Rechtsposition zusteht[116]. Weisungen, die gegen einfachgesetzliche Normen verstoßen, rechtfertigen eine Entscheidung des BVerfG in einem Bund-Länder-Streitverfahren nicht[117].

---

111 BVerfGE 42, 103, 112 f.; BVerwGE 96, 45, 48; *BVerwG*, NJW 2000, 160, 161; *Jarass/Pieroth*, Art. 93, Rn. 30; *Degenhart*, Rn. 824.

112 Siehe Prüfungsprogramm 4 I. 3.; *Degenhart*, Rn. 825; *Jarass/Pieroth*, Art. 93, Rn. 32a; *Morlok/Michael*, Rn. 1031.

113 *Jarass/Pieroth*, Art. 93, Rn. 32a; *Ipsen*, Rn. 899; *Degenhart*, Rn. 825.

114 *Ipsen*, Rn. 899.

115 BVerfGE 41, 291, 303.

116 *Jarass/Pieroth*, Art. 93, Rn. 35.

117 BVerfGE 81, 310, 333.

Prüfungsprogramm 6:
Die einstweilige Anordnung (§ 32 BVerfGG)

I. Zulässigkeit
1. **Zuständigkeit** des BVerfG in der Hauptsache, § 32 BVerfGG
2. **Antragsberechtigung**
3. **Antragserfordernis**
4. **Antragsbefugnis**
5. **Antragsgegenstand**
6. **Rechtsschutzbedürfnis**
7. **Form**, § 23 BVerfGG, keine Frist

II. Begründetheit
1. Kein nahezu aussichtsloses Hauptsacheverfahren
2. Folgenabwägung
3. Im Regelfall Vorwegnahme der Hauptsache vermeiden

Hinweise

Zu I. 1. Einstweilige Anordnungen können im Zusammenhang mit jedem Hauptsacheverfahren vom BVerfG nach § 32 BVerfGG getroffen werden. Die Zuständigkeit des BVerfG für eine einstweilige Anordnung ist also mit Blick auf die Hauptsache zu ermitteln[118]. Bis zum 31.12.2013 waren beim BVerfG über 2 000 Verfahren der einstweiligen Anordnung eingegangen[119].

Zu I. 2. Antragsberechtigt ist jeder, der Beteiligter des Hauptsacheverfahrens sein kann[120].

Zu I. 3. Der Antrag ist vor und nach Einleitung des Hauptsacheverfahrens möglich[121]. Wird der Antrag zuvor gestellt, setzt dies voraus, dass ein etwaiger späterer Antrag in der Hauptsache nicht von vornherein unzulässig und/oder unbegründet ist[122].

Zu I. 6. Bei Anträgen die auf ungeeignete Maßnahmen abzielen, fehlt das Rechtsschutzbedürfnis[123]. Gleiches gilt, wenn der Antragsteller sein Ziel anderweitig erreichen kann[124]. Ist die Hauptsache entschieden oder in Kürze entscheidungsreif, liegt ebenfalls kein Rechtsschutzbedürfnis vor[125].

118 BVerfGE 108, 34, 49.
119 http://www.bundesverfassungsgericht.de/organisation/gb2013/A-I-4.html.
120 BVerfGE 79, 379, 383.
121 BVerfGE 113, 113, 119; *Degenhart*, Rn. 862.
122 BVerfGE 46, 337, 339; 113, 113, 120; *Degenhart*, Rn. 863.
123 BVerfGE 23, 42, 48.
124 BVerfGE 3, 52, 57; 37, 150, 155 ff.; *Manssen*, Rn. 899.
125 BVerfGE 16, 211, 213; 12, 36, 40; *Degenhart*, Rn. 864.

Zu II. 1. und 2. Bei der Suche nach dem schweren Nachteil, der Verhinderung drohender Gewalt oder dem sonstigen wichtigen Grund des Allgemeinwohls i.S.d. § 32 Abs. 1 BVerfGG praktiziert das BVerfG letztlich eine summarische Prüfung der Hauptsache, ohne sich dazu ausdrücklich zu bekennen[126]. Bei einer offensichtlich unbegründeten Hauptsache erlässt das BVerfG jedenfalls keine einstweilige Anordnung[127], bei offensichtlicher Begründetheit und Eilbedürftigkeit schon[128]. In anderen Fällen nimmt es eine Folgenabwägung vor[129], ohne explizit zur Hauptsache Stellung zu nehmen. Hierbei geht es darum festzustellen, ob die Nachteile überwiegen, wenn eine einstweilige Anordnung ergeht, sich später aber der Hauptantrag als erfolglos erweist oder ob die Nachteile überwiegen, wenn eine einstweilige Anordnung nicht ergeht, die Hauptsache später jedoch Erfolg hat[130].

Zu II. 3. Eine Vorwegnahme der Hauptsache ist an sich unzulässig[131], lässt sich jedoch nicht vermeiden, wenn die Hauptsacheentscheidung anderenfalls zu spät käme und dem Antragsteller ansonsten kein ausreichender Rechtsschutz zur Verfügung steht[132].

Fallbezogene Vertiefung

Bäcker, JuS 2013, 119 ff.

---

126 *Berkemann*, JZ 1993, 161, 167.
127 BVerfGE 79, 379, 383; 113, 113, 120; *Degenhart*, Rn. 863; *Manssen*, Rn. 902.
128 BVerfGE 104, 23, 28.
129 Vgl. z.B. BVerfGE 88, 173, 173; 89, 38, 44.
130 *Manssen*, Rn. 902; *Degenhart*, Rn. 863.
131 BVerfGE 82, 54, 58; *Degenhart*, Rn. 862; kritisch *Berkemann*, JZ 1993, 161, 167.
132 BVerfGE 113, 113, 122; s.a. *BVerfG*, EuZW 2014, 192, 193.

V. Prüfungsprogramme zum Allgemeinen Verwaltungsrecht (AVR)

Prüfungsprogramm 1:
Die Unterscheidung zwischen öffentlichem Recht und Privatrecht

I. Suche nach den **streitentscheidenden Vorschriften** – fehlt es an einer rechtlichen Regelung oder kommen sowohl privatrechtliche als auch öffentlich-rechtliche Normen in Betracht, ist bei 5. fortzufahren.

II. Stellen die einschlägigen Normen **staatliches Sonderrecht** dar? D.h. berechtigen und verpflichten sie ausschließlich Hoheitsträger, dann bewegen wir uns im öffentlichen Recht, berechtigen und verpflichten die Rechtssätze jedermann, dann bewegen wir uns im Privatrecht.

oder

III. Ist das Rechtsverhältnis der Betroffenen durch **Überordnung und Unterordnung** geprägt? Liegt diese Konstellation vor, besteht zumindest ein starkes Indiz für einen öffentlich-rechtlichen Charakter, da das Privatrecht überwiegend vom Gedanken der Gleichordnung geprägt ist.

oder

IV. Welche **Interessen** verfolgen die streitentscheidenden Vorschriften? Wenn sie hauptsächlich Allgemeininteressen dienen, liegt ein Indiz für öffentliches Recht vor, wenn es hauptsächlich um Individualinteressen geht, ein Indiz für Privatrecht.

V. Steht das behördliche Handeln eher in **Zusammenhang** mit öffentlich-rechtlichen Normen und Aufgaben oder eher in Zusammenhang mit privatrechtlichen Normen und Aufgaben[1]?

Hinweise

Zu I. Manchmal entscheidet bereits die äußere Form der Maßnahme über die Zuordnung zu einem Teilrechtsgebiet. Handelt die Behörde durch den Erlass einer Satzung oder den Erlass eines Verwaltungsakts – Tenor, Zwangsmittelandrohung, Gebührenerhebung und Rechtsbehelfsbelehrung sind hierfür Indizien – so darf der Bürger von öffentlich-rechtlichem Handeln ausgehen, selbst wenn die Formenwahl der Verwaltung rechtlich nicht zulässig war[2]. Umgekehrt gilt, dass ein Privatmann oder eine privatrechtlich organisierte juristische Person nur privatrechtlich handeln kann, wenn man vom Sonderfall des Beliehenen absieht.

1 *Erbguth*, § 5, Rn. 16 f.; *Kopp/Ramsauer*, § 1, Rn. 10 ff.; *Kopp/Schenke*, § 40, Rn. 12.
2 *Erbguth*, § 5, Rn. 15; *Kopp/Schenke*, § 40, Rn. 15a.

Zu II. Die sogenannte Sonderrechtstheorie – auch als modifizierte Subjektstheorie bezeichnet – wird heute überwiegend vertreten[3] und sollte deshalb zuerst herangezogen werden.

Zu III. Die sogenannte Subordinationstheorie hat die Schwäche, dass sie Weisungsverhältnisse im Privatrecht, wie etwa bei Eltern und Kindern oder Arbeitgebern und Arbeitnehmern bzw. Gleichordnungsverhältnisse im öffentlichen Recht wie beim öffentlich-rechtlichen Vertrag nicht erklären kann[4].

Zu IV. Die sogenannte Interessentheorie hat das Problem, dass öffentliche und private Interessen nicht leicht auseinanderzuhalten sind; es lässt sich sogar vertreten, dass jede Rechtsnorm (auch) in öffentlichem Interesse erlassen wird[5]. Deshalb wird diese Theorie nur subsidiär herangezogen[6].

Zu V. Es gibt Situationen, in denen Rechtsnormen fehlen, so etwa bei staatlichen Informationen oder Warnungen, sowie bei Immissionen, die von Verwaltungsträgern ausgehen. In anderen Konstellationen, etwa beim Hausrecht in Verwaltungsgebäuden oder bei Verträgen zwischen Staat und Bürger kommen sowohl öffentlich-rechtliche (§§ 54 ff. VwVfG) als auch privatrechtlichen Regeln (BGB) in Frage, so dass die Abgrenzungstheorien, die an den Charakter der streitentscheidenden Normen anknüpfen, nicht weiterhelfen.

Bezüge zu anderen Prüfungsprogrammen

Das Vorliegen einer öffentlich-rechtlichen Streitigkeit ist Voraussetzung für den Rechtsweg zu den Verwaltungsgerichten (§ 40 VwGO)[7]. Das gesamte Verwaltungsverfahrensgesetz ist nach § 1 Abs. 1 nur auf die öffentlich-rechtliche Verwaltungstätigkeit anwendbar, insbesondere ist ein Handeln auf dem Gebiet des öffentlichen Rechts erforderlich für Verwaltungsakte[8] (§ 35 VwVfG) und öffentlich-rechtliche Verträge (§§ 54 ff. VwVfG). Grundrechte wirken nur im öffentlichen Recht unmittelbar über Art. 1 Abs. 3 GG, im Zivilrecht dagegen nur mittelbar über Generalklauseln wie §§ 138, 242 oder 826 BGB[9]. Schließlich knüpfen Art. 34 GG, § 839 BGB und andere Haftungsnormen an ein öffentlich-rechtliches Handeln an[10].

---

3 *Kopp/Ramsauer*, § 1, Rn. 15; *Erbguth*, § 5, Rn. 10 f.; *Hufen*, § 11, Rn. 17; *Kopp/Schenke*, § 40, Rn. 11; *Würtenberger*, § 11, Rn. 131.
4 *Kopp/Ramsauer*, § 1, Rn. 14; *Würtenberger*, § 11, Rn. 129; *Erbguth*, § 5, Rn. 9; *Hufen*, § 11, Rn. 16; *Maurer*, § 3, Rn. 12.
5 *Erbguth*, § 5, Rn. 8; *Kopp/Ramsauer*, § 1, Rn. 13; *Hufen*, § 11, Rn. 15.
6 *Kopp/Schenke*, § 40, Rn. 11; *Maurer*, § 3, Rn. 14.
7 Prüfungsprogramm VerwPR 1.
8 Prüfungsprogramm 2.
9 Prüfungsprogramm GR 5.
10 Prüfungsprogramm StH 2.

Prüfungsprogramm 2:
Das Vorliegen eines Verwaltungsaktes (§ 35 S. 1 VwVfG)

I. **Hoheitliche Maßnahme**, als Oberbegriff für Entscheidung und Verfügung – einseitiges, zweckgerichtetes Handeln.

II. **Behörde**, s. Legaldefinition in § 1 Abs. 4 VwVfG bzw. § 1 Abs. 2 LVwVfG.

III. **Auf dem Gebiet des öffentlichen Rechts** – wenn die Rechts- oder Ermächtigungsgrundlage, auf die sich die Behörde bezieht, dem öffentlichen Recht zuzurechnen ist[11].

IV. **Regelung** – setzen einer rechtlichen Folge, festlegen von Rechten oder Pflichten z.B. Gebot, Verbot, Erlaubnis oder Befreiung.

V. **Einzelfall** – konkret und individuell, d.h. die Maßnahme ergeht in einer bestimmten Situation gegenüber einer oder mehreren bestimmten Personen.

VI. **Unmittelbare Außenwirkung** – ein Verwaltungsakt muss verwaltungsextern wirken, nicht nur behördenintern, nicht gemeint sind also innerdienstliche Weisungen des Vorgesetzten an einzelne Mitarbeiter oder Verwaltungsvorschriften, Amtshilfeersuchen oder interne Abstimmungen unter verschiedenen Behörden.

Hinweise

Zu I. Nichtstun oder Schweigen scheiden aus. Das Merkmal der Einseitigkeit grenzt den Verwaltungsakt vom öffentlich-rechtlichen Vertrag ab.

Zu II. Private sind nicht gemeint, es sei denn, sie sind wie Beliehene durch Hoheitsakt ermächtigt. Gerichte oder gesetzgebende Körperschaften fallen ausnahmsweise unter den Behördenbegriff, wenn sie wie eine Verwaltungsbehörde tätig werden[12], z.B. wenn der Bundestagspräsident eine Wahlkampfkostenerstattung bewilligt.

Zu III. Hier scheiden Behördenaktivitäten aus, die **a)** nur auf einen tatsächlichen Erfolg zielen, z.B. Information-, Anhörungs-, Glückwunschschreiben, Pressemitteilungen, Bau und Betrieb von Straßen oder öffentlichen Einrichtungen, Dienstfahrten, Erteilung von Unterricht oder **b)** einen VA nur vorbereiten, wie Zeugenanhörungen, Besichtigungen, Entwürfe oder Gutachten. Insgesamt dient dieses Definitionsmerkmal der Abgrenzung zum tatsächlichen Handeln der Verwaltung (= Realakt).

Zu V. Das Einzelfallkriterium unterscheidet den Verwaltungsakt von der abstrakt generellen Rechtsnorm, also dem Gesetz, der Verordnung oder der Satzung. Wie ein Verwaltungsakt wird auch die abstrakt-individuelle Anordnung behandelt[13], eine Verfügung, die einem bestimmten Bürger ein bestimmtes Verhalten in sich im Zeitablauf

11 S. insoweit Prüfungsprogramm 1.
12 *Kopp/Ramsauer*, § 35, Rn. 69; *Erbguth*, § 12, Rn. 6.
13 *Erbguth*, § 12, Rn. 20; *Maurer*, § 9, Rn. 20.

wiederholenden Situationen aufgibt. Das klassische Beispiel ist der Fall des Kühlturmbetreibers[14], dem aufgegeben wird, immer wenn die Außentemperatur weniger als 0 Grad beträgt, die dem Kühlturm benachbarte Straße zu streuen, um Glatteisbildung aus Wasserdampfwolken zu verhindern. Zur Variante der konkret generellen Anordnung, die ebenfalls wie ein Verwaltungsakt behandelt wird, siehe Prüfungsprogramm 3 (Allgemeinverfügung).

Zu VI. Im Beamtenverhältnis werden gewisse Entscheidungen trotz fehlender Außenwirkung als Verwaltungsakte betrachtet, wenn nämlich nicht das Betriebsverhältnis, sondern das Grundverhältnis des Beamten zu seinem Dienstherrn betroffen ist, so z.B. bei Ernennung, Entlassung, Versetzung und Abordnung, nicht aber bei einer Umsetzung[15].

Bezüge zu anderen Prüfungsprogrammen

Ob ein Verwaltungsakt vorliegt, entscheidet über die Anwendung der Verfahrensregeln der §§ 9 ff. VwVfG und ist damit für die formelle Rechtmäßigkeit wichtig[16]. Das Vorliegen oder Nicht-Vorliegen eines Verwaltungsaktes beeinflusst auch die Rechtsschutzmöglichkeiten: §§ 42, 43, 68, 80, 113 VwGO knüpfen an den Begriff des Verwaltungsaktes an[17].

Vertiefung

Voßkuhle/Kaufhold, JuS 2011, 34 ff.

14 *OVG Münster*, OVGE 16, 289 ff.
15 Einzelheiten insoweit bei *Kopp/Ramsauer*, § 35, Rn. 134 ff.; *Maurer*, § 9, Rn. 24 ff.
16 Prüfungsprogramm 4.
17 Prüfungsprogramme VerwPR 6, 7, 8, 11 und 13.

Prüfungsprogramm 3:
Das Vorliegen eines Verwaltungsaktes in Form einer Allgemeinverfügung (§ 35 S. 2 VwVfG)

I. Punkte I.-IV. sowie VI. aus Prüfungsprogramm 2

II. Die Verfügung richtet sich an einen **nach allgemeinen Merkmalen bestimmten oder bestimmbaren Personenkreis**: „Alle anwesenden Bürgerinnen und Bürger werden hiermit aufgefordert, den Platz/das Eis/den Bahnhof zu räumen." „Niemand darf näher als 500 m an die Bombenfundstelle herankommen." (§ 35 S. 2 VwVfG 1. Variante)

oder

III. Die Verfügung regelt die **öffentlich-rechtliche Eigenschaft** einer Sache, z.B. die Widmung oder Entwidmung einer Straße, die Benennung einer Straße, die Eintragung eines Gebäudes in die Denkmalliste. (§ 35 S. 2 VwVfG 2. Variante)

oder

IV. Die Verfügung betrifft die **Benutzung einer Sache durch die Allgemeinheit**. Beispiele sind hier Verkehrsampeln, die Vorschriftszeichen des § 41 StVO[18] oder die Regelung der Benutzung einer öffentlichen Bibliothek. (§ 35 S. 2 VwVfG 3. Variante)

Hinweise

Zu II. Im Unterschied zu einer Rechtsnorm befasst sich die personenbezogene Allgemeinverfügung des § 35 S. 2 Variante 1 VwVfG mit einer konkreten Situation und gilt häufig auch nur für eine begrenzte Zeit.

Zu II.-IV. Für alle Allgemeinverfügungen gelten einige Besonderheiten bei der formellen Rechtmäßigkeitsprüfung in §§ 28 Abs. 2 Nr. 4, 39 Abs. 2 Nr. 5 und 41 Abs. 3 S. 2 VwVfG.

Bezüge zu anderen Prüfungsprogrammen

Wie oben Prüfungsprogramm 2.

Fallbezogene Vertiefung

Schoch, Jura 2012, 26 ff.

18 BVerwGE 59, 221, 224; 92, 32, 34; 97, 214, 220; 102, 316, 318; *BVerwG* NJW 2004, 698; *BVerwG* NJW 2007, 340; vertiefend zu Verkehrszeichen im Verwaltungsrecht *Beaucamp*, JA 2008, 612 ff.

Prüfungsprogramm 4: Die formelle Rechtmäßigkeit eines Verwaltungsaktes (§§ 3, 9 ff. VwVfG)

I. Spezielle Anforderungen aus der anzuwendenden Rechtsgrundlage

II. Zuständigkeit in örtlicher (§ 3 VwVfG), sachlicher und instanzieller Hinsicht

III. Verfahren, besondere Relevanz haben dabei die Vorschriften über
1. die Beteiligungs- und Handlungsfähigkeit (§§ 11-13 VwVfG),
2. die Befangenheit (§§ 20, 21 VwVfG),
3. die Anhörung (§ 28 VwVfG),
4. die Begründung (§ 39 VwVfG),
5. die Bekanntgabe (§ 41 VwVfG)

IV. Form (§ 37 Abs. 2 bis Abs. 5 VwVfG)

Hinweise

Zu I. Diese Begrenzung, die für alle Normen des VwVfG gilt, folgt aus § 1 Abs. 1 VwVfG. Spezielle Verfahrensanforderungen können etwa in der Verpflichtung liegen, eine förmliches Verwaltungsverfahren oder ein Planfeststellungsverfahren durchzuführen (z.B. nach § 36 BBergG oder § 18 AEG). Spezielle Formanforderungen ergeben sich etwa aus der im Beamten- und Einbürgerungsrecht geforderten Urkunde (§§ 8 BeamtStG, 16 StAG).

Zu II. Sachlich zuständig ist der Verwaltungsträger, dem die relevante Aufgabe per Gesetz oder auf andere Weise übertragen wurde. Z.B. entscheidet die (Landes-) Schulbehörde über Befreiungen von der Schulpflicht, das Bundesamt für Seeschifffahrt und Hydrographie über die Genehmigung von Windkraftanlagen auf hoher See. Fragen der instanziellen Zuständigkeit stellen sich bei einem mehrstufigen Behördenaufbau. Im Normalfall entscheidet dann zunächst die untere Behördenebene.

Zu III. 3. Umstritten ist die Frage, ob Betroffene auch angehört werden müssen, bevor ihr Antrag auf einen begünstigenden Verwaltungsakt abgelehnt wird. Eine solche Ablehnung enthält keinen Eingriff in Rechte, den der Wortlaut § 28 Abs. 1 VwVfG fordert. Denn sowohl vor als auch nach der Ablehnung ist der Bestand an Rechten gleich[19]. Die häufig vertretene Gegenposition bringt vor, dass die Ablehnung einer Begünstigung wie ein Eingriff wirken könne und zumindest bei Bau- und Gewerbeerlaubnissen, die nur aus Gründen der präventiven Kontrolle erforderlich seien, ein Grundrechtseingriff möglich erscheine[20]. Beide Auffassungen erscheinen vertretbar, wobei man daran denken sollte, dass man eine Anhörung darin sehen kann, dass der Bürger

19 So argumentiert BVerwGE 66, 184, 186.
20 *Maurer*, § 19, Rn. 20; *Erbguth*, § 14, Rn. 20; *Kopp/Ramsauer*, § 28, Rn. 26 f.

seine Position im Antrag ausführlich dargelegt hat, vorausgesetzt dass die Behörde in ihrem Bescheid hierauf eingeht.

Zu III. 3. und 4. Wenn eine erforderliche Anhörung oder eine Begründung vergessen wurde, sind zunächst die Ausnahmeregeln der §§ 28 Abs. 2 bzw. 39 Abs. 2 VwVfG zu überprüfen, bevor angenommen wird, dass ein Verfahrensfehler vorliegt.

Zu III. 4. Wenn eine Begründung vorliegt, die den Anforderungen des § 39 Abs. 1 VwVfG entspricht, reicht dies für die formelle Rechtmäßigkeit aus, die Überzeugungskraft der behördlichen Begründung wird bei der materiellen Rechtmäßigkeit untersucht[21].

Zu IV. Fehlt die Rechtsbehelfsbelehrung des § 37 Abs. 6 VwVfG oder ist sie unrichtig erteilt, wird dies nicht als Formfehler betrachtet, der zur Rechtswidrigkeit des Verwaltungsaktes führt[22]. Es verlängert sich nur die Frist zur Einlegung eines Rechtsbehelfs auf ein Jahr (§ 58 Abs. 2 VwGO).

Bezüge zu anderen Prüfungsprogrammen

Wenn ein Verfahrens- oder Formfehler festgestellt wurde, heißt dies nicht automatisch, dass der geprüfte Verwaltungsakt als rechtswidrig zu betrachten ist. Denn die Heilungs- und Unbeachtlichkeitsvorschriften der §§ 45, 46 VwVfG können dieses Ergebnis noch ändern[23].

Die formelle Rechtmäßigkeit von Verwaltungsakten ist bei der Begründetheit von Widersprüchen und Klagen nach §§ 68, 113 Abs. 1 S. 1 VwGO, 113 Abs. 1 S. 4 VwGO, 113 Abs. 5 VwGO zu behandeln.

Fallbezogene Vertiefung

Fremuth, JA 2012, 844-850; *Guckelberger*, JuS 2011, 577 ff. speziell zu Anhörungsfehlern

21 *Kopp/Ramsauer*, § 39, Rn. 2.
22 *Erbguth*, § 14, Rn. 24; *Kopp/Ramsauer*, § 37, Rn. 50.
23 Prüfungsprogramme 8 und 9.

Prüfungsprogramm 5:
Die materielle Rechtmäßigkeit eines Verwaltungsaktes

I. Vorhandensein einer Ermächtigungsgrundlage und Vorliegen ihrer **Tatbestandsmerkmale**

II. Hinreichende **Bestimmtheit** des VA (§ 37 Abs. 1 VwVfG)

III. Kann der VA tatsächlich und rechtlich befolgt werden?

IV. Ist die gesetzte **Rechtsfolge** vom Gesetz gedeckt?

V. Ist die gesetzte Rechtsfolge **verhältnismäßig**[24] bzw. bei Ermessensentscheidungen **frei von Ermessensfehlern**[25]**?**

Hinweise

Zu I. Der Vorbehalt des Gesetzes fordert für alle belastenden Verwaltungsakte eine gesetzliche Grundlage[26]. Fehlt diese, ist der Eingriff jedenfalls wegen eines Verstoßes gegen Art. 2 Abs. 1 GG verfassungswidrig. Liegt eine Ermächtigungsgrundlage vor, folgt aus Art. 20 Abs. 3 GG (Vorrang des Gesetzes[27]), dass sich die Verwaltung streng an diese zu halten hat. Selten kann sich hier die Frage der Verfassungsmäßigkeit der Ermächtigungsgrundlage stellen[28].

Zu II. Die Bestimmtheit des VA muss in dreierlei Hinsicht gegeben sein[29]: Der Charakter als VA, also als einseitige hoheitliche Regelung, muss hinreichend deutlich werden, der Adressat muss hinreichend klar erkennbar sein und schließlich muss dem Adressaten inhaltlich deutlich gemacht werden, was er zu tun hat. Es reicht z.B. nicht die generelle Aufforderung „ordnungsgemäße Zustände wiederherzustellen".

Zu III. Kann niemand die durch den VA geforderte Handlung realisieren – etwa Wasser bergauf fließen lassen – tritt nach § 44 Abs. 2 Nr. 4 VwVfG sogar die Nichtigkeit ein. Ist die geforderte Handlung grundsätzlich möglich und nur dem Adressaten unmöglich, etwa die Vorladung eines Komapatienten zur Aussage bei der Polizei, ist der entsprechende VA jedenfalls rechtswidrig, eventuell auch nichtig nach § 44 Abs. 1 VwVfG. Eine rechtliche Unmöglichkeit ist gegeben, wenn dem Adressaten die (alleinige) Berechtigung zur Durchführung des Geforderten fehlt. So kann ein Hauseigentümer von der Behörde nicht verpflichtet werden, eine vermietete Wohnung zu räumen, weil sein

24 S. Prüfungsprogramm 10.
25 S. Prüfungsprogramm 11.
26 S. hierzu Prüfungsprogramm StOrg 2, III.
27 S. hierzu Prüfungsprogramm StOrg 2, II.
28 S. Prüfungsprogramm StOrg 6 für Bundesgesetze.
29 *Kopp/Ramsauer*, § 37, Rn. 8 ff.

Mieter ihm den Mietvertrag entgegenhalten wird[30]. Weder die tatsächliche, noch die rechtliche Unmöglichkeit kommt häufig vor.

Bezüge zu anderen Prüfungsprogrammen

Die materielle Rechtmäßigkeit von Verwaltungsakten ist bei der Begründetheit von Widersprüchen und Klagen nach §§ 68, 113 Abs. 1 S. 1 VwGO, 113 Abs. 1 S. 4 VwGO, 113 Abs. 5 VwGO zu behandeln.

30 *Maurer*, § 10, Rn. 19.

Prüfungsprogramm 6:
Die Zulässigkeit von Nebenbestimmungen zu einem Verwaltungsakt (§ 36 VwVfG)

I. Sind Nebenbestimmungen mit dem Sinn des Verwaltungsakts vereinbar?

II. Enthält das anzuwendende Gesetz **spezielle Normen** zu Nebenbestimmungen, die § 36 VwVfG verdrängen?

III. Geht es um eine Nebenbestimmung zu einem begünstigenden Verwaltungsakt, auf den **ein Anspruch besteht**? Wenn ja, weiter bei V., wenn nein, weiter bei IV.

IV. Geht es um eine Nebenbestimmung zu einem **Ermessensverwaltungsakt**? Wenn ja, weiter bei VI.

V. Nebenbestimmung ist **nur zulässig**, wenn sie spezialgesetzlich vorgesehen ist oder sicherstellt, dass die gesetzlichen Voraussetzungen des Verwaltungsakts erfüllt werden (§ 36 Abs. 1 VwVfG).

VI. Nebenbestimmung ist **nach Ermessen zulässig** (§ 36 Abs. 2 VwVfG).

VII. Kein Widerspruch zwischen Nebenbestimmung und Zweck des Verwaltungsaktes (§ 36 Abs. 3 VwVfG).

Hinweise

Zu I. Als nebenbestimmungsfeindlich werden z.B. Prüfungsentscheidungen, die Einbürgerung, die Namensänderung oder Statusentscheidungen im Beamtenrecht angesehen[31].

Zu II. Hier kommen z.B. die zwingenden Befristungen in § 7 Abs. 2 und § 60a Abs. 1 AufenthG oder für Sondernutzungen nach dem Straßen- und Wegerecht[32] in Frage. Die Gewerbeordnung enthält in §§ 33a Abs. 1, 33c Abs. 1, 33d Abs. 1 oder 33i Abs. 1 ebenfalls zahlreiche Spezialvorschriften. Bedingungen und Auflagen bei immissionsschutzrechtlichen Genehmigungen regelt § 12 BImSchG. Die letztgenannte Norm wird als abschließend betrachtet[33], bei den anderen Normen kann § 36 VwVfG grundsätzlich ergänzend herangezogen werden.

Zu V. Beispiele für spezialgesetzliche Regelungen wären etwa § 12 Abs. 2, 4 AufenthG, § 17 BImSchG oder die Regeln über Nebenbestimmungen zu Baugenehmigungen in den Landesbauordnungen[34]. Die zweite Alternative des § 36 Abs. 1 VwVfG lässt sich als Ausnahme dann anwenden, wenn etwa eine einzelne Voraussetzung für den Erlass

31 Für die ärztliche Approbation BVerwGE 108, 100, 104 f.; generell *Maurer*, § 12, Rn. 18; *Kopp/Ramsauer*, § 36, Rn. 3b; *Erbguth*, § 18, Rn. 13.
32 Z.B. § 8 Abs. 2 FStrG; § 19 Abs. 2 HmbWegeG.
33 *Kopp/Ramsauer*, § 36, Rn. 12 c.
34 Z.B. § 72 Abs. 3 HmbBauO

eines Verwaltungsaktes noch fehlt, jedoch zu erwarten ist, dass diese bald vorliegen wird[35]. Ohne solche Nebenbestimmungen müsste der Verwaltungsakt abgelehnt werden. Ein konkretes Beispiel wäre die Auflage, bestimmte Genehmigungsunterlagen nachzureichen.

Zu VI. Ermessensfehler (Prüfungsprogramm 11) sind hier zu vermeiden, insbesondere muss die Nebenbestimmung verhältnismäßig sein.

Zu VII. Unzulässig sind bereits Nebenbestimmungen, die nichts mit dem Zweck des Verwaltungsakts zu tun haben, der aus dem anzuwendenden Gesetz abzuleiten ist. So darf z.B. die Erteilung einer Baugenehmigung nicht von der Zahlung ausstehender Steuern abhängig gemacht werden. Im Straßen- und Wegerecht dürfen mit Hilfe von Nebenbestimmungen zu Sondernutzungserlaubnissen in der Regel nur straßenrechtliche oder straßenverkehrsrechtliche Belange verfolgt werden, nicht aber andere Belange, wie etwa der Jugendschutz[36].

Vertiefung

Voßkuhle/Kaiser, JuS 2012, 699 ff.

35 *Kopp/Ramsauer*, § 36, Rn. 44 ff.
36 *Kopp/Ramsauer*, § 36, Rn. 55.

Prüfungsprogramm 7:
Die Nichtigkeit eines Verwaltungsaktes (§ 44 VwVfG)

I. Die Nichtigkeitsgründe des **§ 44 Abs. 2 VwVfG**

II. Der Negativkatalog des **§ 44 Abs. 3 VwVfG**

III. Die Generalklausel des **§ 44 Abs. 1 VwVfG**, der besonders schwerwiegende und offensichtliche Fehler

Hinweise

Generell: Die in § 43 Abs. 3 VwVfG normierte Unwirksamkeit des nichtigen Verwaltungsaktes bildet eine Ausnahme zum Normalfall der Wirksamkeit des VA auch bei Rechtswidrigkeit (§ 43 Abs. 2 VwVfG).

Zu I. Ermöglicht die Behörde eine Straftat oder Ordnungswidrigkeit, greift § 44 Abs. 2 Nr. 5 VwVfG von seinem Wortlaut her nicht ein[37]. Als sittenwidrig i.S.d. § 44 Abs. 2 Nr. 6 VwVfG ließe sich eine Genehmigung für den Weitwurf mit Zwergen[38] oder für die Zurschaustellung von Frauen hinter Gittern[39] bewerten. Auch wenn die Verwaltung für ihr Handeln vom Bürger unzulässige Gegenleistungen fordert, etwa die kostenlose Übertragung eines Grundstücksteils an die Gemeinde als Gegenleistung für eine Baugenehmigung[40], kommt Sittenwidrigkeit in Betracht.

Zu II. Liegt einer der Tatbestände des § 44 Abs. 3 VwVfG vor, ist die Nichtigkeit ausgeschlossen und der betroffene Verwaltungsakt lediglich rechtswidrig. Für die in § 44 Abs. 3 Nr. 3 und Nr. 4 VwVfG aufgezählten Fallgruppen muss dann die Heilungsmöglichkeit nach § 45 Abs. 1 Nr. 4 bzw. Nr. 5 VwVfG untersucht werden. Ist ein Zuständigkeitsmangel nach § 44 Abs. 3 Nr. 1 VwVfG gegeben, gilt es die eventuelle Unbeachtlichkeit dieses Fehlers anhand des § 46 VwVfG zu überprüfen.

Zu III. Ein schwerwiegender Fehler wird bejaht, wenn der zu untersuchende Verwaltungsakt unter keinen Umständen mit der Rechtsordnung zu vereinbaren ist[41], d.h. mit tragenden Verfassungsprinzipien oder der Rechtsordnung immanenten wesentlichen Wertvorstellungen unvereinbar erscheint[42].

Offensichtlich ist ein solcher schwerwiegender Fehler, wenn er bereits dem verständigen und mit den Umständen vertrauten Durchschnittsbürger ohne besonderen juristi-

37 *Kopp/Ramsauer*, § 44, Rn. 44.
38 *VG Neustadt*, NVwZ 1993, 98, 99.
39 *VGH München*, NVwZ 1992, 76.
40 *VGH München*, BayVBl 1976, 237 f.
41 BVerwGE 23, 237, 238; *BVerwG*, NJW 1971, 578; BVerwGE 104, 289, 296.
42 *BVerwG*, NJW 1985, 2258, 2259; DVBl 1992, 568, 569; NVwZ 1998, 1061, 1062; NVwZ 2000, 1039, 1040.

schen Sachverstand auffällt[43]. Sind dagegen juristische Kenntnisse erforderlich, um die grobe Fehlerhaftigkeit zu erkennen, ist diese nicht offensichtlich[44].

Bezüge zu anderen Prüfungsprogrammen

Vor der Nichtigkeitsprüfung ist das Vorliegen eines VA zu klären[45]. Das Prüfungsprogramm ist auch bei der Begründetheit der Nichtigkeitsfeststellungklage des § 43 Abs. 1 2. Alt. VwGO anzuwenden[46]. Ist ein Verwaltungsakt nichtig, kommt eine Fehlerheilung nach § 45 VwVfG[47] oder die Unbeachtlichkeit nach § 46 VwVfG nicht mehr in Betracht[48].

Fallbezogene Vertiefung

Beaucamp, JA 2007, 710 ff.; *Will/Rathgeber*, JuS 2012, 1057 ff.

43 *BVerwG*, NJW 1971, 578; NVwZ 1998, 1061, 1062; NVwZ 2000, 1039, 1040; *Erbguth*, § 15, Rn. 5; *Kopp/Ramsauer*, § 44, Rn. 12.
44 *BVerwG*, NVwZ 2000, 1039, 1040.
45 S. Prüfungsprogramm 2.
46 S. Prüfungsprogramm VerwPR 10.
47 S. Prüfungsprogramm 8.
48 S. Prüfungsprogramm 9.

Prüfungsprogramm 8:
Die Heilung von Verfahrensfehlern eines Verwaltungsaktes (§ 45 VwVfG)

I. Keine Nichtigkeit nach § 44 VwVfG[49]

II. Heilbarer Fehler aus dem Katalog des § 45 Abs. 1 Nr. 1-5 VwVfG

III. Heilungsaktivität

IV. Wahrung der Frist des § 45 Abs. 2 VwVfG

Hinweise

Zu II. Umstritten ist die Frage, ob der Katalog abschließend gemeint ist. Die Rechtsprechung wendet die Norm mit Zustimmung eines Teils der Lehre[50] entsprechend an, z.B. auf eine unterbliebene mündliche Verhandlung (§ 67 Abs. 1 VwVfG)[51] oder eine zu Unrecht verweigerte Akteneinsicht (§ 29 VwVfG)[52]. Diese Linie erscheint systematisch gesehen fragwürdig, weil mit § 46 VwVfG eine Auffangbestimmung zur Verfügung steht, die nahezu alle formellen Fehler erfasst. Zudem wird der Grundsatz der Gesetzmäßigkeit der Verwaltung unterlaufen (Art. 20 Abs. 3 GG), wenn man ungeschriebene Ausnahmen von Verfahrensregeln zulässt. Eine großzügige analoge Anwendung der Heilungsnorm lädt schließlich die Verwaltung auf lange Sicht zur Nachlässigkeit ein[53]. Deshalb erscheint es gut vertretbar, den Katalog des § 45 Abs. 1 VwVfG als abschließend zu betrachten[54].

Zu III. Fraglich erscheint, ob bereits die Durchführung des Widerspruchsverfahrens als ausreichende Heilungsaktivität i.S.d. § 45 Abs. 1 Nr. 3 VwVfG bewertet werden kann[55]. Dagegen spricht, dass § 28 Abs. 1 VwVfG vom Recht auf Anhörung **vor** Erlass des Verwaltungsaktes spricht und das Widerspruchsverfahren immer zur Verfügung steht, ob nun § 28 VwVfG beachtet wurde oder nicht. Weil Heilung vom Wortsinn her aber eine Aktivität der Verwaltung verlangt, kann das Widerspruchsverfahren die fehlende Anhörung nur kompensieren, wenn sich der Widerspruchsbescheid mit den Argumenten des Bürgers ernsthaft auseinandersetzt und dennoch an der Ausgangsentscheidung festhält[56]. Die Interpretation, dass die Durchführung des Widerspruchsverfahrens an sich den Anhörungsfehler heile, verfehlt dagegen die Funktion der Anhörung, näm-

49 Prüfungsprogramm 7.
50 *OVG Münster*, NVwZ-RR 1995, 314; *VGH München*, NVwZ-RR 1999, 119, 120; *Kopp/Ramsauer*, § 45, Rn. 7 ff.; *Erbguth*, § 15, Rn. 16.
51 *BVerwG*, NVwZ 1984, 578, 579
52 *VGH München*, BayVBl 1990, 370, 371
53 *Sodan*, DVBl 1999, 729, 737.
54 *Sodan*, DVBl 1999, 729, 732; *Beaucamp*, JA 2007, 117, 119, m.w.N.
55 So BVerwGE 54, 276, 280; *BVerwG*, NJW 1987, 143.
56 BVerwGE 66, 111, 114 f; *VGH Kassel*, NVwZ RR 1989, 113, 114 f; *OVG Bautzen*, NVwZ-RR 1994, 551, 552; *Erbguth*, § 15, Rn. 17; *Kopp/Ramsauer*, § 45, Rn. 27.

lich dem Bürger die Gelegenheit zu geben, seinen Standpunkt darzulegen und damit auch noch eine Chance auf eine Modifikation der Entscheidung zu haben[57].

Zu IV. Die Vorschrift erlaubt eine Heilungsaktivität der Verwaltung bis zum Abschluss des verwaltungsgerichtlichen Berufungsverfahrens.

Zur Position des Programms in der Falllösung: Ob ein Fehler heilbar ist oder nicht, sollte direkt im Anschluss an die Feststellung des Fehlers geklärt werden, also bei der Überprüfung der formellen Rechtmäßigkeit des Verwaltungsaktes.

Zur Rechtsfolge des § 45 VwVfG: Sind alle Voraussetzungen der Vorschrift erfüllt, ist der VA als von Anfang an rechtmäßig zu betrachten[58]. Soll also ein geheilter VA aufgehoben werden, ist § 49 VwVfG die richtige Norm.

Bezüge zu anderen Prüfungsprogrammen

Scheitert eine Heilung nach § 45 VwVfG, muss untersucht werden, ob der Fehler in den Anwendungsbereich des § 46 VwVfG fällt[59].

Fallbezogene Vertiefung

Beaucamp, JA 2007, 117 ff.; *Fremuth*, JA 2012, 844 ff.

57 *VGH Kassel*, NVwZ-RR 1989, 113, 114; *Kopp/Ramsauer,* § 28, Rn. 12.
58 *Maurer*, § 10, Rn. 39; *Erbguth,* § 15, Rn. 15; **a.A.** Rechtmäßigkeit erst ab Heilungszeitpunkt *Kopp/Ramsauer,* § 45, Rn. 14.
59 Prüfungsprogramm 9.

Prüfungsprogramm 9: Entfallen des Aufhebungsanspruchs bei formellen Fehlern eines Verwaltungsaktes (§ 46 VwVfG)

I. **Keine Nichtigkeit** nach § 44 VwVfG[60]

II. Fehler im Verfahren, der Form oder der örtlichen Zuständigkeit

III. **Ergebnisneutralität** dieses Fehlers

Hinweise

Zu III. Formelle Fehler wirken sich jedenfalls dann nicht auf das Entscheidungsergebnis aus, wenn eine gebundene Entscheidung oder eine Ermessensentscheidung mit Ermessensreduzierung auf Null zu treffen war[61].

Bei Ermessens- und Planungsentscheidungen – gleiches gilt für Entscheidungen mit Beurteilungsspielraum – wird ein Einfluss des formellen Fehlers bejaht, wenn die konkrete Möglichkeit besteht, dass ohne den Fehler eine andere Sachentscheidung gefallen wäre[62]. Die Irrelevanz des Mangels, die aus der Perspektive eines objektiven Beobachters zu beurteilen ist[63], muss offensichtlich sein. Zweifel an der fehlenden Kausalität gehen zu Lasten der Verwaltung[64]. Man wird also nur bei ganz einfach strukturierten Ermessensentscheidungen und relativ banalen formellen Fehlern sagen können, dass der Fehler mit Sicherheit ergebnisneutral war.

Zur Position des Programms in der Falllösung: Im Zusammenhang mit der formellen Rechtmäßigkeitsprüfung ist zunächst zu klären, ob der festgestellte formelle Fehler zu den in § 46 VwVfG genannten Gruppen gehört. Der Einfluss des formellen Fehlers auf die Entscheidung in der Sache, kann indes erst in einem zweiten Schritt, bei der materiellen Rechtmäßigkeitsprüfung festgestellt werden. Führt diese zu dem Ergebnis, dass die Entscheidung inhaltlich rechtswidrig war, bleibt der formelle Fehler beachtlich. Gleiches gilt, wenn zwar die Sachentscheidung rechtmäßig war, aber die streitentscheidende Norm der Verwaltung Entscheidungsspielräume eröffnete, so dass ein fehlerfreies Verfahren ein anderes Ergebnis hätte zeitigen können. Nur wenn Entscheidungsspielräume nicht vorhanden oder so gering waren, dass der formelle Fehler das sachliche Resultat unzweideutig nicht beeinflusst hat, rettet § 46 VwVfG den formell rechtwidrigen Verwaltungsakt vor der Aufhebung.

Zur Rechtsfolge des § 46 VwVfG: Die in den Anwendungsbereich der Vorschrift fallenden VA bleiben – wie auch der Wortlaut des § 59 Abs. 2 Nr. 3 VwVfG erkennen

60 Prüfungsprogramm 7.
61 *BVerwG*, NVwZ 1999, 306; *Sodan*, DVBl 1999, 729, 734; *Kopp/Ramsauer*, § 46, Rn. 30.
62 *BVerwG*, DVBl 1998, 1184, 1185; BVerwGE 110, 173, 180; *Sodan*, DVBl 1999, 729, 735; *Kopp/Ramsauer*, § 46, Rn. 32 f.
63 *Kopp/Ramsauer*, § 46, Rn. 36.
64 *Kopp/Ramsauer*, § 46, Rn. 37.

lässt – rechtswidrig, aber sie werden von den Verwaltungsgerichten nicht aufgehoben. Will die Verwaltung später einen VA aufheben, der an einem unter § 46 VwVfG fallenden Fehler leidet, muss sie § 48 VwVfG anwenden.

Bezüge zu anderen Prüfungsprogrammen

Vor Anwendung des § 46 VwVfG ist die Heilungsmöglichkeit nach § 45 VwVfG[65] zu prüfen.

65 Prüfungsprogramm 8.

Prüfungsprogramm 10:
Der Grundsatz der Verhältnismäßigkeit

I. Verfolgung eines **legitimen Zwecks**

II. **Eignung** der Maßnahme

III. **Erforderlichkeit** der Maßnahme, d.h. ein ähnlich wirksames, aber milderes Mittel ist nicht ersichtlich[66]

IV. **Angemessenheit** der Maßnahme, d.h. die mit der Maßnahme verbundenen Vorteile für die Allgemeinheit stehen nicht außer Verhältnis zu den Nachteilen, die der Betroffene in Kauf nehmen muss

Hinweise

Zu I. Bevor die einzelnen Schritte der Verhältnismäßigkeitsprüfung abgearbeitet werden können, müssen die vom Gesetzgeber bzw. der Verwaltung verfolgten Zwecke ermittelt werden[67]. Zwar wird die Verfolgung illegitimer Zwecke, etwa einer durch Art. 3 Abs. 3 GG verbotenen Diskriminierung oder rein privater Ziele eines Amtsträgers, die seltene Ausnahme sein, doch kann erst anhand der Zweckbestimmung die Frage beantwortet werden, ob das eingesetzte Mittel geeignet ist.

Zu II. Ein von der Verwaltung oder dem Gesetzgeber eingesetztes Mittel ist bereits dann geeignet, wenn es einen Schritt in die gewünschte Richtung ermöglicht, also eine teilweise Eignung aufweist[68] oder – in den Worten des Bundesverfassungsgerichts[69] – nicht objektiv untauglich ist. Um vor einem staatlichen Eingriff beurteilen zu können, ob die geplante Maßnahme geeignet ist oder nicht, bedarf es einer Prognose. Diese muss auf der Grundlage der im Entscheidungszeitpunkt vorhandenen Informationen plausibel sein. Stellt sich erst nachträglich heraus, dass das gewählte Mittel untauglich war, liegt kein Verstoß gegen das Übermaßverbot vor[70].

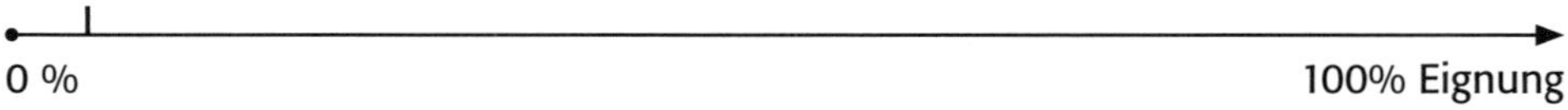

Die „erste Dimension" des Verhältnismäßigkeitsgrundsatzes: Grad der Eignung (Eine geringe Eignung genügt!)

66 *Erbguth*, § 14, Rn. 53; *Pieroth/Schlink/Kingreen/Poscher*, Rn. 295; *Manssen*, Rn. 185; *Jarass/Pieroth*, Art. 20, Rn. 85.

67 *Jarass/Pieroth*, Art. 20, Rn. 83 f.; *Manssen*, Rn. 180; *Maurer*, § 10, Rn. 17; *Pieroth/Schlink/Kingreen/Poscher*, Rn. 289 f.

68 *Erbguth*, § 14, Rn. 53; *Pieroth/Schlink/Kingreen/Poscher*, Rn. 293; *Jarass/Pieroth*, Art. 20, Rn. 84; *Manssen*, Rn. 183.

69 BVerfGE 37, 104, 119; 100, 313, 373 u. 375; 115, 276, 308.

70 BVerfGE 96, 10, 23; *Pieroth/Schlink/Kingreen/Poscher*, Rn. 297.

Zu III. Unter mehreren ähnlich geeigneten Mitteln müssen Gesetzgeber und Verwaltung dasjenige auswählen, welches die Betroffenen am wenigsten belastet[71]. Hierbei ist vor allem die Notwendigkeit der verursachten Grundrechtsbeschränkungen zu überprüfen. Abstriche an Effektivität brauchen aber nicht hingenommen zu werden. Um herauszufinden, ob eine geplante Maßnahme erforderlich ist, oder eine realisierte Maßnahme erforderlich war, muss ein doppelter Vergleich mit denkbaren Alternativmaßnahmen durchgeführt werden: Zunächst ist die Eingriffsintensität der Alternativmaßnahmen zu ermitteln; sodann sind die als milder einzustufenden Mittel auf ihre Effektivität hin zu untersuchen. Haben die milderen Alternativmaßnahmen annähernd den gleichen Grad an Wirksamkeit, so ist das geplante, bzw. war das gewählte Mittel nicht erforderlich. Alternativmittel für Maßnahmen, die mehrere Zwecke verfolgen, müssen alle angesteuerten Zwecke mindestens ebenso gut erreichen. Wie bei der Eignung bleiben Maßnahmen, die sich erst im Nachhinein als mildere Alternative herausstellen, bei der Kontrolle der Erforderlichkeitsentscheidung unbeachtet.

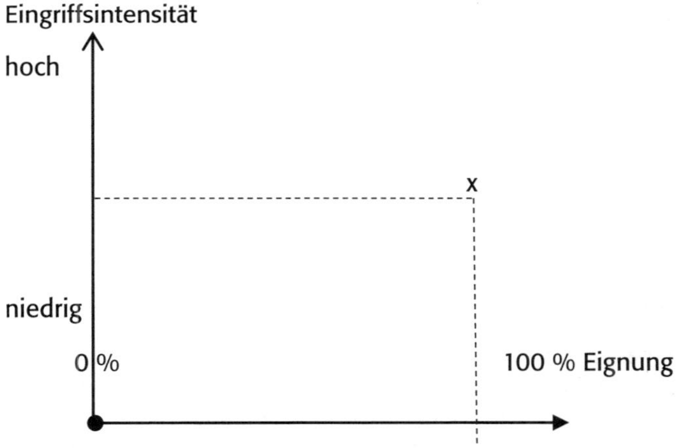

x = eingesetztes Mittel
---- = begrenzt den Suchraum auf Alternativmittel die milder und nicht weniger effektiv sind

Die „zweite Dimension" des Verhältnismäßigkeitsgrundsatzes: Die Suche nach milderen Alternativen

Zu IV. Im letzten Prüfungspunkt sind die Dringlichkeit und das Gewicht der verfolgten Gemeinwohlinteressen mit den Belangen der Betroffenen abzuwägen[72]. Als unangemessen – alternativ werden die Ausdrücke unzumutbar oder unverhältnismäßig im engeren Sinne gebraucht – wird eine Maßnahme erst dann bewertet, wenn die Beeinträchtigungen deutlich gewichtiger sind als der erzielte Erfolg für das Allgemeinwohl[73]. M.a.W. gilt eine gesetzgeberische oder behördliche Maßnahme als angemes-

71 BVerfGE 67, 157, 176 f.; 78, 38, 50; 90, 145, 172; *Maurer*, § 10, Rn. 17.
72 *Manssen*, Rn. 188; *Jarass/Pieroth*, Art. 20, Rn. 86 f.; **kritisch zu diesem letzten Element** *Pieroth/Schlink/Kingreen/Poscher*, Rn. 303.
73 BVerfGE 76, 1, 51; s.a. 90, 145, 185; s.a. BVerwGE 131, 242, 248; *Erbguth*, § 14, Rn. 53; *Maurer*, § 10, Rn. 17.

sen, solange sich Vor- und Nachteile die Waage halten oder die Nachteile nur wenig schwerer wiegen.

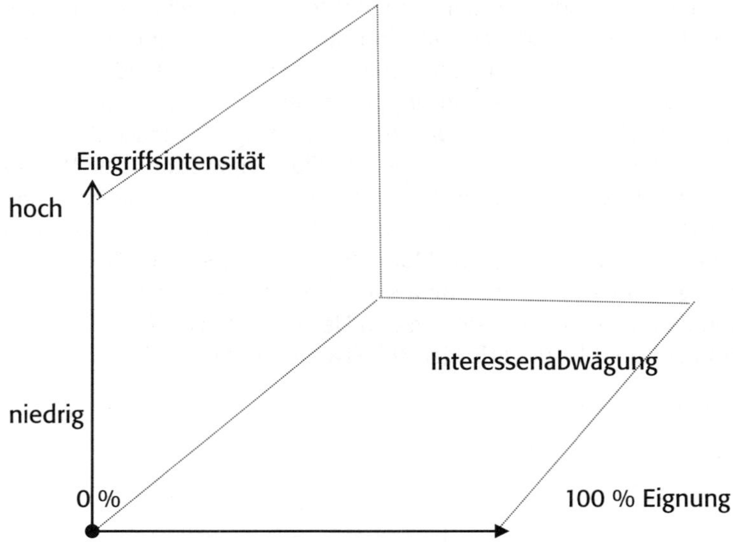

Die „dritte Dimension" des Verhältnismäßigkeitsgrundsatzes: Bewertung der betroffenen Interessen

Bezüge zu anderen Prüfungsprogrammen

Der Verhältnismäßigkeitsgrundsatz wird bei der Grundrechtsprüfung und bei der Prüfung der Grundfreiheiten des AEUV gebraucht[74]. Ebenso findet er Verwendung bei der Suche nach Ermessensfehlern. Eine unverhältnismäßige Entscheidung gilt als Überschreitung der Ermessensgrenzen (§ 40 VwVfG, § 114 VwGO). Schließlich kann eine Verhältnismäßigkeitsprüfung auch bei gebundenen Entscheidungen angezeigt sein[75], jedenfalls dann, wenn der Gesetzgeber keine abschließende Regelung treffen wollte – z.B. wenn Steuer- und Gebührennormen ausdrücklich eine Billigkeitsregelung zulassen[76].

Vertiefung

Voßkuhle, JuS 2007, 429 ff.; *Wienbracke*, ZJS-online 2013, 148 ff.; *Klatt/Meister*, JuS 2014, 193 ff.

74 Prüfungsprogramme GR 1, GR 2 u. EuR 4.
75 So etwa *BVerwG*, NJW 2009, 2905, 2906 f.; *OVG Hamburg*, InfAuslR 2009, 279, 281 ff.; *OVG Münster*, NWVBl 2009, 435.
76 So *Naumann*, DÖV 2011, 96, 101 f. m.w.N.; **a.A.** *Jarass/Pieroth*, Art. 20, Rn. 90a.

Prüfungsprogramm 11: Die Suche nach Ermessens- oder Beurteilungsfehlern (§ 40 VwVfG, § 114 VwGO)

I. Vorliegen einer Norm die der Verwaltung **Ermessen** oder einen **Beurteilungsspielraum** einräumt

II. Wahrnehmung des Entscheidungsspielraums

III. Kein **Überschreiten** der rechtlichen Grenzen des Entscheidungsspielraums

IV. Kein zweckwidriger **(Fehl)Gebrauch** des Entscheidungsspielraums

Hinweise

Zu I. Ermessensnormen erkennt man in aller Regel bereits am Wortlaut, nämlich an Formulierungen wie „nach pflichtgemäßem Ermessen"[77], „kann"[78], „darf"[79], oder „ist berechtigt"[80]. Der Gesetzgeber räumt der Verwaltung hiermit einen gewissen Entscheidungsspielraum hinsichtlich der Rechtsfolge ein, um Flexibilität und Einzelfallgerechtigkeit zu ermöglichen[81]. Sollvorschriften liegen auf der Grenze zwischen der gebundenen und der Ermessensentscheidung, weil sie im Normalfall bindend wirken, in Ausnahmefällen jedoch Abweichungen von der gesetzlich vorgesehenen Rechtsfolge erlauben[82].

Unbestimmte Rechtsbegriffe des gesetzlichen Tatbestandes, die der Verwaltung ausnahmsweise eine Einschätzungsprärogative zubilligen, lassen sich dagegen fast nie am Wortlaut erkennen[83], von der Ausnahme des § 71 Abs. 5 S. 2 GWB einmal abgesehen[84]. Es gilt daher, die entsprechende Vorschrift auszulegen, um zu ermitteln ob der Gesetzgeber der Verwaltung einen Beurteilungsspielraum geben wollte (normative Ermächtigungslehre)[85]. Insoweit muss man sich eine Reihe von Fallgruppen einprägen, denen gemeinsam ist, dass die Verwaltungsgerichte bei ihrer rechtlichen Überprüfung an die Grenzen ihrer Leistungsfähigkeit stoßen, m.a.W. dass sie die Entscheidung der Verwaltung inhaltlich nicht verbessern können[86]. Überwiegend akzeptiert sind die folgenden vier Konstellationen:

77 S. z.B. §§ 22, 36 Abs. 2 VwVfG; § 3 Abs. 1 HmbSOG.
78 S. z.B. §§ 47 Abs. 1, 48 Abs. 1, 49 Abs. 1 VwVfG; §§ 31 Abs. 1, Abs. 2, BauGB; §§ 15 Abs. 2, 51 GewO; §§ 12 Abs. 1, Abs. 3, 15 Abs. 3 GastG; §§ 17 Abs. 1, 24 BImSchG; § 55 Abs. 1 AufenthG.
79 S. z.B. § 36 Abs. 2 VwVfG; §§ 8, 10 UZwG; § 19 Abs. 4 HmbWegeG.
80 § 16 Abs. 1 LVwG SH.
81 *Schoch*, Jura 2004, 462, 463; *Maurer*, § 7, Rn. 13; *Erbguth*, § 14, Rn. 38; *Voßkuhle*, JuS 2008, 117 f.
82 BVerwGE 88, 1, 8; 90, 88, 93; *Erbguth*, § 14, Rn. 37; *Kopp/Ramsauer*, § 40, Rn. 64; *Maurer*, § 7, Rn. 11.
83 *Kopp/Ramsauer*, § 40, Rn. 101.
84 Die Norm lautet: *Die Würdigung der gesamtwirtschaftlichen Lage und Entwicklung ist hierbei der Nachprüfung des Gerichts entzogen.*
85 *Voßkuhle*, JuS 2008, 117, 118; *Kopp/Ramsauer*, § 40, Rn. 10 u. 101 f.
86 BVerfGE 84, 34, 50; 84, 59, 77; *BVerfG*, DVBl 2010, 250; BVerwGE 72, 300, 317; 134, 108, 111; *Maurer*, § 7, Rn. 34; *Voßkuhle*, JuS 2008, 117, 118.

- Prüfungen und prüfungsähnliche Entscheidungen[87] (z.B. Versetzung in die nächste Klassenstufe; Dissertation);
- Personalbeurteilungen im öffentlichen Dienst[88];
- Wertende Entscheidungen pluralistisch zusammengesetzter Gremien[89] wie der Bundesprüfstelle für jugendgefährdende Medien[90], der Überprüfungskommission für ehemalige DDR-Richter[91] oder der Weinprüfungskommission[92];
- Wissenschaftsbasierte und sonstige Prognoseentscheidungen[93] (Vorsorge nach dem Stand der Wissenschaft und Technik im Atom- und Gentechnikrecht, § 7 Abs. 2 Nr. 3 AtomG[94]; § 13 Abs. 1 Nr. 4 GentechnikG[95]; § 3 Nr. 1a) IFG – Prognose der Auswirkungen einer Informationsweitergabe auf die internationalen Beziehungen[96]).

Zu II. Erkennt die Behörde nicht, dass sie sich zwischen verschiedenen Möglichkeiten zu entscheiden hat, kann man von einem Ermessensausfall bzw. einem Beurteilungsausfall sprechen. Dieser Fehler tritt bei Ermessensentscheidungen ein, wenn die Behörde sich irrtümlich für verpflichtet hält, eine bestimmte Entscheidung zu treffen. Ein solcher Fehler ist auch bei Beurteilungsspielräumen möglich[97], etwa wenn sich ein Vorgesetzter bei einer Anlassbeurteilung wegen einer Bewerbung seiner Mitarbeiterin auf eine neue Stelle keine Mühe geben will und einfach die zwei Jahre alte Regelbeurteilung abgibt.

Zu III. Letztentscheidungsbefugnisse der Verwaltung müssen die Vorgaben des Verfahrensrechts, der Ermächtigungsnorm selbst und des höherrangigen Rechts einhalten. Sie dürfen also z.B. weder den Grundrechten noch dem Verhältnismäßigkeitsgrundsatz[98] noch dem Europarecht widersprechen. Insbesondere ist das Willkürverbot des Art. 3 Abs. 1 GG als Grenze für jeden Entscheidungsspielraum der Exekutive zu beachten[99].

Zu IV. Es zählt nach § 24 VwVfG zu den Aufgaben der Verwaltung, den Sachverhalt, der einer rechtlichen Entscheidung zugrunde liegt, umfassend und sorgfältig zu ermitteln. Stimmt die faktische Basis der Entscheidung nicht, führt dies häufig zu rechtlichen Fehleinschätzungen oder Fehlgewichtungen. Deshalb lassen sich Ermittlungsfehler als Fehlgebrauch des Ermessens bzw. des Beurteilungsspielraums bewerten.

87 BVerfGE 84, 34, 52; *Erbguth*, § 14, Rn. 29 ff.; *Maurer*, § 7, Rn. 37 f.; *Kopp/Ramsauer*, Rn. 103; *Voßkuhle*, JuS 2008, 117, 118.
88 BVerwGE 128, 329, 332; *Voßkuhle*, JuS 2008, 117, 118; *Erbguth*, § 14, Rn. 32; *Kopp/Ramsauer*, § 40, Rn. 104; *Maurer*, § 7, Rn. 39.
89 *Maurer*, § 7, Rn. 40; *Voßkuhle*, JuS 2008, 117, 118; *Erbguth*, § 14, Rn. 33.
90 BVerwGE 91, 211, 215 f.
91 BVerwGE 99, 371, 377.
92 BVerwGE 129, 27, 33.
93 *Voßkuhle*, JuS 2008, 117, 118; *Erbguth*, § 14, Rn. 34; *Maurer*, § 7, Rn. 41; s.a. *BVerfG*, DVBl 2010, 250, 252.
94 BVerwGE 72, 300, 316 f.
95 *BVerwG*, DVBl 1999, 1138, 1139 f.
96 *BVerwG*, NVwZ 2010, 321 f.
97 *Herdegen*, JZ 1991, 747, 751; *Kopp/Ramsauer*, § 40, Rn. 117 f.
98 Prüfungsprogramm 10.
99 *Kopp/Ramsauer*, § 40, Rn. 39 ff.

Gleiches gilt für sachfremde Erwägungen. Diese sind gegeben, wenn z.B. parteipolitische Präferenzen oder persönliche Antipathien entscheidungsleitend waren. Sie führen bei beiden Entscheidungstypen zur Rechtswidrigkeit[100].

Besonderheit beim Beurteilungsspielraum: Im Unterschied zu Ermessensentscheidungen wird bei Entscheidungen mit Beurteilungsspielraum zusätzlich kontrolliert, ob auch die allgemeinen Bewertungsgrundsätze gewahrt wurden. Es geht hier um fachwissenschaftlich fundierte und anerkannte Regeln der Leistungsbewertung[101]. U.a. gilt der Grundsatz, dass fachlich vertretbare Lösungen, die plausibel begründet werden, nicht als falsch bewertet werden dürfen[102]. Ferner muss die Leistungsbewertung fair, sachlich und systematisch ablaufen[103].

Vertiefung

Beaucamp, JA 2012, 193 ff.; *Voßkuhle,* JuS 2008, 117 ff.

100 *Herdegen*, JZ 1991, 747, 750.
101 *Niehues/Fischer*, S. 229; *Staupe*, S. 137.
102 BVerfGE 84, 34, 55.
103 *Niehues/Fischer*, S. 231 f.

**Prüfungsprogramm 12:
Die Rücknahme eines rechtswidrigen belastenden Verwaltungsakts (§ 48 Abs. 1 S. 1 VwVfG)**

I. Spezielle Aufhebungsvorschriften greifen nicht ein
II. Formelle Rechtmäßigkeit der Aufhebungsentscheidung
III. Ausgangsverwaltungsakt[104] **rechtswidrig**[105]
IV. Ausgangsverwaltungsakt **belastend**
V. Fehlerfreie Ermessensausübung[106]

Hinweise

Zu I. Als § 48 VwVfG verdrängende Spezialregelungen kommen z.B. §§ 44 f. SGB X für Sozialleistungen, § 130 AO für Steuerverwaltungsakte oder aus dem sonstigen besonderen Verwaltungsrecht z.B. § 12 BeamtStG, § 15 Abs. 1 GastG oder § 18 WHG in Betracht.

Zu II. Für das Problem des Zuständigkeitswechsels nach Erlass des Ausgangsverwaltungsakts enthalten die § 48 Abs. 5 bzw. 49 Abs. 5 VwVfG Antworten.

Zu III. Ob der Ausgangsverwaltungsakt rechtmäßig oder rechtswidrig war, ist nach überwiegender Meinung nur für den Zeitpunkt seines Erlasses zu untersuchen[107]. Es gibt demnach keine ursprünglich rechtmäßigen Verwaltungsakte, die nachträglich rechtswidrig werden.

Zu IV. Im Umkehrschluss zu § 48 Abs. 1 S. 2 VwVfG, nimmt der nicht begünstigende Verwaltungsakt Rechte oder rechtliche Vorteile, er wirkt nachteilig auf die Rechtsstellung des Betroffenen und schränkt seine Handlungsmöglichkeiten ein, indem er Verbote ausspricht oder Pflichten auferlegt. Belastend sind z.B. Gebührenbescheide, Abrissgebote oder Stilllegungsverfügungen.

Zu V. Für alle Aufhebungsentscheidungen der §§ 48, 49 VwVfG räumt das Gesetz der Verwaltung sowohl Entschließungs- als auch Auswahlermessen („ganz oder teilweise") ein. In seltenen Fällen – etwa bei klarer Rechtswidrigkeit und noch andauernder Belastung – kann sich das Ermessen der Verwaltung auf Null reduzieren und

104 Prüfungsprogramme 2 und 3.
105 Prüfungsprogramme 4 und 5.
106 Prüfungsprogramm 11.
107 *Erbguth*, § 16, Rn. 4; *Kopp/Ramsauer*, § 48, Rn. 57 m.w.N. zur Gegenauffassung; *Maurer*, § 11, Rn. 52.

dem Bürger daher ein Anspruch auf die Rücknahme des rechtswidrigen belastenden Verwaltungsaktes zustehen[108].

Fallbezogene Vertiefung

Martini, JA 2013, 442 ff.; *Krausnick*, JuS 2010, 681 ff.

108 BVerwGE 121, 226, 230 f.; *BVerwG*, DÖV 2005, 651; *BVerwG*, NVwZ 2007, 709, 710; BVerwGE 135, 121, 132; *Kopp/Ramsauer*, § 48, Rn. 79; *Erbguth*, § 16, Rn. 10.

Prüfungsprogramm 13:
Die Rücknahme eines rechtswidrigen begünstigenden Verwaltungsakts, der eine Geld- oder Sachleistung gewährt hat (§ 48 Abs. 1 S. 2, Abs. 2, Abs. 4 VwVfG)

I. Spezielle Aufhebungsvorschriften greifen nicht ein[109]

II. Formelle Rechtmäßigkeit der Aufhebungsentscheidung

III. Ausgangsverwaltungsakt **rechtswidrig**[110]

IV. Ausgangsverwaltungsakt **begünstigend** in der Form einer Geldleistung, einer Sachleistung oder einer Entscheidung, die Voraussetzung für die erstgenannten Leistungen ist

V. **Rücknahmesperre** des § 48 Abs. 2 S. 1 VwVfG greift nicht ein, d.h. Betroffene haben 1. auf den Bestand des Ausgangsverwaltungsaktes vertraut, und dieses Vertrauen ist 2. schutzwürdig

VI. **Frist** des § 48 Abs. 4 VwVfG noch nicht abgelaufen

VII. Fehlerfreie Ermessensausübung[111]

Hinweise

Zu II. Weil die Rücknahme eines Leistungsbescheides für den Bürger eine Belastung bedeutet, darf die vorherige Anhörung nach § 28 VwVfG nicht vergessen werden.

Zu IV. Legal definiert in § 48 Abs. 1 S. 2 VwVfG. Der Vorteil ist unabhängig davon, ob darauf ein Anspruch besteht. Beispiele für § 48 Abs. 2 VwVfG sind Subventionsbescheide, Gebührenerstattungen, Stipendien (Geldleistungen), die Überlassung von Kleidung, Möbeln oder Wohnraum (Sachleistungen) sowie die Festsetzung des Besoldungsdienstalters (Voraussetzung für eine Geldleistung)[112].

Zu V. 1. Die Frage des Vertrauens auf den Bestand des VA ist nur selten zu verneinen, etwa dann, wenn der Bürger von dem VA nichts erfahren hat[113] (Urlaub, Ausland), die Leistung nur unter Vorbehalt erfolgte[114] oder der Betroffene sicher von einer Aufhebung ausging. Hier lässt sich auch die Fallkonstellation einbauen, die § 50 VwVfG beschreibt, dass nämlich der Ausgangsverwaltungsakt auf den Widerspruch oder die Klage eines Dritten hin aufgehoben wird. Denn Vertrauen kann der Bürger nur gegenüber der Verwaltung entwickeln. Er hat keinen Grund sich darauf zu verlassen, dass z.B. Nachbarn die ihnen zustehenden Rechte nicht wahrnehmen.

---

109 Prüfungsprogramm 12, zu I.
110 Prüfungsprogramme 4 und 5.
111 Prüfungsprogramm 11.
112 *Maurer*, § 11, Rn. 28; *Erbguth*, § 16, Rn. 12; *Kopp/Ramsauer*, § 48, Rn. 86 ff.
113 *Kopp/Ramsauer*, § 48, Rn. 97; *Maurer*, § 11, Rn. 30.
114 *Erbguth*, § 16, Rn. 14.

2. Die zweite Frage wird gelöst, indem man § 48 Abs. 2 VwVfG im Rückwärtsgang durchprüft[115]: Zuerst die präzisen Tatbestände des S. 3, die schutzwürdiges Vertrauen ausschließen, dann die Regel des S. 2, die Vertrauensschutz auslöst und zuletzt die Abwägung des S. 1, die beide Ergebnisse zulässt.

In den Fällen des § 48 Abs. 2 S. 3 Nr. 1 VwVfG hat der Bürger den Wegfall des Vertrauensschutzes selbst zu verantworten. Die gravierenden Falschangaben des § 48 Abs. 2 S. 3 Nr. 2 VwVfG müssen dagegen nicht vorsätzlich gemacht worden sein[116]. § 48 Abs. 2 S. 3 Nr. 3 VwVfG erfasst schließlich Fälle in denen der Bürger die Rechtswidrigkeit des Verwaltungsakts kannte oder in grob fahrlässiger Weise die Augen vor der Rechtswidrigkeit verschlossen hat. Insbesondere wird es als grob fahrlässig bewertet, wenn ein Unternehmen sich bei Erhalt einer Subvention nicht darüber vergewissert, dass diese mit dem Unionsrecht (Art. 107, 108 AEUV) vereinbar ist[117].

Eine Leistung ist i.S.d. § 48 Abs. 2 S. 2 VwVfG verbraucht, wenn der Begünstigte nicht mehr bereichert ist[118]. Eine Vermögensdisposition liegt etwa in der Aufgabe einer Berufstätigkeit, einem Umzug oder dem Abschluss eines Vertrages, der zu bestimmten Zahlungen verpflichtet[119]. Ergänzend ist in den letztgenannten Fällen zu untersuchen, ob die Vermögensdisposition rückgängig gemacht werden kann und inwieweit dies zumutbar ist.

Bei der Abwägung nach § 48 Abs. 2 S. 1 VwVfG können folgende Aspekte eine Rolle spielen[120]: Die Intensität der Rücknahmefolgen, die Auswirkungen auf Dritte, die seit Erlass des Verwaltungsakts vergangene Zeit, die Schwere der Rechtswidrigkeit sowie die Höhe des rechtswidrig bewilligten Betrages (Grundsatz der Wirtschaftlichkeit und Sparsamkeit öffentlichen Haushaltens).

Zu VI. Zu der nur für begünstigende Ausgangsverwaltungsakte[121] geltenden Aufhebungsfrist sollte man sich drei Dinge merken. **a)** Sie ist nicht nur bei aufhebungsrelevanten Tatsachen anwendbar, sondern auch bei nachträglich erkannten Rechtsirrtümern (=Rechtsanwendungsfehlern) der Behörde[122]. **b)** Die Frist beginnt nicht schon dann, wenn die Behörde die aufhebungsrelevanten Informationen erhalten (Bearbeitungsfrist), sondern erst dann, wenn die Behörde alle für die Entscheidung erforderlichen Informationen zusammengetragen hat (Entscheidungsfrist)[123]. **c)** Als Behörde i.S.d. § 48 Abs. 4 VwVfG gilt der für die Aufhebung zuständige Amtsträger, nicht die Behörde an sich[124].

115 *Maurer*, § 11, Rn. 31 ff.; *Erbguth*, § 16, Rn. 15 ff.
116 *Kopp/Ramsauer*, § 48, Rn. 119; *Maurer*, § 11, Rn. 31.
117 *Kopp/Ramsauer*, § 48, Rn. 126.
118 *Erbguth*, § 16, Rn. 16; *Kopp/Ramsauer*, § 48, Rn. 108.
119 *Kopp/Ramsauer*, § 48, Rn. 109; *Erbguth*, § 16, Rn. 16.
120 *Maurer*, § 11, Rn. 33; *Erbguth*, § 16, Rn. 17; *Kopp/Ramsauer*, § 48, Rn. 98 ff.
121 Wortlaut des § 48 Abs. 1 S. 2 VwVfG sowie Verweis in § 49 Abs. 2 S. 2 und § 49 Abs. 3 S. 2 VwVfG.
122 BVerwGE 70, 356, 358; *Maurer*, § 11, Rn. 35 a; *Erbguth*, § 16, Rn. 21.
123 BVerwGE 70, 356, 362 ff.; 112, 360, 362 ; *Kopp/Ramsauer*, § 48, Rn. 156; **a.A.** *Maurer*, § 11, Rn. 35 a; *Erbguth*, § 16, Rn. 22.
124 BVerwGE 70, 356, 364; 112, 360, 363 f.; *Kopp/Ramsauer*, § 48, Rn. 158; **a.A.** *Maurer*, § 11, Rn. 35 a; *Erbguth*, § 16, Rn. 23.

Zu VII. Beachtet werden muss, dass in den Fällen des § 48 Abs. 2 S. 3 VwVfG die Rücknahme in der Regel mit Wirkung für die Vergangenheit auszusprechen ist (§ 48 Abs. 2 S. 4 VwVfG).

Generell: Wird ein (Geld-)Leistungsverwaltungsakt zurückgenommen, ist an die Erstattungsentscheidung nach § 49a VwVfG zu denken.

Fallbezogene Vertiefung

Ehlers/Kallerhoff, Jura 2009, 823 ff.; *Martini*, JA 2013, 442 ff.; *Krausnick*, JuS 2010, 681 ff.

Prüfungsprogramm 14:
Die Rücknahme eines rechtswidrigen begünstigenden Verwaltungsakts, der eine sonstige Begünstigung gewährt hat (§ 48 Abs. 1 S. 2, Abs. 3, Abs. 4 VwVfG)

I. Spezielle Aufhebungsvorschriften greifen nicht ein[125]

II. Formelle Rechtmäßigkeit der Aufhebungsentscheidung

III. Ausgangsverwaltungsakt **rechtswidrig**[126]

IV. Ausgangsverwaltungsakt **begünstigend in sonstiger Form**, etwa in Form einer Genehmigung

V. **Frist** des § 48 Abs. 4 VwVfG ist noch nicht abgelaufen[127]

VI. Fehlerfreie Ermessensausübung

VII. (Eventuell) Eingehen auf einen Antrag auf Ausgleich des Vermögensnachteils, der allerdings nur dann Erfolg hat, wenn der Betroffene in schutzwürdiger Weise auf den Bestand des Ausgangsverwaltungsaktes vertraut hat

Hinweise

Zu II. Weil die Rücknahme einer sonstigen Begünstigung für den Bürger eine Belastung bedeutet, darf die vorherige Anhörung nach § 28 VwVfG nicht vergessen werden.

Zu. IV. Legal definiert in § 48 Abs. 1 S. 2 VwVfG. Der Vorteil ist unabhängig davon, ob darauf ein Anspruch besteht. Beispiele für sonstige begünstigende Verwaltungsakte i.S.d. § 48 Abs. 3 VwVfG sind Genehmigungen, Erlaubnisse, die Aufhebung eines Geoder Verbots, die Einbürgerung oder die Beamtenernennung.

Zu. VII. Im Unterschied zu § 48 Abs. 2 VwVfG gibt es bei § 48 Abs. 3 VwVfG keine Rücknahmesperre. Dafür muss die Behörde mit einem Antrag auf Ersatz des Vertrauensschadens rechnen. Für die Fragen, ob der Betroffene auf den Bestand des Verwaltungsaktes vertraut hat und ob dieses Vertrauen schutzwürdig war, gilt das oben bei Prüfungsprogramm 13, Hinweis V. Gesagte.

Fallbezogene Vertiefung

Martini, JA 2013, 442 ff.; *Krausnick*, JuS 2010, 681 ff.

---

125 S.o. Prüfungsprogramm 12, I.
126 Prüfungsprogramme 4 und 5.
127 S.o. Prüfungsprogramm 13, VI.

Prüfungsprogramm 15:
Der Widerruf eines rechtmäßigen belastenden Verwaltungsakts (§ 49 Abs. 1 VwVfG)

I. Spezielle Aufhebungsvorschriften greifen nicht ein
II. Formelle Rechtmäßigkeit der Aufhebungsentscheidung
III. Ausgangsverwaltungsakt[128] **rechtmäßig**[129]
IV. Ausgangsverwaltungsakt **belastend**[130]
V. **Ausschlussgründe** verhindern den Widerruf nicht
VI. Fehlerfreie Ermessensausübung[131]

Hinweise

Zu I. Als § 49 VwVfG verdrängende Spezialregelungen kommen z.B. §§ 46 f. SGB X für Sozialleistungen, § 131 AO für Steuerverwaltungsakte oder aus dem sonstigen besonderen Verwaltungsrecht z.B. § 73 AsylVfG, § 15 Abs. 2, Abs. 3 GastG oder § 21 BImSchG in Betracht.

Zu V. Der erste Ausschlussgrund für den Widerruf gilt für die gebundene Verwaltung, soweit die Voraussetzungen für Erlass des Ausgangsverwaltungsakts fortbestehen[132]. Andere Gründe, die den Widerruf ausschließen, bilden etwa die Zusicherung der Verwaltung an einen Dritten, den Verwaltungsakt nicht aufzuheben oder eine ständige Verwaltungspraxis der Nichtaufhebung vergleichbarer Verwaltungsakte[133].

Zu VI. Zu beachten ist hier, dass die Behörde die rechtmäßigen belastenden Verwaltungsakte nur mit Wirkung für die Zukunft widerrufen darf. Eine Ermessensreduzierung auf Null wird angenommen, wenn sich die Sach- oder Rechtslage nachträglich so geändert hat, dass der Verwaltungsakt jetzt nicht mehr rechtmäßig ergehen könnte[134]. In dieser Konstellation hat der Betroffene folglich einen Anspruch auf Aufhebung.

Fallbezogene Vertiefung

Ehlers/Schröder, Jura 2010, 503 ff.; *Krausnick*, JuS 2010, 778 ff.

128 Prüfungsprogramme 2 und 3.
129 Prüfungsprogramme 4 und 5.
130 S.o. Prüfungsprogramm 12, 4.
131 Prüfungsprogramm 11.
132 *Maurer*, § 11, Rn. 51; *Erbguth*, § 16, Rn. 25.
133 *Erbguth*, § 16, Rn. 25; *Maurer*, § 11, Rn. 51.
134 *Kopp/Ramsauer*, § 49, Rn. 21 b; *Erbguth*, § 16, Rn. 25; *Maurer*, § 11, Rn. 52.

Prüfungsprogramm 16: Der Widerruf eines rechtmäßigen begünstigenden Verwaltungsakts, der eine sonstige Begünstigung gewährt hat (§ 49 Abs. 2 VwVfG)

I. Spezielle Aufhebungsvorschriften greifen nicht ein[135]

II. Formelle Rechtmäßigkeit der Aufhebungsentscheidung

III. Ausgangsverwaltungsakt[136] **rechtmäßig**[137]

IV. Ausgangsverwaltungsakt **begünstigend** in sonstiger Form, etwa in Form einer Genehmigung[138]

V. Ein **Widerrufsgrund** aus § 49 Abs. 2 S. 1 Nr. 1-5 VwVfG liegt vor

VI. **Frist** des § 49 Abs. 2 S. 2 i.V.m. § 48 Abs. 4 VwVfG ist noch nicht abgelaufen

VII. Fehlerfreie Ermessensausübung[139]

VIII. (Eventuell) und nur bei den Widerrufsgründen aus § 49 Abs. 2 S. 1 Nr. 3-5 VwVfG, Eingehen auf einen Antrag auf Ausgleich des Vermögensnachteils, der allerdings nur dann Erfolg hat, wenn der Betroffene in schutzwürdiger Weise auf den Bestand des Ausgangsverwaltungsaktes vertraut hat (§ 49 Abs. 5 VwVfG)

Hinweise

Zu IV. Beispiele für Rechtsvorschriften, die nach § 49 Abs. 2 S. 1 Nr. 1, 1. Alt. VwVfG einen Widerruf erlauben sind § 18 Abs. 1 WHG, § 15 Abs. 2, Abs. 3 GastG, § 12 Abs. 2 BImSchG oder § 8 Abs. 2 FernStrG. Umstritten ist die Frage, ob die Verwaltung einen Widerruf auch auf einen rechtswidrigen aber bestandskräftigen Widerrufsvorbehalt (§ 49 Abs. 2 S. 1 Nr. 1, 2. Alt. VwVfG) oder eine rechtswidrige, aber bestandskräftige Auflage (§ 49 Abs. 2 S. 1 Nr. 2 VwVfG) stützen darf. Die überwiegende Meinung vertritt insoweit die Auffassung, dass die benannte Rechtswidrigkeit, den Widerruf nicht hindert, solange die Auflage oder der Widerrufsvorbehalt nicht nichtig sind[140]. Dagegen wird vorgebracht, dass die Verwaltung nicht sehenden Auges eine weitere Maßnahme auf eine rechtswidrige Basis stellen dürfe[141]. Zumindest ist bei der Ermessensentscheidung zu berücksichtigen, dass ein rechtswidriger Widerrufsvorbehalt und eine rechtswidrige Auflage zu einer Ermessensreduzierung führen[142] und in

135 S.o. Prüfungsprogramm 15, I.
136 Prüfungsprogramme 2 und 3.
137 Prüfungsprogramme 4 und 5.
138 Weitere Beispiele Prüfungsprogramm 14, IV.
139 Prüfungsprogramm 11.
140 *BVerwG*, NVwZ 1987, 498, 499; *BVerwG*, NVwZ-RR 1994, 580; *Kopp/Ramsauer*, § 49, Rn. 37 u. 38a.
141 *Maurer*, § 11, Rn. 41.
142 *Kopp/Ramsauer*, § 49, Rn. 37.

Fällen offensichtlicher Rechtswidrigkeit die Aufhebung eines Verwaltungsaktes nicht tragen[143].

Zu VII. Zu beachten ist hier, dass die Behörde die rechtmäßigen und in sonstiger Weise begünstigenden Verwaltungsakte nur mit Wirkung für die Zukunft widerrufen darf.

Fallbezogene Vertiefung

Ehlers/Schröder, Jura 2010, 503 ff. u. 824 ff.; *Krausnick*, JuS 2010, 778 ff.

143 *BVerwG*, NVwZ-RR 1994, 580; *Erbguth*, § 16, Rn. 26.

Prüfungsprogramm 17: Der Widerruf eines rechtmäßigen begünstigenden Verwaltungsakts, der eine Geld oder Sachleistung gewährt hat (§ 49 Abs. 3 VwVfG)

I. Spezielle Aufhebungsvorschriften greifen nicht ein[144]

II. Formelle Rechtmäßigkeit der Aufhebungsentscheidung

III. Ausgangsverwaltungsakt[145] **rechtmäßig**[146]

IV. Ausgangsverwaltungsakt **begünstigend** in der Form einer Geldleistung, einer Sachleistung oder einer Entscheidung, die Voraussetzung für die erstgenannten Leistungen ist

V. Ein **Widerrufsgrund** aus § 49 Abs. 3 S. 1 Nr. 1-2 VwVfG liegt vor

VI. **Frist** des § 49 Abs. 3 S. 2 i.V.m. § 48 Abs. 4 VwVfG ist noch nicht abgelaufen

VII. Fehlerfreie Ermessensausübung[147]

Hinweise

Zu IV. Eine Legaldefinition findet sich in § 48 Abs. 1 S. 2 VwVfG. Der Vorteil ist unabhängig davon, ob darauf ein Anspruch besteht. Beispiele für § 49 Abs. 3 VwVfG sind Subventionsbescheide, Gebührenerstattungen, Stipendien (Geldleistungen), die Überlassung von Kleidung, Möbeln oder Wohnraum (Sachleistungen) sowie die Festsetzung des Besoldungsdienstalters (Voraussetzung für eine Geldleistung)[148].

Zu V. Der Widerrufsgrund des § 49 Abs. 3 Nr. 1 VwVfG setzt voraus, dass der Zweck der Leistung im Verwaltungsakt, im Gesetz oder anderweitig konkretisiert wurde[149]. Ob der Leistungsempfänger die Zweckverfehlung zu vertreten hat, ist nicht relevant[150]. Die Formulierung „nicht alsbald" wird in § 49a Abs. 4 VwVfG wiederaufgegriffen und ermöglicht die Erhebung von Zwischenzinsen.

Zu VII. Im Unterschied zu den Konstellationen des § 49 Abs. 1 VwVfG und § 49 Abs. 2 VwVfG darf ein (Geld-)Leistungsverwaltungsakt auch mit Wirkung für die Vergangenheit widerrufen werden.

144 S.o. Prüfungsprogramm 15, I.
145 Prüfungsprogramme 2 und 3.
146 Prüfungsprogramme 4 und 5.
147 Prüfungsprogramm 11.
148 *Maurer*, § 11, Rn. 28; *Erbguth*, § 16, Rn. 12; *Kopp/Ramsauer*, § 48, Rn. 86 ff.
149 *Maurer*, § 11, Rn. 44 u. § 17, Rn. 9; *Kopp/Ramsauer*, § 49, Rn. 65.
150 *Kopp/Ramsauer*, § 49, Rn. 67.

Generell: Wird ein (Geld-)Leistungsverwaltungsakt widerrufen, ist an die Erstattungsentscheidung nach § 49a VwVfG zu denken.

Fallbezogene Vertiefung

Ehlers/Schröder, Jura 2010, 503 ff. u. 824 ff.; *Krausnick*, JuS 2010, 778 ff.

Prüfungsprogramm 18:
Das Wiederaufgreifen des Verfahrens (§ 51 VwVfG)

I. Zulässigkeit
1. **Antrag** auf Änderung oder Aufhebung
2. Betroffener Verwaltungsakt **unanfechtbar**
3. Wiederaufnahmegrund erscheint möglich und ist nicht nach § 51 Abs. 2 VwVfG ausgeschlossen
4. **Frist** des § 51 Abs. 3 VwVfG gewahrt

II. Begründetheit
Wiederaufnahmegrund aus § 51 Abs. 1 Nr. 1-3 VwVfG liegt tatsächlich vor

Hinweise

Zu I. 1.-4. Die ersten vier Prüfungspunkte entscheiden über die Zulässigkeit des Wiederaufnahmeantrags. Sind alle Voraussetzungen erfüllt hat der Antragsteller einen Anspruch auf das Wiederaufgreifen des Verfahrens. Das wird häufig bedeuten, dass der Ausgangsverwaltungsakt geändert oder aufgehoben wird, kann aber auch manchmal dazu führen, dass die Verwaltung an der Erstentscheidung festhält[151]. Nur eine Verschlechterung des Ausgangsverwaltungsakts ist ausgeschlossen[152]. Auch wenn die Voraussetzungen des § 51 VwVfG nicht vorliegen, darf die Behörde nach Ermessen über ein Wiederaufgreifen entscheiden, was auf § 51 Abs. 5 i.V.m. §§ 48, 49 VwVfG gestützt wird (sogenanntes Wiederaufgreifen im weiteren Sinne)[153].

Zu 1. Die Antragsgebundenheit bildet einen wichtigen Unterschied zu den §§ 48, 49 VwVfG. In den letztgenannten Fällen kann die Verwaltung auch von sich aus tätig werden.

Zu 3. Das Vorliegen des behaupteten Wiederaufnahmegrundes und seine Relevanz für eine Neuentscheidung der Verwaltung dürfen zudem nicht völlig unplausibel erscheinen[154].

Zu II. Ändert sich eine höchstrichterliche Rechtsprechung nach der Verwaltungsentscheidung, wird dies nicht als Änderung der Rechtslage i.S.d. § 51 Abs. 1 Nr. 1 VwVfG bewertet[155]. Beim Wiederaufnahmegrund des § 51 Abs. 1 Nr. 2 VwVfG sind die in § 26 VwVfG aufgezählten Beweismittel relevant. Beispiele für Wiederaufnahmegründe des § 51 Abs. 1 Nr. 3 VwVfG i.V.m. § 580 ZPO sind etwa eine gefälschte Beweisgrundlage beim Erstbescheid oder ein Erstbescheid, der durch eine strafbare Handlung zustande kam[156].

151 BVerwGE 135, 121, 130; *Maurer*, § 11, Rn. 56.
152 *Kopp/Ramsauer*, § 51, Rn. 20a; *Erbguth*, § 17, Rn. 7.
153 BVerwGE 111, 77, 82; 135, 121, 126 u. 129 ff.; 135, 137, 145 f.
154 *Erbguth*, § 17, Rn. 3; *Kopp/Ramsauer*, § 51, Rn. 14.
155 BVerwGE 135, 121, 128; 135, 137, 143 f.
156 *Kopp/Ramsauer*, § 51, Rn. 37 ff.

Prüfungsprogramm 19: Die Rechtmäßigkeit eines öffentlich-rechtlichen Vertrages (§§ 54 ff. VwVfG)

I. Vertragsgegenstand **öffentlich-rechtlich**

II. **Vertragsform** zulässig (§ 54 Abs. 1 S. 1 VwVfG)

III. Wirksamer **Vertragsschluss**

IV. **Formelle** Rechtmäßigkeit
1. Zuständigkeit der abschließenden Behörde
2. Verfahren (§ 58 VwVfG)
3. Schriftform (§ 57 VwVfG)

V. **Materielle** Rechtmäßigkeit
1. **Nichtigkeitsgründe** des § 59 VwVfG liegen nicht vor
2. Inhalt des Vertrages verstößt nicht gravierend gegen Rechtsvorschriften

Hinweise

Zu I. In Abgrenzung zum privatrechtlichen Vertrag, der der Verwaltung als Handlungsform ebenfalls zur Verfügung steht, liegt ein öffentlich-rechtlicher Vertrag vor, wenn eine Hauptleistungspflicht eindeutig dem öffentlichen Recht zuzuordnen ist[157]. Als Beispiele kommen die vertragliche Beleihung eines Privaten mit einer öffentlich-rechtlichen Aufgabe oder eine Vereinbarung zur Befreiung von der bauordnungsrechtlichen Pflicht, Stellplätze auf dem eigenen Neubaugrundstück vorzuhalten[158], in Betracht. In Zweifelsfällen kann man den Zweck des Vertrages und seine Begleitumstände als Hilfsmittel nutzen, um seinen Rechtscharakter zu bestimmen[159].

Anders als es der Wortlaut vermuten lässt, erfassen die §§ 54 ff. VwVfG nicht alle öffentlich-rechtlichen Verträge, sondern nur die verwaltungsrechtlichen Verträge. Die Normen sind also auf verfassungsrechtliche, völkerrechtliche oder kirchenrechtliche Vereinbarungen nicht anwendbar[160].

Zu II. Bestimmte Bereiche des Verwaltungsrechts lassen vertragliche Vereinbarungen nicht zu. Solche Vertragsformverbote gelten etwa für die Beamtenernennung und -besoldung, die Steuererhebung und das Prüfungsrecht[161].

---

157 BVerwGE 42, 331, 332 f.; *Erbguth*, § 24, Rn. 7; *Maurer*, § 14, Rn. 11; *Kopp/Ramsauer*, § 54, Rn. 27 ff.

158 *Kopp/Ramsauer*, § 54, Rn. 36 m.w.N.

159 *Maurer*, § 14, Rn. 11.

160 *Maurer*, § 14, Rn. 7; *Erbguth*, § 24, Rn. 2.

161 Zu letzterem s. § 2 Abs. 3 Nr. 2 VwVfG; generell zu den Vertragsformverboten *Kopp/Ramsauer*, § 54, Rn. 42 ff.; *Erbguth*, § 24, Rn. 17; *Maurer*, § 14, Rn. 26.

Zu III. Über § 62 S. 2 VwVfG gelten insoweit die Regeln des BGB, etwa in Bezug auf Antrag und Annahme (§§ 145 ff. BGB) oder die Anfechtung (§§ 116 ff. BGB)[162].

Zu IV. Zur Zuständigkeit gilt das in Prüfungsprogramm 4 zu II. Geschriebene. § 58 Abs. 1 VwVfG verhindert Verträge zu Lasten Dritter[163], § 58 Abs. 2 VwVfG die Umgehung der erforderlichen Zustimmung einer weiteren Behörde[164]. Liegt keine gesetzliche Ausnahme von der Schriftform des § 57 VwVfG vor, ist der nicht schriftlich abgeschlossene Vertrag über § 59 Abs. 1 VwVfG, § 125 BGB nichtig.

Zu V. Die zunächst zu prüfenden speziellen Nichtigkeitsgründe des § 59 Abs. 2 VwVfG gelten nur für den subordinationsrechtlichen Vertrag nach § 54 S. 2 VwVfG, der an die Stelle eines VA tritt. Zur Nichtigkeit nach § 59 Abs. 1 Nr. 1 VwVfG s. Prüfungsprogramm 7 zu § 44 VwVfG. § 59 Abs. 2 Nr. 2 VwVfG will verhindern, dass die Vertragsparteien bewusst zusammenarbeiten, um gesetzliche Vorschriften zu umgehen[165]. Die Nichtigkeitsgründe der § 59 Abs. 1 Nr. 3 und Nr. 4 VwVfG beziehen sich speziell auf den Vergleichsvertrag (§ 55 VwVfG) bzw. den Austauschvertag (§ 56 VwVfG). Insbesondere solche Austauschverträge sind nichtig, bei denen Leistung und Gegenleistung entgegen § 56 Abs. S. 2 VwVfG in keinem sachlichen Zusammenhang stehen[166]. So darf etwa die Befreiung von den Vorschriften eines Bebauungsplans nicht davon abhängig gemacht werden, dass der Bauherr der Stadt an anderer Stelle ein Grundstück veräußert[167].

Zu den Nichtigkeitsgründen des § 59 Abs. 1 VwVfG i.V.m. dem BGB zählen etwa Formmängel (§ 125 BGB), Geschäftsunfähigkeit (§ 105 BGB) oder eine erfolgreiche Anfechtung (§§ 119, 120, 123, 142 BGB)[168]. § 134 BGB gilt indes nicht bei jedem Rechtsverstoß eines öffentlich-rechtlichen Vertrages, sondern nur bei besonders schwerwiegenden Rechtmängeln[169]. M.a.W. gibt es rechtswidrige öffentlich-rechtliche Verträge, die wirksam bleiben[170], wenn eine Vertragsanpassung oder Kündigung nach § 60 VwVfG nicht möglich ist.

162 *Kopp/Ramsauer,* § 62, Rn. 11 ff.; *Maurer,* § 14, Rn. 28 a.
163 *Kopp/Ramsauer,* § 58, Rn. 1 u. 4 f.; *Erbguth*, § 24, Rn. 20; *Maurer,* § 14, Rn. 30.
164 *Maurer,* § 14, Rn. 30; *Erbguth*, § 24, Rn. 20; *Kopp/Ramsauer,* § 58, Rn. 1.
165 *Maurer,* § 14, Rn. 38; *Erbguth*, § 24, Rn. 24.
166 *Kopp/Ramsauer,* § 56, Rn. 16 ff.; *Erbguth*, § 24, Rn. 14.
167 *Kopp/Ramsauer,* § 56, Rn. 19 a.
168 *Maurer,* § 14, Rn. 39 f.; *Erbguth*, § 24, Rn. 25; *Kopp/Ramsauer,* § 59, Rn. 14 ff.
169 BVerwGE 98, 58, 63; *Erbguth*, § 24, Rn. 26; *Kopp/Ramsauer,* § 59, Rn. 10; *Maurer,* § 14, Rn. 41 ff.
170 *Maurer,* § 14, Rn. 37 und vertiefend zu dieser Problematik Rn. 47 ff. m.w.N.

VI. Prüfungsprogramme zum Besonderen Verwaltungsrecht (BVR)

Prüfungsprogramm 1: Die Rechtmäßigkeit einer Gefahrenabwehrverfügung

I. Ermächtigungsgrundlage
1. Spezialgesetz Bund (z.B. VersG, GastG, PassG)
2. Spezialgesetz Land (z.B. BauO, StrWG)
3. Standardmaßnahme nach dem jeweiligen Gefahrenabwehrrecht des Landes
4. Generalklausel[1]

II. Formelle Rechtmäßigkeit
1. Zuständigkeit
2. Verfahren, insbesondere Anhörung nach § 28 VwVfG
3. Form

III. Materielle Rechtmäßigkeit
1. Tatbestandmerkmale der Ermächtigungsgrundlage
2. Inanspruchnahme des richtigen Adressaten[2]
3. Bestimmtheit und Möglichkeit der Befolgung[3]
4. Keine Ermessensfehler[4] bei Entschließung zum Einschreiten, Auswahl der Maßnahme und Auswahl des Adressaten, insbesondere Verhältnismäßigkeit der Maßnahme[5]

Hinweise

Zu I. 1. Wenn die Tatbestandsvoraussetzungen einer speziellen Bestimmung geprüft wurden, aber im Ergebnis nicht gegeben sind, muss vor Anwendung der Generalklausel geklärt werden, ob die speziellere Norm als abschließend verstanden werden muss[6]. Diese Auslegungsfrage wird je nach Art der Spezialvorschrift unterschiedlich beantwortet. Für die Standardmaßnahmen in den Polizeigesetzen selbst wird generell ein abschließender Charakter angenommen[7]. Scheitert also die Sicherstellung einer Sache oder die Festnahme einer Person, weil die Tatbestandsvoraussetzungen der Standardermächtigung nicht gegeben sind, kommt ein auf das gleiche Ziel gerichteter Eingriff auf der Basis der Generalklausel nicht in Betracht. Schwieriger stellt sich die

1 S. Prüfungsprogramm 2.
2 S. Prüfungsprogramm 3.
3 S. Prüfungsprogramm AVR 5, II. bzw. III.
4 S. Prüfungsprogramm AVR 11.
5 S. Prüfungsprogramm AVR 10.
6 *Rachor*, HdbPOR, E, Rn. 718; *Götz*, § 8, Rn. 5 f.
7 *Rachor*, HdbPOR, E, Rn. 717; *Pieroth/Schlink/Kniesel*, § 7, Rn. 14 f.; *Mann,* in: T/E/M, § 18, Rn. 565; s.a. Art. 11 Abs. 1 BayPAG; § 10 Abs. 1 BremPolG; § 12 Abs. 2 SOG MV; § 8 Abs. 1, Abs. 2 PolG NW; § 12 Abs. 1 ThürPAG.

Situation bei gefahrenabwehrenden Vorschriften in Fachgesetzen dar. Wegen der hohen Grundrechtsrelevanz ist für das Versammlungsrecht[8] und das Presserecht, soweit es um den Inhalt von Presseerzeugnissen geht[9], weitgehend anerkannt, dass diese Spezialmaterien das allgemeine Polizei- und Ordnungsrecht verdrängen. Für die Dauer einer Versammlung i.S.d. Art. 8 GG dürfen behördliche Maßnahmen gegen versammlungsspezifische Gefahren also nur auf Normen des Versammlungsgesetzes selbst gestützt werden[10].

Zu II. 1. Zunächst kann das Spezialgesetz Zuständigkeitsregeln enthalten. Fehlen diese, ist die sachliche, örtliche und gegebenenfalls instanzielle Zuständigkeit nach dem jeweiligen Gefahrenabwehrrecht des Landes zu bestimmen. Grundsätzlich ist polizeiliche Gefahrenabwehr der ordnungsbehördlichen Gefahrenabwehr nachrangig[11]. Diese Subsidiarität gilt jedoch nicht in Eilfällen[12], etwa wenn in der zuständigen Ordnungsbehörde niemand zu erreichen ist, wie abends, nachts oder an Wochenenden.

Zu II. 3. Verwaltungsakte der Polizei ergehen nicht selten mündlich, etwa über eine Lautsprecherdurchsage, manchmal auch durch Zeichen, etwa bei der Verkehrsregelung durch Polizeibeamte. Beide Formen sind nach § 37 Abs. 2 VwVfG zulässig.

Fallbezogene Vertiefung

Beaucamp, JA 2009, 279 ff.; *Poscher/Rusteberg*, JuS 2011, 888 ff. u. 984 ff.

---

8 *BVerfG*, NVwZ 2005, 80, 81 m.w.N.; *OVG Schleswig*, NordÖR 2006, 166, 167.

9 *Pieroth/Schlink/Kniesel*, § 5, Rn. 25; *Götz*, § 8, Rn. 62 u. § 11, Rn. 19.

10 *BVerfG*, NVwZ 2005, 80 f.; BVerwGE 129, 142, 147; *OVG Schleswig*, NordÖR 2006, 166, 168; *Mann*, in: T/E/M, § 21, Rn. 763; *Pieroth/Schlink/Kniesel*, § 20, Rn. 15 f. zu den umstrittenen Einzelheiten *Kniesel/Poscher*, HdbPOR, K, Rn. 19 ff.

11 *Pieroth/Schlink/Kniesel*, § 5, Rn. 18; *Mann*, in: T/E/M, § 9, Rn. 660 f.; *Denninger*, HdbPOR, D, Rn. 238 ff.; *Götz*, § 17, Rn. 2.

12 §§ 2 Abs. 1, 60 Abs. 2 PolGBW; Art. 3 BayPAG; § 4 Abs. 1 BerlASOG; § 2 S. 1 BbgPolG; § 64 Abs. 1 BremPolG; § 3 Abs. 2 HmbSOG; § 2 S. 1 HessSOG; § 7 Abs. 1 SOG MV; § 1 Abs. 2 NdsSOG; § 1 Abs. 1 PolGNW; § 1 Abs. 8 POG RP; § 85 Abs. 2 SaarPolG; §§ 2 Abs. 1, 60 Abs. 2 SächsPolG; § 2 Abs. 2 SOG LSA; § 168 Abs. 1 LVwG SH; § 3 S. 1 ThürPAG.

Prüfungsprogramm 2:
Die Generalklausel[13]

I. Nichteingreifen einer spezielleren Norm[14]

II. Formelle Rechtmäßigkeit der Verfügung[15]

III. Vorliegen einer konkreten **Gefahr** oder einer **Störung**

IV. Für eines der durch die Begriffe **öffentliche Sicherheit** und **öffentliche Ordnung** geschützten Rechtsgüter

V. Inanspruchnahme des richtigen Adressaten[16]; Bestimmtheit und Möglichkeit der Befolgung[17]; keine Ermessensfehler[18] bei Entschließung zum Einschreiten, Auswahl der Maßnahme und Auswahl des Adressaten, insbesondere Verhältnismäßigkeit der Maßnahme[19]

Hinweise

Zu III. Als Gefahr werden Situationen oder Verhaltensweisen angesehen, die bei ungebremster Weiterentwicklung mit hinreichender Wahrscheinlichkeit die öffentliche Sicherheit oder die öffentliche Ordnung beeinträchtigen werden[20]. Ob eine Gefahr vorliegt, wird wertend ermittelt, indem man den Grad der Eintrittswahrscheinlichkeit und die Größe des potentiellen Schadens miteinander in Beziehung setzt. Das Tatbestandsmerkmal Gefahr liegt also sowohl bei geringer Eintrittswahrscheinlichkeit, aber hohem zu erwartenden Schaden, als auch bei hoher Eintrittswahrscheinlichkeit und eher geringem potentiellen Schaden vor[21].

Immer ist indes eine Prognose notwendig, die auch falsch sein kann. Unterliegt der handelnde Beamte einem Irrtum, werden zwei Fälle unterschieden. Hätte ein typischer Beamter, der man sich als besonnen und sachkundig vorstellt, die zu erfas-

13 §§ 1, 3 PolG BW; Art. 11 BayPAG; § 17 BerlASOG; § 10 BbgPolG; § 10 BremPolG; § 3 HmbSOG; § 11 HessSOG; § 13 SOG MV; § 11 NdsSOG; § 8 PolG NW; § 9 PolG RP; § 8 SaarPolG; § 3 SächsPolG; § 13 SOG LSA; § 174 LVwG SH; § 12 ThürPAG.

14 S. Prüfungsprogramm 1, I.

15 S. Prüfungsprogramm 1, II.

16 S. Prüfungsprogramm 3.

17 S. Prüfungsprogramm AVR 5, II. bzw. III.

18 S. Prüfungsprogramm AVR 11.

19 S. Prüfungsprogramm AVR 10.

20 Vergl die Legaldefinitionen in § 2 Nr. 3 a) BremPolG; § 3 Abs. 3 Nr. 1 SOG MV;§ 2 Nr. 1 a) NdsSOG; § 3 Nr. 3 a) SOG LSA; § 54 Nr. 3 a) ThürOBG; s.a. BVerwGE 45, 51, 57; *OVG Bautzen*, SächsVBl 2000, 170, 171; *OVG Bautzen*, SächsVBl 2008, 89, 90; *Mann,* in: T/E/M, § 19, Rn. 463 f.; *Denninger*, HdbPOR, D, Rn. 39 ff.; *Götz*, § 6, Rn. 3; *Pieroth/Schlink/Kniesel,* § 4, Rn. 2.

21 BVerwGE 88, 348, 351; 116, 347, 356; *OVG Bautzen*, SächsVBl 2000, 170, 171; *Götz*, § 6, Rn. 7; *Pieroth/Schlink/Kniesel,* § 4, Rn. 7; *Mann,* in: T/E/M, § 14, Rn. 465.

sende Lage ebenfalls als Gefahr bewertet, spricht man von einer **Anscheinsgefahr**[22]. Der handelnde Beamte erlag einem nicht vorwerfbaren Irrtum, seine Maßnahme bleibt rechtmäßig. Dieses Ergebnis erscheint plausibel, wenn man berücksichtigt, dass Polizei- und Ordnungsbehörden häufig unter hohem Zeitdruck arbeiten müssen.

Die **Putativgefahr** zeichnet sich dagegen dadurch aus, dass der an die Stelle des handelnden Beamten gesetzte typische Amtswalter keine Gefahr wahrgenommen hätte[23]. Dieser Irrtum wäre vermeidbar gewesen und die getroffene Maßnahme wird daher als rechtwidrig betrachtet, was insbesondere für eventuelle Staatshaftungsansprüche relevant ist (Sekundärebene).

Mit dem Ausdruck **Gefahrenverdacht** wird eine Situation bezeichnet, in der zwar tatsächliche Anhaltspunkte eine Gefahr vermuten lassen, sich diese Hinweise aber nicht soweit verdichten, dass die hinreichende Wahrscheinlichkeit eines Schadenseintritts bejaht werden kann[24]. Im Unterschied zur Anscheinsgefahr geht die Ordnungsbehörde im Entscheidungszeitpunkt nicht sicher davon aus, dass sie eine bevorstehende Gefahr beseitigt. In dieser ungewissen Lage, sollen die Polizei- und Ordnungsbehörden aus Gründen der Verhältnismäßigkeit zunächst das Bestehen einer Gefahr aufklären (Gefahrerforschungseingriff).

Die in manchen Normen des Gefahrenabwehrrechts geforderte „unmittelbar bevorstehende" oder „gegenwärtige" Gefahr setzt eine besondere zeitliche Nähe der Gefahr und damit eine hohe Eintrittswahrscheinlichkeit voraus[25].

Verfügungen aufgrund der Generalklausel wehren nur konkrete Gefahren ab, das sind im aktuellen Einzelfall zu erwartende Schäden, aber **keine abstrakten** Gefahren, also sich in bestimmten generellen Konstellationen typischerweise wiederholende Schadensverläufe; letzteres muss im Wege einer Verordnung oder eines Gesetzes geschehen[26].

Die Störung stellt dagegen eine bereits realisierte Gefahr dar, die sich jedoch noch nicht erledigt hat, sondern weitere Schäden nach sich ziehen kann[27]; das Kind, welches in den ausgetrockneten Brunnen gefallen ist, und jetzt mit gebrochenem Bein dort unten liegt.

---

22 BVerfGK 8, 285, 296; BVerwGE 45, 51, 58; *OVG Bautzen*, SächsVBl 2008, 89, 90; *Pieroth/Schlink/Kniesel*, § 4, Rn. 47 f.; *Denninger*, HdbPOR, D, Rn. 47; *Mann,* in: T/E/M, § 14, Rn. 474 ff.; **kritisch** *Götz*, § 6, Rn. 38 ff.

23 *Pieroth/Schlink/Kniesel*, § 4, Rn. 63 f.; *Mann,* in: T/E/M, § 14, Rn. 477; *Götz*, § 6, Rn. 37; *Denninger*, HdbPOR, D, Rn. 49.

24 *Götz*, § 6, Rn. 28 ff.; *Denninger*, HdbPOR, D, Rn. 48; *Pieroth/Schlink/Kniesel*, § 4, Rn. 50 ff.; *Mann,* in: T/E/M, § 14, Rn. 478 ff.

25 Vergl. die Legaldefinitionen in § 2 Nr. 3 b) BremPolG; § 3 Abs. 3 Nr. 2 SOG MV; § 2 Nr. 1 a) NdsSOG; § 3 Nr. 3 b) SOG LSA; § 54 Nr. 3 b) ThürOBG; s.a. BVerwGE 45, 51, 58; OVG Bremen, NVwZ 2001, 221; OVG Bautzen, SächsVBl 2008, 89, 90; *Götz*, § 6, Rn. 25; *Pieroth/Schlink/Kniesel*, § 4, Rn. 19; *Mann,* in: T/E/M, § 14, Rn. 469.

26 BVerwGE 116, 347, 352; 129, 142, 148; *VGH Mannheim*, NVwZ-RR 2010, 55, 56; *Götz*, § 6, Rn. 19 ff.; *Mann,* in: T/E/M, § 14, Rn. 466 f.; *Denninger*, HdbPOR, D, Rn. 43; differenzierend *Pieroth/Schlink/Kniesel*, § 4, Rn. 13 ff.

27 *Pieroth/Schlink/Kniesel,* § 4, Rn. 3; *Denninger*, HdbPOR, D, Rn. 15; *Götz*, § 7, Rn. 14.

Zu IV. Die öffentliche Sicherheit umfasst drei Schutzgüter[28], nämlich erstens die **Integrität der Rechtsordnung** d.h. die Wahrung aller Ge- und Verbote aus Gesetzen, Verordnungen und Satzungen; zweitens den **Bestand und das Funktionieren des Staates und seiner Einrichtungen**; drittens **Rechtsgüter des Einzelnen** wie etwa Leib, Leben, Freiheit und Eigentum, allerdings unter der Bedingung, dass die Polizei zum Schutz privater Rechte nur eingreift, wenn zivilgerichtliche Hilfe zu spät käme und ohne polizeiliches Eingreifen eine Rechtsvereitelung droht (sogenannte Subsidiarität des Polizei- und Ordnungsrechts)[29]. Die öffentliche Ordnung ist der öffentlichen Sicherheit nachgeordnet[30] und meint alle ungeschriebenen Regeln für das Verhalten des Einzelnen in der Öffentlichkeit, deren Einhaltung von der Mehrheit der regionalen Bevölkerung als unabdingbar angesehen wird, soll ein gedeihliches Zusammenleben gelingen[31].

Fallbezogene Vertiefung

Poscher/Rusteberg, JuS 2011, 888 ff. u. 984 ff.; *Beaucamp,* JA 2009, 279 ff.; speziell zum Schutz privater Rechte *Schoch*, Jura 2013, 468 ff.

28 Vergl. die Legaldefinitionen in § 2 Nr. 2 BremPolG; § 3 Nr. 1 SOG LSA; § 54 Nr. 1 ThürOBG; s.a. BVerfGE 69, 315, 362; LVerfG MV, LKV 2000, 345, 350; *Pieroth/Schlink/Kniesel*, § 8, Rn. 3 ff.; *Mann,* in: T/E/M, § 13, Rn. 440 ff.; *Götz*, § 4, Rn. 3 ff.; *Denninger*, HdbPOR, D, Rn. 16 ff.

29 § 2 Abs. 2 PolG BW; Art. 2 Abs. 2 BayPAG; § 1 Abs. 4 BerlASOG; § 1 Abs. 2 BbgPolG; § 1 Abs. 2 BremPolG; § 3 Abs. 3 HmbSOG; § 1 Abs. 3 HessSOG; § 1 Abs. 3 SOG MV; § 1 Abs. 3 NdsSOG; § 1 Abs. 2 PolG NW; § 1 Abs. 3 POG RP; § 1 Abs. 3 SaarPolG; § 2 Abs. 2 SächsPolG; § 1 Abs. 2 SOG LSA; § 162 Abs. 2 LVwG SH; § 2 Abs. 2 ThürPAG.

30 *Mann,* in: T/E/M, § 13, Rn. 453; *Götz*, § 5, Rn. 5; *Pieroth/Schlink/Kniesel*, § 8, Rn. 54 f.

31 Vgl. die Legaldefinitionen in § 3 Nr. 2 SOG LSA; § 54 Nr. 2 ThürOBG; s.a. BVerfGE 69, 315, 352; 111, 147, 155 f.; BVerfG, NJW 2001, 2069, 2071; OVG Münster, BauR 2001, 381, 382; *Götz*, § 5, Rn. 1 ff.; *Mann,* in: T/E/M, § 13, Rn. 452 ff.; *Pieroth/Schlink/Kniesel*, § 8, Rn. 46 mit anschließender **Kritik**; **kritisch** auch *Denninger*, HdbPOR, D, Rn. 35 ff.

Prüfungsprogramm 3:
Die polizei- und ordnungsrechtliche Verantwortlichkeit

I. Fehlen einer spezialgesetzlichen Regelung der Verantwortlichkeit

II. **Verhaltensstörer** überschreitet durch sein Handlungen die Gefahrengrenze und verursacht dadurch unmittelbar eine Gefahr[32]

III. **Zustandsstörer** ist für eine Sache oder ein Tier verantwortlich, von der bzw. dem eine Gefahr unmittelbar ausgeht

IV. **Notstandspflichtiger** (= Nichtstörer)

V. Ermessensfehlerfreie **Auswahl** unter mehreren Verantwortlichen

Hinweise

Zu II. Generell spielt die Frage des Verschuldens für die polizei- und ordnungsrechtliche Verantwortlichkeit keine Rolle[33]. Maßgeblich ist stattdessen die Theorie der **unmittelbare Verursachung**, die wertend, etwa anhand von Adäquanz- oder Rechtswidrigkeitsgesichtspunkten den Verursacher ermittelt[34]. Nicht nur durch Tun, sondern auch durch Unterlassen bei bestehender öffentlich-rechtlicher Handlungspflicht, kann man zum Handlungsstörer werden[35]. Deshalb sind auch diejenigen Handlungsstörer, die ihrer Aufsichtspflicht für einen Minderjährigen oder eine von ihnen zu betreuende Person nicht nachkommen[36]. Ferner ist wie in § 831 BGB der Geschäftsherr für störende Handlungen seiner Verrichtungsgehilfen neben diesen verantwortlich[37], allerdings ohne die Exkulpationsmöglichkeit[38].

Umstritten ist die Figur des **Zweckveranlassers**[39], der gerade nicht als unmittelbarer Gefahrenverursacher in Anspruch genommen werden kann, weil er nur einen Anlass setzt, aufgrund dessen andere unmittelbar eine Gefahr verursachen (Schaufenster-

32 *Mann,* in: T/E/M, § 15, Rn. 491; *Götz,* § 9, Rn. 12; *Pieroth/Schlink/Kniesel,* § 9, Rdz 2.

33 *Denninger,* HdbPOR, D, Rn. 73; *Götz,* § 9, Rn. 10; *Pieroth/Schlink/Kniesel,* § 9, Rn. 5; *Mann,* in: T/E/M, § 15, Rn. 488.

34 *Pieroth/Schlink/Kniesel,* § 9, Rn. 11 ff.; *Mann,* in: T/E/M, § 15, Rn. 491 ff.; *Götz,* § 9, Rn. 11 ff.; ausführlich *Denninger,* HdbPOR, D, Rn. 77 ff.

35 *Pieroth/Schlink/Kniesel,* § 9, Rn. 6; *Mann,* in: T/E/M, § 13, Rn. 489; *Götz,* § 9, Rn. 42.

36 § 6 Abs. 2 PolG BW; Art. 7 Abs. 2 BayPAG; § 13 Abs. 2 BerlASOG; § 5 Abs. 2 BbgPolG; § 5 Abs. 2 BremPolG; § 8 Abs. 3 HmbSOG; § 6 Abs. 2 HessSOG; § 69 Abs. 2 SOG MV; § 6 Abs. 2 NdsSOG; § 4 Abs. 2 PolG NW; § 4 Abs. 2 PolG RP; § 4 Abs. 2 SaarPolG; § 4 Abs. 2 SächsPolG; § 7 Abs. 2 SOG LSA; § 218 Abs. 2 LVwG SH; § 7 Abs. 2 ThürPAG

37 § 6 Abs. 3 PolG BW; Art. 7 Abs. 3 BayPAG; § 13 Abs. 3 BerlASOG; § 5 Abs. 3 BbgPolG; § 5 Abs. 3 BremPolG; § 8 Abs. 2 HmbSOG; § 6 Abs. 3 HessSOG; § 69 Abs. 3 SOG MV; § 6 Abs. 3 NdsSOG; § 4 Abs. 3 PolG NW; § 4 Abs. 3 PolG RP; § 4 Abs. 3 SaarPolG; § 4 Abs. 3 SächsPolG; § 7 Abs. 3 SOG LSA; § 218 Abs. 3 LVwG SH; § 7 Abs. 3 ThürPAG

38 *Pieroth/Schlink/Kniesel,* § 9, Rn. 7; *Denninger,* HdbPOR, D, Rn. 103; *Mann,* in: T/E/M, § 15, Rn. 500.

39 Zur Kritik vertiefend m.w.N. *Beaucamp/Seifert,* JA 2007, 577, 579 f.; *Pieroth/Schlink/Kniesel* , § 9, Rn. 27 ff.; *Denninger,* HdbPOR, E, Rn. 80

fälle). Der Zweckveranlasser wird wie ein Handlungsstörer behandelt, wenn er das störende Verhalten objektiv hervorgerufen hat und zumindest damit einverstanden war[40].

Zu III. Sowohl Eigentümer als auch Besitzer können Zustandsverantwortliche sein. Die Aufgabe des Eigentums (Dereliktion) befreit nicht von der Zustandshaftung[41]. Die Zustandshaftung des Eigentümers endet jedoch, wenn er – etwa durch einen Diebstahl – jede Einwirkungsmöglichkeit auf sein Eigentum verliert. Nun muss nur noch der aktuelle Inhaber der tatsächlichen Gewalt für den Zustand der Sache einstehen[42].

Grenzen der Zustandshaftung können sich aus Art. 14 GG ergeben. Dies hat das Bundesverfassungsgericht für die Situation entschieden, dass ein Grundstückseigentümer zur Sanierung von Altlasten herangezogen wurde, der davon beim Grundstückerwerb nichts wusste und die Bodenverunreinigung auch nicht verursacht hatte; in solchen Fällen soll in der Regel der Verkehrswert des Grundstücks die Höchstgrenze für die zu tragenden Sanierungskosten bilden[43].

Zu IV. Unbeteiligte Dritte können nur unter sehr restriktiven Voraussetzungen zur Gefahrenabwehr herangezogen werden. Die relevanten Normen stellen typischerweise fünf Bedingungen auf, damit ausnahmsweise eine Verfügung gegen einen Nichtstörer erlassen werden darf[44].

Zunächst muss eine Störung der öffentlichen Sicherheit oder Ordnung bereits vorliegen oder unmittelbar bevorstehen[45]. Zweitens muss sie erheblich sein[46]. Drittens darf kein anderes Mittel zur Verfügung stehen, um der Gefahr zu begegnen. Insbesondere muss der Erlass einer Verfügung gegen den Verantwortlichen ausscheiden, z.B. weil es keinen Verantwortlichen gibt, wie etwa bei wetterbedingten Gefahrenlagen. Viertens dürfen keine ausreichenden ordnungsbehördlichen bzw. polizeilichen Mittel zur Verfügung stehen um die Gefahr abzuwehren. Die Behörden müssen belegen, dass die

40 *VGH Mannheim*, NVwZ-RR 1995, 663; ZUR 2002, 227, 229 f.; ZUR 2006, 262, 263; offen gelassen in *BVerfG*, NVwZ 2000, 1406, 1407; *Mann*, in: T/E/M, § 15, Rn. 496 ff.; *Götz*, § 9, Rn. 21.

41 Art. 8 Abs. 3 BayPAG; § 14 Abs. 3 BerlASOG; § 6 Abs. 3 BbgPolG; § 6 Abs. 3 BremPolG; § 9 Abs. 1 HmbSOG; § 7 Abs. 3 HessSOG; § 70 Abs. 3 SOG MV; § 7 Abs. 3 NdsSOG; § 5 Abs. 3 PolG NW; § 5 Abs. 3 PolG RP; § 5 Abs. 3 SaarPolG; § 8 Abs. 3 SOG LSA; § 219 Abs. 3 LVwG SH; § 8 Abs. 3 ThürPAG.

42 Art. 8 Abs. 2 BayPAG; § 14 Abs. 4 BerlASOG; § 6 Abs. 2 BbgPolG; § 6 Abs. 2 BremPolG; § 9 Abs. 2 HmbSOG; § 7 Abs. 2 HessSOG; § 70 Abs. 2 SOG MV; § 7 Abs. 2 NdsSOG; § 5 Abs. 2 PolG NW; § 5 Abs. 2 PolG RP; § 5 Abs. 2 SaarPolG; § 8 Abs. 2 SOG LSA; § 219 Abs. 2 LVwG SH; § 8 Abs. 2 ThürPAG.

43 BVerfGE 102, 1, 19 ff.; *Mann*, in: T/E/M, § 15, Rn. 512; *Götz*, § 9, Rn. 61; *Pieroth/Schlink/Kniesel*, § 9, Rn. 71 ff.; ausführlich m.w.N. *Denninger*, HdbPOR, D, Rn. 116 ff.

44 § 9 PolG BW; Art. 10 BayPAG; § 16 BerlASOG; § 7 BbgPolG; § 7 BremPolG; § 10 HmbSOG; § 9 HessSOG; § 71 SOG MV; § 8 NdsSOG; § 6 PolG NW; § 7 PolG RP; § 6 SaarPolG; § 7 SächsPolG; § 10 SOG LSA; § 220 LVwG SH; § 10 ThürPAG.

45 S. die Normen in der voraufgehenden Fn.; *Mann*, in: T/E/M, § 17, Rn. 558; *Denninger*, HdbPOR, D, Rn. 140 ff.

46 Hierzu s.o. Art. 10 Abs. 1 BayPAG; § 10 Abs. 1 ThürPAG; *Pieroth/Schlink/Kniesel*, § 9, Rn. 74; *Mann*, in: T/E/M, § 17, Rn. 558; *Götz*, § 10, Rn. 6.

ihnen zur Verfügung stehenden Mittel zur Gefahrenabwehr nicht ausreichen[47]. So soll verhindert werden, dass die Verwaltung einen nicht verantwortlichen Bürger allein deshalb belastet, um Kosten zu sparen oder sich die Arbeit zu erleichtern[48]. Als fünfte und letzte Voraussetzung wird gefordert, dass es dem Nichtstörer zumutbar sein muss, tätig zu werden. D.h. er muss dem verlangten Verhalten nachkommen können, ohne sich selbst erheblich zu gefährden und ohne höherwertige Pflichten zu vernachlässigen[49].

Im Unterschied zu Handlungs- und Zustandsstörern hat der Nichtstörer einen Entschädigungsanspruch, der analog auch auf den Fall übertragen wird, dass ein Nichtstörer eine polizeiliche Verfügung befolgen muss, obwohl die strengen Voraussetzungen für seine Heranziehung nicht erfüllt waren[50]. Auch dem Anscheinsstörer wird dieser Entschädigungsanspruch zugestanden, wenn er den Anschein einer Gefahr in nicht zurechenbarer Weise gesetzt hat[51].

Zu V. Sind mehrere Personen für eine Gefahr verantwortlich, dürfen Ordnungsbehörde und Polizei nach Ermessen entscheiden, wen sie als Adressaten einer Verfügung auswählen. Maßgebliches Auswahlkriterium ist dabei, welcher von mehreren Störern die Gefahr bzw. Störung am schnellsten und wirksamsten beseitigt[52]. Jeder Störer kann grundsätzlich zur vollen Gefahrenabwehr verpflichtet werden[53]. Erst wenn mehrere Störer die Gefahr gleich effektiv abwehren können, kommt es darauf an, wen die Gefahrenabwehr am wenigsten belastet[54]. Als unverhältnismäßig wurde es allerdings bewertet, dass einem Störer, dem maximal 2 % Verursachungsanteil zugerechnet werden konnte, die volle Beseitigung der Störung aufgegeben wurde[55].

Wegen der überragenden Bedeutung einer effektiven Gefahrenabwehr gibt es bei Maßnahmen der Gefahrenabwehr (Primärebene) keine Abstufung zwischen Verhaltens- und Zustandsstörern. Sie werden überwiegend als gleichrangig betrachtet[56].

Hinsichtlich der Kosten für gefahrenabwehrende Maßnahmen (Sekundärebene) erscheint es gerecht, diese nach dem jeweiligen Verursachungsanteil auf die einzelnen

47 *BVerfG*, NJW 2001, 2069, 2072 für die Problematik potentiell gewalttätiger Gegendemonstrationen; *Götz*, § 10, Rn. 6; *Mann*, in: T/E/M, § 17, Rn. 558; *Pieroth/Schlink/Kniesel*, § 9, Rn. 78.

48 *OVG Lüneburg*, NVwZ-RR 2007, 103, 104; *Pieroth/Schlink/Kniesel*, § 9, Rn. 81; *Götz*, § 10, Rn. 6; *Mann*, in: T/E/M, § 17, Rn. 558.

49 *Mann*, in: T/E/M, § 17, Rn. 558; *Götz*, § 10, Rn. 5; *Pieroth/Schlink/Kniesel*, § 9, Rn. 76.

50 *Pieroth/Schlink/Kniesel*, § 26, Rn. 20 f.; *Götz*, § 15, Rn. 4; *Mann*, in: T/E/M, § 22, Rn. 775.

51 BGHZ 117, 303, 307 f.; 126, 279, 283 f.; *OVG Berlin*, NVwZ-RR 2002, 623; *Pieroth/Schlink/Kniesel*, § 26, Rn. 16; *Mann*, in: T/E/M, § 22, Rn. 773; *Götz*, § 15, Rn. 15.

52 *OVG Bremen*, NordÖR 2005, 119, 120; *VGH München*, NJW 1993, 81 u. NVwZ 2001, 458; *Denninger*, HdbPOR, D, Rn. 130 f.; *Mann*, in: T/E/M, § 16, Rn. 534; *Götz*, § 9, Rn. 87; *Pieroth/Schlink/Kniesel*, § 9, Rn. 88.

53 *BVerwG*, NVwZ 2006, 928, 929; *VGH Mannheim* VBlBW 1991, 30, 31; *Mann*, in: T/E/M, § 16, Rn. 534.

54 *Götz*, § 9, Rn. 88; *Pieroth/Schlink/Kniesel*, § 9, Rn. 89.

55 *BVerwG*, NVwZ 2006, 928, 929

56 *VGH München*, NJW 2004, 2768, 2770; *VGH Mannheim*, NVwZ-RR 2002, 16, 17; *Götz*, § 9, Rn. 87; *Denninger*, HdbPOR, D, Rn. 129; *Pieroth/Schlink/Kniesel*, § 9, Rn. 92 ff.

Störer zu verteilen[57]. Diese Grundregel gilt zumindest immer dann, wenn die verschiedenen Störer auffindbar und rechtlich noch existent sind[58]. Manche Länderpolizeigesetze sehen eine gesamtschuldnerische Haftung mehrerer Störer vor[59]. Selbst wenn dies nicht gesetzlich verankert ist, wird es als zulässig angesehen, dass die Behörde, von jedem einzelnen Störer den vollen Kostenbeitrag verlangt[60].

Fallbezogene Vertiefung

Poscher/Rusteberg, JuS 2011, 1082 ff. u. 984 ff.; *Beaucamp,* JA 2009, 279 ff.

57 *OVG Bremen,* NordÖR 2005, 119, 120; *Denninger,* HdbPOR, D, Rn. 135 ff.; *Mann,* in: T/E/M, § 22, Rn. 784; *Pieroth/Schlink/Kniesel,* § 25, Rn. 18 m.w.N.

58 *OVG Hamburg,* NVwZ 2001, 1295, 1296.

59 § 8 Abs. 2 HessSOG; § 9 Abs. 2 SOG LSA; §§ 9 Abs. 2 S. 2 u 73 Abs. 2 ThürPAG.

60 *OVG Bremen,* NordÖR 2005, 119, 120 f.; *OVG Hamburg,* NVwZ 2001, 1295, 1296.

Prüfungsprogramm 4:
Die beschleunigte Umsetzung polizei- und ordnungsrechtlicher Verfügungen

I. Gegenwärtige Gefahr oder bereits eingetretene Störung
II. Verantwortlicher ist **nicht oder nicht rechtzeitig** zu erreichen
III. Polizei oder Ordnungsbehörde wehrt die Gefahr/Störung sofort selbst ab
IV. **Hinzugedachte** Gefahrenabwehrverfügung wäre rechtmäßig

Hinweise

Generell: Wenn im Polizei- und Ordnungsrecht schnell reagiert werden muss, erweist sich das Instrumentarium des Verwaltungsvollstreckungsrechts, welches typischerweise den Erlass eines Verwaltungsakts, seine Unanfechtbarkeit bzw. die Anordnung der sofortigen Vollziehung nach § 80 Abs. 2 Nr. 4 VwGO und die Androhung der Vollstreckung voraussetzt, als zu zeitraubend[61]. Deshalb stellen die meisten Ländergesetze der Polizei und den Ordnungsbehörden eine beschleunigte Vollstreckungsvariante zur Verfügung[62]. Drei Bundesländer, nämlich Baden-Württemberg, Hamburg und Sachsen bezeichnen diese ausschließlich als unmittelbare Ausführung[63]. Andere Ländergesetze verwenden sowohl das Institut der unmittelbaren Ausführung[64], als auch den sofortigen Vollzug[65]. Die unmittelbare Ausführung wird dann nur angewandt, wenn der Verantwortliche nicht oder nicht rechtzeitig erreicht werden kann, beim sofortigen Vollzug soll dagegen ein Handeln gegen den Willen des Betroffenen erforderlich sein[66]. Manche Bundesländer kennen nur den sofortigen Vollzug[67].

Zu I. Zu den Instrumenten des beschleunigten Vollzuges dürfen Verwaltungsbehörde und Polizei nur greifen, wenn die Störung bereits eingetreten oder die Gefahr dringlich (gegenwärtig bzw. unmittelbar bevorstehend) ist, d.h. zeitlich nah liegt und mit hoher Wahrscheinlichkeit eintritt[68], so dass das normale Verwaltungsvollstreckungs-

61 *Pieroth/Schlink/Kniesel*, § 24, Rn. 7; *Denninger*, HdbPOR, D, Rn. 153.
62 *Pieroth/Schlink/Kniesel*, § 24, Rn. 36 u. 41.
63 § 8 PolG BW; § 7 HmbSOG; § 6 SächsPolG
64 Art. 9 BayPAG; § 15 BerlASOG; § 8 HessSOG; § 70a SOG MV; § 6 POG RP; § 9 SOG LSA; § 9 ThürPAG.
65 Art. 53 Abs. 2 BayPAG; § 47 Abs. 2 HessSOG; § 81 SOG MV; § 61 Abs. 2 VwVG RP; § 53 Abs. 2 SOG LSA; § 51 Abs. 2 ThürPAG.
66 *Pieroth/Schlink/Kniesel*, § 24, Rn. 42; *Denninger*, HdbPOR, D, Rn. 157.
67 § 53 Abs. 2 BBgPolG; § 11 Abs. 2 BremVwVG; § 64 Abs. 2 NdsSOG; § 50 Abs. 2 PolG NW; § 44 Abs. 2 SaarlPolG; § 230 LVwG SH.
68 Vergl. die Legaldefinitionen in § 2 Nr. 3 b) BremPolG; § 3 Abs. 3 Nr. 2 SOG MV; § 2 Nr. 1 a) NdsSOG; § 3 Nr. 3 b) SOG LSA; s.a. BVerwGE 45, 51, 58; OVG Bremen, NVwZ 2001, 221; OVG Bautzen, SächsVBl 2008, 89, 90; *Götz*, § 6, Rn. 25; *Pieroth/Schlink/Kniesel*, § 4, Rn. 19; *Mann*, in: T/E/M, § 14, Rn. 469.

verfahren als milderes Mittel der Gefahr oder Störung nicht mehr wirksam begegnen kann[69].

Zu II. Das Fehlen eines Adressaten kann darauf zurückzuführen sein, dass dieser unbekannt ist[70], oder – bei Verstößen gegen Straßenverkehrsregeln – nicht schnell genug zum Ort des Geschehens kommen kann[71]. Ferner kann der eigentliche Störer auch handlungsunfähig sein, etwa als Folge eines Verkehrsunfalls. Wird gegen ein Vorschriftszeichen des § 41 StVO gehandelt, ist die unmittelbare Ausführung, bzw. der sofortige Vollzug nicht notwendig, weil diese Zeichen nicht nur als Verbote, sondern auch als vollstreckbare Gebote bewertet werden[72]. So kann das Wegfahrgebot, welches in einem Halteverbot steckt, im Wege der Ersatzvornahme vollstreckt werden.

Zu IV. Bei den beschleunigten Vollstreckungsformen wird auf einen voraufgehenden Verwaltungsakt verzichtet. Der Betroffene erfährt erst nachträglich von der behördlichen Maßnahme, spätestens dann, wenn er zur Begleichung der Kosten für die unmittelbare Ausführung oder den sofortigen Vollzug herangezogen wird. Die Vorschriften, die eine unmittelbare Ausführung von Maßnahmen erlauben, werden nicht als Befugnisnormen angesehen. Eine unmittelbare Ausführung wird deshalb nur dann als rechtmäßig betrachtet, wenn eine hinzugedachte (fingierte) Grundverfügung nach einer anderen Ermächtigungsgrundlage – etwa der polizeilichen Generalklausel[73] – formell und materiell rechtmäßig gewesen wäre[74].

Fallbezogene Vertiefung

Poscher/Rusteberg, JuS 2011, 888 ff. u. 984 ff.; *Beaucamp*, JA 2009, 279 ff.

69 *OVG Münster*, Beschl. v. 09.04.2008, 11 A 1386/05, juris, Rn. 20; *OVG Hamburg*, NJW 2001, 168, 169 u. NJW 2001, 3647.

70 *OVG Hamburg*, NVwZ-RR 1993, 602, 604 u. NVwZ 2001, 1295, 1296; *Götz*, § 12 Rn. 13; *Denninger*, HdbPOR, D, Rn. 156.

71 *Götz*, § 12, Rn. 13.

72 BVerwGE 59, 221, 224; 92, 32, 34; 97, 214, 220; 102, 316, 318; *BVerwG*, NJW 2004, 698; *BVerwG*, NJW 2007, 340; *OVG Hamburg*, NZV 2003, 351, 352; *OVG Hamburg*, NJW 2005, 2247; *VGH Kassel*, NJW 1999, 2057; *Maurer*, § 9, Rn. 34 ff.; *Kopp/Ramsauer*, § 35, Rn. 170; vergl. a. den Wortlaut des § 41 Abs. 1 StVO: *Auch Schilder oder weiße Markierungen auf der Straßenoberfläche enthalten Gebote und Verbote.*

73 S. hierzu o. Prüfungsprogramm 2.

74 *OVG Hamburg*, NJW 1986, 2005, 2006; *OVG Schleswig*, NordÖR 2006, 166, 167; *Götz*, § 12, Rn. 21; *Denninger*, HdbPOR, D, Rn. 161; *Pieroth/Schlink/Kniesel*, § 24, Rn. 38 u. 44.

Prüfungsprogramm 5: Bebauungsplan als verbindlicher Bauleitplan

I. Rechtsgrundlage: § 1 Abs. 3, § 2 Abs. 1 Satz 1, § 10 Abs. 1 BauGB

II. Formelle Anforderungen

1. **Zuständigkeit**: grds. Gemeinde, § 1 Abs. 3, § 2 Abs. 1 BauGB
2. **Planaufstellungsverfahren**, §§ 2-4b, 13, 13a BauGB
   a) Aufstellungsbeschluss, § 2 Abs. 1 Satz 2 BauGB
   b) Ziel des Verfahrens: Ermittlung und Bewertung aller relevanten Belange, § 2 Abs. 3, § 4a Abs. 1 BauGB
   c) Erarbeitung eines (ersten) Planentwurfs nebst Begründung einschließlich Umweltprüfung und -bericht (§ 2 Abs. 3, 4, § 2a BauGB) bis zur „Vorstellungsreife"
   d) Frühzeitige (vorgezogene) Beteiligung, § 3 Abs. 1, § 4 Abs. 1 BauGB
   e) Überarbeitung des Planentwurfs nebst Begründung einschließlich Umweltbericht
   f) Förmliche Beteiligung, § 3 Abs. 2, § 4 Abs. 2 BauGB
   g) Überarbeitung des Planentwurfs nebst Begründung einschließlich Umweltbericht; bei Planänderung: Wiederholung der förmlichen Beteiligung, § 4a Abs. 3 BauGB
   h) Endfassung des Planentwurfs nebst Begründung einschließlich Umweltbericht; Beifügung der zusammenfassenden Erklärung, § 10 Abs. 4 BauGB
3. **Abschlussverfahren**
   a) Satzungsbeschluss,
      – § 10 Abs. 1 BauGB i.V.m. Kommunalrecht des Landes[75];
      – Beifügung der Begründung, § 9 Abs. 8 BauGB, und der
      – zusammenfassenden Erklärung, § 10 Abs. 4 BauGB
   c) Genehmigungsverfahren in Sonderfällen, § 10 Abs. 2 BauGB (beachte § 216 BauGB)[76]; Anzeigeverfahren nach § 246 Abs. 1a BauGB i.V.m. Landesrecht (zurzeit in keinem Land)
   d) Bekanntmachung (Ersatzverkündung), § 10 Abs. 3, 4 BauGB
   e) Inkrafttreten, § 10 Abs. 3 Satz 4 BauGB; beachte Hinweispflicht nach § 215 Abs. 2 BauGB
4. Beachte **Sonderregelungen** in § 246 BauGB
5. Folgen formeller Fehler eingeschränkt (**Planerhaltung**): § 214 Abs. 1, § 215 Abs. 1 Nr. 1 BauGB[77]

III. Materielle Anforderungen

1. **Erforderlichkeit** für die städtebauliche Entwicklung und Ordnung (Planrechtfertigung, § 1 Abs. 3 Satz 1 BauGB) – das „Ob" der Planung

75 *Stollmann*, § 6, Rn. 29 f.
76 *Stollmann*, § 6, Rn. 31, 35 f.; § 8, Rn. 1.
77 *Stollmann*, § 8, Rn. 4 ff.

2. **Planungsermessen** – das „Wie" der Planung
   a) **Grenzen**
      aa) Raumordnung: Pflicht zur Anpassung an die Ziele, § 1 Abs. 4 BauGB
      bb) Flächennutzungsplan: Entwicklungsgebot mit Abweichungsmöglichkeiten, § 8 Abs. 2-4 BauGB; Fehlerfolgen: § 214 Abs. 2, § 215 Abs. 1 Nr. 2 BauGB[78]
      cc) Inhalt des Bebauungsplans, § 9 BauGB i.V.m. BauNVO
      dd) Weitere Planungsleitsätze sind z.B.[79]: Fachplanungsprivileg, § 38 BauGB; Hauptstadtfunktion Berlins, § 247 Abs. 3 Satz 2 BauGB; Baugebietsverbot in Überschwemmungsbieten, § 78 Abs. 1 Satz 1 Nr. 1 WHG[80].
   b) **Abwägungsgebot**, § 1 Abs. 7 BauGB; Fehlerfolgen: § 214 Abs. 3, § 215 Abs. 1 Nr. 3 BauGB

Hinweise

Zu II. 1. Grundsätzlich entscheidet die Gemeinde über den Erlass eines Bebauungsplans (§ 1 Abs. 3, § 2 Abs. 1 BauGB). Nach Maßgabe des § 203 BauGB können gemeindliche Befugnisse auf andere in § 203 BauGB genannte Gebietskörperschaften übertragen werden. Nach § 205 BauGB können sich Gemeinden und sonstige öffentliche Planungsträger zu einem Planungsverband zusammenschließen. Der Verband handelt sodann anstelle der Gemeinden. Sonderregelungen für Berlin, Bremen und Hamburg ergeben sich aus § 246 BauGB.

Zu II. 2. Ist die Gemeinde aufgrund planerischer Vorarbeiten[81] zu der Erkenntnis gelangt, dass für die städtebauliche Entwicklung und Ordnung ein Bebauungsplan erforderlich ist (vgl. § 1 Abs. 3 Satz 1 BauGB), fasst sie den ortsüblich bekannt zu machenden Aufstellungsbeschluss, aus dem sich zumindest das Plangebiet ergeben muss[82].

Damit ihre nunmehr bekannt gewordenen planerischen Vorstellungen nicht durch Beantragung von Vorhaben nach der gegenwärtigen Rechtslage unterlaufen werden können, kann die Gemeinde nach der Beschlussfassung Maßnahmen zur Sicherung ihrer Bauleitplanung treffen: Veränderungssperre, § 14 BauGB, und Zurückstellung von Baugesuchen bzw. vorläufige Untersagungen, § 15 BauGB. Ist das Verfahren zur Aufstellung des Bebauungsplans hinreichend weit fortgeschritten, kann ein Vorhaben ggfs. nach § 33 BauGB im Hinblick auf die künftige Planung zulässig sein.

Ziel des Planaufstellungsverfahrens ist die Ermittlung und Bewertung aller für den Erlass des Bebauungsplans relevanten Belange, vgl. § 2 Abs. 3 und § 4a BauGB. Zunächst ist ein (erster) Planentwurf zu erarbeiten. Bei der Erarbeitung des Planentwurfs sind insbesondere zu beachten: Anpassung an die Ziele der Raumordnung, § 1 Abs. 4

78 *Stollmann*, § 8, Rn. 22 f.
79 Siehe ferner *Erbguth*, in: T/E/M, Rn. 984.
80 *Stollmann*, § 7, Rn. 29.
81 *Koch/Hendler*, § 15, Rn. 34.
82 *Battis*, in: B/K/L, BauGB, § 2 Rn. 4; *Stollmann*, § 6, Rn. 4.

BauGB, Entwicklungsgebot des § 8 Abs. 2-4 BauGB, Abstimmung mit Bauleitplänen der Nachbargemeinden, § 2 Abs. 2 BauGB, Ermittlung und Bewertung abwägungsrelevanter Belange, § 2 Abs. 3 und § 4a BauGB, Abwägung öffentlicher und privater Belange, § 1 Abs. 7 BauGB, Umweltprüfung nach § 2 Abs. 4 BauGB, Umweltverträglichkeitsprüfung innerhalb des Bebauungsplanverfahrens, § 17 UVPG. Der Planentwurf ist mit einer Begründung zu versehen, in der der Umweltbericht eine gesonderte Stellung einnimmt (§ 2 a BauGB).

Hat der erste Planentwurf „Vorstellungsreife" erlangt, kann die gesetzlich vorgesehene Beteiligung der Öffentlichkeit und der Träger öffentlicher Belange beginnen. Die Beteiligung dient dem Erkenntnisgewinn und darüber hinaus auch der Information. Sie wird grundsätzlich von der Gemeinde durchgeführt, §§ 3-4a BauGB, die diese Aufgabe aber auf einen Dritten nach Maßgabe des § 4b BauGB übertragen kann[83].

Frühzeitig sind die Öffentlichkeit[84] und die Träger öffentlicher Belange[85] (auch Nachbargemeinden[86], vgl. § 2 Abs. 2 BauGB) zu beteiligen, § 3 Abs. 1, § 4 Abs. 1 BauGB, ggfs. zeitgleich § 4a Abs. 2 BauGB. Regelmäßig wird die „frühzeitige Beteiligung" dem Aufstellungsbeschluss nachfolgen[87]; zwingend ist das aber nicht, sodass sie schon im Rahmen einer nichtförmlichen „Vorprüfung" stattfinden kann[88]. Es folgt die Fortsetzung der Erarbeitung des Planentwurfs nebst Begründung, ggfs. unter Änderung der bisherigen Planung, § 3 Abs. 1 Satz 4 BauGB[89].

Sodann kommt es zum Auslegungsverfahren (§ 3 Abs. 2 BauGB; Beteiligung der Öffentlichkeit). Formell sind die Träger öffentlicher Belange nunmehr nach § 4 Abs. 2 BauGB zu beteiligen; sie erhalten Gelegenheit zur Stellungnahme. Beides kann wiederum zeitgleich erfolgen, § 4a Abs. 2 BauGB. Zu beachten ist die eingeschränkte Präklusionswirkung nach § 4a Abs. 6 BauGB, wenn Stellungnahmen nicht rechtzeitig abgegeben wurden[90].

Unter den Voraussetzungen der §§ 13, 13 a BauGB kommt ein vereinfachtes bzw. ein beschleunigtes Verfahren in Betracht.

Zu II. 5. Werden Verfahrens- und Formvorschriften verletzt, so sind diese Fehler nur nach Maßgabe des § 214 Abs. 1 BauGB relevant, ansonsten unbeachtlich (sog. Planerhaltung). Relevante Fehler können durch ein ergänzendes Verfahren geheilt (§ 214 Abs. 4 BauGB) oder durch Zeitablauf (Jahresfrist) unbeachtlich werden (§ 215 Abs. 1 BauGB). Diese Beschränkungen gelten nicht bei der verwaltungsinternen Rechtsaufsicht nach § 216 BauGB.

83 *Stollmann*, § 6, Rn. 28.
84 Zum Begriff *Stollmann*, § 6, Rn. 22.
85 Zum Begriff *Stollmann*, § 6, Rn. 12.
86 *Stollmann*, § 6, Rn. 19.
87 *Battis*, in: B/K/L, BauGB, § 3, Rn. 8; *Koch/Hendler*, § 15, Rn. 53 (Skizze).
88 *Battis*, in: B/K/L, BauGB, § 3, Rn. 8; *Koch/Hendler*, § 15, Rn. 34.
89 *Stollmann*, § 6, Rn. 22.
90 *Battis*, in: B/K/L, BauGB, § 4a, Rn. 14.

Zu III. 1. Das Merkmal der städtebaulichen Erforderlichkeit ist gerichtlich nur eingeschränkt überprüfbar[91]. Erforderliche Pläne sind geboten[92], nicht erforderliche verboten[93]. Die Erforderlichkeit des Bebauungsplans für die städtebauliche Entwicklung und Ordnung lässt sich nur mit öffentlichen, nicht mit privaten Belangen rechtfertigen. An der Erforderlichkeit fehlt es bei einer reinen Verhinderungsplanung, die nur darauf abzielt, unerwünschten Nutzungen entgegenzuwirken[94]. Eine Negativplanung kann unter Umständen zulässig sein, wenn sie ein städtebauliches Ziel verfolgt[95]. Auch in rechtlicher oder tatsächlicher Hinsicht vollzugsunfähige Bebauungspläne, die nicht in absehbarer Zeit Aussicht auf Verwirklichung haben, sind nicht erforderlich[96].

Für die Gemeinde besteht eine Planungspflicht nur unter den Voraussetzungen des § 1 Abs. 3 BauGB. Niemand hat gegen die Gemeinde einen Anspruch auf Aufstellung eines Bebauungsplans; ein solcher Anspruch lässt sich auch nicht durch einen öffentlich-rechtlichen Vertrag begründen (§ 1 Abs. 3 Satz 2 BauGB)[97]. Das gilt auch für vorhabenbezogene Bebauungspläne nach § 12 BauGB und zwar auch dann, wenn ein wirksamer Durchführungsvertrag (§ 12 Abs. 1 Satz 1 BauGB) vorliegt.

Zu III. 2. a) aa) Spielräume, die die Raumordnung belässt, dürfen von der Gemeinde ausgenutzt werden[98].

Zu III. 2. a) bb) Lediglich die Grobplanungen/Grundzüge des Flächennutzungsplan sind beachtlich[99]. Kleinere Abweichungen, die die planerische Konzeption des Flächennutzungsplanes nicht berühren, sind unbeachtlich[100].

Zu III. 2. a) cc) Andere Festsetzungen als diejenigen, die § 9 i.V.m. der BauNVO (in der jeweils zur Zeit der Aufstellung geltenden Fassung) vorsieht, sind unzulässig. Insbesondere muss sich die Gemeinde an die Gebietstypen der BauNVO halten, die sie nach Maßgabe der BauNVO allenfalls modifizieren kann (sog. Typenzwang)[101].

Zu III. 2. b) Die Abwägung basiert auf einer sorgfältigen Ermittlung aller relevanten Belange. Die Vorgaben des § 1 Abs. 5 und 6 BauGB ergänzen und konkretisieren das Abwägungsgebot des § 1 Abs. 7 BauGB[102].

Zu beachten ist insbesondere die Abwägungsfehlerlehre, deren Anforderungen unabhängig von der Frage gelten, ob diese Anforderungen nunmehr ganz oder teilweise dem Verfahrensrecht (§ 2 Abs. 3 BauGB)[103] oder dem materiellen Recht (§ 1 Abs. 7

91 *Erbguth*, in: T/E/M, Rn. 946; *Stollmann*, § 7, Rn. 2.
92 *Erbguth*, in: T/E/M, Rn. 949 ff.; *Stollmann*, § 7, Rn. 3.
93 *Erbguth*, in: T/E/M, Rn. 946 ff.; *Stollmann*, § 7, Rn. 3.
94 *Erbguth*, in: T/E/M, Rn. 947, 951; *Stollmann*, § 7, Rn. 8.
95 *Erbguth*, in: T/E/M, Rn. 947, 951; *Stollmann*, § 7, Rn. 7.
96 *Erbguth*, in: T/E/M, Rn. 948; *Stollmann*, § 7, Rn. 4.
97 *BVerwG*, NVwZ 2006, 458, 458/459; *Stollmann*, § 7, Rn. 6.
98 *Stollmann*, § 7, Rn. 14.
99 *Stollmann*, § 7, Rn. 16.
100 *Stollmann*, § 7, Rn. 16 f.
101 *Stollmann*, § 7, Rn. 19.
102 *Stollmann*, § 7, Rn. 20, 23 ff.
103 *Martini/Finkenzeller*, JuS 2012, 126, 130: Abwägungsausfall, -defizit und -fehleinschätzung sind dem Verfahren zuzuordnen.

BauGB)[104] zuzuordnen sind[105]. Relevant wird die Frage bei der Entscheidung über die Folge von Verstößen gegen diese Anforderungen, wie sich aus § 214 Abs. 1 Nr. 1, Abs. 3 Satz 2 BauGB ergibt[106]. In seinem Beschluss vom 15.05.2013[107] prüft das BVerwG sämtliche Anforderungen der Abwägungsfehlerlehre im Zusammenhang mit dem Abwägungsgebot nach § 1 Abs. 7 BauGB. In seinen Beschlüssen vom 24.11.2010[108] und 01.07.2013[109] bezieht sich das Gericht insoweit nur auf das Abwägungsdefizit und die Abwägungsdisproportionalität.

Nach der Abwägungsfehlerlehre liegt eine Verletzung des Gebots einer gerechten Abwägung vor,

- „wenn eine (sachgerechte) Abwägung überhaupt nicht stattfindet"[110] (Abwägungsausfall),
- „wenn in die Abwägung an Belangen nicht eingestellt wird, was nach Lage der Dinge in sie eingestellt werden muss"[111] (Abwägungsdefizit – häufiger Fehler[112]),
- „wenn die Bedeutung der betroffenen privaten Belange verkannt wird"[113] (Abwägungsfehleinschätzung), oder
- wenn „der Ausgleich zwischen den von der Planung berührten Belangen in einer Weise vorgenommen wird, der zur objektiven Gewichtigkeit einzelner Belange außer Verhältnis steht"[114] (Abwägungsdisproportionalität).

Die der Bebauungsplanung zuzurechnenden Konflikte sind im Bebauungsplan zu bewältigen (Gebot der Konfliktbewältigung)[115]. Eine Ausnahme im Sinne eines Konflikttransfers in das Baugenehmigungsverfahren ist nur zulässig, wenn die Konfliktlösung dort zu leisten ist[116]. Unverträgliche Nutzungen sollen grundsätzlich voneinander getrennt geplant werden (vgl. § 50 BImSchG; Trennungsgebot)[117]. Weitere Gebote sind

104 *Martini/Finkenzeller*, JuS 2012, 126, 130: Abwägungsdisproportionalität.

105 Abwägungsfehlerlehre wie bisher: *Erbguth*, in: T/E/M, Rn. 994, 997, 1000; *Stollmann*, § 6, Rn. 6, § 7, Rn. 22 m.w.N., 38 ff., § 8, Rn. 24; *Martini/Finkenzeller*, JuS 2012, 126, 128 ff. m.w.N. zum Meinungsstand; *Uechtritz*, in: BeckOK BauGB, § 2, Rn. 57 ff. m.w.N. zum Meinungsstand.

106 *BVerwG*, NVwZ 2008, 899, 900 ff.

107 *BVerwG*, ZfBR 2013, 573, 575.

108 *BVerwG*, Beschluss vom 24.11.2010, 4 BN 40/10, juris, Rn. 5 = BeckRS 2010, 56682, Rn. 5.

109 *BVerwG*, Beschluss vom 01.07.2013, 4 BN 11/13, juris, Rn. 9 = BeckRS 2013, 53011, Rn. 9.

110 BVerwGE 34, 301, 309; *BVerwG*, ZfBR 2013, 573, 575; *Erbguth*, in: T/E/M, Rn. 1002a; *Stollmann*, § 7, Rn. 39; *Ramsauer*, Rn. 39.11.

111 BVerwGE 34, 301, 309; *BVerwG*, Beschluss vom 24.11.2010, 4 BN 40/10, juris, Rn. 5 = BeckRS 2010, 56682, Rn. 5; ZfBR 2013, 573, 575; Beschluss vom 01.07.2013, 4 BN 11/13, juris, Rn. 9 = BeckRS 2013, 53011, Rn. 9; *Erbguth*, in: T/E/M, Rn. 1003 ff.; *Stollmann*, § 7, Rn. 40; *Ramsauer*, Rn. 39.12.

112 *Stollmann*, § 7, Rn. 40.

113 BVerwGE 34, 301, 309; *BVerwG*, ZfBR 2013, 573, 575; *Erbguth*, in: T/E/M, Rn. 1009; *Stollmann*, § 7, Rn. 41; *Ramsauer*, Rn. 39.13.

114 BVerwGE 34, 301, 309; *BVerwG*, Beschluss vom 24.11.2010, 4 BN 40/10, juris, Rn. 5 = BeckRS 2010, 56682, Rn. 5; ZfBR 2013, 573, 575; Beschluss vom 01.07.2013, 4 BN 11/13, juris, Rn. 9 = BeckRS 2013, 53011, Rn. 9; *Erbguth*, in: T/E/M, Rn. 1009; *Stollmann*, § 7, Rn. 42; *Ramsauer*, Rn. 39.14.

115 *BVerwG*, NVwZ-RR 1995, 130, 131; *Erbguth*, in: T/E/M, Rn. 1012 f.; *Stollmann*, § 7, Rn. 48

116 *BVerwG*, NVwZ-RR 1995, 130, 131; *Erbguth*, in: T/E/M, Rn. 1014; *Stollmann*, § 7, Rn. 48.

117 *Erbguth*, in: T/E/M, Rn. 1016; *Stollmann*, § 7, Rn. 51.

bspw.[118]: Grundsatz der planerischen Vorbeugung (Umweltschutz), Grundsatz der Konfliktvermeidung (z.B. Lärmschutz), Rücksichtnahme auf Bestandsschutz- und Verbraucherschutzinteressen.

Zu beachten ist schließlich die interkommunale Abwägung (§ 2 Abs. 2 BauGB)[119], die ebenfalls dem Abwägungsgebot des § 1 Abs. 7 BauGB zuzuordnen ist[120]. Benachbart sind alle Gemeinden, auf die sich die Bebauungsplanung auswirken kann, d.h. auch solche, die mit der planenden Gemeinde keine gemeinsame Grenze haben[121].

Fallbezogene Vertiefung

Böhm, JA 2013, 81 ff.; *Dürr*, JuS 2007, 521 ff.; *Frenz*, Jura 2008, 811 ff.

118 *Erbguth*, in: T/E/M, Rn. 1015, 1017 ff.; *Stollmann*, § 7, Rn. 49 ff.
119 *Stollmann*, § 7, Rn. 44 f.
120 *BVerwG*, NVwZ 2006, 458, 459; *Stollmann*, § 7, Rn. 44 f.
121 *Stollmann*, § 7, Rn. 44.

Prüfungsprogramm 6: Baugenehmigung

I. Rechtsgrundlage: LBauO[122]

II. Voraussetzungen

1. **Formelle Voraussetzungen:** Zuständigkeit – Verfahren – Form
2. **Materielle Voraussetzungen**
   a) Anwendbarkeit der LBauO
   b) Anlage bzw. bauliche Anlage
   c) Errichtung, Änderung, Nutzungsänderung, Beseitigung, jeweils nach Maßgabe der LBauO
   d) Genehmigungspflicht[123], ggfs. Genehmigungsoption[124]
   e) Kein Entgegenstehen öffentlich-rechtlicher Vorschriften, die im bauaufsichtlichen Genehmigungsverfahren zu prüfen sind[125] – typisches und traditionelles „Drei-Säulen-Modell“:
      aa) Bauplanungsrecht[126]
      bb) Bauordnungsrecht
      cc) Sonstige öffentlich-rechtliche Vorschriften

III. Rechtsfolge

1. Gebundene Entscheidung, wenn alle Voraussetzungen vorliegen
2. Ermessen hinsichtlich etwaiger erforderlicher Ausnahmen und Befreiungen nach § 31 BauGB bzw. Abweichungen nach der LBauO[127], die sich als Vorfrage stellen können.

---

122 § 58 Abs. 1 Satz 1 LBO BW, Art. 68 Abs. 1 Satz 1 BayBO, § 71 Abs. 1 BauO Bln, § 67 Abs. 1 Satz 1 BbgBO, § 72 Abs. 1 Satz 1 BremLBO, § 72 Abs. 1 Satz 1 HBauO, § 64 Abs. 1 HBO, § 72 Abs. 1 LBauO M-V, § 70 Abs. 1 Satz 1 NBauO, § 75 Abs. 1 Satz 1 BauO NRW, § 70 Abs. 1 Satz 1 LBauO RhPf, § 73 Abs. 1 Satz 1 LBO Saarl, § 72 Abs. 1 SächsBO, § 71 Abs. 1 BauO LSA, § 73 Abs. 1 Satz 1 LBO SH, § 71 Abs. 1 ThürBO.

123 § 49 LBO BW, Art. 55 Abs. 1 BayBO, § 60 Abs. 1 BauO Bln, § 54 BbgBO, § 59 Abs. 1 BremLBO, § 59 Abs. 1 HBauO, § 54 Abs. 1 HBO, § 59 Abs. 1 LBauO M-V, § 59 Abs. 1 NBauO, § 63 Abs. 1 BauO NRW, § 61 LBauO RhPf, § 60 Abs. 1 LBO Saarl, § 59 Abs. 1 SächsBO, § 58 Abs. 1 BauO LSA, § 62 Abs. 1 LBO SH, § 59 Abs. 1 ThürBO.

124 Zum Beispiel § 51 Abs. 6 LBO BW, § 59 Abs. 3 HBauO, § 54 Abs. 3 HBO, § 62 Abs. 10 NBauO,.

125 § 58 Abs. 1 Sätze 1, 2 LBO BW, Art. 68 Abs. 1 Satz 1 BayBO, § 71 Abs. 1 BauO Bln, § 67 Abs. 1 Satz 1 BbgBO, § 72 Abs. 1 Satz 1 BremLBO, § 72 Abs. 1 Satz 1 HBauO, § 64 Abs. 1 HBO, § 72 Abs. 1 LBauO M-V, § 70 Abs. 1 Satz 1 NBauO, § 75 Abs. 1 Satz 1 BauO NRW, § 70 Abs. 1 Satz 1 LBauO RhPf, § 73 Abs. 1 Satz 1 LBO Saarl, § 72 Abs. 1 SächsBO, § 71 Abs. 1 BauO LSA, § 73 Abs. 1 Satz 1 LBO SH, § 71 Abs. 1 ThürBO.

126 Prüfungsprogramme 9-11.

127 § 56 LBO BW, Art. 63 BayBO, § 68 BauO Bln, §§ 60 f. BbgBO, § 67 BremLBO, § 69 HBauO, § 63 HBO, § 67 LBauO M-V, § 66 NBauO, § 73 BauO NRW, § 69 LBauO RhPf, § 68 LBO Saarl, § 67 SächsBO, § 66 BauO LSA, § 71 LBO SH, § 66 ThürBO.

Hinweise

Zu I. Die Rechtsgrundlage für die Erteilung der Baugenehmigung, die zugleich Anspruchsgrundlage des Bürgers ist, ergibt sich aus der jeweils maßgeblichen LBauO.

Zu II. 1. Die wichtigsten formellen Voraussetzungen finden sich in der jeweiligen LBauO, ggfs. ergänzt durch untergesetzliches Regelwerk und bei Lücken durch das LVwVfG, namentlich auch die §§ 45 und 46 LVwVfG, wenn es auf die Heilung oder Unbeachtlichkeit von Fehlern ankommen sollte. Hervorzuheben ist, dass gemäß § 36 BauGB eine Beteiligung der Gemeinde und der höheren Verwaltungsbehörde erforderlich sein kann. Die Baugenehmigung ist regelmäßig schriftlich zu erteilen[128]. Die Möglichkeit der elektronischen Form der Genehmigungserteilung ist in den Ländern unterschiedlich geregelt[129]. Baugenehmigungen müssen zumeist nur in sehr eingeschränktem Umfang begründet werden[130].

Zu II. 2. Das Prüfungsprogramm erwähnt die typischen materiellen Voraussetzungen, bei deren Vorliegen eine Baugenehmigung zu erteilen ist. Im konkreten Fall sind die materiellen Anforderungen aus der jeweils anzuwendenden LBauO genau herauszuarbeiten. Für einige Vorhaben sehen die LBauOen vereinfachte Verfahren mit eingeschränktem Prüfungsumfang vor. Darüber hinaus bestehen deutliche Unterschiede zwischen den Ländern je nachdem, ob der LBauO das Separationsmodell, das Koordinationsmodell oder ein Verfahren mit Konzentrationswirkung zugrunde liegt[131]. Nach dem Separationsmodell, das auch der MBO 2002 zugrunde liegt, werden nur öffentlich-rechtliche Vorschriften geprüft, die nicht in einem anderen behördlichen Verfahren zu prüfen sind. Sind weitere Genehmigungen erforderlich, müssen diese zunächst noch vor Baufreigabe eingeholt werden[132]. Beim Koordinationsmodell entspricht der Prüfungsumfang dem Separationsmodell; die Baugenehmigung wird jedoch erst nach Vorliegen aller erforderlichen Genehmigungen erteilt (Schlusspunkt)[133]. In Brandenburg und Hamburg sind Verfahren mit Konzentrationswirkung vorgesehen.

128 § 58 Abs. 1 Satz 3 LBO BW, Art. 68 Abs. 2 Satz 1 BayBO, § 71 Abs. 2 erster Halbs. BauO Bln, § 67 Abs. 4 Satz 1 BbgBO, § 72 Abs. 2 Satz 1 BremLBO, § HBauO, § 64 Abs. 3 Satz 1 HBO, § 72 Abs. 3 LBauO M-V, § 70 Abs. 1 Satz 3 NBauO, § 75 Abs. 1 Satz 2 erster Halbs. BauO NRW, § 70 Abs. 1 Satz 3 erster Halbs. LBauO RhPf, § 73 Abs. 2 Satz 1 LBO Saarl, § 72 Abs. 2 Satz 1 SächsBO, § 71 Abs. 2 erster Halbs. BauO LSA, § 73 Abs. 1 Satz 2 erster Halbs. LBO SH, § 71 Abs. 2 erster Halbsatz ThürBO.

129 Unterschiedliche Regelungen in den LBauOen der Länder soweit sie überhaupt auf die elektronische Form eingehen, siehe nur § 58 Abs. 1 Satz 3 LBO BW, Art. 68 Abs. 2 Satz 1 BayBO, § 72 Abs. 2 Satz 2 BremLBO, § 64 Abs. 3 Satz 1 HBO, § 58 Abs. 3, § 84 Abs. 7 BauO LSA, § 81 LBO SH, § 71 Abs. 2 erster Halbsatz ThürBO.

130 § 58 Abs. 1 Satz 5 LBO BW, Art.68 Abs. 2 Satz 2 BayBO, § 71 Abs. 2 zweiter Halbs. BauO Bln, keine Regelung in der BbgBO, § 72 Abs. 2 Satz 1 BremLBO, keine Regelung in der HBauO, § 64 Abs. 3 Satz 3 HBO, § 72 Abs. 3 LBauO M-V, keine Regelung in der NBauO, § 75 Abs. 1 Satz 2 zweiter Halbs. BauO NRW, § 70 Abs. 1 Satz 3 zweiter Halbs. LBauO RhPf, § 73 Abs. 2 Satz 2 LBO Saarl, § 72 Abs. 2 Satz 2 SächsBO, § 71 Abs. 2 zweiter Halbs. BauO LSA, § 73 Abs. 1 Satz 2 zweiter Halbs. LBO SH, § 71 Abs. 2 zweiter Halbsatz ThürBO.

131 Siehe dazu *Erbguth*, in: T/E/M, Rn. 1284a; *Stollmann*, § 18, Rn. 1 f.; *Koch/Hendler*, § 23, Rn. 18 ff.

132 *Erbguth*, in: T/E/M, Rn. 1284a.

133 *Erbguth*, in: T/E/M, Rn. 1284a; *Koch/Hendler*, § 23, Rn. 20 ff.

In diesen Verfahren schließt die Baugenehmigung andere erforderliche Genehmigungen ein (§ 67 Abs. 1 Satz 2 BbgBO, § 72 Abs. 2 HBauO).

Zu II. 2. e) bb) Die LBauOen enthalten eine Vielzahl spezieller Anforderungen, insbesondere hinsichtlich der baulichen Grundstücksausnutzung, der Gestaltung, der Baustoffe, der Ausstattung baulicher Anlagen und der Errichtung von Stellplätzen. Darüber hinaus ist die bauordnungsrechtliche Generalklausel zu beachten. Abweichungsmöglichkeiten von den bauordnungsrechtlichen Regelanforderungen sehen die LBauOen ebenfalls vor.

Zu II. 2. e) cc) Sonstige öffentlich-rechtliche Vorschriften sind bspw. § 9 FStrG, §§ 22 ff. BImSchG.

Zu III. Die Reglementierung baulicher Betätigungen folgt dem Modell des präventiven Verbots mit Erlaubnisvorbehalt, sodass bei Vorliegen sämtlicher Voraussetzungen ein Anspruch auf Erteilung der Baugenehmigung besteht. Entspricht das Vorhaben nicht den Regelanforderungen, werden Ausnahmen, Befreiungen und Abweichungsentscheidungen erforderlich. Lediglich hinsichtlich dieser Entscheidungen ist der Behörde Ermessen eingeräumt.

Fallbezogene Vertiefung

Beaucamp, JA 2005, 471 ff.; *Böhm*, JA 2013, 481 ff.; *Dolderer*, Jura 2004, 752 ff.; *Frenz*, JuS 2009, 902 ff.

Prüfungsprogramm 7: Beseitigungsanordnung

I. Rechtsgrundlage: LBauO[134]

II. Voraussetzungen
1. **Formelle Voraussetzungen**: Zuständigkeit – Verfahren – Form
2. **Materielle Voraussetzungen**
   a) Anwendbarkeit der LBauO
   b) Anlage bzw. bauliche Anlage
   c) Errichtung/Änderung
   d) Widerspruch zu ö.-r. Vorschriften („Illegalität") im Errichtungs-/Änderungszeitpunkt
      aa) Formelle Illegalität
      bb) Materielle Illegalität
         → beachte: Legalisierungswirkung einer wirksamen Genehmigung
   e) Keine Herstellung rechtmäßiger Zustände auf andere Weise
      → insbes.: Genehmigung formell illegaler, aber aktuell materiell legaler baulicher Anlagen

III. Rechtsfolge: Teilweise oder vollständige Beseitigung der baulichen Anlage steht im Ermessen; insbesondere:
1. Verhältnismäßigkeitsgebot
2. Gleichbehandlungsgebot (Art. 3 Abs. 1 GG)[135]
3. Duldung bei „verpasster" Genehmigung
   → keine legalisierende Genehmigung vorhanden
   → keine aktuelle Genehmigungsfähigkeit
   → temporäre materielle Legalität und damit Genehmigungsfähigkeit in der Vergangenheit
4. Auch langjährige Duldung eines „Schwarzbaus" durch die Behörden hindert grds. nicht am Einschreiten
5. Entgegenstehende Zusicherung[136]

---

134 § 65 Satz 1 LBO BW, Art. 76 Satz 1 BayBO, § 79 Satz 1 BauO Bln, § 74 Abs. 1 BbgBO, § 79 Abs. 1 Satz 1 BremLBO, § 76 Abs. 1 Satz 1 HBauO, § 72 Abs. 1 Satz 1 HBO, § 80 Abs. 1 LBauO M-V, § 79 Abs. 1 Satz 1, Satz 2 Nr. 5 NBauO, § 61 Abs. 1 Satz 2 BauO NRW (Generalklausel, zur Anwendung siehe *Erbguth*, in: T/E/M, Rn. 1298), § 81 Satz 1 LBauO RhPf, § 82 Abs. 2 LBO Saarl, § 80 Satz 1 SächsBO, § 79 Satz 1 BauO LSA, § 59 Abs. 1 Satz 2, Abs. 2 Satz 1 Nr. 3 LBO SH, § 79 Abs. 1 Satz 1 ThürBO.

135 Zur „Gleichbehandlung der Sünder" siehe *Koch/Hendler*, § 26, Rn. 27; *Ramsauer*, NordÖR 2006, 282, 285.

136 *Erbguth*, in: T/E/M, Rn. 1301.

Hinweise

Zu I. Die Rechtsgrundlage für eine Beseitigungsanordnung ergibt sich aus der jeweils maßgeblichen LBauO.

Zu II. 1. Die wichtigsten formellen Voraussetzungen finden sich in der jeweiligen LBauO, ggfs. ergänzt durch untergesetzliches Regelwerk und bei Lücken durch das LVwVfG, namentlich auch die §§ 45 und 46 LVwVfG, wenn es auf die Heilung oder Unbeachtlichkeit von Fehlern ankommen sollte.

Zu II. 2. Die Rechtsgrundlagen für Beseitigungsanordnungen sind in den meisten LBauOen recht ähnlich ausgestaltet. Daran orientiert sich das Prüfungsprogramm. Im konkreten Fall sind die materiellen Anforderungen aus der jeweils anzuwendenden LBauO allerdings genau herauszuarbeiten und das Prüfungsprogramm ist entsprechend zu modifizieren. Auch die nahezu einhellig geforderte „doppelte Illegalität" als Voraussetzung einer Beseitigungsanordnung sollte in den jeweiligen Tatbestand integriert werden[137].

Zu II. 2. d) Bezogen auf den Errichtungs- bzw. Änderungszeitpunkt („werden ... errichtet oder geändert")[138] ist der Widerspruch zu öffentlich-rechtlichen Vorschriften unter zwei Aspekten zu prüfen: Sog. formelle Illegalität[139] besteht, wenn die erforderliche[140] wirksame Genehmigung fehlt oder einstweilen suspendiert ist (sog. Schwarzbau)[141]. Sog. materielle Illegalität[142] liegt vor, wenn eine Genehmigungsfähigkeit wegen Verstoßes gegen materielle Vorschriften nicht gegeben ist[143]. Waren Errichtung bzw. Änderung zum Errichtungs- bzw. Änderungszeitpunkt formell und materiell legal, ist der Eingriffstatbestand nicht erfüllt; die bauliche Anlage ist gegenüber einer Beseitigungsanordnung in ihrem Bestand geschützt[144]. Das gilt auch dann, wenn trotz bestehender materieller Illegalität eine wirksame Genehmigung vorliegt, denn sie hat für das Bauvorhaben für die von ihr erfassten Rechtsfragen insgesamt legalisierende Wirkung[145]. Wie mit anderen Fällen fehlender umfassender, also formeller und materieller Legalität umzugehen ist, entscheidet sich an dem nachfolgenden Tatbestandsmerkmal (II.2.e) oder im Rahmen der Ermessensausübung (III).

Zu II. 2. e) Dieses Tatbestandsmerkmal ist eine teilweise Ausgestaltung des Verhältnismäßigkeitsprinzips („Erforderlichkeit")[146]. Es greift bei lediglich formeller Illegalität ein: Rechtmäßige Zustände können durch eine nachträgliche Genehmigung und da-

137 Eingehend *Lindner*, DÖV 2014, 313 ff.
138 *Lindner*, DÖV 2014, 313, 316, 318.
139 *Stollmann*, § 19, Rn. 7; *Ramsauer*, NordÖR 2006, 282, 285 f.
140 *Erbguth*, in: T/E/M, Rn. 1305.
141 Zu Varianten siehe *Erbguth*, in: T/E/M, Rn.1301; *Stollmann*, § 19, Rn. 8; *Ramsauer*, NordÖR 2006, 282, 284, 285 f.
142 *Stollmann*, § 19, Rn. 7; *Ramsauer*, NordÖR 2006, 282, 286.
143 *Erbguth*, in: T/E/M, Rn. 1301; *Stollmann*, § 19, Rn. 9; *Ramsauer*, NordÖR 2006, 282, 284, 286.
144 *Ramsauer*, NordÖR 2006, 282, 283; *Lindner*, DÖV 2014, 313, 320.
145 *Erbguth*, in: T/E/M, Rn. 1305; *Koch/Hendler*, § 26, Rn. 22; *Stollmann*, § 19, Rn. 24; *Ramsauer*, NordÖR 2006, 282, 286 f.; *Lindner*, DÖV 2014, 313, 315, 316 f., 319.
146 *Ramsauer*, NordÖR 2006, 282, 284.

mit „auf andere Weise hergestellt“ werden, wenn die bauliche Anlage zum Genehmigungszeitpunkt materiell legal und damit genehmigungsfähig ist[147]. Ggfs. kann die Genehmigungsfähigkeit durch die Gewährung von Ausnahmen und Befreiungen herbeigeführt werden[148]. Aktuell materiell legale Vorhaben genießen also Bestandsschutz. Bis zur Entscheidung über die Genehmigungserteilung kann aber eine Stilllegungsverfügung[149] erlassen werden[150].

Schwierigkeiten bereitet der Umgang mit baulichen Anlagen, die formell illegal errichtet/geändert wurden und gegenwärtig wegen materieller Illegalität nicht genehmigungsfähig sind, aber zum Errichtungs-/Änderungszeitpunkt[151] oder zu irgendeinem Zeitpunkt zwischen Errichtung/Änderung und der Gegenwart einmal für eine nennenswerte Zeit (Bearbeitungszeit eines Bauantrages, ca. drei Monate[152]) wegen materieller Legalität genehmigungsfähig waren[153]. Mangels aktueller Genehmigungsfähigkeit scheidet eine Herstellung rechtmäßiger Zustände durch Erteilung einer Genehmigung aus[154]. Diese Fälle können also nur noch im Rahmen der Ermessensbetätigung berücksichtigt werden.

Zu III. 3. Es besteht kein Anspruch auf Genehmigung eines aktuell materiell baurechtswidrigen Zustandes (s.o.)[155]. Aber: Irgendwann einmal materiell rechtmäßig gewesene, aber aktuell rechtswidrige bauliche Anlagen sind aus Gründen des Eigentumsschutzes zu dulden (Bestandsschutz als Ermessensreduzierung)[156].

Zu III. 4. Auch eine langjährige Duldung eines „Schwarzbaus“ durch die Behörden hindert diese grds. nicht am Einschreiten: Die Duldung lässt kein den „Schwarzbau“ legalisierendes Gewohnheitsrecht entstehen, da ansonsten die Gefahr der Umgehung gesetzlicher Vorschriften durch eine langjährige Duldung entstünde. Es tritt auch keine Verwirkung des Rechts auf Einschreiten ein, da die baurechtliche Eingriffsbefugnis kein verzichtbares Recht der Behörde ist, sondern im öffentlichen Interesse besteht (str., a.A.: Vertrauensschutz bei Nichttätigwerden der Behörde)[157]. Es besteht auch

147 *Koch/Hendler*, § 26, Rn. 24; *Stollmann*, § 19, Rn. 24; *Ramsauer*, NordÖR 2006, 282, 284, 286, etwas anders auf S. 287; *Lindner*, DÖV 2014, 313, 322.

148 *Koch/Hendler*, § 26, Rn. 24.

149 Rechtsgrundlagen, § 64 Abs. 1 LBO BW, Art. 75 Abs. 1 BayBO, § 78 Abs. 1 BauO Bln, § 73 Abs. 1 BbgBO, § 78 Abs. 1 BremLBO, § 75 Abs. 1 HBauO, § 71 HBO, § 79 Abs. 1 LBauO M-V, § 79 Abs. 1 Satz 1, Satz 2 Nr. 1 NBauO, § 61 Abs. 1 Satz 2 BauO NRW (Generalklausel, zur Anwendung siehe *Erbguth*, in: T/E/M, Rn. 1298), § 80 Abs. 1 LBauO RhPf, § 81 Abs. 1 LBO Saarl, § 79 Abs. 1 SächsBO, § 78 Abs. 1 BauO LSA, § 59 Abs. 1 Satz 2, Abs. 2 Satz 1 Nr. 1 LBO SH, § 78 Abs. 1 ThürBO.

150 *Erbguth*, in: T/E/M, Rn. 1302; *Stollmann*, § 19, Rn. 13 ff.

151 *Erbguth*, in: T/E/M, Rn.1303, 1306, verlangt materielle Illegalität auch im Errichtungszeitpunkt als tatbestandliche Voraussetzung.

152 *Erbguth*, in: T/E/M, Rn. 1306; *Stollmann*, § 19, Rn. 26 m.w.N. zum Meinungsstand; *Lindner*, DÖV 2014, 313, 320 f.

153 Zum Problem und zu Lösungsansätzen *Erbguth*, in: T/E/M, Rn. 1303 ff., und *Koch/Hendler*, § 26, Rn. 24; *Lindner*, DÖV 2014, 313 ff.

154 A.A. *Ramsauer*, NordÖR 2006, 282, 286.

155 A.A. *Ramsauer*, NordÖR 2006, 282, 286.

156 Im Ergebnis ebenso *Erbguth*, in: T/E/M, Rn. 1306 m.w.N.; kritisch *Koch/Hendler*, § 26, Rn. 25 f.; *Stollmann*, § 19, Rn. 25; *Ramsauer*, NordÖR 2006, 282, 286; *Lindner*, DÖV 2014, 313, 320, 322.

157 *Ramsauer*, NordÖR 2006, 282, 285; *Erbguth*, in: T/E/M, Rn. 1310.

kein Vertrauensschutz auf unbegrenzte Duldung der Rechtsbeeinträchtigung[158]. Das Vertrauen ist jedenfalls nicht schutzwürdig.

Fallbezogene Vertiefung

Beaucamp, JA 2005, 471 ff.; *Dürr*, JuS 2007, 431 ff.

158 *Ramsauer*, NordÖR 2006, 282, 285.

Prüfungsprogramm 8: Nutzungsuntersagung

I. Rechtsgrundlage: LBauO[159]

II. Voraussetzungen
1. **Formelle Voraussetzungen**: Zuständigkeit – Verfahren – Form
2. **Materielle Voraussetzungen**
   a) Anwendbarkeit der LBauO
   b) Anlage bzw. baulich Anlage
   c) Nutzung („werden ... genutzt")
   d) Widerspruch zu ö.-r. Vorschriften („Illegalität") durch die gegenwärtige Nutzung
      aa) Formelle Illegalität
      bb) Materielle Illegalität

III. Rechtsfolge: Ermessen; insbesondere:
1. Verhältnismäßigkeitsgebot
   – Herstellung rechtmäßiger Zustände auf andere Weise als milderes Mittel?
   – handgreifliche Genehmigungsfähigkeit?
2. Gleichbehandlungsgebot (Art. 3 Abs. 1 GG)
3. Duldung von irgendwann einmal rechtmäßigen, aber aktuell rechtswidrigen Nutzungen?

Hinweise

Zu II. 2. d) Es kommt auf die gegenwärtig andauernde Nutzung an. Eine gegenwärtig andauernde Nutzung ist formell illegal, wenn die für diese Nutzung erforderliche Genehmigung fehlt. Materielle Illegalität besteht bei Verstößen gegen materielle Baurechtsvorschriften. Liegt eine wirksame Genehmigung vor, so hat sie legalisierende Wirkung hinsichtlich der von ihr erfassten Nutzung.

Die Untersagung einer im Widerspruch zu öffentlich-rechtlichen Vorschriften stehenden Nutzung ist im Unterschied zur Beseitigungsanordnung in der Regel[160] nicht davon abhängig, dass nicht auf andere Weise rechtmäßige Zustände hergestellt werden können. Trotz des eindeutigen Wortlauts der Vorschrift ist die Frage umstritten, ob tatbestandlich formelle Illegalität für eine Nutzungsuntersagung ausreichen soll oder ob der Tatbestand um das (ungeschriebene) Merkmal „wenn nicht auf andere Weise rechtmäßige Zustände hergestellt werden können" ergänzt werden muss. Ein Ver-

159 § 65 Satz 2 LBO BW, Art. 76 Satz 2 BayBO, § 79 Satz 2 BauO Bln, § 73 Abs. 3 Satz 1 BbgBO, § 79 Abs. 1 Satz 2 BremLBO, § 76 Abs. 1 Satz 2 HBauO, § 72 Abs. 1 Satz 2 HBO, § 80 Abs. 2 Satz 1 LBauO M-V, § 79 Abs. 1 Satz 1, Satz 2 Nr. 5 NBauO, § 61 Abs. 1 Satz 2 BauO NRW (Generalklausel, zur Anwendung siehe *Erbguth*, in: T/E/M, Rn. 1298), § 81 Satz 1 LBauO RhPf, § 82 Abs. 2 LBO Saarl, § 80 Satz 2 SächsBO, § 79 Satz 2 BauO LSA, § 59 Abs. 1 Satz 2, Abs. 2 Satz 1 Nr. 4 LBO SH, § 79 Abs. 1 Satz 2 ThürBO.

160 Anders nur § 81 Satz 1 LBauO RhPf.

gleich mit den Rechtsgrundlagen einer Beseitigungs- und einer Stilllegungsverfügung könnte dagegen sprechen. Ferner ist der Verhältnismäßigkeitsgrundsatz zu beachten, der bei der Rechtsgrundlage einer Beseitigungsanordnung ausdrücklich formuliert ist („wenn nicht auf andere Weise ...", z.B. durch Genehmigungserteilung). Aber auch im Ermessen ist der Verhältnismäßigkeitsgrundsatz zu berücksichtigen. Schließlich liegt bei der Nutzungsuntersagung kein Eingriff in die Bausubstanz wie bei einer Beseitigungsanordnung vor. Nach zutreffender Auffassung bedarf es deshalb für den Erlass einer Nutzungsuntersagung keiner Prüfung, ob die formell illegale Nutzung genehmigungsfähig ist[161]. Allerdings wird eine Untersagungsverfügung wohl dann als unverhältnismäßig und damit ermessensfehlerhaft einzustufen sein, wenn die Genehmigungsfähigkeit „handgreiflich" ist[162].

Fallbezogene Vertiefung

Beaucamp, JA 2005, 471 ff.; *Schoch*, Jura 2005, 178 ff.

161 *OVG Hamburg*, Beschl. v. 23.12.1987 – OVG Bs 11 58/87, UA S. 6/7 m.w.N.; *Koch/Hendler*, § 26, Rn. 28; *Erbguth*, in: T/E/M, Rn. 1308; anders *VGH Mannheim*, VBlBW 1985, S. 457.

162 *Koch/Hendler*, § 26, Rn. 28; *Erbguth*, in: T/E/M, Rn. 1308.

Prüfungsprogramm 9: Bauplanungsrechtliche Zulässigkeit von Vorhaben

I. Vorhaben im Sinne des § 29 BauGB

II. Zulässigkeit nach gegenwärtigem Bauplanungsrecht

1. Vorhaben im Geltungsbereich eines Bebauungsplans
   a) Art des Plangebiets
      aa) Qualifiziert überplantes Gebiet, § 30 Abs. 1 BauGB
      bb) Vorhabenbezogener Bebauungsplan, § 30 Abs. 2 BauGB
      cc) Einfacher Bebauungsplan, § 30 Abs. 3 BauGB
   b) Prüfung des Vorhabens im Plangebiet anhand der Festsetzungen im Bebauungsplan
      aa) Art der baulichen Nutzung;
         1. Schritt – Grobsteuerung: §§ 2-14 BauNVO (Systematik der §§ 3-9 BauNVO: Abs. 2 – Regelbebauung, Abs. 3 – Ausnahmebebauung, s.u. ff));
         2. Schritt – Feinsteuerung: § 15 BauNVO – Gebot der Rücksichtnahme
      bb) Maß der baulichen Nutzung, §§ 16-21 a BauNVO
      cc) überbaubare Grundstücksflächen, § 23 BauNVO
      dd) örtliche Verkehrsflächen
      ee) Bauweise, § 22 BauNVO (i.V.m. Abstandsflächenrecht der LBauO)
      ff) Überwindung von Festsetzungen durch Ausnahmen, § 31 Abs. 1 BauGB i.V.m. insbes. Abs. 3 der §§ 3-9 BauNVO, bzw. Befreiungen („Dispens"), § 31 Abs. 2 BauGB; keine Überwindung des § 15 BauNVO!
   c) Ergänzende Prüfung nach § 34 bzw. § 35 BauGB, wenn es an einer Festsetzung fehlt, die unter a bis d genannt ist (Fall des § 30 Abs. 3 BauGB)
2. Vorhaben innerhalb eines im Zusammenhang bebauten Ortsteils, § 34 BauGB[163]
3. Vorhaben im Außenbereich, § 35 BauGB[164]

III. Zulässigkeit von Vorhaben während der Aufstellung eines Bebauungsplans

1. Verhinderung gegenwärtig zulässiger Vorhaben – Sicherung der Bauleitplanung
   a) Veränderungssperre, §§ 14, 16 ff. BauGB
   b) Zurückstellung von Baugesuchen, § 15 BauGB
   c) Vorläufige Untersagung, § 15 BauGB
2. Ermöglichung künftig zulässiger Vorhaben – Zulässigkeit von Vorhaben im Geltungsbereich eines künftigen Bebauungsplans, § 33 BauGB
   a) Beschluss über Aufstellung eines Bebauungsplans ist gefasst
   b) Vorhaben soll im Plangebiet verwirklicht werden

163 Prüfungsprogramm 10.
164 Prüfungsprogramm 11.

c) Zulässigkeitsvoraussetzungen
  aa) Öffentlichkeits-/Behördenbeteiligung ist erfolgt („formelle Planreife"); Sonderfälle: § 33 Abs. 2, 3 BauGB
  bb) Prognose: Vorhaben darf den künftigen Festsetzungen des Bebauungsplans nicht entgegenstehen („materielle Planreife")
  cc) Schriftliche Anerkennung der künftigen Festsetzungen
  dd) Gesicherte Erschließung
d) Rechtsfolge: zwingende Zulässigkeit

Hinweise

Zur Systematik: Die §§ 30 bis 37 BauGB finden nur Anwendung, wenn ein Vorhaben im Sinne des § 29 Abs. 1 BauGB verwirklicht werden soll. In qualifiziert überplanten Gebieten, § 30 Abs. 1 BauGB, und in Gebieten, für die ein vorhabenbezogener Bebauungsplan besteht, § 30 Abs. 2 BauGB, kommt es für die Zulässigkeit allein auf diese Pläne an. Liegt ein einfacher Bebauungsplan vor, § 30 Abs. 3 BauGB, sind seine Festsetzungen maßgeblich. Nur für Lücken ist § 34 bzw. 35 BauGB anzuwenden[165]. Zur Bestimmung der inhaltlichen Aussagen der Pläne sind ergänzend die BauNVO und die PlanzV heranzuziehen, jeweils in der Fassung, die bei Erlass des Planes maßgeblich war. Ist das in Rede stehende Gebiet einfach überplant (siehe soeben) oder nicht überplant, ist abzugrenzen zwischen Gebieten, die im Zusammenhang bebaute Ortsteile darstellen (§ 34 BauGB), und den Außengebieten (§ 35 BauGB). Die Zulässigkeit des Vorhabens richtet sich dann ergänzend oder ausschließlich nach § 34 bzw. § 35 BauGB. Ist nach dieser Beurteilung das Vorhaben gegenwärtig bauplanungsrechtlich zulässig, können der Verwirklichung des Vorhabens insbesondere Maßnahmen nach §§ 14, 15 BauGB entgegenstehen. Ist ein Vorhaben gegenwärtig bauplanungsrechtlich unzulässig, kann sich seine Zulässigkeit gleichwohl nach Maßgabe des § 33 BauGB ergeben, wenn es mit einem künftigen Bebauungsplan vereinbar sein wird.

Zu III. 2. Der als Ausnahmevorschrift eng auszulegende[166] § 33 BauGB kommt zugunsten eines Vorhabens in Betracht, wenn es nach der gegenwärtigen bauplanungsrechtlichen Situation (§§ 30, 34, 35 BauGB) unzulässig ist[167]. Zu Lasten eines Vorhabens findet § 33 BauGB keine Anwendung[168]. Nachbarschutz kann aus der gegenwärtigen planungsrechtlichen Situation und aus den nachbarschützenden künftigen Festsetzungen abgeleitet werden[169].

Zu III. 3. b) Die Prognose muss ergeben, dass mit hinreichender Sicherheit zu erwarten ist, dass der vorliegende Bebauungsplanentwurf mit den geplanten Festsetzungen als Bebauungsplan auch in Kraft treten wird[170]. Das Vorhaben darf den künftigen

165 Siehe Prüfungsprogramm 10 und Prüfungsprogramm 11.
166 *Stollmann*, § 15, Rn. 2.
167 *Reidt*, in: B/K/L, BauGB, § 33, Rn. 1; *Stollmann*, § 15, Rn. 1; *Erbguth*, in: T/E/M, Rn. 1208.
168 *Reidt*, in: B/K/L, BauGB, § 33, Rn. 1 f.; *Stollmann*, § 15, Rn. 2; *Erbguth*, in: T/E/M, Rn. 1212.
169 *Reidt*, in: B/K/L, BauGB, § 33, Rn. 8; *Stollmann*, § 15, Rn. 19.
170 *Reidt*, in: B/K/L, BauGB, § 33, Rn. 9; *Stollmann*, § 15, Rn. 8; *Erbguth*, in: T/E/M, Rn. 1210.

Festsetzungen nicht entgegenstehen. Sollte dies nicht der Fall sein, können analog § 31 BauGB ggfs. Ausnahmen[171] und/oder Befreiungen (str.)[172] erteilt werden[173].

Fallbezogene Vertiefung

Beaucamp, JA 2005, 471 ff.; *Dolderer*, Jura 2004, 752 ff.; *Dürr*, JuS 2007, 328 ff., 431 ff.; *Frenz*, JuS 2009, 902 ff.; *Kaplonek/Mittag*, JA 2006, 664 ff.; *Schoch*, Jura 2004, 317 ff.

171 *Erbguth*, in: T/E/M, Rn. 1208.
172 *Erbguth*, in: T/E/M, Rn. 1208 mit Nachweisen zum Streitstand.
173 *Reidt*, in: B/K/L, BauGB, § 33, Rn. 5; *Stollmann*, § 15, Rn. 10.

Prüfungsprogramm 10:
Vorhaben innerhalb der im Zusammenhang bebauten Ortsteile

I. Im Zusammenhang bebaute Ortsteile
1. Bebauungszusammenhang kraft Klarstellungs-/Entwicklungs- und/oder Ergänzungssatzung, § 34 Abs. 4-6 BauGB
2. Tatsächliche Situation

II. Voraussetzungen der Zulässigkeit
1. Einfügen in die Eigenart der näheren Umgebung
   a) Art der baulichen Nutzung, ggfs. Anwendung der BauNVO i.V.m. entsprechend anzuwendendem § 31 BauGB
   b) Maß, Bauweise, zu überbauende Grundstücksfläche
   c) Abweichungsmöglichkeiten nach Abs. 3a
2. Gesicherte Erschließung
3. Wahrung der Anforderungen an gesunde Wohn- und Arbeitsverhältnisse
4. Keine Beeinträchtigung des Ortsbildes
5. Keine schädlichen Auswirkungen auf zentrale Versorgungsbereiche

III. Rechtsfolge: zwingende Zulässigkeit (nur die etwaige Vorfrage einer Ausnahme/Befreiung/Abweichung steht im Ermessen)

Hinweise

Zu I. Ein Bebauungsplan nach § 30 Abs. 1, 2 BauGB steht der Anwendung des § 34 BauGB entgegen, ein einfacher Bebauungsplan (§ 30 Abs. 3 BauGB) nicht; er ist vorrangig heranzuziehen und wird durch § 34 BauGB bei Festsetzungslücken ergänzt[174]. Die Gemeinde hat nach Maßgabe des § 34 Abs. 4 bis 6 BauGB die Befugnis, im Zusammenhang bebaute Ortsteile und deren Grenzen satzungsrechtlich zu bestimmen. Fehlt es daran, kommt es auf die tatsächliche Situation an: Das Vorhaben muss in einem Bebauungszusammenhang verwirklicht werden sollen, der zu einem Ortsteil gehört[175]. Ein Bebauungszusammenhang ist gekennzeichnet durch eine tatsächlich aufeinanderfolgende Bebauung, die trotz etwa vorhandener Baulücken nach der Verkehrsauffassung den Eindruck der Geschlossenheit und Zusammengehörigkeit vermittelt[176]. Maßgeblich ist eine umfassende Bewertung des im Einzelfall vorliegenden konkreten Sachverhalts[177]. Ein Ortsteil ist jeder Bebauungskomplex im Gebiet einer Gemeinde, der nach der Zahl der vorhandenen Bauten ein gewisses Gewicht besitzt und Ausdruck einer organischen Siedlungsstruktur ist[178]; Gegenteil: Splittersiedlung.

174 *Erbguth*, in: T/E/M, Rn. 1123; *Stollmann*, § 16, Rn. 6, 44.
175 *Mitschang/Reidt*, in: B/K/L, BauGB, § 34, Rn. 2.
176 *BVerwG*, ZfBR 2007, 480, 480; BVerwGE 31, 20, 21; *Erbguth*, in: T/E/M, Rn. 1120; *Stollmann*, § 16, Rn. 10 f.
177 *BVerwG*, ZfBR 2007, 480, 481 m.w.N.
178 *BVerwG*, ZfBR 2007, 480, 480; BVerwGE 31, 20, 22; *Erbguth*, in: T/E/M, Rn. 1120; *Stollmann*, § 16, Rn. 6.

Zu II. 1. Ein Vorhaben fügt sich ein, wenn es sich in dem durch die Bebauung seiner Umgebung geprägten Rahmen hält und Rücksicht auf die unmittelbare Umgebung nimmt (Gebot der Rücksichtnahme, das ggfs. auch Nachbarschutz vermittelt)[179]. Sprengt es diesen Rahmen, fügt es sich immer noch ein, wenn es nicht geeignet ist, bodenrechtlich beachtliche Spannungen zu begründen oder vorhandene zu erhöhen[180]. Das Sich-Einfügen ist für jeden Aspekt des § 34 Abs. 1 BauGB zu untersuchen[181]. Kommt § 34 Abs. 2 BauGB zur Anwendung, gilt für den Nachbarschutz das, was auch bei Bebauungsplänen maßgeblich ist. Über § 15 Abs. 1 BauGB findet auch insoweit das Gebot der Rücksichtnahme Anwendung[182].

Zu II. 2. Die Erschließung ist gesichert, wenn sie der ortsüblichen Erschließung entspricht[183].

Zu II. 5. Erfasst sind Versorgungsbereiche, die ein Zentrum der Versorgung für ihren Einzugsbereich bieten[184]. Schädliche Auswirkungen sind unmittelbare Auswirkungen gewichtiger Art auf die städtebauliche Entwicklung und Ordnung der (Nachbar-)Gemeinden, z.B. nicht unerheblicher Kaufkraftabfluss[185]. Für die Standortgemeinde und benachbarte Gemeinden begründet § 34 Abs. 3 BauGB ein subjektives Recht[186].

Fallbezogene Vertiefung

Beaucamp, JA 2005, 471 ff.; *Dolderer*, Jura 2004, 752 ff.; *Dürr*, JuS 2007, 328 ff., 431 ff.; *Frenz*, JuS 2009, 902 ff.; *Kaplonek/Mittag*, JA 2006, 664 ff.; *Schoch*, Jura 2004, 317 ff.

179 *Erbguth*, in: T/E/M, Rn. 1122; *Stollmann*, § 16, Rn. 27 ff., 37.
180 *Erbguth*, in: T/E/M, Rn. 1122; *Stollmann*, § 16, Rn. 35.
181 *Stollmann*, § 16, Rn. 34.
182 *Stollmann*, § 16, Rn. 46.
183 *Stollmann*, § 16, Rn. 40.
184 *Erbguth*, in: T/E/M, Rn. 1126.
185 *Erbguth*, in: T/E/M, Rn. 1126.
186 *Erbguth*, in: T/E/M, Rn. 1126.

Prüfungsprogramm 11:
Vorhaben im Außenbereich

I. Außenbereich

II. Zulässigkeit privilegierter Vorhaben

1. Voraussetzungen
   a) Privilegiertes Vorhaben (§ 35 Abs. 1 Nr. 1-8 BauGB)
   b) Kein Entgegenstehen öffentlicher Belange (§ 35 Abs. 3 BauGB; für privilegierte raumbedeutsame Vorhaben siehe auch § 35 Abs. 3, Sätze 2, 3 BauGB)
   c) Bei raumbedeutsamen Vorhaben: kein Widerspruch zu Zielen der Raumordnung (§ 35 Abs. 3 Satz 2 BauGB)
   d) Gesicherte ausreichende Erschließung
   e) Ggfs. Verpflichtungserklärung nach § 35 Abs. 5 Satz 2 BauGB
2. Rechtsfolge: zwingende Zulässigkeit

III. Zulässigkeit sonstiger Vorhaben

1. Voraussetzungen
   a) Kein privilegiertes Vorhaben i.S.d. § 35 Abs. 1 Nr. 1-8 BauGB
   b) Keine Beeinträchtigung öffentlicher Belange (§ 35 Abs. 3 Satz 1, Abs. 4 BauGB sowie § 35 Abs. 6 BauGB i.V.m. Außenbereichssatzung)
   c) Bei raumbedeutsamen Vorhaben: kein Widerspruch zu Zielen der Raumordnung (§ 35 Abs. 3 Satz 2 erster Halbs. BauGB)
   d) Gesicherte Erschließung
2. Rechtsfolge: zwingende Zulässigkeit entgegen dem Wortlaut (h.M.; Arg.: Art. 14 Abs. 1 GG)

Hinweise

Zu I. Außenbereich ist ein Gebiet, das außerhalb des Geltungsbereichs eines Bebauungsplans i.S.d. § 30 Abs. 1, 2 BauGB und der im Zusammenhang bebauten Ortsteile liegt (vgl. Negativdefinition in § 19 Abs. 1 Nr. 3 BauGB a.F. bis 31.12.1997)[187]. Ein einfacher Bebauungsplan schließt die Annahme eines Außenbereichs nicht aus[188]; dessen Festsetzungen sind aber vorrangig (vgl. § 30 Abs. 3 BauGB)[189]. Sog. Außenbereichssatzungen i.S.d. § 34 Abs. 4 Nrn. 2 und 3 BauGB sind zu beachten, da das von ihnen erfasste Gebiet als im Zusammenhang bebauter Ortsteil anzusehen ist.

Zu II. 1. Aus den Tatbestandsmerkmalen „nicht entgegenstehen" und „ausreichende Erschließung" im Vergleich zu den Tatbestandsmerkmalen „nicht beeinträchtigen" und

187 *Mitschang/Reidt*, in: B/K/L, BauGB, § 35, Rn. 2; *Erbguth*, in: T/E/M, Rn. 1140; *Stollmann*, § 17, Rn. 1.
188 *Mitschang/Reidt*, in: B/K/L, BauGB, § 35, Rn. 2; *Stollmann*, § 17, Rn. 1.
189 *Erbguth*, in: T/E/M, Rn. 1145.

„Erschließung“ in Absatz 2 folgt die privilegierte Stellung der Vorhaben im Sinne des Absatzes 1[190]. Zudem handelt es sich um Vorhaben, die gerade regelmäßig nicht in ein Baugebiet gehören oder dort verwirklicht werden können und deshalb in den Außenbereich verwiesen werden[191].

Zu II. 1. b) Öffentliche Belange sind beispielhaft in Absatz 3 genannt. Abstrakt gesehen handelt es sich um Belange mit bodenrechtlicher bzw. städtebaulicher Relevanz (vgl. Art. 74 Abs. 1 Nr. 18 GG)[192]. Im konkreten Fall sind die öffentlichen Belange zu sichten, zu gewichten und mit dem Vorhaben abzuwägen („nachvollziehende Abwägung“)[193]. Ein privilegiertes Vorhaben wird sich regelmäßig gegenüber öffentlichen Belangen durchsetzen[194].

Zu II. 1. d) Eine Erschließung ist ausreichend, wenn sie Mindestanforderungen genügt (ausreichende Zuwegung, Strom- und Wasserversorgung, Abwasser- und Abfallentsorgung)[195].

Zu III. 1. b) Sonstige Vorhaben sind nur ausnahmsweise[196] zulässig und zwar dann, wenn sie den dem Außenbereich beigelegten Zielen, dem grundsätzlichen Freibleiben von Bebauung und dem Vorbehalt dieses Bereichs für dorthin und nicht in Baugebiete gehörende Vorhaben, nicht zuwiderlaufen[197]. Einige sonstige Vorhaben werden durch Abs. 4, andere durch eine Außenbereichssatzung begünstigt („teilprivilegiert“[198]). Nicht begünstigte sonstige Vorhaben werden sich regelmäßig gegenüber öffentlichen Belangen nicht durchsetzen[199].

Zu III. 2. Dass ein Rechtsanspruch auf Zulassung des Vorhaben besteht, folgt aus Art. 14 Abs. 1 Satz 2 GG[200]. Der Zulassungstatbestand erfasst bereits mit dem unbestimmten Rechtsbegriff der öffentlichen Belange alle rechtlich relevanten Gesichtspunkte, die einem Vorhaben im Außenbereich entgegengehalten werden können[201].

Zu II. und III. Nachbarschutz wird nur nach Maßgabe des Gebots der Rücksichtnahme zu erlangen sein[202], das dogmatisch entweder als „sonstiger“ öffentlicher Belang anzusehen[203] oder im Begriff der „schädlichen Umwelteinwirkungen“ zu verorten ist[204]. Bei privilegierten Vorhaben muss der Nachbar eine größere Beeinträchtigung hinnehmen

190 *Erbguth*, in: T/E/M, Rn. 1141; *Stollmann*, § 17, Rn. 2.
191 *Erbguth*, in: T/E/M, Rn. 1141.
192 *Mitschang/Reidt*, in: B/K/L, BauGB, § 35, Rn. 72.
193 *Erbguth*, in: T/E/M, Rn. 1141; *Stollmann*, § 17, Rn. 29 f.
194 *Stollmann*, § 17, Rn. 30.
195 *Erbguth*, in: T/E/M, Rn. 1141; *Stollmann*, § 17, Rn. 31.
196 *Stollmann*, § 17, Rn. 33.
197 *Mitschang/Reidt*, in: B/K/L, BauGB, § 35, Rn. 63.
198 *Stollmann*, § 17, Rn. 6.
199 *Stollmann*, § 17, Rn. 30.
200 *BVerwG*, NJW 1964, 1973, 1974; *Mitschang/Reidt*, in: B/K/L, BauGB § 35, Rn. 66 m.w.N.; *Erbguth*, in: T/E/M, Rn. 1156; *Stollmann*, § 17, Rn. 35; a.A. *Ortloff*, NVwZ 1988, 320.
201 *BVerwG*, NJW 1964, 1973, 1974; *Mitschang/Reidt*, in: B/K/L, BauGB § 35, Rn. 66 m.w.N.
202 *Stollmann*, § 17, Rn. 77.
203 *BVerwG*, NJW 1978, 62, 62.
204 *BVerwG*, NVwZ 2000, 552, 553.

als bei sonstigen Vorhaben. Privilegierte Vorhaben müssen sich wiederum mit weniger Beeinträchtigungen abfinden als sonstige Vorhaben, soweit es gilt, die Privilegierung zu schützen.

Fallbezogene Vertiefung

Beaucamp, JA 2005, 471 ff.; *Dolderer*, Jura 2004, 752 ff.; *Dürr*, JuS 2007, 328 ff., 431 ff.; *Frenz*, JuS 2009, 902 ff.; *Kaplonek/Mittag*, JA 2006, 664 ff.; *Schoch*, Jura 2004, 317 ff.

Prüfungsprogramm 12:
Anwendbarkeit der Gewerbeordnung und Grundbegriffe

I. Anwendbarkeit der GewO nach § 6 GewO
1. Abs. 1 einschränkend
2. Abs. 1a und 2 erweiternd

II. Gewerbebegriff
1. **Positive Merkmale** – Gewerbsmäßigkeit
   a) Keine sozial unwertige Tätigkeit
   b) Gewinnerzielungsabsicht
   c) Dauerhaftigkeit
   d) Selbständigkeit
2. **Negative Merkmale** – Gewerbeunfähigkeit
   a) Urproduktion
   b) Freier Beruf
   c) Verwaltung und Nutzung eigenen Vermögens

III. Unzuverlässigkeit
1. Abstrakte Anforderungen (Definition)
2. Typische Fallgruppen[205]
   a) Frühere gewerberechtliche Reglementierung wegen Unzuverlässigkeit?
   b) Frühere Sanktionierung wegen eines Verbrechens, eines Vergehens oder einer Ordnungswidrigkeit mit Gewerbebezug?
   c) Andauernde wirtschaftliche Leistungsunfähigkeit?
   d) Bestehende erhebliche Steuerschulden?
   e) Verletzung sonstiger steuerlicher Pflichten?
   f) Verletzung sozialversicherungsrechtlicher Verpflichtungen?

Hinweise

Zu I. § 6 Abs. 1 GewO schließt einige Betätigungen aus dem Anwendungsbereich der GewO aus. Sofern es sich um Gewerbe handelt ist Abs. 1 konstitutiv, anderenfalls nur deklaratorisch. Abs. 1a und 2 erweitern den Anwendungsbereich der GewO. Für das von der GewO erfasste Gewerbe gilt die Gewerbefreiheit nach § 1 Abs. 1 GewO, für andere Betätigungen Art. 12 Abs. 1 GG[206]. Das „Ob" der gewerberechtlichen Tätigkeit darf nur durch die GewO oder gewerberechtliche Nebengesetze[207] beschränkt werden[208]. Für das „Wie" der gewerblichen Tätigkeit, die Gewerbeausübung, gilt dieser

205 Siehe auch diese und weitere Fallgruppen bei *Ennuschat*, in: T/W/E, GewO, § 35, Rn. 36 ff., und *Marcks*, in: L/R, GewO (I), § 35, Rn. 36 ff.
206 *Ennuschat*, in: T/W/E, GewO, § 1, Rn. 79.
207 *Ennuschat*, in: T/W/E, GewO, § 1, Rn. 87; *Kahl*, in: L/R, GewO (I), § 1, Rn. 15.
208 *BVerwG*, NJW 1971, 1475, 1476; NVwZ-RR 2010, 636, 636; *Ennuschat*, in: T/W/E, GewO, § 1, Rn. 81, 90; *Kahl*, in: L/R, GewO (I), § 1, Rn. 6.

Vorbehalt nicht[209]. Für Gewerbetreibende aus dem EU- bzw. EWR-Bereich gelten bestimmte Regelungen der GewO nicht (siehe § 4 Abs. 1, 2 GewO)

Zu II. Gewerbe ist jede nicht sozial unwertige, auf Gewinnerzielung gerichtete und auf Dauer angelegte selbständige Tätigkeit, ausgenommen Urproduktion, freie Berufe und bloße Verwaltung und Nutzung eigenen Vermögens (h.M.)[210]. Liegen sämtliche Begriffsmerkmale vor, muss zwecks Ausgrenzung nicht überwachungsbedürftiger Bagatellfälle das Gesamtbild der zu beurteilenden Tätigkeit den allgemeinen Vorstellungen von Gewerbe entsprechen (h.M. – Gewerbebegriff als Typusbegriff, Gesamtbildtheorie)[211].

Zu II. 1. a) Die Tätigkeit als solche darf nicht schlechthin gemeinschädlich sein[212]: Verstöße gegen Straf- oder andere Verbotsgesetze (z.B. „gewerbsmäßige" Hehlerei, § 260 StGB, „gewerbsmäßiges" Glücksspiel, § 284 StGB, „gewerbsmäßiger" Organhandel, § 17 TPG); Sittenwidrigkeit (z.B. kommerzielle Suizidbegleitung[213] und – zumindest früher – Prostitution[214]). Insoweit ist der Gewerbebegriff jedenfalls enger als der Berufsbegriff des Art. 12 Abs. 1 GG, aus dem teilweise gemeinschädliche Betätigungen nicht ausgegrenzt werden[215].

Zu II. 1. b) Gewinn ist ein unmittelbarer oder mittelbarer wirtschaftlicher Vorteil, der zu einem nennenswerten Überschuss der Einnahmen über die Ausgaben führt[216]. Aus nachweisbaren Tatsachen muss in zweifelhaften Fällen auf das subjektive Tatbestandsmerkmal der Gewinnabsicht geschlossen werden können. Zielerreichung und Mittelverwendung sind nicht entscheidend[217]. Es fehlt an der Gewinnabsicht beispielsweise, wenn nach der Gesamtkonzeption ein Gewinn nahezu auszuschließen ist („auf Verlust angelegtes Vorhaben")[218].

Zu II. 1. c) Erforderlich ist ein regelmäßiges, nicht nur gelegentliches Handeln[219]; Fortsetzungsabsicht genügt, sodass Unterbrechungen unerheblich sind[220]. Ausnahms-

---

209 *BVerwG*, NJW 1971, 1475, 1476; NVwZ-RR 2010, 636, 636; NVwZ 2002 598, 601; *OVG Magdeburg*, Beschluss vom 24.04.2006, 2 M 174/06, Juris Rn. 3 = BeckRS 2008, 32935; *Ennuschat*, in: T/W/E, GewO, § 1, Rn. 81, 90; *Kahl*, in: L/R, GewO (I), § 1, Rn. 6.

210 *BVerwG*, NJW 2013, 2214, 2214 m.w.N. zu Literatur und Rechtsprechung; *Ennuschat*, in: T/W/E, GewO, § 1, Rn. 2 m.w.N.; *Kahl*, in: L/R, GewO (I), Einleitung, Rn. 32 m.w.N.

211 *BVerwG*, NVwZ 1993, 775, 776; *Ennuschat*, in: T/W/E, GewO, § 1, Rn. 3 f.; *Kahl*, in: L/R, GewO (I), Einleitung, Rn. 48.

212 *VG Hamburg*, Beschluss vom 06.02.2009, 8 E 3301/08, Juris, Rn. 44 ff.; *Ennuschat*, in: T/W/E, GewO, § 1, Rn. 38 ff. m.w.N.; *Kahl*, in: L/R, GewO (I), Einleitung, Rn. 38 ff.

213 *VG Hamburg*, Beschluss vom 06.02.2009 8 E 3301/08, Juris, Rn. 49, 50.

214 *Ennuschat*, in: T/W/E, GewO, § 1, Rn. 42.

215 Siehe auch Prüfungsprogramm GR 6 und *Jarass*, in: Jarass/Pieroth, GG, Art. 12 Rn. 9 m.w.N. zum Meinungsstand.

216 *BVerwG*, NJW 2013, 2214, 2214; *Kahl*, in: L/R, GewO (I), Einleitung, Rn. 53 f.

217 *BVerwG*, NJW 2013, 2214, 2214; NVwZ 1995, 473, 474; *VG Hamburg*, Beschluss vom 06.02.2009, 8 E 3301/08, Juris, Rn. 45; *Kahl*, in: L/R, GewO (I), Einleitung, Rn. 53, 56.

218 *VG Hamburg*, Beschluss vom 06.02.2009, 8 E 3301/08, Juris, Rn. 45; *Kahl*, in: L/R, GewO (I), Einleitung, Rn. 53.

219 *Ennuschat*, in: T/W/E, GewO, § 1, Rn. 8; *Kahl*, in: L/R, GewO (I), Einleitung, Rn. 59.

220 *Ennuschat*, in: T/W/E, GewO, § 1, Rn. 9 f.; *Kahl*, in: L/R, GewO (I), Einleitung, Rn. 59.

weise kann auch einmaliges Handeln gewerblich sein[221], wenn es sich nach dem Gesamtgepräge als gewerblich darstellt.

Zu II. 1. d) Nach dem Gesamtbild der Verhältnisse darf keine Weisungsgebundenheit vorliegen[222]; kennzeichnend sind Unternehmerrisiko und -initiative[223].

Zu II. 2. a) Zur Urproduktion gehört die Gewinnung roher Naturerzeugnisse durch planmäßige Nutzung von Grund und Boden zur Erzeugung von Pflanzen und Tieren[224], ferner die Verwertung selbstgewonnener Naturerzeugnisse[225]; Nebenbetriebe teilen das Schicksal des Hauptbetriebs („schleichender" Übergang zum Gewerbebetrieb ist möglich)[226].

Zu II. 2. b) Erfasst sind zwei Fallgruppen: wissenschaftliche, künstlerische und schriftstellerische Tätigkeit höherer Art sind traditionell kein Gewerbe[227], ferner persönliche Dienstleistungen (eigenverantwortliche, unmittelbare, persönliche und individuelle Tätigkeit), die eine höhere Bildung (abgeschlossenes Hochschulstudium) erfordern[228].

Zu II. 2. c) In Grenzfällen ist zu fragen, ob die Tätigkeit dem Gesamtbild, insbesondere dem Umfang nach typisch privat oder doch eher typisch gewerblich ist[229].

Zu III. I. In subjektiver Hinsicht ist die Zuverlässigkeit eines Gewerbetreibenden die wichtigste materielle Voraussetzung (z.B. § 33a Abs. 2 Nr. 1 GewO, § 35 Abs. 1 GewO). Unzuverlässigkeit führt zur Erlaubnisversagung oder zum nachträglichen Eingreifen. Neben der Zuverlässigkeit kann es noch auf die Sachkunde (z.B. § 34b Abs. 5 GewO; besonders im Handwerk: Meisterprüfung, § 7a HwO) ankommen. In objektiver Hinsicht müssen zuweilen die Betriebsräume (z.B. § 30 Abs. 1 Satz 2 Nrn. 2-4 GewO) oder die Betriebseinrichtung (z.B. § 33e GewO) geeignet sein oder es wird eine besondere wirtschaftliche Leistungsfähigkeit (z.B. § 34 Abs. 1 Satz 3 GewO) verlangt.

Unzuverlässig ist derjenige, der nach dem Gesamteindruck seines Verhaltens keine Gewähr dafür bietet, dass er sein Gewerbe ordnungsgemäß ausüben wird[230]. Der unbestimmte Rechtsbegriff ist gerichtlich voll überprüfbar (Art. 19 Abs. 4 Satz 1 GG)[231]. Aufgrund nachweisbarer Tatsachen der Vergangenheit mit Gewerbebezug ist eine

---

221 *Ennuschat*, in: T/W/E, GewO, § 1, Rn. 11.
222 *Ennuschat*, in: T/W/E, GewO, § 1, Rn. 28 ff.; *Kahl*, in: L/R, GewO (I), Einleitung, Rn. 35.
223 *Ennuschat*, in: T/W/E, GewO, § 1, Rn. 31; *Kahl*, in: L/R, GewO (I), Einleitung, Rn. 35.
224 *Ennuschat*, in: T/W/E, GewO, § 1, Rn. 50 ff.; *Kahl*, in: L/R, GewO (I), Einleitung, Rn. 63.
225 *Ennuschat*, in: T/W/E, GewO, § 1, Rn. 53 ff.; *Kahl*, in: L/R, GewO (I), Einleitung, Rn. 63.
226 *Ennuschat*, in: T/W/E, GewO, § 1, Rn. 54; *Kahl*, in: L/R, GewO (I), Einleitung, Rn. 63 f.
227 *BVerwG*, NJW 2013, 2214, 2215 m.w.N.; NJW 2008, 1974, 1974 f.; *Kahl*, in: L/R, GewO (I), Einleitung, Rn. 61, 66 f.
228 *BVerwG*, NJW 2013, 2214, 2215 m.w.N.; NJW 2008, 1974, 1974 f.; *Kahl*, in: L/R, GewO (I), Einleitung, Rn. 61, 66, 68.
229 *BVerwG*, NVwZ 1993, 775, 776; *Kahl*, in: L/R, GewO (I), Einleitung, Rn. 52.
230 *BVerwG*, NVwZ 1995, 392, 392; NVwZ-RR 1992, 414, 414; NVwZ-RR 1991, 408, 408; *Ennuschat*, in: T/W/E, GewO, § 35, Rn. 27; *Marcks*, in: L/R, GewO (I), § 35, Rn. 29 m.w.N.
231 BVerwGE 28, 202, 209 f.; *VG Hamburg*, Urteil vom 21.09.1998, 13 VG 846/97, Juris, Rn. 25; *Ennuschat*, in: T/W/E, GewO, § 35, Rn. 27; *Marcks*, in: L/R, GewO (I), § 35, Rn. 29.

Prognoseentscheidung zu treffen[232]. Auf ein Verschulden des Gewerbetreibenden kommt es nicht an[233]. Bei juristischen Personen ist maßgeblich die Geschäftstätigkeit der juristischen Person selbst[234] oder die Zurechnung der Unzuverlässigkeit des leitenden Personals[235]. Berufsfreiheit und Verhältnismäßigkeit verlangen ein Fehlverhalten von entsprechendem Gewicht[236].

Fallbezogene Vertiefung

Frotscher/Kramer, Rn. 314 ff., Rn. 330 ff., Rn. 354 ff.; *Hamdan*, JA 2007, 249 ff.; *Proppe*, JA 2006, 451 ff.; *Ronellenfitsch/Maier*, JuS 2007, 1015 ff.

232 *BVerwG*, Beschluss vom 26.02.1997, 1 B 34/97, Juris, Rn. 8; *Ennuschat*, in: T/W/E, GewO, § 35, Rn. 27 ff.; *Marcks*, in: L/R, GewO (I), § 35, Rn. 31 ff.

233 *Ennuschat*, in: T/W/E, GewO, § 35, Rn. 34; *Marcks*, in: L/R, GewO (I), § 35, Rn. 29.

234 *Marcks*, in: L/R, GewO (I), § 35, Rn. 65.

235 *Marcks*, in: L/R, GewO (I), § 35, Rn. 65.

236 *BVerwG*, Beschluss vom 26.02.1997, 1 B 34/97, Juris, Rn. 8; *VG Schleswig*, NJW 2001, 387, 387; *Ennuschat*, in: T/W/E, GewO, § 35, Rn. 27; *Marcks*, in: L/R, GewO (I), § 35, Rn. 79.

Prüfungsprogramm 13:
Gewerbearten und Regelungsbereiche

I. Marktgewerbe (§§ 64-68 GewO) → §§ 64-71b GewO

II. Reisegewerbe (§ 55 Abs. 1 GewO) → §§ 55-61a GewO

III. Stehendes Gewerbe (≠ Reise-/Marktgewerbe)
1. **Handwerk** (§ 1 Abs. 2, § 18 Abs. 2 HwO) → HwO
2. **Gaststättengewerbe** (§ 1 GastG) → GastG (bzw. LdGastG)
3. **Sonstiges stehendes Gewerbe** → §§ 14-52 GewO

Hinweise

Zu I. Das Marktgewerbe umfasst die in den §§ 64-68 GewO umschriebenen Messen, Ausstellungen und Märkte. Auf die zum Reisegewerbe gehörenden Volksfeste (§ 60b Abs. 1 GewO), die nicht mit den Jahrmärkten nach § 68 Abs. 2 GewO verwechselt werden dürfen, sind viele Vorschriften des Marktgewerberechts entsprechend anzuwenden (§ 60b Abs. 2 GewO).

Zu II. Das Reisegewerbe ist legal definiert in § 55 Abs. 1 GewO. Entscheidendes Kriterium für die Abgrenzung zum stehenden Gewerbe ist das Tatbestandsmerkmal „ohne vorhergehende Bestellung", dessen Vorliegen zu bejahen ist, wenn die Initiative zur geschäftlichen Kontaktaufnahme vom Gewerbetreibenden und nicht von dem Kunden ausgeht[237].

Zu III. Stehendes Gewerbe ist jedes Gewerbe, dass weder Reise- noch Marktgewerbe ist (Negativabgrenzung)[238]. Viele Bereiche des stehenden Gewerbes wurden seit 1869 aus der GewO in Spezialgesetze überführt, namentlich das Gaststättengewerbe[239] und das Handwerk[240]. Das von der HwO erfasste Handwerk ergibt sich aus § 1 Abs. 2 und § 18 Abs. 2 HwO. Für das Gaststättengewerbe ist zu differenzieren: In Ländern, die (noch) keine eigenen Landesgaststättengesetze erlassen haben, ist das GastG (Bund) maßgeblich (vgl. Art. 125a Abs. 1 GG). Die Abgrenzung zum allgemeinen stehenden Gewerbe erfolgt nach § 1 GastG (Bund). Das GastG (Bund) ersetzende Landesgaststättengesetze, die für das örtliche Gaststättengewerbe (nunmehr) bestimmend sind, gibt es in Baden-Württemberg (2009), Brandenburg (2008), Bremen (2009), Hessen (2012), Niedersachsen (2011), dem Saarland (2011), Sachsen (2011) und Thüringen (2008)[241]. Liegt weder Marktgewerbe noch Reisegewerbe, Handwerk oder Gaststät-

237 *Schönleiter*, in: L/R, GewO (I), § 55, Rn. 30; *Ennuschat*, in: T/W/E, GewO, § 55, Rn. 7.
238 *Marcks*, in: L/R, GewO (I), § 14, Rn. 38 m.w.N.; *Ennuschat*, in: T/W/E, GewO, § 14, Rn. 12; *Vollmöller*, in: S/V, § 8, Rn. 17.
239 GastG vom 28.04.1930, RGBl. 1930, S. 146; zuvor geregelt in § 33 GewO.
240 HwO vom 17.09.1953 BGBl. 1953, S. 1411; zuvor geregelt in §§ 81 ff. GewO.
241 Siehe Sartorius 810, Fn. 2 mit Nachweisen zu den Landesgaststättengesetzen.

tengewerbe vor, sind für die Reglementierung des Gewerbetreibenden die §§ 14-52 GewO maßgeblich.

Fallbezogene Vertiefung

Frotscher/Kramer, Rn. 421 ff., Rn. 485 ff., Rn. 530 ff.; *Hamdan*, Grundzüge des Gewerberechts, JA 2007, 249 ff.

Prüfungsprogramm 14: Regelungsinstrumentarium

I. Anzeigepflicht

II. Besonders überwachungsbedürftiges Gewerbe

III. Abgrenzung: erlaubnispflichtiges oder erlaubnisfreies Gewerbe

IV. Erlaubnisfreies Gewerbe – reaktive Eingriffsbefugnis
1. Beschränkung der Gewerbeausübung
2. Verbot der Gewerbeausübung

V. Erlaubnispflichtiges Gewerbe – präventives Verbot mit Erlaubnisvorbehalt
1. Erlaubnis
2. Nebenbestimmung zur Erlaubnis
3. Nachträgliche Anordnung
4. Rücknahme/Widerruf der Erlaubnis
5. Verbot bei Illegalität

VI. Repressives Verbot mit Ausnahme-/Befreiungsvorbehalt

Hinweise

Unabhängig von der Gewerbeart und den anzuwendenden Vorschriften (HwO, GastG und – allgemein – GewO) folgen die Regelungsinstrumentarien des Gewerberechts einem vergleichbaren Muster. Ist eines oder sind mehrere der genannten Instrumentarien nicht vorgesehen für die in Rede stehende Gewerbeart, kann auf das nächst allgemeinere Gesetz zurückgegriffen werden; ggfs. kommt das VwVfG (Land) zur Anwendung. § 4 Abs. 1, 2 GewO ist zu beachten.

Zu I. Für das stehende Gewerbe besteht eine Anzeigepflicht nach § 14 GewO, für das Handwerk nach § 16 Abs. 1, 2, § 18 Abs. 1 HwO, für das Reisegewerbe nach § 55c GewO. Daneben sind teilweise noch weitere Anzeigepflichten zu beachten, z.B. nach § 56a Abs. 1 GewO, § 10 Satz 3 GastG (Bund).

Zu II. Bei den in § 38 GewO genannten Gewerbezweigen hat die zuständige Behörde nach Anmeldung bzw. Ummeldung unverzüglich die Zuverlässigkeit des Gewerbetreibenden zu überprüfen. Fehlt sie, kommt eine Untersagung nach § 35 Abs. 1 GewO in Betracht.

Zu III. Ein Gewerbe kann ohne vorherige Erlaubnis betrieben werden, wenn der Gesetzgeber keine Erlaubnispflicht begründet hat. Hervorzuheben sind die Abgrenzungen im Reisegewerberecht nach § 55 Abs. 2, §§ 55a, b GewO, im Handwerksrecht nach § 1 Abs. 2, § 18 Abs. 2 HwO, im Gaststättenrecht nach §§ 2, 14, 26 GastG (Bund) und im allgemeinen Gewerberecht nach §§ 30 ff. GewO.

Zu IV. Die Untersagung erlaubnisfreier Tätigkeiten erfolgt nach § 59 GewO (Reisegewerbe) oder nach § 35 Abs. 1 GewO (Handwerk, Gaststättengewerbe, allgemeines stehendes Gewerbe). Beschränkungen in Form von Anordnungen (§ 5 Abs. 2 GastG) oder Teiluntersagungen (§ 35 Abs. 1 GewO (Wortlaut), § 59 GewO (Ermessen)[242]) sind möglich.

Zu V. Das Instrumentarium für das Marktgewerbe findet sich umfassend in den §§ 69, 69a, b GewO soweit es um die Festsetzung einer Veranstaltung geht. Die Marktteilnahme ist in den §§ 70, 70a GewO geregelt.

Für die Erteilung der Reisegewerbekarte ist § 57 GewO maßgeblich; Nebenbestimmungen und nachträgliche Anordnungen ergehen aufgrund des § 55 Abs. 3 GewO. Illegales Reisegewerbe kann nach § 60d GewO verboten werden. Rücknahme und Widerruf der Reisegewerbekarte richten sich nach §§ 48, 49 VwVfG (Land).

Die Eintragung in die Handwerksrolle ist Gegenstand der §§ 6, 7 HwO, die Löschung des § 13 HwO. Bei Verstößen gegen die HwO kann das Handwerk nach § 16 Abs. 3 HwO untersagt und der Betrieb nach § 16 Abs. 9 HwO geschlossen werden. Bei Unzuverlässigkeit greift § 35 Abs. 1 GewO ein.

Im Gaststättenrecht (Bund) sind zu unterscheiden die (endgültige) Erlaubnis nach § 4 GastG, die Stellvertretererlaubnis nach § 9 GastG, die vorläufige Erlaubnis nach § 11 GastG und die Gestattung nach § 12 GastG. Nebenbestimmungen richten sich nach § 3 Abs. 2, § 5 Abs. 1 GastG, ggf. ergänzend nach § 36 Abs. 1 VwVfG (Land). Nachträgliche Anordnungen sind nach § 5 Abs. 1 GastG möglich. Für die Rücknahme einer Erlaubnis kommt es auf § 15 Abs. 1, 4 GastG an, bei Lücken auf § 48 VwVfG (Land)[243]. Der Widerruf ist abschließend in § 15 Abs. 2-4 GastG geregelt, sodass kein Rückgriff auf § 49 VwVfG (Land) möglich ist[244]. Fehlt die erforderliche Erlaubnis kann eine sog. Schließungsverfügung nach § 15 Abs. 2 GewO i.V.m. § 31 GastG ergehen.

Die Gewerbeordnung regelt Erlaubniserteilung, Nebenbestimmungen und nachträgliche Anordnungen in den §§ 30-34f GewO. Ergänzend greift § 36 VwVfG (Land) ein. Rücknahme und Widerruf erfolgen weitgehend nach §§ 48, 49 VwVfG Land (Ausnahme: § 33d Abs. 4, 5 GewO); oftmals geht es um einen Widerruf nach § 49 Abs. 2 Satz 1 Nr. 3 VwVfG (Land). Ein illegal betriebenes Gewerbe kann nach § 15 Abs. 2 GewO verhindert werden.

Zu VI. Besonders gefahrgeneigte Tätigkeiten unterfallen im Reisegewerbe einem repressiven Verbot (§ 56 Abs. 1 GewO), von dem generell (§ 56 Abs. 2 Sätze 1 und 2 GewO) oder im Einzelfall (§ 56 Abs. 2 Satz 3 GewO) Ausnahmen möglich sind. Will man in diesen Bereichen tätig werden, bedarf es zunächst der Ausnahme nach § 56

---

242 *VGH Mannheim*, NVwZ-RR 1994, 389, 389; *Ennuschat*, in: T/W/E, GewO, § 59, Rn. 8.
243 *Metzner*, GastG, § 15, Rn. 39 ff.; *Kopp/Ramsauer*, VwVfG, § 48, Rn. 46.
244 *BVerwG*, NVwZ 1989, 453, 455; *Metzner*, GastG, § 15, Rn. 44 m.w.N.; *Kopp/Ramsauer*, VwVfG, § 49, Rn. 20b.

Abs. 2 Satz 3 GewO, damit sodann die Reisegewerbekarte nach § 57 GewO erteilt werden kann.

Fallbezogene Vertiefung

Frotscher/Kramer, Rn. 370 ff., Rn. 403 ff., Rn. 485 ff., Rn. 506 ff., Rn. 530 ff., Rn. 554 ff.; *Gas*, Jura 2011, 781 ff.; *Hamdan*, JA 2007, 249 ff.; Richers, Jura 2011, 139 ff.; *Schmehl*, JA 2010, 128 ff.; *Schmidt am Busch*, Jura 2009, 473 ff.; *Schoberth*, JuS 2011, 730 ff.; *Wendt/Heintz*, Jura 2012, 314 ff.

Prüfungsprogramm 15:
Durchsetzung der Anzeigepflicht nach § 14 Abs. 1 Satz 1 GewO durch Verwaltungsakt

I. Rechtsgrundlage: § 14 Abs. 1 Satz 1 GewO

II. Voraussetzungen
- 1. **Formelle Voraussetzungen**
  - a) **Zuständigkeit**
    - aa) Sachlich: siehe Landesrecht, § 155 Abs. 2 GewO
    - bb) Örtlich: § 3 VwVfG (Land)
  - b) **Verfahren**, insbesondere
    - aa) Anhörung des Gewerbetreibenden, § 28 VwVfG (Land)
    - bb) Ggfs. Heilung nach § 45 Abs. 1 Nr. 3 VwVfG (Land)
  - c) **Form**, § 37 Abs. 2 Satz 1 VwVfG (Land)
- 2. **Materielle Voraussetzungen**
  - a) Anwendbarkeit der GewO, § 6 Abs. 1 GewO
  - b) Gewerbe
  - c) stehendes Gewerbe (≠ Reise-/Marktgewerbe)[245], Zweigniederlassung, unselbständige Zweigstelle
  - d) Selbständiger Betrieb (siehe Gewerbebegriff)
  - e) Betriebsbeginn, Betriebsverlegung, Gegenstandswechsel/-ausdehnung, Betriebsaufgabe
  - f) Anzeigepflichtiger: Gewerbetreibender
  - g) Keine Erfüllung der Anzeigepflicht, § 14 Abs. 14 GewO i.V.m. RVO; bis RVO-Erlass: § 14 Abs. 4 GewO a.F., § 158 GewO

III. Rechtsfolge: Ermessen hinsichtlich der Durchsetzung durch VA

Hinweise

Die Anzeigepflicht wird für den Gewerbetreibenden unmittelbar kraft Gesetzes begründet (beachte § 4 Abs. 1, 2 GewO). Ihre Nichtbeachtung ist bußgeldbewehrt nach § 146 Abs. 2 Nr. 2 a) GewO. Gleichwohl versucht die Verwaltung die Anzeigepflicht oftmals durch Erlass eines auffordernden Verwaltungsakts durchzusetzen. Es ist also abzugrenzen: Liegt noch eine bloße Information, Belehrung oder Mahnung vor oder schon ein Verwaltungsakt im Sinne des § 35 VwVfG (Land)?[246]

Zu I. Nach h.M. stellt § 14 Abs. 1 Satz 1 GewO trotz fehlender VA-Befugnis eine hinreichende Rechtsgrundlage für die Durchsetzung der Anzeigepflicht im Verfügungswege

245 Prüfungsprogramm 13.
246 Vgl. *BVerwG*, NVwZ 1991, 267, 267 f.; *VG Lüneburg*, NVwZ-RR 1998, 427, 427; *Ennuschat*, in: T/W/E, GewO, § 14, Rn. 88 f.

dar[247]. Lehnt man dies ab, kann man erwägen, ob die ordnungsbehördliche Generalklausel ergänzend herangezogen werden kann, da es bei der Anzeigepflicht nicht um die Gewerbezulassung, sondern um die Gewerbeausübung geht, der Vorbehalt des § 1 Abs. 1 GewO also nicht zum Tragen kommt[248]. Die Verletzung der Anzeigepflicht wäre als Störung der öffentlichen Sicherheit anzusehen. Inzident wäre also auch auf diesem Weg die gesetzliche Pflicht nach § 14 Abs. 1 GewO zu prüfen.

Zu II. 2. Oftmals wird die Anzeigepflicht mit Hinweis auf die Nichtanwendbarkeit der GewO nach § 6 Abs. 1 GewO bestritten[249]. Darüber hinaus wird vielfach das Vorliegen eines Gewerbes verneint, sodass es auf den Gewerbebegriff ankommt[250]. Schließlich entfällt für den Gewerbetreibenden die Anzeigepflicht nicht schon deshalb, weil die Behörde Kenntnis von dem Gewerbebetrieb hat[251]. Die Anzeige muss vielmehr in der vorgesehenen Form erfolgen.

Zu III. Die durch den Gesetzgeber begründete Anzeigepflicht steht nicht zur Disposition der Verwaltung. Ihr muss allerdings Ermessen eingeräumt sein hinsichtlich der Frage, ob und wie sie diese Pflicht durch Erlass eines VA durchsetzen will.

Fallbezogene Vertiefung

Frotscher/Kramer, Rn. 330 ff.

247 *BVerwG*, NJW 2013, 2214, 2214 m.w.N.; NVwZ 1991, 267, 268; NVwZ 1988, 56, 56; *Ennuschat*, in: T/W/E, GewO, § 14, Rn. 88; *Martinez*, in: BeckOK GewO, § 14, Rn. 86.

248 *BVerwG*, NJW 1971, 1475, 1476; NVwZ-RR 2010, 636, 636; NVwZ 2002 598, 601; *OVG Magdeburg*, Beschluss vom 24.04.2006, 2 M 174/06, Juris Rn. 3 = BeckRS 2008, 32935; vgl. auch Hinweis im Urteil des *OVG Hamburg* vom 06.07.1993, Bf. VI 12/91, Juris, Rn. 85 (insoweit nicht abgedruckt in NVwZ 1994, 192; *Ennuschat*, in: T/W/E, GewO, § 1, Rn. 81, 90 f.

249 Siehe nur *BVerwG*, NVwZ 1988, 56, 57 f.; *VG Hamburg*, Urteil vom 15.01.2002, 14 VG 2162/2000, Juris, Rn. 19 bis 24; *VG Hamburg*, Urteil vom 16.10.1997, 17 VG 3138/97, Juris, Rn. 15 ff.

250 Siehe nur *BVerwG*, NJW 2013, 2214, 2215 m.w.N.; NVwZ 1995, 473, 474 f.; NVwZ 1988, 56, 56 f.

251 *VG Hamburg*, Urteil vom 16.10.1997, 17 VG 3138/97, Juris, Rn. 14; *VG Hamburg*, NVwZ 1991, 806, 808; *Martinez*, in: BeckOK GewO, § 14, Rn. 28.

Prüfungsprogramm 16:
Gewerbeuntersagung nach § 35 Abs. 1 Satz 1 GewO

I. Rechtsgrundlage: § 35 Abs. 1 Satz 1 GewO

II. Voraussetzungen
1. **Formelle Voraussetzungen**
   a) **Zuständigkeit**
      aa) Sachlich: siehe Landesrecht, § 155 Abs. 2 GewO
      bb) Örtlich: § 35 Abs. 7 GewO
   b) **Verfahren**, insbesondere
      aa) Anhörung des Gewerbetreibenden, § 28 VwVfG (Land)
      bb) Anhörung öffentlicher Stellen, § 35 Abs. 4 GewO
      cc) Ggfs. Heilung nach § 45 Abs. 1 Nr. 3, 5 VwVfG (Land)
   c) **Form**, § 37 Abs. 2 Satz 1 VwVfG (Land)
2. **Materielle Voraussetzungen**
   a) Anwendbarkeit
      aa) der Gewerbeordnung, § 6 Abs. 1 GewO
      bb) des § 35 Abs. 1-7a GewO (§ 35 Abs. 8, 9 GewO)
   c) Ausübung eines stehenden Gewerbes zu Beginn des Untersagungsverfahrens (§ 35 Abs. 1 Satz 3 GewO)
   d) Unzuverlässigkeit[252]
      aa) des Gewerbetreibenden selbst
      bb) Zurechnung des Verhaltens einer mit der Leitung des Gewerbebetriebes beauftragten Person
   e) Erforderlichkeit der Gewerbeuntersagung
      aa) zum Schutz der Allgemeinheit
      bb) zum Schutz der im Betrieb Beschäftigten
   f) Erforderlichkeit einer Voll- oder Teiluntersagung oder genügen mildere Alternativmaßnahmen?

III. Rechtsfolge: gebundene Entscheidung

Hinweise

Zu I. Ein konkret ausgeübtes Gewerbe wird nach § 35 Abs. 1 Satz 1 GewO untersagt. Eine Erweiterung der Untersagung ist nach § 35 Abs. 1 Satz 2 GewO möglich. Eine Wiedergestattung der untersagten gewerblichen Tätigkeit erfolgt aufgrund des § 35 Abs. 6 GewO.

Zu II. 2. a) bb) § 35 Abs. 8 GewO bewirkt, dass eine Untersagung nach § 35 Abs. 1 Satz 1 GewO zumeist nur bei erlaubnisfreiem Gewerbe in Betracht kommt[253]; anders

252 Prüfungsprogramm 12.
253 *Ennuschat*, in: T/W/E, GewO, § 35, Rn. 252.

aber bei Unzuverlässigkeit im zulassungspflichtigen Handwerk (vgl. § 16 Abs. 3 HwO)[254] oder wenn ein Unzuverlässiger ohne Erlaubnis ein erlaubnispflichtiges Gewerbe betreibt (§ 35 neben § 15 Abs. 2 GewO; h.M.)[255]. Während eines Insolvenzverfahrens ist § 12 GewO zu beachten.

Zu II. 2. f) Tatbestandliche Ausformung des Verhältnismäßigkeitsgrundsatzes[256]. Milder als die Voll- ist die Teiluntersagung, weitere mildere Maßnahmen sind: Abmahnung, nachträgliche Anordnungen, verstärkte behördliche Kontrollen etc[257].

Zu III. Die Untersagung nach Satz 1 ist anders als die nach Satz 2 GewO nicht als Ermessens-, sondern als gebundene Entscheidung ausgestaltet. Verhältnismäßigkeitserwägungen, insbesondere im Hinblick auf die Berufsfreiheit des Gewerbetreibenden (Art. 12 Abs. 1 GG), sind deshalb bei der Auslegung des Tatbestandes anzustellen[258].

Fallbezogene Vertiefung

Frotscher/Kramer, Rn. 354 ff.; *Hamdan*, JA 2007, 249 ff.; *Weber*, JA 2009, 457 ff.

254 *BVerwG*, VerwRspr. 1971, 487, 489; *Marcks*, in: L/R, GewO (I), § 35, Rn. 19.

255 *BVerwG*, NVwZ 1982, 557, 558; *Ennuschat*, in: T/W/E, GewO, § 35, Rn. 253 f.; *Marcks*, in: L/R, GewO (I), § 35, Rn. 19, 197.

256 *Ennuschat*, in: T/W/E, GewO, § 35, Rn. 117, 122.

257 *Ennuschat*, in: T/W/E, GewO, § 35, Rn. 121; *Stober/Eisenmenger*, § 46 I 5 g.

258 *Stober/Eisenmenger*, § 46 I 5 h; *Schulze-Fielitz*, NVwZ 1993, 1157, 1162; *Ennuschat*, in: T/W/E, GewO, § 35, Rn. 122 ff.

Prüfungsprogramm 17: Erlaubniserteilung

I. Rechtsgrundlagen:
1. Marktgewerbe: §§ 69, 69a GewO – Festsetzung
2. Reisegewerbe: § 57 GewO – Reisegewerbekarte
3. Gaststättengewerbe: §§ 4, 9, 11, 12 GastG (verschiedene)
4. Handwerk: §§ 6, 7 HwO – Eintragung in die Handwerksrolle
5. Sonstiges Gewerbe: §§ 30 ff. GewO (verschiedene)

II. Voraussetzungen
1. **Formelle Voraussetzungen**
   a) **Zuständigkeit**
      aa) Sachlich: siehe Landesrecht, § 155 Abs. 2 GewO
      bb) Örtlich: § 3 VwVfG (Land) oder Spezialnorm, z.B. § 61 GewO
   b) **Verfahren**, insbesondere Antrag
   c) **Form** der Erlaubnis
2. **Materielle Voraussetzungen**
   a) Erlaubnispflichtiges Gewerbe
   b) Erlaubniskriterien nach Erlaubnistatbestand, z.B.
      aa) Zuverlässigkeit
      bb) Sachkunde
      cc) Anforderungen an die Betriebsräume
      dd) Anforderungen an die Betriebseinrichtung
      ee) Anforderungen an die wirtschaftliche Leistungsfähigkeit

III. Rechtsfolge: gebundene Entscheidung

Hinweise

Zu II. 1. b) Das Antragserfordernis ergibt sich implizit aus den für die Erlaubniserteilung maßgeblichen Vorschriften. Formale und inhaltliche Anforderungen an den Antrag werden in der Regel nicht ausdrücklich gestellt. Anders ist dies im Gaststättenrecht (Schrift- bzw. Textform, inhaltliche Vorgaben, siehe nur HmbGastVO[259], BlnGastVO[260]). Werden die in § 6a GewO vorgegebenen Entscheidungsfristen nicht beachtet, wird die Erlaubniserteilung fingiert. Relevant ist dies insbesondere für das Marktgewerbe, das Reisegewerbe, das Gaststättengewerbe und die Schaustellung von Personen.

Zu II. 1. c) Für die Erlaubniserteilung ist zumeist keine Form vorgeschrieben. Gleichwohl wird sie in der Regel schriftlich erfolgen. Formvorgaben finden sich aber in einzelnen Gewerbebereichen, so im Reisegewerberecht (Reisegewerbekarte, § 55 Abs. 2

259 Verordnung über den Betrieb von Gaststätten (Gaststättenverordnung – GastVO) vom 27.04.1971 (HmbGVBl. 1971, S. 81) mit späteren Änderungen.
260 Verordnung zur Ausführung des Gaststättengesetzes (Gaststättenverordnung – GastV) vom 10.09.1971 (GVBl. S. 1778) mit späteren Änderungen.

GewO, die mitgeführt und ggfs. vorgezeigt werden muss, § 60c GewO), im Gaststättenrecht (Erlaubnisurkunde, § 3 Abs. 1 Satz 2 GastG (Bund), im Handwerksrecht (Eintragung in die Handwerksrolle, siehe nur § 1 Abs. 1 HwO).

Zu II. 2. Implizit ist die Erlaubnispflicht Voraussetzung der Erlaubniserteilung. Der materielle Erlaubnistatbestand ist teilweise positiv (z.B. § 69 Abs. 1 GewO, § 7 HwO), teilweise negativ (Versagungsgründe, z.B. § 69a Abs. 1 GewO, § 57 GewO, § 4 GastG, § 30 Abs. 1 Satz 2, § 33a Abs. 2 GewO) formuliert. Die Zuverlässigkeit[261] des Gewerbetreibenden ist die zentrale Voraussetzung für die Aufnahme einer erlaubnispflichtigen Tätigkeit. Beispiele fehlender Zuverlässigkeit werden in einzelnen Erlaubnistatbeständen zuweilen genannt (z.B. § 4 Abs. 1 Satz 1 Nr. 1 GastG, § 34b Abs. 4 Nr. 1 GewO). Daneben wird manchmal auch eine besondere Sachkunde gefordert (z.B. § 4 Abs. 1 Satz 1 Nr. 4 GastG (Bund), § 34b Abs. 5, § 34f Abs. 2 Nr. 4 GewO, § 7a HwO). Darüber hinausgehende Anforderungen an Betriebsräume finden sich z.B. in § 30 Abs. 1 Satz 2 Nrn. 2-4 GewO, § 4 Abs. 1 Satz 1 Nrn. 2, 2a GastG (Bund), an die Betriebseinrichtungen z.B. in § 33e GewO, und an die wirtschaftliche Leistungsfähigkeit z.B. in § 34 Abs. 1 Satz 3 GewO. Beziehen sich Erlaubnisse auf Eigenschaften der Person des Gewerbetreibenden, werden sie als Personalkonzessionen bezeichnet[262]; beziehen sie sich auf den Gewerbebetrieb als solchen, geht es um Sachkonzession[263]. Werden Anforderungen in beiderlei Hinsicht gestellt, spricht man von sachgebundenen Personalkonzessionen[264] oder auch gemischte Konzessionen[265].

Zu III. Unabhängig von der Formulierung der Norm, ist bei Vorliegen des positiv formulierten Erlaubnistatbestandes bzw. bei Fehlen von Versagungsgründen die Erlaubnis zu erteilen (gebundene Entscheidung)[266]. Das gebietet schon Art. 12 Abs. 1 GG. Nur in seltenen Fällen (z.B. § 56 GewO) mag dies aufgrund einer vorrangig zu erteilenden, im Ermessen stehenden Ausnahme anders aussehen.

Fallbezogene Vertiefung

Frotscher/Kramer, Rn. 370 ff., Rn. 421 ff., Rn. 485 ff.; *Hamdan*, JA 2007, 249 ff.; *Schoberth*, JuS 2011, 730 ff.; *Wendt/Heintz*, Jura 2012, 314 ff.

261 Prüfungsprogramm 12.
262 *Vollmöller*, in: S/V, § 8, Rn. 44; *Frotscher/Kramer*, Rn. 377.
263 *Vollmöller*, in: S/V, § 8, Rn. 44; *Frotscher/Kramer*, Rn. 377.
264 *Frotscher/Kramer*, Rn. 377.
265 *Vollmöller*, in: S/V, § 8, Rn. 44; *Frotscher/Kramer*, Rn. 377.
266 *Vollmöller*, in: S/V, § 8, Rn. 42.

Prüfungsprogramm 18: Schließungsverfügung, § 15 Abs. 2 Satz 1 GewO

I. Rechtsgrundlage: § 15 Abs. 2 Satz 1 GewO

II. Voraussetzungen

1. **Formelle Voraussetzungen**
   a) **Zuständigkeit**
      aa) Sachlich: siehe Landesrecht, § 155 Abs. 2 GewO
      bb) Örtlich: § 3 VwVfG (Land)
   b) **Verfahren**, insbesondere
      aa) Anhörung des Gewerbetreibenden, § 28 VwVfG (Land)
      bb) Etwaiger Anhörungsfehler kann nach § 45 Abs. 1 Nr. 3 VwVfG (Land) geheilt werden
   c) **Form**, § 37 Abs. 2 Satz 1 VwVfG (Land)
2. **Materielle Voraussetzungen**
   a) Selbständiges, stehendes Gewerbe
   b) Ausübung des Gewerbes ist zulassungspflichtig
   c) Erforderliche Zulassung fehlt – formelle Illegalität

III. Rechtsfolge: Ermessen – insbes. materielle Illegalität

Hinweise

Zu I. Subsidiarität besteht gegenüber Spezialregelungen, z.B. § 16 Abs. 3 HwO, § 20 Abs. 2 BImSchG. Im Gaststättenrecht ist § 15 Abs. 2 Satz 1 GewO aufgrund des § 31 GastG anwendbar.

Zu II. 2. b) An dieser Stelle ist die Abgrenzung des erlaubnispflichtigen vom erlaubnisfreien Gewerbe vorzunehmen[267].

Zu II. 2. c) Sog. formelle Gewerberechtswidrigkeit[268] liegt vor, wenn die erforderliche Zulassung fehlt (nicht beantragt, versagt, nichtig (vgl. § 43 Abs. 3 VwVfG (Land)), zurückgenommen oder widerrufen (vgl. § 43 Abs. 2 VwVfG (Land))[269]. Ein wichtiger Fall ist der Widerruf der Erlaubnis nach § 49 Abs. 2 Satz 1 Nr. 3 VwVfG (Land) – oder entsprechender Spezialvorschrift – unter gleichzeitiger Anordnung der sofortigen Vollziehung (§ 80 Abs. 2 Satz 1 Nr. 4, Abs. 3 VwGO).

Zu III. Liegt neben formeller Illegalität auch materielle Illegalität (hier sog. materielle Gewerberechtswidrigkeit[270]) vor, weil die Zulassung nicht erteilt werden kann, ist eine

267 Prüfungsprogramm 14.
268 Zum Begriff *Stober/Eisenmenger*, § 46 I 8 a.
269 *Stober/Eisenmenger*, § 46 I 8 a.
270 Zum Begriff *Stober/Eisenmenger*, § 46 I 8 a.

Schließungsverfügung ermessensfehlerfrei möglich[271]. Ist das Vorhaben nur formell illegal, aber materiell legal (hier sog. materielle Gewerberechtsmäßigkeit), besteht zunächst die Pflicht, den Gewerbetreibenden aufzufordern, die Zulassung zu beantragen[272]. Bleibt der Gewerbetreibende nachhaltig untätig, kann eine Schließungsverfügung ergehen[273]. Wurde ein Antrag auf Zulassung bereits gestellt[274] oder steht er unmittelbar bevorsteht[275], ist eine sofortige Schließung ermessensfehlerhaft. Auch bei rechtswidriger Zulassungsversagung darf keine Schließungsverfügung erlassen werden[276]. Ist nach dem Vorgesagten eine Schließung grundsätzlich möglich, hat die Behörde weiterhin Ermessen, wie sie gegen den Betrieb vorgehen will[277]: Schließung des Betriebes oder Teilschließung[278] oder zeitlich verzögerte Schließung zwecks Durchführung der Abwicklung[279]. Die Schließungsverfügung ist der (Grund-)Verwaltungsakt, der mit den Mitteln des Verwaltungszwangs durchgesetzt werden kann (Vollstreckungsrecht)[280].

Fallbezogene Vertiefung

Frotscher/Kramer, Rn. 395 ff.; *Hamdan*, JA 2007, 249 ff.

271 *VGH Mannheim*, NVwZ 1987, 338, 338; *Ennuschat*, in: T/W/E, GewO, § 15, Rn. 21; *Sydow*, in: BeckOK GewO, § 15, Rn. 39; *Vollmöller*, in: S/V, § 8, Rn. 53; *Stober/Eisenmenger*, § 46 I 8 b.

272 *Marcks*, in: L/R, GewO (I), § 15, Rn. 15; *Sydow*, in: BeckOK GewO, § 15, Rn. 36; *Vollmöller*, in: S/V, § 8, Rn. 53; *Stober/Eisenmenger*, § 46 I 8 b; etwas weniger großzügig: *Ennuschat*, in: T/W/E, GewO, § 15, Rn. 25 f.

273 *Ennuschat*, in: T/W/E, GewO, § 15, Rn. 26; *Marcks*, in: L/R, GewO (I), § 15, Rn. 15; *Sydow*, in: BeckOK GewO, § 15, Rn. 37; *Stober/Eisenmenger*, § 46 I 8 b.

274 *Marcks*, in: L/R, GewO (I), § 15, Rn. 15; *Sydow*, in: BeckOK GewO, § 15, Rn. 38.

275 *Marcks*, in: L/R, GewO (I), § 15, Rn. 15; *Sydow*, in: BeckOK GewO, § 15, Rn. 36.

276 *Ennuschat*, in: T/W/E, GewO, § 15, Rn. 27.

277 *Sydow*, in: BeckOK GewO, § 15, Rn. 41 ff.

278 *Ennuschat*, in: T/W/E, GewO, § 15, Rn. 28.

279 *Ennuschat*, in: T/W/E, GewO, § 15, Rn. 21, 28; *Sydow*, in: BeckOK GewO, § 15, Rn. 42 ff.

280 *Ennuschat*, in: T/W/E, GewO, § 15, Rn. 32 f.; *Marcks*, in: L/R, GewO (I), § 15, Rn. 17; *Vollmöller*, in: S/V, § 8, Rn. 135 *Stober/Eisenmenger*, § 46 I 8 d.

VII. Prüfungsprogramme zum Verwaltungsprozessrecht (VerwPR)

Prüfungsprogramm 1:
Die Eröffnung des Verwaltungsrechtsweges (§ 40 VwGO)

I. Sonderzuweisung zu den Verwaltungsgerichten
II. Vorliegen einer **öffentlich-rechtlichen Streitigkeit**
III. Nichtverfassungsrechtliche Streitigkeit
IV. Keine **spezielle Zuweisung** an ein anderes Gericht

Hinweise

Zu I. Manche Gesetze erklären die Verwaltungsgerichte ausdrücklich für zuständig. In einem solchen Fall darf die Generalklausel des § 40 Abs. 1 VwGO nicht mehr geprüft werden[1]. Wichtige Beispiele für diese Konstellation sind § 54 Abs. 1 BeamtStG, § 126 Abs. 1 BBG, § 82 Abs. 1, Abs. 2 SoldatG, § 54 BAföG, § 6 Abs. 1 UIG und § 25 Abs. 1 JugendSchG.

Zu II. Hier ist auf die in Prüfungsprogramm AVR 1 erläuterte Unterscheidung zwischen öffentlichem Recht und Privatrecht zurückzugreifen. Wenn die gewählte Handlungs- bzw. Organisationsform keine klare Antwort erlaubt, sind die dort vorgestellten Abgrenzungstheorien anzuwenden.

Zu III. Eine verfassungsrechtliche Streitigkeit liegt dann vor, wenn unmittelbare Verfassungsorgane (Bundestag, Bundesregierung, Bundespräsident bzw. Landtag, Landesregierung) um unmittelbares Verfassungsrecht streiten (GG, Landesverfassung)[2]. Beispielsweise könnte der Bundesrat eine Gesetzesreform für zustimmungspflichtig halten, wohingegen die Bundesregierung das Vorhaben als Einspruchsgesetz einordnet. Streitet dagegen der Bundestags-präsident mit dem Vorstand einer Partei über die Höhe der Wahlkampfkostenerstattung handelt es sich nicht um eine verfassungsrechtliche Streitigkeit, weil das Parteiengesetz und nicht das GG für diese Fragen maßgeblich ist.

Zu. IV. Obwohl die Voraussetzungen 2. und 3. gegeben sind, hat sich der Bundesgesetzgeber gemäß § 40 Abs. 1 S. 1 VwGO in einer Reihe von Fällen dafür entschieden, die Streitigkeit einem anderen Gericht zuzuweisen. Steuerrecht wird vor den Finanzgerichten (§ 33 FGO) verhandelt, Sozialrecht vor den Sozialgerichten (§ 51 SGG). Ferner existieren verschiedene spezielle Berufsgerichte (Richterdienstgericht,

1 *Hufen*, § 11, Rn. 9; *Würtenberger*, § 11, Rn. 126.
2 *Würtenberger*, § 11, Rn. 161; *Hufen*, § 11, Rn. 49; *Erbguth*, § 5, Rn. 26; *Kopp/Schenke*, § 40, Rn. 32 mit kritischer Stellungnahme und eigener Ansicht in Rn. 32 a ff.

Anwaltsgerichtshof). Außerdem ist für manche Fälle die ordentliche Gerichtsbarkeit zuständig. § 40 Abs. 2 VwGO bietet hier ebenso Beispiele wie Art. 14 Abs. 3 S. 4 GG und Art. 34 S. 3 GG. Benannt seien noch §§ 62, 68 OWiG, die den ordentlichen Rechtsweg zu den Strafgerichten bei Streitigkeiten über Bußgeldbescheide festlegen und § 23 EGGVG, der Konflikte um Justizverwaltungsakte ebenfalls der ordentlichen Gerichtsbarkeit zuweist[3]. Geht es um Landesrecht, kann auch der Landesgesetzgeber nach § 40 Abs. 1 S. 2 VwGO von der Möglichkeit einer speziellen Zuweisung an ein anderes Gericht Gebrauch machen.

Bezüge zu anderen Prüfungsprogrammen

Die Frage nach der Eröffnung des Verwaltungsrechtsweges stellt sich nicht nur bei allen Klagearten der VwGO, sondern auch beim Widerspruchsverfahren und beim einstweiligen Rechtsschutz. Wegen seiner Wichtigkeit wird das Prüfungsprogramm noch einmal in einem Entscheidungsdiagramm dargestellt.

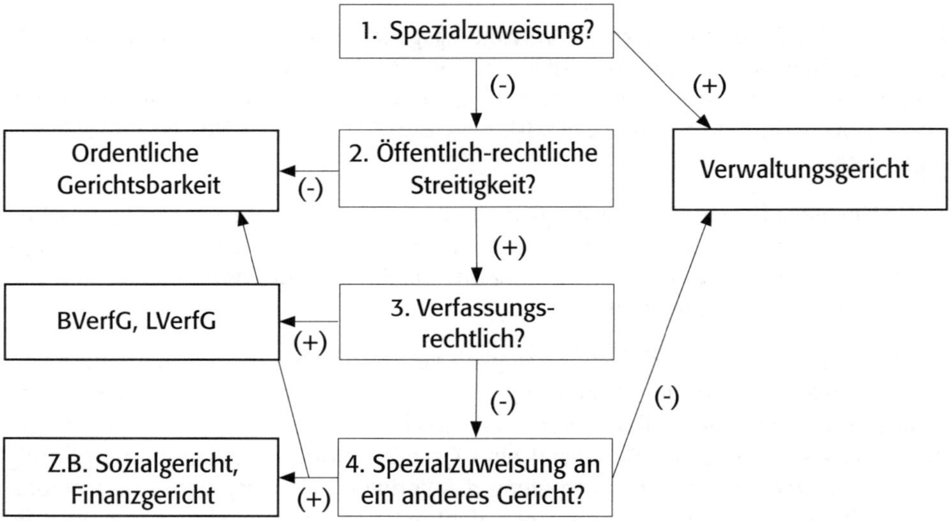

Fallbezogene Vertiefung

Ehlers, Jura 2008, 183 ff. u. 359 ff.

3 Umfassende Aufzählungen bei *Hufen*, § 11, Rn. 53 ff.; *Würtenberger*, § 11, Rn. 168 ff.; *Kopp/Schenke*, § 40, Rn. 48 ff.

Prüfungsprogramm 2:
Die Klagebefugnis (§ 42 Abs. 2 VwGO)

I. Keine Ausnahme vom Erfordernis der Klagebefugnis

II. Geltend gemachtes **Recht besteht**

III. Steht der Klägerin/dem Kläger zu

IV. Rechtsverletzung durch den Verwaltungsakt oder seine Ablehnung bzw. Unterlassung **erscheint möglich**

Hinweise

Zu I. Die Verbandsklage ist eine gesetzlich normierte Ausnahme, die von den Eingangsworten des § 42 Abs. 2 VwGO ermöglicht wird. Sie findet sich etwa in § 64 BNatSchG für anerkannte Naturschutzverbände oder in § 13 BGG für anerkannte Behindertenverbände.

Zu II. Nicht als Recht anzusehen sind rein wirtschaftliche Interessen, Erwerbschancen oder eine bloß faktische Betroffenheit[4]. Sehr selten werden staatliche Maßnahmen einer verwaltungsgerichtlichen Kontrolle entzogen. So haben Bürger kein Recht auf die Überprüfung der Beschlüsse von Untersuchungsausschüssen (Art. 44 Abs. 4 S. 1 GG). Gleiches wird bei der Überprüfung von staatsleitenden Regierungsakten angenommen[5].

Zu III. Die Hauptfunktion der Klagebefugnis liegt in der **Verhinderung der Popularklage**[6]. Im Einklang mit Art. 19 Abs. 4 GG wird nur denjenigen die Klagebefugnis zugestanden, die eigene Rechte und nicht die Rechte Dritter verfolgen wollen. Eine rein objektive Rechtskontrolle, ohne die Möglichkeit einer subjektiven Rechtsverletzung wird damit ausgeschlossen[7].

Zu IV. Die häufig eingesetzte Formel des Bundesverwaltungsgerichts lautet, dass es nicht nach jeder Betrachtungsweise offensichtlich und eindeutig ausgeschlossen sein darf, dass das behauptete Recht besteht, dem Kläger zusteht und dass das Verwaltungshandeln das behauptete Recht verletzt[8]. Dieser Ansatz wird als **Möglichkeitstheorie** bezeichnet[9]. Die Möglichkeit einer Rechtsverletzung wurde etwa für den Fall verneint, dass jemand gegen die Einrichtung einer Umweltzone klagt, der überhaupt

4 Einzelheiten insoweit bei *Hufen*, § 14, Rn. 61 ff.; *Kopp/Schenke*, § 42, Rn. 59; *Würtenberger*, § 21, Rn. 274.
5 *Würtenberger*, § 11, Rn. 200; *Kopp/Schenke*, § 40, Rn. 5b; **kritisch** hierzu *Hufen*, § 11, Rn. 7.
6 *Würtenberger*, § 21, Rn. 274; *Kopp/Schenke*, § 42, Rn. 59; *Hufen*, § 14, Rn. 56; *Erbguth*, § 9, Rn. 10.
7 *Erbguth*, § 9, Rn. 10; *Hufen*, § 14, Rn. 54.
8 BVerwGE 44, 1, 3; 92, 313, 316; 95, 133, 134.
9 *Hufen*, § 14, Rn. 108; *Würtenberger*, § 21, Rn. 274; *Erbguth*, § 9, Rn. 11; *Kopp/Schenke*, § 42, Rn. 66.

kein Auto besitzt[10]. Es geht weder um eine überwiegende Wahrscheinlichkeit, noch gar um den Beweis der behaupteten Rechtsverletzung[11]. Letzteres wird erst in der Begründetheit überprüft.

Erhält jemand einen belastenden VA, ist er zumindest in seiner allgemeinen Handlungsfreiheit aus Art. 2 Abs. 1 GG möglicherweise verletzt. Deshalb sind die Adressaten belastender VA generell klagebefugt (sogenannte **Adressatentheorie**)[12]. Schwieriger ist die Ermittlung der Klagebefugnis bei Nicht-Adressaten, s. insoweit Prüfungsprogramm 3.

Bezüge zu anderen Prüfungsprogrammen

In direkter Anwendung gilt § 42 Abs. 2 VwGO für die Anfechtungs- und die Verpflichtungsklage. Weil der Grundgedanke der Vorschrift, die objektive Rechtskontrolle durch jedermann zu verhindern, aber auch auf die anderen Rechtsschutzmöglichkeiten der VwGO zutrifft wird § 42 Abs. 2 VwGO in großem Umfang analog angewandt, z.B. im Widerspruchsverfahren, bei der Allgemeinen Leistungsklage, der Fortsetzungsfeststellungsklage sowie den Eilverfahren nach § 80 Abs. 4 und 5 oder § 123 VwGO[13].

Fallbezogene Vertiefung

Schlette, Jura 2004, 90 ff.

10 *VG München*, Urt. v. 10.02.2009, M 1 K 08.5230, juris, Rn. 16.
11 *Erbguth*, § 9, Rn. 11; *Kopp/Schenke*, § 42, Rn. 67.
12 *BVerwG*, NJW 2004, 698; *Kopp/Schenke*, § 42, Rn. 69; *Würtenberger*, § 21, Rn. 280; *Hufen*, § 14, Rn. 60 u. 109; *Erbguth*, § 9, Rn. 11.
13 *Kopp/Schenke*, § 42, Rn. 62 ff., § 69, Rn. 6; *Erbguth*, § 9, Rn. 10; *Hufen*, § 14, Rn. 57, § 6, Rn. 20 ff., § 33, Rn. 9.

Prüfungsprogramm 3:
Die Klagebefugnis eines Drittbetroffenen (§ 42 Abs. 2 VwGO)

I. Keine Ausnahme vom Erfordernis der Klagebefugnis

II. **Drittschützende Norm** besteht

III. Klägerin/Kläger gehört zum **geschützten Personenkreis**

IV. Verletzung der drittschützenden Norm durch den Verwaltungsakt oder seine Ablehnung bzw. Unterlassung **erscheint möglich**

Hinweise

Zu I. und IV. S. insoweit die identischen Punkte im obigen Prüfungsprogramm 2, Stichworte Verbandsklage und Möglichkeitstheorie.

Zu II. Nichtadressaten eines Verwaltungsakts sind nur dann klagebefugt, wenn zu ihren Gunsten eine **drittschützende Norm** eingreift. Eine solche liegt vor, wenn die vom Dritten herangezogene Norm nicht nur die Allgemeinheit, sondern zumindest auch einen abgrenzbaren Kreis Einzelner schützen will (Schutznormtheorie)[14]. Ob eine Norm Dritten subjektive Rechte gewährt, ist eine Frage der Auslegung[15]. Wenn schon der Wortlaut einer Vorschrift Belange der Nachbarn oder der Mitbewerber erwähnt, ist dies ein sehr gutes Indiz für den drittschützenden Charakter. Beispiele bieten insoweit § 5 Abs. 1 Nr. 3 GastG („...Bewohner des Betriebsgrundstücks oder der Nachbargrundstücke ...")[16] §§ 5 Abs. 1 Nr. 1, 17 Abs. 1, 20 Abs. 2 BImSchG (jeweils „Nachbarschaft").

Der drittschützende Charakter einer Norm kann sich indes auch aus der Systematik oder ihrem Sinn und Zweck ergeben. Dies wird etwa angenommen für § 34 Abs. 1 BauGB („... einfügt ..."), § 35 Abs. 3 Nr. 3 BauGB und § 15 Abs. 1 S. 2 BauNVO i.V.m. der Eigenart des jeweiligen Baugebiets, jeweils unter Einbeziehung des Gebots der Rücksichtnahme[17]. Auch die Regeln der Landesbauordnungen über die Abstandsflächen zwischen Gebäuden[18], die u.a. dem Brandschutz, der Belichtung und dem Erhalt der Privatsphäre dienen, sind ein Beispiel für Drittschutz, der sich aus dem Sinn und Zweck einer Vorschrift ergibt.

Zu III. Der gaststättenrechtliche Nachbarbegriff ist z.B. enger als der bau- und immissionsschutzrechtliche Nachbarbegriff, der den Einwirkungsbereich rund um die als Störung empfundene Anlage erfasst und erst dort endet, wo die Emission nicht mehr

14 *Erbguth*, § 9, Rn. 3; *Würtenberger*, § 21, Rn. 284; *Hufen*, § 14, Rn. 71 ff.
15 *Würtenberger*, § 21, Rn. 276; *Erbguth*, § 9, Rn. 4.
16 *Kopp/Schenke*, § 42, Rn. 108 m.w.N.
17 *Hufen*, § 14, Rn. 79; *Erbguth*, in: T/E/M, § 32, Rn. 1331 u. 1335; *Würtenberger*, § 21, Rn. 285.
18 *Erbguth*, in: T/E/M, § 32, Rn. 1331; *Würtenberger*, § 21, Rn. 284; *Kopp/Schenke*, § 42, Rn. 102; *Hufen*, § 14, Rn. 74; *Erbguth*, § 9, Rn. 4.

sicher zugerechnet werden kann[19]. Sowohl Eigentümer als auch Mieter und Pächter von Grundstücken sind gemeint, sogar dauerhaft in der Nähe Beschäftigte, nicht aber Besucher oder Spaziergänger[20].

Fallbezogene Vertiefung

Scherzberg, Jura 2006, 839 ff.

19 *Erbguth,* in: T/E/M, § 32, Rn. 1334; *Würtenberger*, § 21, Rn. 290.
20 BVerwGE 101, 157, 165; 121, 57, 59; *Kopp/Schenke*, § 42, Rn. 104; für das Immissionsschutzrecht; *Erbguth,* in: T/E/M, § 32, Rn. 1334 für das Baurecht; **a.A.** insoweit *Kopp/Schenke*, § 42, Rn. 97.

Prüfungsprogramm 4: Zulässigkeitselemente, die nur bei konkreten Hinweisen im Sachverhalt genauer zu prüfen sind

I. Deutsche Gerichtsbarkeit

II. **Zuständigkeit** der angerufenen Instanz

III. **Beteiligten-, Prozess- und Postulationsfähigkeit**

IV. Richtiger Beklagter

V. Ordnungsgemäße Erhebung des Rechtsbehelfs

VI. Keine anderweitige Rechtshängigkeit oder Rechtskraft

Hinweise

Zu I. Sie fehlt nur ausnahmsweise, bei bestimmten Personen wie z.B. Diplomaten und ausländischen Staatsgästen (§ 173 VwGO i.V.m. §§ 18-20 GVG) und bei bestimmten Rechtsakten, die etwa direkt von EU-Behörden (s. insoweit auch Art. 263 Abs. 4 AEUV) oder einem ausländischen Staat ausgehen[21].

Zu II. Zuständige Behörde für die Einlegung eines Widerspruchs ist gemäß §§ 70 Abs. 1, 73 VwGO entweder die Erlassbehörde oder die – meist nächsthöhere – Widerspruchsbehörde. Die sachliche und die instanzielle Zuständigkeit der drei Stufen der Verwaltungsgerichtsbarkeit ergibt sich aus den §§ 45 ff. VwGO. Welches Verwaltungsgericht für die Klage örtlich zuständig ist, hängt von der Einteilung der Gerichtsbezirke des jeweiligen Bundeslandes ab. Im einstweiligen Rechtsschutz ist das Gericht der Hauptsache anzurufen (§§ 123 Abs. 2 VwGO, 80 Abs. 5 VwGO).

Zu III. §§ 61-63 VwGO klären die Frage nach den im Verwaltungsprozess beteiligten und handlungsfähigen Personen. Zweifelhaft kann die Prozessfähigkeit als eigene prozessuale Handlungsfähigkeit[22], insbesondere bei Kindern oder Betreuten (§ 62 Abs. 2 VwGO) sein. Vor dem Bundesverwaltungsgericht und den Oberverwaltungsgerichten müssen sich Bürgerinnen und Bürger durch einen Prozessbevollmächtigten vertreten lassen, um Anträge stellen zu können (Postulationsfähigkeit, § 67 Abs. 4 VwGO).

Zu IV. § 78 VwGO beantwortet die Frage, ob die Klage einer Bürgerin oder eines Bürgers gegen den Rechtsträger der jeweiligen Behörde, also den Bund oder ein Bundesland oder gegen die Behörde selbst zu richten ist. Die passive Prozessführungsbefugnis der Behörde selbst, deren Einführung den Ländern durch § 78 Abs. 1 Nr. 2 VwGO ermöglicht wird, ist in Brandenburg, Mecklenburg-Vorpommern und dem

21 *Kopp/Schenke*, § 1, Rn. 24 ff.; *Würtenberger*, § 10, Rn. 124 f. u. § 11, Rn. 128; *Hufen*, § 11, Rn. 2 f.
22 *Würtenberger*, § 14, Rn. 217; *Hufen*, § 12, Rn. 24 f.; *Kopp/Schenke*, § 62, Rn. 1.

Saarland generell, in Niedersachsen, Rheinland-Pfalz, Sachsen-Anhalt und Schleswig-Holstein teilweise genutzt worden[23].

Zu V. Die Schriftform wird in § 70 Abs. 1 VwGO für den Widerspruch, in § 81 Abs. 1 VwGO für alle Klagen gefordert. Dieses Erfordernis wird analog auf Anträge nach § 47 VwGO sowie den Eilrechtsschutz übertragen[24]. Als schriftlich wird auch das Telefax akzeptiert, nicht aber die elektronische Nachricht[25], es sei denn die Voraussetzungen des § 3a VwVfG (für den Widerspruch) bzw. § 55a VwGO (für Klagen) sind erfüllt. Für Klagen ist noch § 82 Abs. 1 S. 1 VwGO zu beachten, der als Mindestangaben den Kläger, den Beklagten und den Klagegegenstand festlegt.

Zu VI. Diese beiden Zulässigkeitsvoraussetzungen dienen dem Rechtsfrieden, indem sie eine Doppelbefassung mit der gleichen Angelegenheit und damit die Gefahr widersprüchlicher Entscheidungen verhindern[26]. Wenn die Sache schon ein Gericht beschäftigt, soll sie nicht gleichzeitig ein weiteres beschäftigen (§ 173 VwGO i.V.m. § 17 Abs. 1 S. 2 GVG). Die in § 121 VwGO niedergelegte Rechtskraft von Urteilen bewirkt, dass eine rechtskräftig gewordene Entscheidung in aller Regel nicht wieder aufgerollt werden kann. Bedingung für das Eingreifen dieser Unzulässigkeitsgründe ist jeweils, dass es um den gleichen Streitgegenstand geht, also die gleichen Beteiligten mit gleichem Klagantrag und gleichem Klagegrund streiten[27].

Bezüge zu anderen Prüfungsprogrammen

Die genannten sechs Elemente können bei der Prüfung aller Klage- und Antragsarten[28] relevant werden, wenn es diesbezügliche Sachverhaltsangaben gibt.

Fallbezogene Vertiefung

Ehlers, Jura 2007, 830 ff. u. Jura 2008, 506 ff.

23 S. i.E. § 8 BbgVwGG; § 14 AGGerStrukG MV; § 6 SaarlAGVwGO; § 8 NdsAGVwGO; § 17 RhPfAGVwGO; § 8 AGVwGO LSA; § 6 AGVwGO SH.
24 *Kopp/Schenke*, § 47, Rn. 36, § 80, Rn. 128; § 123, Rn. 17; *Hufen*, § 23, Rn. 5.
25 BVerwGE 77, 38, 39; 111, 377, 379 (Gemeinsamer Senat der Obersten Gerichtshöfe); *Hufen*, § 6, Rn. 23; *Würtenberger*, § 17, Rn. 239; Einzelheiten insoweit bei *Kopp/Schenke*, § 70, Rn. 2.
26 *Kopp/Schenke*, § 121, Rn. 1.
27 *Würtenberger*, § 18, Rn. 245; *Hufen*, § 23, Rn. 7; *Kopp/Schenke*, § 121, Rn. 10 ff., § 90, Rn. 7 ff.
28 Prüfungsprogramme 7-14.

Prüfungsprogramm 5:
Das allgemeine Rechtsschutzbedürfnis

Typischerweise gegeben, deshalb nur **ausnahmsweise zu prüfen**, wenn der Sachverhalt Anhaltspunkte hierfür bietet[29]. Das allgemeine Rechtsschutzbedürfnis kann in vier Fallgruppen fraglich sein:

I. Es gibt einen **einfacheren Weg** zum Erreichen des Rechtsschutzziels.

II. Rechtsschutz erweist sich für den Betroffenen als **nutzlos**.

III. Das Anliegen des Klägers stellt einen **Missbrauch des Rechts** dar.

IV. Das Rechtsschutzbegehren kommt **zu früh** (§ 44 a VwGO).

Hinweise

Zu I. Beispielsfälle für diese Gruppe sind die Vollstreckung aus einer vollstreckbaren Urkunde statt einer Klage, der Erlass eines Bescheides durch die Behörde anstatt einer Klage oder die Beantragung einer Leistung durch den Bürger vor Einlegung eines Widerspruches[30].

Zu II. Nur dann, wenn der Rechtsschutz dem Kläger bzw. Widerspruchsführer keine rechtlichen oder tatsächlichen Vorteile bringen kann, ist dieser nutzlos[31]. Dies lässt sich z.B. für die Klage gegen eine Umweltzone annehmen, wenn das Auto der Klägerin bereits mit einer grünen Plakette bestückt ist[32]. Auch fehlt einem endgültig Ausgemusterten das Rechtschutzbedürfnis für eine Klage auf Anerkennung als Kriegsdienstverweigerer[33].

Zu III. Ein Beispiel für diese Fallgruppe bildet die **Verwirkung**. Sie ist gegeben, wenn jemand eine Rechtsschutzmöglichkeit über einen längeren Zeitraum nicht nutzt (Zeitmoment, meist mehr als ein Jahr) und erkennen lässt, dass er die Rechtsschutzchance auch nicht wahrnehmen will (Umstandsmoment)[34]. So ist ein Nachbarwiderspruch verwirkt, wenn dem Nachbarn die Baugenehmigung oder die Planfeststellung zwar nicht bekanntgegeben wurde, dieser aber trotz erkennbarer Bautätigkeit ein Jahr lang nichts unternimmt[35]. Ebenfalls als rechtsmissbräuchlich wird es bewertet, wenn ein Nachbar auf Einhaltung der Regeln des Bebauungsplans klagt, die er selbst nicht eingehalten hat[36].

29 *Erbguth*, § 20, Rn. 29; *Würtenberger*, § 20, Rn. 254; *Hufen*, § 23, Rn. 11.
30 *Würtenberger*, § 20, Rn. 257; *Hufen*, § 23, Rn. 12; *Kopp/Schenke*, vor § 40, Rn. 48.
31 *Kopp/Schenke*, vor § 40, Rn. 38; *Hufen*, § 23, Rn. 13; *Würtenberger*, § 20, Rn. 259.
32 *OVG Münster*, NWVBl 2011, 274.
33 BVerwGE 74, 343, 345; *BVerwG*, NVwZ-RR 1995, 208.
34 *Hufen*, § 23, Rn. 17; *Erbguth*, § 20, Rn. 30.
35 BVerwGE 44, 294, 300; 44, 339, 343 f.; *BVerwG*, NVwZ 2001, 206 ff.
36 *Kopp/Schenke*, vor § 40, Rn. 52.

Zu IV. Liegt noch keine abschließende Sachentscheidung vor, so untersagt § 44a VwGO für den Regelfall Angriffe gegen vorbereitende Verfahrenshandlungen. Dies dient der Verfahrensökonomie[37]. Deshalb fehlt das Rechtsschutzbedürfnis z.B. bei isolierten Klagen gegen die Bestellung eines bestimmten Sachverständigen, gegen die Verweigerung der Akteneinsicht oder wegen der vermuteten Befangenheit eines Amtsträgers[38]. Die genannten Verfahrensfehler müssen später gerügt werden, wenn gegen die Sachentscheidung vorgegangen werden kann.

Bezüge zu anderen Prüfungsprogrammen

Die Frage, ob das allgemeine Rechtsschutzbedürfnis vorliegt, kann sich bei jeder Verfahrensart der VwGO stellen. Weil dieses Kriterium eine ungeschriebene Einschränkung des Rechtsschutzes darstellt, ist es – abgesehen von dem normierten Fall des § 44a VwGO – jedoch mit großer Zurückhaltung anzuwenden.

Fallbezogene Vertiefung

Ehlers, Jura 2008, 506 ff.

37 *Würtenberger*, § 20, Rn. 261; *Hufen*, § 23, Rn. 20; *Maurer*, § 19, Rn. 26; *Kopp/Schenke*, § 44 a, Rn. 1.

38 Weitere Beispiele bei *Kopp/Schenke*, § 44 a, Rn. 5; *Hufen*, § 23, Rn. 22; *Würtenberger*, § 20, Rn. 260.

Prüfungsprogramm 6: Zulässigkeit und Begründetheit eines Widerspruchs (§§ 68 ff. VwGO)

I. Zulässigkeit

1. Eröffnung des **Verwaltungsrechtsweges** (§ 40 VwGO)[39]
2. **Statthaftigkeit** des Widerspruchs; Spezialnorm oder § 68 VwGO
3. **Widerspruchsbefugnis** (§ 42 Abs. 2 VwGO analog)[40]
4. Form und Frist (§ 70 VwGO)
5. Sonstige Formalia (§ 79 VwVfG)
6. Rechtsschutzbedürfnis[41]

II. Begründetheit

Anfechtungswiderspruch: Nach § 68 Abs. 1 S. 1 VwGO i.V.m. § 113 Abs. 1 S. 1 VwGO analog begründet, wenn der zu überprüfende VA rechtswidrig ist und den Widerspruchsführer in seinen Rechten verletzt **oder** – bei VA mit Ermessen oder Beurteilungsspielraum – wenn der VA unzweckmäßig ist und eine Interessenverletzung beim Widerspruchsführer verursacht.

Verpflichtungswiderspruch: Nach § 68 Abs. 1 S. 1, Abs. 2 VwGO i.V.m. § 113 Abs. 5 S. 1 VwGO analog begründet, wenn die Ablehnung des Verwaltungsakts rechtswidrig ist und den Widerspruchsführer in seinen Rechten verletzt. Dies liegt regelmäßig vor, wenn der Widerspruchsführer einen Anspruch auf Erlass des abgelehnten VA hat. Der Verpflichtungswiderspruch ist ferner dann begründet, wenn die Ablehnung des begehrten VA unzweckmäßig ist und Interessen des Widerspruchsführers verletzt.

Hinweise

Zu I. 2. Die spezielleren Normen § 54 Abs. 2 BeamtStG und § 126 Abs. 2 BBG sehen in beamtenrechtlichen Fällen ein Vorverfahren nicht nur bei VA, sondern auch bei Realakten generell vor. Typischerweise ist für die Anwendung des § 68 Abs. 1 S. 1 VwGO bzw. § 68 Abs. 2 VwGO das Vorliegen eines Verwaltungsakts zu prüfen[42]. Trotz Vorliegen eines VA findet in den drei Fällen des § 68 Abs. 1 S. 2 VwGO kein Widerspruchsverfahren statt. Bundesgesetzliche Beispiele sind § 70 und § 74 Abs. 1 VwVfG, § 11 AsylVfG und § 25 Abs. 4 JugendschutzG. Viele Landesgesetzgeber haben von der Ermächtigung des § 68 Abs. 1 S. 2 VwGO Gebrauch gemacht und den Anwendungsbereich des Widerspruchsverfahrens ebenfalls mehr oder weniger stark eingeschränkt[43]. Am weitesten sind hierbei Bayern, Niedersachsen und Nordrhein-

39 Prüfungsprogramm 1.
40 Prüfungsprogramm 2 Klagebefugnis.
41 Prüfungsprogramm 5.
42 Prüfungsprogramm AVR 2.
43 S. z.B. § 4 Abs. 2 BerlAGVwGO; § 6 Abs. 2 HmbAGVwGO; § 16 a HessAGVwGO i.V.m. Anlage; § 15 BWAGVwGO; § 8a AGVwGO LSA.

Westfalen gegangen, die das Widerspruchsverfahren für den Regelfall abgeschafft haben[44].

Nach § 68 Abs. 1 S. 2 Nr. 1 VwGO werden außerdem solche VA nicht in einem Vorverfahren überprüft, die von einer obersten Bundesbehörde (Bundespräsident, Bundesregierung, Bundesminister)[45] oder einer obersten Landesbehörde (Landesregierung, Landesminister) erlassen wurden. Als Gegenausnahme ist hier § 54 Abs. 2 S. 2 BeamtStG zu beachten.

Schließlich findet gemäß § 68 Abs. 1 S. 2 Nr. 2 VwGO kein erneutes Widerspruchsverfahren statt, wenn der Abhilfe- oder Widerspruchsbescheid erstmalig eine Beschwer enthält. Diese liegt etwa vor, wenn der VA im Widerspruchsverfahren verbösert wird (reformatio in peius) oder ein Dritter durch seinen Widerspruch eine Änderung oder Aufhebung des VA erreicht hat[46]. Auf dieses Weise wird ein doppeltes Widerspruchsverfahren in gleicher Angelegenheit verhindert. Schließlich entfällt das Widerspruchsverfahren unter den Voraussetzungen des § 75 VwGO.

Zu I. 3. Über die analoge Anwendung des § 42 Abs. 2 VwGO hinaus, kann die Widerspruchsbefugnis auch damit begründet werden, dass der angefochtene VA unzweckmäßig erscheint und möglicherweise Interessen des von ihm Betroffenen verletzt[47].

Zu I. 4. Die Monatsfrist des § 70 Abs. 1 VwGO beginnt mit der Bekanntgabe des VA (§ 41 VwVfG) und wird mit Hilfe der §§ 79, 31 VwVfG i.V.m. §§ 187-193 BGB berechnet[48]. Sollte eine Rechtsbehelfsbelehrung fehlen oder unrichtig sein, gilt die Jahresfrist des § 70 Abs. 2 VwGO i.V.m. § 58 Abs. 2 VwGO.

Zu I. 5. §§ 79, 80 VwVfG und auch § 68 Abs. 1 S. 1 VwGO lassen erkennen, dass das Widerspruchsverfahren ein Verwaltungsverfahren darstellt. Deshalb gelten nach § 79 S. 2 VwVfG für viele formelle Randfragen, etwa die Beteiligten (§§ 11-13 VwVfG), die Befangenheit (§§ 20, 21 VwVfG) oder die Sachaufklärung (§§ 24-26 VwVfG) die Normen des Verwaltungsverfahrensgesetzes. Nur wenn die VwGO spezielle Bestimmungen für das Widerspruchsverfahren enthält, gehen diese vor. Als Beispiele seien insoweit § 69 VwGO (Verfahrensbeginn), § 71 VwGO (Anhörung) oder § 72 VwGO (Abhilfe) genannt.

Bezüge zu anderen Prüfungsprogrammen

Dass ein Widerspruchsverfahren ordnungsgemäß durchgeführt wurde, ist Zulässigkeitsvoraussetzung für die Anfechtungs- und die Verpflichtungsklage (§ 68 Abs. 1 S. 1, § 68 Abs. 2 VwGO). Gleiches gilt für die Fortsetzungsfeststellungsklage jedenfalls dann, wenn das erledigende Ereignis nach Klagerhebung eingetreten ist[49].

---

44 S. insoweit Art. 15 Abs. 2 BayAGVwGO; § 8 a Abs. 1 NdsAGVwGO; § 110 NWJustG.
45 *Kopp/Schenke*, § 68, Rn. 19; *Würtenberger*, § 23, Rn. 350.
46 *Hufen*, § 6, Rn. 19; *Kopp/Schenke*, § 68, Rn. 20; *Würtenberger*, § 23, Rn. 351.
47 *Würtenberger*, § 23, Rn. 359.
48 *Hufen*, § 6, Rn. 28; offen gelassen bei *Würtenberger*, § 21, Rn. 302; **a.A.** *Kopp/Schenke*, § 70, Rn. 8, die eine Berechnung nach § 57 Abs. 2 VwGO, § 222 ZPO, §§ 187-193 BGB bevorzugen.
49 Einzelheiten hierzu bei Prüfungsprogramm 11 Fortsetzungsfeststellungsklage.

Prüfungsprogramm 7: Zulässigkeit und Begründetheit einer Anfechtungsklage (§§ 42 Abs. 1, 113 Abs. 1 Satz 1 VwGO)

I. Zulässigkeit

1. Eröffnung des **Verwaltungsrechtsweges** (§ 40 VwGO)[50]
2. Statthafte Klageart (§ 42 Abs. 1 VwGO), **Klageziel**: Aufhebung eines VA oder einer Nebenbestimmung zu einem VA
3. **Klagebefugnis** (§ 42 Abs. 2 VwGO)[51]
4. Erfolglose Durchführung oder Entbehrlichkeit eines Widerspruchsverfahrens (§ 68 Abs. 1 VwGO)
5. Frist und Form (§§ 74 Abs. 1, 81, 82 VwGO)
6. Allgemeines Rechtsschutzbedürfnis[52]

II. Begründetheit

Gemäß § 113 Abs. 1 S. 1 VwGO ist die Anfechtungsklage begründet, wenn der zu überprüfende VA rechtswidrig ist und den Kläger in seinen Rechten verletzt. Bei Verwaltungsakten mit Ermessen oder Beurteilungsspielraum ist § 114 VwGO zu beachten[53].

Hinweise

Zu I. 2. Zunächst ist hier zu prüfen, ob der angefochtene Rechtsakt einen VA i.S.d. § 35 VwVfG darstellt[54]. Der angefochtene VA muss ferner aktuell noch wirksam sein. Ein VA kann durch Zeitablauf bei Befristung, Rücknahme oder Widerruf, Aufhebung im Widerspruchsverfahren und auf andere Weise unwirksam werden (§ 43 Abs. 2 VwVfG). Beispiele für die letztgenannte Konstellation sind der Tod des Adressaten bei personenbezogenen VA, der Untergang des Regelungsobjekts oder die sofortige und irreversible Durchsetzung des VA (etwa bei Maßnahmen der Gefahrenabwehr)[55]. Gegen erledigte VA ist die Anfechtungsklage nicht zulässig[56], eventuell kommt aber eine Fortsetzungsfeststellungsklage[57] in Frage.

Umstritten ist die Frage, ob mit der Anfechtungsklage auch ein **nichtiger VA** angegriffen werden kann oder ob die Spezialregelung in § 43 Abs. 1 2. Alt. VwGO vorrangig ist. Zwar hängt die Zulässigkeit der Nichtigkeitsfeststellungsklage weder von einem vorher durchzuführenden Widerspruchsverfahren, noch von einer Klagefrist ab. Die Nichtigkeitsfeststellungsklage hat jedoch zwei Nachteile gegenüber der Anfechtungsklage: Sie

50 Prüfungsprogramm 1.
51 Prüfungsprogramm 2.
52 Prüfungsprogramm 5.
53 Zu Ermessens- und Beurteilungsfehlern s. Prüfungsprogramm AVR 11.
54 Prüfungsprogramm AVR 2.
55 *Hufen*, § 14, Rn. 12 u. § 18, Rn. 40; *Erbguth*, § 20, Rn. 40; *Würtenberger*, § 37, Rn. 633 u. 642; *Kopp/Schenke*, § 113, Rn. 103.
56 *Würtenberger*, § 21, Rn. 271.
57 S.u. Prüfungsprogramm 11.

löst keine aufschiebende Wirkung aus und sie wird abgewiesen, wenn das Verwaltungsgericht den streitbefangenen Verwaltungsakt nur als rechtswidrig und nicht als nichtig beurteilt. Weil die Unsicherheit über eine mögliche Nichtigkeit nicht dem Bürger aufgebürdet werden soll, folgert die h.M. aus § 43 Abs. 2 S. 2 VwGO, dass neben der Nichtigkeitsfeststellungsklage auch die Anfechtungsklage zulässig sein muss[58].

Früher war heftig umstritten, ob sich eine Anfechtungsklage lediglich gegen eine **Nebenbestimmung** wenden könne. Heute hat sich die Auffassung durchgesetzt, dass eine solche Teilanfechtungsklage zulässig ist[59]. Dies lässt sich zum einen auf den Wortlaut des § 113 Abs. 1 S. 1 VwGO (Soweit ...) stützen, zum anderen entspricht diese Lösung den Interessen des Anfechtenden am besten, weil er nicht die gesamte Entscheidung, sondern nur die ihn belastenden Nebenbestimmungen beseitigen will[60]. Probleme können indes bei der Begründetheit auftreten (s.u. II.).

Zu I. 4. S. insoweit insbesondere I. 2. in Prüfungsprogramm 6 (Widerspruchsverfahren).

Zu I. 5. Im Normalfall des § 74 Abs. 1 S. 1 VwGO haben Klägerin bzw. Kläger für die Klageerhebung einen Monat Zeit nach Zustellung des Widerspruchsbescheides. Wegen der verpflichtenden Zustellung (§ 73 Abs. 3 VwGO) lässt sich die Monatsfrist nach den §§ 57 Abs. 2 VwGO i.V.m. 222 ZPO und 187-193 BGB unschwer berechnen. Ist ein Widerspruchsbescheid entbehrlich, läuft die Monatsfrist nach § 74 Abs. 1 S. 2 VwGO ab Bekanntgabe des Verwaltungsakts. Sollte eine Rechtsbehelfsbelehrung fehlen oder unrichtig sein, gilt die Jahresfrist des § 58 Abs. 2 VwGO. Zur Form der Klageerhebung s.o. Prüfungsprogramm 4, V.

Zu II. Zunächst ist hier die Rechtmäßigkeit des angefochtenen VA nach den Prüfungsprogramm AVR 4 und 5 zu untersuchen. Im Anschluss daran sind die bei der Klagebefugnis als möglicherweise verletzt genannten Rechte wieder aufzugreifen. Die Rechtsverletzung ergibt sich in aller Regel aus der Rechtswidrigkeit des VA[61].

Besteht das Klageziel in der Beseitigung einer Nebenbestimmung, stellt sich in der Begründetheit die schwierige Frage, ob der Verwaltungsakt auch ohne die Nebenbestimmung in rechtmäßiger und sinnvoller Weise fortbestehen kann[62]. Im Einzelnen ist zunächst zu untersuchen, ob die beigefügten Nebenbestimmungen rechtmäßig oder rechtswidrig sind[63]. Im erstgenannten Fall ist die Anfechtungsklage unbegründet. Stellen sich die angefochtenen Nebenbestimmungen allerdings als rechtswidrig heraus, ist zu fragen, ob die Hauptregelung auch ohne die Nebenbestimmungen rechtmäßig und sinnvoll weiterbestehen kann[64]. Ist dies nicht der Fall, ist die Klage eben-

58 *Maurer*, § 10, Rn. 37; *Kopp/Schenke*, § 42, Rn. 3; *Kopp/Ramsauer*, § 44, Rn. 69; *Würtenberger*, § 21, Rn. 272; *Erbguth*, § 15, Rn. 7; **a.A.** *Hufen*, § 14, Rn. 11.
59 BVerwGE 65, 139, 140 ff.; 81, 185, 186; 112, 221, 224; *BVerwG*, NVwZ-RR 2007, 776; *Kopp/Schenke*, § 42, Rn. 22; *Würtenberger*, § 22, Rn. 325 a; *Maurer*, § 12, Rn. 25; *Erbguth*, § 18, Rn. 17; *Hufen*, § 14, Rn. 46; **a.A.** Kopp/Ramsauer, § 36, Rn. 63.
60 *Erbguth*, § 18, Rn. 17; *Hufen*, § 14, Rn. 47; *Maurer*, § 12, Rn. 25.
61 *Würtenberger*, § 21, Rn. 313; *Erbguth*, § 20, Rn. 34.
62 BVerwGE 85, 185, 186; 112, 221, 224; *Kopp/Schenke*, § 42, Rn. 24.
63 *Maurer*, § 12, Rn. 24.
64 *Erbguth*, § 18, Rn. 17; *Würtenberger*, § 22, Rn. 325 a; *Maurer*, § 12, Rn. 24.

falls unbegründet. Dies dürfte insbesondere bei Ermessensentscheidungen vorkommen, die die Behörde ohne die Nebenbestimmung in manchen Fällen nicht erlassen hätte[65]. Lassen sich Nebenbestimmung und Hauptregelung jedoch voneinander trennen, ohne dass der Verwaltungsakt rechtswidrig oder sinnlos wird, hat die Klage gegen die rechtswidrige Nebenbestimmung Erfolg. Die Hauptregelung bleibt bestehen, nur die Nebenbestimmung wird aufgehoben.

Bezüge zu anderen Prüfungsprogrammen

Anhand der Frage nach dem noch aktuellen oder schon erledigten VA grenzt sich die Anfechtungsklage von der Fortsetzungsfeststellungsklage[66] ab. Soll der Erlass eines begünstigenden VA erreicht werden, ist die Verpflichtungsklage in aller Regel die vorzugswürdige Klageart[67].

Fallbezogene Vertiefung

Ehlers, Jura 2004, 30 ff. u. 176 ff.

---

65 *Erbguth*, § 18, Rn. 17; *Kopp/Schenke*, § 42, Rn. 24.
66 Prüfungsprogramm 11.
67 Zu Ausnahmen s. Prüfungsprogramm 8, I. 6.

Prüfungsprogramm 8: Zulässigkeit und Begründetheit einer Verpflichtungsklage (§§ 42 Abs. 1, 113 Abs. 5 VwGO)

I. Zulässigkeit

1. Eröffnung des **Verwaltungsrechtsweges** (§ 40 VwGO)[68]
2. Statthafte Klageart (§ 42 Abs. 1 VwGO), **Klageziel**: Verurteilung der Behörde zum Erlass eines abgelehnten oder unterlassenen VA
3. **Klagebefugnis** (§ 42 Abs. 2 VwGO)[69]
4. Erfolglose Durchführung oder Entbehrlichkeit eines Widerspruchsverfahrens (§ 68 Abs. 2, Abs. 1 VwGO)
5. Frist und Form (§§ 74 Abs. 1, 81, 82 VwGO)
6. Allgemeines Rechtsschutzbedürfnis[70]

II. Begründetheit

Gemäß § 113 Abs. 5 S. 1 VwGO ist die Verpflichtungsklage begründet, wenn die Ablehnung oder Unterlassung eines VA rechtswidrig ist, den Kläger in seinen Rechten verletzt und die Sache spruchreif ist. Dies liegt regelmäßig vor, wenn der Kläger einen Anspruch auf Erlass des abgelehnten VA hat[71]. Bei Verwaltungsakten mit Ermessen oder Beurteilungsspielraum sind § 113 Abs. 5 S. 2 und § 114 VwGO zu beachten[72].

Hinweise

Zu I. 2. Erneut muss das beantragte Verwaltungshandeln einen VA darstellen[73].

Zu I. 3. Anders als bei der Anfechtungsklage kann die Klagebefugnis bei der Verpflichtungsklage nicht damit begründet werden, man sei Adressat eines belastenden VA. Denn die Verweigerung einer Leistung bedeutet keinen Eingriff in die allgemeine Handlungsfreiheit aus Art. 2 Abs. 1 GG[74]. Es muss vielmehr möglich erscheinen, dass der Klägerin bzw. dem Kläger ein **Anspruch auf den Erlass des VA** zusteht[75]. Den Hauptfall bilden insoweit mögliche Leistungsansprüche aus Gesetzen. Solche Ansprüche können – etwa in sozialen Leistungsgesetzen – ausdrücklich formuliert sein, sie können sich indes auch daraus ergeben, dass der Kläger alle Voraussetzungen für eine Genehmigung erfüllt, wenn daraus die Pflicht zu ihrer Erteilung folgt[76]. Die letztgenannte Konstellation findet sich etwa bei Genehmigungen nach den Landesbau-

68 Prüfungsprogramm 1.
69 Prüfungsprogramm 2.
70 Prüfungsprogramm 5.
71 *Hufen*, § 26, Rn. 3; *Erbguth*, § 20, Rn. 37; *Würtenberger*, § 22, Rn. 339.
72 Zu Ermessens- und Beurteilungsfehlern s. Prüfungsprogramm AVR 11.
73 Prüfungsprogramm AVR 2.
74 *Kopp/Schenke*, § 42, Rn. 69; *Hufen*, § 15, Rn. 17.
75 *Erbguth*, § 20, Rn. 20; *Würtenberger*, § 22, Rn. 331; *Hufen*, § 15, Rn. 19 ff.
76 *Hufen*, § 26, Rn. 8.

ordnungen, § 4 GastG oder § 6 BImSchG. In Betracht kommen außerdem Ansprüche auf Erlass von VA aus drittschützenden Normen, öffentlich-rechtlichen Verträgen, Zusicherungen (§ 38 VwVfG) und – eher selten – aus Grundrechten[77]. Im Fall einer Ermessensreduzierung auf Null können Leistungsansprüche auch aus Ermessensnormen abgeleitet werden.

Zu I. 4. S. insoweit insbesondere I. 2. in Prüfungsprogramm 6 (Widerspruchsverfahren). Besonders relevant ist hier § 75 VwGO.

Zu I. 5. Über § 74 Abs. 2 VwGO gilt hier das zur Anfechtungsklage Ausgeführte (s.o. Prüfungsprogramm 7, I. 5.)

Zu I. 6. Vor Verpflichtungsklagen ist ein Antrag auf die gewünschte Leistung erforderlich. Fehlt dieser, entfällt das Rechtsschutzbedürfnis, weil ein einfacherer und schnellerer Weg zur Verfügung steht, um das Klageziel zu erreichen[78].

Im Verhältnis zur Anfechtungsklage bietet die Verpflichtungsklage in aller Regel den **weitergehenden Rechtsschutz**, weil sie zum Erlass des begehrten VA führen kann. Die bloße Anfechtung einer Ablehnung verschafft der Klägerin bzw. dem Kläger z.B. noch keine Genehmigung. Sehr selten wird dennoch die sogenannte **isolierte Anfechtungsklage**, die sich auf die Anfechtung einer Ablehnung beschränkt, für zulässig gehalten[79]. Dies soll etwa für den Fall gelten, dass der Kläger eine beantragte Begünstigung momentan nicht mehr benötigt, sich aber die Möglichkeit offenhalten möchte, diese später noch einmal zu beantragen[80].

Zu II. In der Begründetheitsprüfung sind die Ansprüche wieder aufzugreifen, die bei der Klagebefugnis als möglich vorgeschlagen wurden. Die Klage ist begründet, wenn der Kläger tatsächlich alle Anspruchsvoraussetzungen erfüllt. Handelt es sich um eine Ermessensentscheidung, ohne dass das Ermessen auf Null reduziert wäre, kommt es zu einem Bescheidungsurteil nach § 113 Abs. 5 S. 2 VwGO, d.h. das Gericht sucht nur nach Ermessensfehlern und verpflichtet die Verwaltung, unter Vermeidung solcher Fehler erneut zu entscheiden[81]. Gleiches gilt bei Entscheidungen mit Beurteilungsspielraum[82].

Fallbezogene Vertiefung

Ehlers, Jura 2004, 310 ff.

---

77 *Hufen*, § 26, Rn. 11; *Würtenberger*, § 22, Rn. 339.
78 *Hufen*, § 15, Rn. 30; ähnlich *Kopp/Schenke*, § 42, Rn. 6.
79 *Hufen*, § 14, Rn. 19 ff.; *Würtenberger*, § 22, Rn. 329; *Kopp/Schenke*, § 42, Rn. 30 m.w.N.
80 *Kopp/Schenke*, § 42, Rn. 30; *Hufen*, § 14, Rn. 20; *Würtenberger*, § 22, Rn. 329.
81 *Erbguth*, § 20, Rn. 37; *Hufen*, § 26, Rn. 19 u. 24; *Würtenberger*, § 22, Rn. 321 u. 340 f.; *Kopp/Schenke*, § 113, Rn. 195 ff.
82 *Würtenberger*, § 22, Rn. 341; *Hufen*, § 26, Rn. 23; *Erbguth*, § 20, Rn. 37; *Kopp/Schenke*, § 113, Rn. 195 ff.

Prüfungsprogramm 9:
Zulässigkeit und Begründetheit einer Allgemeinen Leistungsklage (vorausgesetzt in §§ 43 Abs. 2, 111, 113 Abs. 4 VwGO)

I. Zulässigkeit
1. Eröffnung des **Verwaltungsrechtsweges** (§ 40 VwGO)[83]
2. Statthafte Klageart, **Klageziel**: Verurteilung einer Behörde zu einer tatsächlichen Leistung oder Abwehr tatsächlichen Behördenhandelns
3. **Klagebefugnis** (§ 42 Abs. 2 VwGO analog)[84]
4. Form (§§ 81, 82 VwGO)
5. Allgemeines Rechtsschutzbedürfnis[85]

II. Begründetheit
Die allgemeine Leistungsklage ist begründet, wenn der Kläger einen öffentlich-rechtlichen Anspruch auf die begehrte Leistung hat bzw. wenn ihm ein Abwehrrecht gegen das tatsächliche Handeln der Verwaltung zur Seite steht.

Hinweise

Zu I. 1. Es ist nicht immer leicht, das tatsächliche Verwaltungshandeln (= Realakt), dem öffentlichen Recht oder dem Privatrecht sicher zuzuordnen. Auskunftsansprüche, die auf das Presserecht, das UIG oder die Informationsfreiheitsgesetze gestützt werden sind z.B. als öffentlich-rechtlich einzuordnen, da die streitentscheidenden Normen zum öffentlichen Recht zählen. Problematisch können Fälle sein, in denen es um den Widerruf beleidigender Äußerungen geht[86].

Zu I. 2. Geht es um Äußerungen von Verwaltungsmitarbeitern, staatliche Warnungen vor bestimmten Produkten, Immissionen aus öffentlich-rechtlicher Tätigkeit, Auszahlung von durch VA bewilligten Beträgen, Auskünfte, Akteneinsicht oder ähnliche Fälle[87], liegen keine VA vor, so dass Anfechtungs- und Verpflichtungsklage ausscheiden. Die allgemeine Leistungsklage ist ferner die richtige Klageart, wenn im Beamtenrecht mangels Außenwirkung einer dienstlichen Maßnahme kein VA angenommen werden kann. Die allgemeine Leistungsklage kann auch vorbeugend eingesetzt werden, wenn sich das tatsächliche Verwaltungshandeln zumindest konkret abzeichnet[88].

Als **Sonderfall** wird eine vorbeugende Leistungsklage auf Unterlassen eines drohenden Verwaltungsaktes für zulässig gehalten[89]. Diese setzt zunächst voraus, dass der geplan-

83 Prüfungsprogramm 1.
84 Prüfungsprogramm 2.
85 Prüfungsprogramm 5.
86 *Frenz*, JA 2010, 328, 329.
87 Weitere Beispiele bei *Hufen*, § 16, Rn. 4 ff. u. § 17, 2 ff.; *Frenz*, JA 2010, 328, 329; *Kopp*/Schenke, Anh § 42, Rn. 23, 30 f., 37, 40 ff.; *Würtenberger*, § 24, Rn. 377 ff.; *Erbguth*, § 23, Rn. 9.
88 *Erbguth*, § 23, Rn. 9; *Hufen*, § 16, Rn. 9.
89 *Würtenberger*, § 27, Rn. 485; *Kopp/Schenke*, vor § 40, Rn. 8 a; *Hufen*, § 16, Rn. 10; *Erbguth*, § 23, Rn. 13.

te VA soweit bestimmt ist, dass er Gegenstand eines Rechtsstreits sein kann. Darüber hinaus ist ein qualifiziertes Rechtsschutzbedürfnis erforderlich, s.u. Hinweis zu I. 5.

Zu I. 4. Im Gegensatz zur Anfechtungs- und Verpflichtungsklage braucht man bei der allgemeinen Leistungsklage weder ein Vorverfahren durchzuführen, noch eine Klagefrist einzuhalten. Eine wichtige Ausnahme bilden insoweit allerdings die §§ 126 Abs. 2 BBG, 54 Abs. 2 BeamtStG.

Zu I. 5. Wie bei der Verpflichtungsklage ist vor Erhebung der allgemeinen Leistungsklage ein Antrag auf die gewünschte behördliche Leistung erforderlich, um nicht das Rechtsschutzbedürfnis zu verlieren[90].

Wird die Leistungsklage auf Unterlassen **vorbeugend** eingesetzt, liegt das Rechtsschutzbedürfnis nur vor, wenn bei Realakten zumindest eine Wiederholungsgefahr besteht[91]. Wegen der Gefahr der Umgehung des Widerspruchsverfahrens und der §§ 80, 80a und 123 VwGO wird das Rechtsschutzbedürfnis bei vorbeugenden Unterlassungsklagen gegen VA noch strenger gehandhabt. Es muss unzumutbar erscheinen, auf den Erlass des VA zu warten und dann Rechtsschutz zu suchen. Beispiele für die Unzumutbarkeit bilden die Gefahr, dass ohne die vorbeugende Unterlassungsklage vollendete Tatsachen geschaffen werden, dass ein Nichtbefolgen des zu erwartenden VA eine Strafdrohung oder ein Bußgeld auslöst, oder dass sich der drohende VA sehr kurzfristig wieder erledigt[92].

Zu II. Abwehrrechte des Bürgers gegen behördliche Realakte können sich aus einem öffentlich-rechtlichen Abwehr- und Unterlassungsanspruch[93], der auf Grundrechte gestützt wird, ergeben. In Betracht kommt ferner ein öffentlich-rechtlicher Vertrag oder eine andere öffentlich-rechtliche Sonderverbindung (Geschäftsführung ohne Auftrag, Verwahrung).

Leistungsrechte des Bürgers auf Vornahme eines Realaktes folgen z.B. aus Gesetzen (Informationsansprüche), einem Folgenbeseitigungsanspruch[94], einer Zusage, einem VA, einem öffentlich-rechtlichen Erstattungsanspruch (Geldzahlung)[95] oder ebenfalls einem öffentlich-rechtlichen Vertrag[96].

Die vorbeugende Unterlassungsklage gegen den drohenden Erlass eines VA ist begründet, wenn dieser rechtwidrig wäre und den Kläger in seinen Rechten verletzte[97].

Fallbezogene Vertiefung

Frenz, JA 2010, 328 ff.; *Geis/Meier,* JuS 2013, 28 ff.

---

90 *Würtenberger*, § 24, Rn. 393; *Frenz*, JA 2010, 328, 330.
91 *Erbguth*, § 23, Rn. 13; s.a. Prüfungsprogramm StH 8.
92 *Kopp/Schenke*, vor § 40, Rn. 34; *Würtenberger*, § 27, Rn. 489 ff.; *Hufen*, § 16, Rn. 10; *Erbguth*, § 23, Rn. 13.
93 *Hufen*, § 27, Rn. 6 ff.; vertiefend Prüfungsprogramm StH 8.
94 Prüfungsprogramm StH 9.
95 Prüfungsprogramm StH 11.
96 *Frenz*, JA 2010, 328, 330 ff.; *Hufen*, § 28, Rn. 2 ff.
97 *Hufen*, § 27, Rn. 15.

Prüfungsprogramm 10: Zulässigkeit und Begründetheit einer Feststellungsklage (§ 43 VwGO)

I. Zulässigkeit
1. Eröffnung des **Verwaltungsrechtsweges** (§ 40 VwGO)[98]
2. Statthafte Klageart (§ 43 Abs. 1 VwGO), **Klageziel**: Feststellung des Bestehens oder Nichtbestehens eines Rechtsverhältnisses **oder** Feststellung der Nichtigkeit eines VA
3. **Kein Vorrang** einer Gestaltungs- oder Leistungsklage (§ 43 Abs. 2 VwGO)
4. **Feststellungsinteresse** (§ 43 Abs. 1 VwGO)
5. Form (§§ 81, 82 VwGO)
6. Allgemeines Rechtsschutzbedürfnis[99]

II. Begründetheit
Die Feststellungsklage ist begründet, wenn das behauptete Rechtsverhältnis besteht bzw. nicht besteht (1. Variante) **oder** wenn der angegriffene VA nichtig ist (2. Variante).

Hinweise

Zu I. 2. Als **Rechtsverhältnis** wird eine auf einem konkreten Sachverhalt beruhende rechtliche Beziehung zwischen Personen oder Personen und Sachen angesehen[100]. Positivbeispiele für feststellungsfähige Rechtsverhältnisse wären etwa[101]: Besteht ein öffentlich-rechtlicher Vertrag? Ist eine bestimmte Tätigkeit genehmigungsfrei oder genehmigungspflichtig? Ist jemand Beamter geworden oder nicht? Ist jemand deutscher Staatsangehöriger oder nicht? Nicht feststellungsfähig sind dagegen einzelne Tatsachen, abstrakte Rechtsfragen sowie die Frage nach der Gültigkeit einer Norm[102] oder einer Verwaltungsvorschrift[103].

Feststellungfähig sind auch künftige oder vergangene Rechtsverhältnisse[104]. Für die 2. Variante der Feststellungsklage muss ein VA vorliegen[105].

Zu I. 3. Die Feststellungsklage ist nicht statthaft, wenn der Kläger eine Gestaltungs- oder Leistungsklage erheben kann. Diese in § 43 Abs. 2 S. 1 VwGO niedergelegte **Subsidiarität** erklärt sich daraus, dass die genannten anderen Klagearten besseren

98 Prüfungsprogramm 1.
99 Prüfungsprogramm 5.
100 *Würtenberger*, § 25, Rn. 400; *Erbguth*, § 10, Rn. 1 u. 10; *Hufen*, § 18, Rn. 4 u. 9; *Kopp/Schenke*, § 43, Rn. 11.
101 *Würtenberger*, § 25, Rn. 400; *Hufen*, § 18, Rn. 11; weitere Beispiele bei *Kopp/Schenke*, § 43, Rn. 12.
102 *Würtenberger*, § 25, Rn. 402 u. 406; *Kopp/Schenke*, § 43, Rn. 8 g, 14; *Hufen*, § 18, Rn. 8 u. 10.
103 BVerwGE 100, 262, 270.
104 *Erbguth*, § 10, Rn. 11; *Hufen*, § 18, Rn. 11; *Würtenberger*, § 25, Rn. 404.
105 Prüfungsprogramm AVR 2.

Rechtsschutz bieten[106]. Außerdem soll die Umgehung des für die Anfechtungs- und Verpflichtungsklage verbindlichen Widerspruchsverfahrens verhindert werden[107]. § 43 Abs. 2 S. 2 VwGO enthält eine Ausnahme vom Subsidiaritätsgrundsatz für die Nichtigkeitsfeststellungsklage. Als weitere – richterrechtlich entwickelte – Ausnahme werden Fälle anerkannt, in denen die Feststellungsklage eine ähnliche Effektivität erreicht wie eine Gestaltungs- oder Leistungsklage[108]. Dies wird etwa bei monatlich wiederkehrenden Leistungspflichten angenommen, die ein Kläger bestreitet[109]. Sehr umstritten ist eine weitere richterrechtliche Ausnahme von § 43 Abs. 2 S. 1 VwGO: Statt einer allgemeinen Leistungsklage soll die Feststellungsklage zulässig sein, wenn gegen einen Hoheitsträger geklagt wird, weil dieser sich auch durch ein Feststellungsurteil gebunden fühle[110]. Diese Rechtsprechung ist abzulehnen, weil sie dem Wortlaut und dem Sinn des Subsidiaritätsgrundsatzes widerspricht[111]. Die VwGO sieht in § 170 und § 172 auch durchaus Vollstreckungsmaßnahmen gegen Hoheitsträger vor.

Zu I. 4. Als Feststellungsinteresse wird jedes eigene rechtliche, wirtschaftliche oder ideelle Interesse anerkannt[112], welches jedenfalls dann besteht, wenn das zu überprüfende Rechtsverhältnis umstritten ist[113]. Bei vergangenen Rechtsverhältnissen ist zu überprüfen, ob es noch aktuelle Auswirkungen gibt, bei zukünftigen Rechtsverhältnissen, ob diese schon in die Gegenwart hineinwirken[114].

Weil bereits das Feststellungsinteresse die Popularklage verhindert, braucht § 42 Abs. 2 VwGO bei der Feststellungsklage auf Bestehen oder Nichtbestehen eines Rechtsverhältnisses nach überwiegender Literaturmeinung nicht analog angewandt zu werden[115]. Eine analoge Anwendung wäre mit dem Wortlaut der Vorschrift nicht vereinbar, die das Feststellungsinteresse gerade als Ersatz für die Klagebefugnis vorhält[116]. Dies wird wegen der notwendigen Parallelität von Anfechtungs- und Nichtigkeitsfeststellungsklage für die letztgenannte Klageart anders gesehen: Bei der Nichtigkeitsfeststellungsklage soll § 42 Abs. 2 VwGO in analoger Anwendung gelten[117].

Zu I. 5. Wie die allgemeine Leistungsklage fordert die Feststellungsklage weder die Durchführung eines Vorverfahrens, noch die Einhaltung einer Klagefrist. Erneut sind die Ausnahmeregelungen der §§ 126 Abs. 2 BBG, 54 Abs. 2 BeamtStG zu beachten.

106 *Hufen*, § 18, Rn. 5; *Würtenberger*, § 25, Rn. 412.
107 *Würtenberger*, § 25, Rn. 413; *Kopp/Schenke*, § 43, Rn. 26; *Erbguth*, § 10, Rn. 12.
108 BVerwGE 32, 333, 335; 121, 152, 156; *BVerwG*, NVwZ 2008, 697, 698; *Erbguth*, § 10, Rn. 12; *Kopp/Schenke*, § 43, Rn. 29; *Würtenberger*, § 25, Rn. 414.
109 *Erbguth*, § 10, Rn. 12; *Würtenberger*, § 25, Rn. 414.
110 BVerwGE 36, 179, 181 f.; 51, 69, 75; 77, 207, 211.
111 *Würtenberger*, § 25, Rn. 416; *Hufen*, § 18, Rn. 6; *Erbguth*, § 10, Rn. 12.
112 BVerwGE 84, 306, 309; *Hufen*, § 18, Rn. 13; *Erbguth*, § 10, Rn. 13; *Würtenberger*, § 25, Rn. 419; *Kopp/Schenke*, § 43, Rn. 23.
113 *Würtenberger*, § 25, Rn. 420; *Erbguth*, § 10, Rn. 13; *Hufen*, § 18, Rn. 14.
114 *Würtenberger*, § 25, Rn. 422; *Kopp/Schenke*, § 43, Rn. 25.
115 *Hufen*, § 18, Rn. 17; *Kopp/Schenke*, § 43, Rn. 22 u. § 42, Rn. 63; *Würtenberger*, § 25, Rn. 425; *Erbguth*, § 10, Rn. 14; **a.A.** BVerwGE 100, 262, 271; 111, 276, 279 ff.
116 *Würtenberger*, § 25, Rn. 425; *Hufen*, § 18, Rn. 17; *Erbguth*, § 10, Rn. 14.
117 *Würtenberger*, § 25, Rn. 428; *Hufen*, § 18, Rn. 31; *Erbguth*, § 10, Rn. 14; **a.A.** *Kopp/Schenke*, § 42, Rn. 63.

Bezüge zu anderen Prüfungsprogrammen

Wegen § 43 Abs. 2 S. 1 VwGO sollte zunächst untersucht werden, ob das Anliegen des Klägers im Wege einer Anfechtungs- oder Leistungsklage verfolgt werden kann[118]. Scheiden diese Klagearten aus, ist die Statthaftigkeit der Feststellungsklage zu prüfen. Passt § 47 VwGO nicht[119], wird verlangt, dass Kläger vor der Erhebung einer Verfassungsbeschwerde gegen Satzungsrecht wegen des allgemeinen Subsidiaritätsgrundsatzes eine Feststellungsklage einreichen[120].

Fallbezogene Vertiefung

Ehlers, Jura 2007, 179 ff.; *Geis/Schmidt*, JuS 2012, 599 ff.

118 *Hufen*, § 18, Rn. 5.
119 Prüfungsprogramm 12.
120 Prüfungsprogramm VerfPR 1, I. 5. b).

Prüfungsprogramm 11: Zulässigkeit und Begründetheit einer Fortsetzungsfeststellungsklage (§ 113 Abs. 1 S. 4 VwGO)

I. Zulässigkeit

1. Eröffnung des **Verwaltungsrechtsweges** (§ 40 VwGO)[121]
2. Statthafte Klageart (§ 113 Abs. 1 S. 4 VwGO), **Klageziel**: Feststellung der Rechtswidrigkeit eines erledigten VA
3. **Klagebefugnis** (§ 42 Abs. 2 VwGO)[122]
4. Erfolglose Durchführung oder Entbehrlichkeit eines Widerspruchsverfahrens (§ 68 Abs. 1 VwGO)[123]
5. Frist und Form (§§ 74 Abs. 1, 81, 82 VwGO)[124]
6. Allgemeines Rechtsschutzbedürfnis in Gestalt des **Fortsetzungsfeststellungsinteresses** (§ 113 Abs. 1 S. 4 VwGO)

II. Begründetheit

Die Fortsetzungsfeststellungsklage ist begründet, wenn der erledigte VA rechtswidrig war und den Kläger in seinen Rechten verletzt hat[125].

Hinweise

Zu I. 2. Zunächst ist zu ermitteln, ob die Verwaltung durch VA gehandelt hat[126]. Ist dieser noch aktuell wirksam, ist die Anfechtungsklage[127] die richtige Klageart. Äußert der VA allerdings **keine Rechtswirkungen** mehr – Einzelheiten s.o.[128] – kann die Fortsetzungsfeststellungklage die richtige Klageart sein. Direkt gilt § 113 Abs. 1 S. 4 VwGO für die Konstellation, dass das erledigende Ereignis zwischen Klagerhebung und Urteil eingetreten ist. Analog wird die Bestimmung zum einen auf die Konstellation angewandt, dass sich der belastende VA bereits im oder vor dem Widerspruchsverfahren erledigt[129]. Zum anderen wird eine (doppelt) analoge Anwendung auf Verpflichtungsklagen befürwortet und zwar in beiden zeitlichen Varianten[130].

Zu I. 4. Hat sich der VA bereits **vor** Klagerhebung erledigt, verzichtet die überwiegende Meinung auf das Erfordernis eines Widerspruchsverfahrens[131]. Dies erscheint

121 Prüfungsprogramm 1.
122 Prüfungsprogramm 2.
123 Prüfungsprogramm 6 zu I. 2.
124 Prüfungsprogramm 7 zu I. 5.
125 *Würtenberger*, § 37, Rn. 660; *Erbguth*, § 20, Rn. 50.
126 Prüfungsprogramm AVR 2.
127 Prüfungsprogramm 7.
128 Prüfungsprogramm 7 zu I. 2.
129 BVerwGE 12, 87, 90; 26, 161, 165; *Würtenberger*, § 37, Rn. 644; *Hufen*, § 18, Rn. 42; *Kopp/Schenke*, § 113, Rn. 99; *Erbguth*, § 20, Rn. 41.
130 BVerwGE 89, 354, 355; *Kopp/Schenke*, § 113, Rn. 109; *Hufen*, § 18, Rn. 43; *Erbguth*, § 20, Rn. 42; *Würtenberger*, § 37, Rn. 644.
131 BVerwGE 26, 161, 165 f.; 81, 226, 229; *Würtenberger*, § 37, Rn. 648; *Erbguth*, § 20, Rn. 45; *Hufen*, § 18, Rn. 55; **a.A.** *Kopp/Schenke*, § 113, Rn. 127.

plausibel, da bei einem bereits erledigten VA die Selbstkontrolle der Verwaltung im Widerspruchsverfahren nicht mehr funktioniert und eine gerichtliche Feststellung der Rechtswidrigkeit dem Bürger mehr Genugtuung bringt[132].

Zu I. 5. Schließt man sich der eben geschilderten Auffassung an, dass bei Erledigung **vor** Klagerhebung kein Widerspruchsverfahren durchzuführen ist, stellt sich die Frage, welche Klagefrist nun gelten soll. Hier wird zum einen vertreten, dass § 74 Abs. 1 S. 2 VwGO analog heranzuziehen sei, zum anderen, dass keine Klagefrist laufe[133]. Zumindest bei schneller Umsetzung – und damit Erledigung – polizeilicher VA wird es häufig an der Rechtsbehelfsbelehrung fehlen, sehr selten wird eine vorhandene Rechtsbehelfsbelehrung zum erledigten VA überdies auf die Möglichkeit einer Fortsetzungsfeststellungsklage hinweisen, so dass in aller Regel die Jahresfrist des § 58 Abs. 2 VwGO anzuwenden sein wird[134].

Zu I. 6. Gegen erledigte VA soll grundsätzlich nur derjenige vorgehen dürfen, der mit der Feststellung der Rechtswidrigkeit noch etwas anfangen kann, dessen Rechtsposition sich dadurch verbessert[135]. Dieses qualifizierte Rechtsschutzbedürfnis wird in drei typischen Fallgruppen bejaht:

- Es besteht eine hinreichend konkrete Wiederholungsgefahr[136].
- Der Kläger ist durch den erledigten VA intensiv, z.B. öffentlichkeitswirksam, in seinen Grundrechten getroffen, so dass eine Rehabilitation angebracht erscheint[137].
- Der Kläger möchte einen nicht völlig aussichtslosen Schadensersatz- oder Entschädigungsprozess vorbereiten und benötigt deshalb die Feststellung der Rechtswidrigkeit des erledigten VA[138].

Auf die letztgenannte Fallgruppe kann man sich nur im Normalfall der Fortsetzungsfeststellungsklage berufen, dann also, wenn der VA sich **nach** Klagerhebung erledigt hat. Bei Erledigung **vor** Klagerhebung kann nämlich direkt vor dem Zivilgericht auf Schadensersatz bzw. Entschädigung geklagt werden, ohne dass zuvor ein Verwaltungsgericht bemüht werden muss[139].

Fallbezogene Vertiefung

Heinze/Sahan, JA 2007, 805 ff.; *Schenke*, JuS 2007, 697 ff.

---

132 *Erbguth*, § 20, Rn. 45; *Würtenberger*, § 37, Rn. 648.
133 BVerwGE 109, 203, 207; *Würtenberger*, § 37, Rn. 658.
134 *Erbguth*, § 20, Rn. 46; *Würtenberger*, § 37, Rn. 659.
135 *Kopp/Schenke*, § 113, Rn. 130.
136 BVerfG, NJW 2004, 2510, 2512; *Würtenberger*, § 37, Rn. 653; *Kopp/Schenke*, § 113, Rn. 141; *Erbguth*, § 20, Rn. 48; *Hufen*, § 18, Rn. 48 f.
137 *BVerfG*, NJW 2004, 2510, 2512; *Würtenberger*, § 37, Rn. 654 f. m.w.N.; *Hufen*, § 18, Rn. 50 u. 52; *Kopp/Schenke*, § 113, Rn. 142 ff.
138 *BVerwG*, NVwZ 2004, 104, 105; *Hufen*, § 18, Rn. 51; *Erbguth*, § 20, Rn. 48; *Kopp/Schenke*, § 113, Rn. 136; *Würtenberger*, § 37, Rn. 656 f.
139 *Hufen*, § 18, Rn. 51; *Würtenberger*, § 37, Rn. 656; *Erbguth*, § 20, Rn. 48; *Kopp/Schenke*, § 113, Rn. 136.

Prüfungsprogramm 12: Zulässigkeit und Begründetheit eines Normenkontrollantrags (§ 47 VwGO)

I. Zulässigkeit

1. Eröffnung des **Verwaltungsrechtsweges** (§§ 47 Abs. 1, 40 VwGO)[140]
2. Statthafte Antragsart (§ 47 Abs. 1, Abs. 5 VwGO), **Antragsziel**: eine untergesetzliche Norm für ungültig erklären lassen
3. **Antragsbefugnis** (§ 47 Abs. 2 VwGO)
4. **Keine Präklusion** (§ 47 Abs. 2 a VwGO)
5. Frist und Form (§§ 47 Abs. 2, 81 VwGO analog)
6. Allgemeines Rechtsschutzbedürfnis[141]

II. Begründetheit

Der Normenkontrollantrag ist begründet, wenn die angegriffene untergesetzliche Norm rechtswidrig und deshalb für unwirksam zu erklären ist.

Hinweise

Zu I. 2. Im Wege der **abstrakten Normenkontrolle** gemäß § 47 Abs. 1 Nr. 1 VwGO können in allen Bundesländern Satzungen überprüft werden, die auf der Grundlage des BauGB erlassen wurden. Den Hauptfall bilden insoweit die Bebauungspläne (§§ 8 ff. BauGB)[142], weitere Beispiele sind die Veränderungssperre (§§ 14 ff. BauGB) oder die Erschließungs- bzw. Sanierungssatzung (§ 132 bzw. § 142 BauGB)[143]. Wenn, wie in Berlin und Hamburg die Bebauungspläne als Verordnungen bzw. Gesetze erlassen werden (§ 246 Abs. 2 BauGB) gilt die gleiche Überprüfungsmöglichkeit[144]. Flächennutzungspläne sind nicht mit einem Normenkontrollantrag angreifbar[145], es sei denn sie enthalten Festlegungen nach § 35 Abs. 3 S. 3 BauGB[146].

Von der Möglichkeit des § 47 Abs. 1 Nr. 2 VwGO haben alle Bundesländer bis auf Berlin, Hamburg und Nordrhein-Westfalen Gebrauch gemacht[147]. Kontrollgegenstände sind hier typischerweise Landesverordnungen und Landessatzungen[148], nicht aber Verwaltungsvorschriften[149]. D.h. Bundesverordnungen unterliegen keiner abstrakten Normenkontrolle.

---

140 Prüfungsprogramm 1.
141 Prüfungsprogramm 5.
142 *Erbguth*, § 28, Rn. 3; *Hufen*, § 19, Rn. 12.
143 Ausführlich *Kopp/Schenke*, § 47, Rn. 21.
144 *Hufen*, § 19, Rn. 12; **a.A.** *Kopp/Schenke*, § 47, Rn. 21.
145 BVerwGE 128, 382, 386; *Würtenberger*, § 26, Rn. 442; *Erbguth*, in: T/E/M, § 27, Rn. 1090; *Kopp/Schenke*, § 47, Rn. 22; kritisch insoweit *Hufen*, § 19, Rn. 12.
146 BVerwGE 128, 382, 384 f.; *Erbguth*, in: T/E/M, § 27, Rn. 1090; *Kopp/Schenke*, § 47, Rn. 21 f.; *Würtenberger*, § 25, Rn. 442 jeweils m.w.N.
147 § 4 BWAGVwGO; Art. 5 BayAGVwGO; § 4 BbgVwGG; Art. 7 BremAGVwGO; § 15 HessAGVwGO; § 13 AGGerStrukG MV; § 7 NdsAGVwGO; § 4 RhPfAGVwGO; § 18 SaarlAGVwGO; § 10 AGVwGO LSA; § 24 SächsJG; § 5 AGVwGO SH; § 4 ThürAGVwGO.
148 *Würtenberger*, § 26, Rn. 444; *Kopp/Schenke*, § 47, Rn. 25; *Erbguth*, § 28, Rn. 4.
149 *Hufen*, § 19, Rn. 15; *Kopp/Schenke*, § 47, Rn. 29.

Zu I. 3. Wenn natürliche Personen oder juristische Personen einen Normenkontrollantrag stellen, entspricht die geforderte Antragsbefugnis im Wesentlichen der Klagebefugnis des § 42 Abs. 2 VwGO[150]. Reichen Behörden einen Normenkontrollantrag ein, entfällt die Geltendmachung einer eigenen Rechtsverletzung (§ 47 Abs. 2 S. 1 a.E. VwGO). Es genügt, wenn die antragstellende Behörde die Rechtsvorschrift ausführen muss oder zumindest zu beachten hat[151].

Zu I. 4. Sollen Bebauungspläne oder Satzungen nach § 34 Abs. 4 Satz 1 Nr. 2 und 3 oder § 35 Abs. 6 BauGB überprüft werden, ist die Frage der Präklusion zu klären. § 47 Abs. 2 a VwGO erklärt Normenkontrollanträge für unzulässig, die auf Einwendungen gestützt werden, die bereits im Erlassverfahren der Satzungen hätten geltend gemacht werden können, jedoch nicht geltend gemacht wurden. Vorausgesetzt ist allerdings ein ordnungsgemäßes Beteiligungsverfahren mit Hinweis auf die mögliche Präklusion (§ 3 Abs. 2 BauGB).

Zu I. 5. Als Antragsfrist legt § 47 Abs. 2 S. 1 VwGO ein Jahr ab Bekanntmachung der umstrittenen Norm fest. Der Antrag muss schriftlich beim zuständigen OVG bzw. VGH gestellt werden. § 67 Abs. 4 VwGO ist deshalb zu beachten.

Zu II. Anders als bei vielen Klagearten ist das Vorliegen einer Rechtsverletzung bei der Begründetheit eines Normenkontrollantrags nicht nachzuweisen[152]. Die Rechtswidrigkeit der angegriffenen Norm kann sich zunächst aus formellen Fehlern bei ihrem Erlass ergeben. Sodann ist eine Überprüfung auf inhaltliche Fehler notwendig. Als inhaltlicher Prüfungsmaßstab für die Kontrolle fungiert dabei das höherrangige Recht, also Unionsrecht[153], das Grundgesetz, die einschlägigen Bundesgesetze und -verordnungen sowie bei § 47 Abs. 1 Nr. 2 VwGO das höherrangige Landesrecht. Eventuell muss im letztgenannten Fall eine Abgrenzung zu den Kontrollrechten des Landesverfassungsgerichts vorgenommen werden (§ 47 Abs. 3 VwGO). Geht es um Satzungen nach dem BauGB sind die planerhaltenden Regeln der §§ 214 und 215 BauGB heranzuziehen[154].

Bezüge zu anderen Prüfungsprogrammen

Ist nach der Verfassungsmäßigkeit von Gesetzen gefragt, kommen nur die abstrakte und die konkrete Normenkontrolle[155] vor dem Bundes- oder Landesverfassungsgericht in Betracht. Vor einer Verfassungsbeschwerde muss in aller Regel die Möglichkeit der Normenkontrolle nach § 47 VwGO ausgeschöpft werden (§ 90 Abs. 2 BVerfGG)[156].

150 *Würtenberger*, § 26, Rn. 451 f.; *Kopp/Schenke*, § 47, Rn. 46 ff.; *Hufen*, § 19, Rn. 20; *Erbguth*, § 28, Rn. 10; Prüfungsprogramm 2.

151 *Erbguth*, § 28, Rn. 10; *Kopp/Schenke*, § 47, Rn. 94; *Würtenberger*, § 26, Rn. 456; *Hufen*, § 19, Rn. 33.

152 *Hufen*, § 19, Rn. 19 u. § 30, Rn. 1; *Kopp/Schenke*, § 47, Rn. 112; *Erbguth*, § 28, Rn. 16.

153 *Erbguth*, § 28, Rn. 16; *Würtenberger*, § 26, Rn. 467 a m.w.N.; **a.A.** *Hufen*, § 30, Rn. 16.

154 *Würtenberger*, § 26, Rn. 465; *Hufen*, § 30, Rn. 22 ff; ausführlich hierzu *Erbguth,* in: T/E/M, § 27, Rn. 1071 ff.; *Kopp/Schenke*, § 47, Rn. 128 ff.

155 Für den Bund s. Prüfungsprogramme VerfPR 2 u. 3.

156 Einzelheiten bei Prüfungsprogramm VerfPR 1, I. 5.

Prüfungsprogramm 13:
Zulässigkeit und Begründetheit eines Antrags nach §§ 80 Abs. 4 oder Abs. 5 VwGO

I. Zulässigkeit

1. Eröffnung des **Verwaltungsrechtsweges** (§ 40 VwGO)[157]
2. Statthafte Antragsart (§ 80 Abs. 4, Abs. 5 VwGO), **Antragsziel**: vorläufigen Rechtsschutz durch die aufschiebende Wirkung eines Widerspruches erreichen, weil wegen § 80 Abs. 2 VwGO der Normalfall der aufschiebenden Wirkung des § 80 Abs. 1 VwGO nicht eingetreten ist
3. **Antragsbefugnis** (§ 42 Abs. 2 VwGO analog)[158]
4. Form und Frist (§ 81 VwGO analog)
5. Allgemeines Rechtsschutzbedürfnis[159], insbesondere § 80 Abs. 6 VwGO beachten

II. Begründetheit

1. Der Antrag auf **Anordnung** der aufschiebenden Wirkung in den Fällen des § 80 Abs. 2 **Nr. 1 – Nr. 3** VwGO ist begründet, wenn das Interesse des Bürgers, von der sofortigen Vollziehung vorerst verschont zu bleiben (Aussetzungsinteresse), höher zu bewerten ist als das Interesse der Verwaltung, den VA sofort umzusetzen (Vollzugsinteresse).
2. Der Antrag auf **Wiederherstellung** der aufschiebenden Wirkung im Fall des § 80 Abs. 2 **Nr. 4** VwGO ist begründet, wenn die Anforderungen dieser Norm und die des § 80 Abs. 3 VwGO nicht beachtet wurden **oder** wenn das Interesse des Bürgers, von der sofortigen Vollziehung vorerst verschont zu bleiben (Aussetzungsinteresse), höher zu bewerten ist als das Interesse der Verwaltung, den VA sofort umzusetzen (Vollzugsinteresse).

Hinweise

Zu I. 2. Zunächst muss sich der Antragsteller gegen einen aktuell noch wirksamen belastenden VA[160] wenden. Im Hauptsacheverfahren ginge es also um eine Anfechtungsklage[161]. In diesem Punkt unterscheidet sich der einstweilige Rechtsschutz aus § 80 Abs. 4 und 5 VwGO vom Verfahren nach § 123 VwGO. Als Merkposten für die Vorrangigkeit des Verfahrens nach § 80 Abs. 4, Abs. 5 VwGO eignet sich § 123 Abs. 5 VwGO.

Gegen den VA muss bereits Widerspruch eingelegt sein oder zumindest gleichzeitig eingelegt werden, damit ein Rechtsbehelf vorliegt, dessen aufschiebende Wirkung an-

157 Prüfungsprogramm 1.
158 Prüfungsprogramm 2.
159 Prüfungsprogramm 5.
160 Prüfungsprogramm AVR 2.
161 *Kopp/Schenke*, § 80, Rn. 12.

gesteuert werden kann[162]. Ist ein Widerspruchsverfahren ausnahmsweise entbehrlich oder generell abgeschafft, so kann der Antrag nach § 80 Abs. 5 S. 2 VwGO schon vor Erhebung der Anfechtungsklage gestellt werden[163].

Der Normalfall der aufschiebenden Wirkung (§ 80 Abs. 1 VwGO) darf sodann wegen einer Fallgruppe aus § 80 Abs. 2 VwGO nicht gelten. Ergänzend wird verlangt, dass der eingelegte Widerspruch bzw. die eingelegte Anfechtungsklage nicht offensichtlich unzulässig sein darf[164], also nicht etwa eindeutig verfristet oder nur telefonisch vorgebracht.

Als **Sonderfall** wird ein Antrag nach § 80 Abs. 5 VwGO in entsprechender Anwendung für statthaft gehalten, wenn die Verwaltung eine tatsächlich bestehende aufschiebende Wirkung nach § 80 Abs. 1 VwGO nicht beachtet oder nicht zu beachten droht (sogenannte **faktische Vollziehung**)[165].

Zu I. 4. Die zuständige Behörde für die Bearbeitung des schriftlichen Antrags folgt aus § 80 Abs. 4 S. 1 VwGO, das zuständiges Gericht aus § 80 Abs. 5 S. 1 VwGO. Nach Ablauf der Widerspruchs- bzw. Klagefrist sind Anträge nach § 80 Abs. 4 oder 5 VwGO unzulässig, da der VA bereits bestandkräftig ist[166].

Zu II. 1. In Orientierung an § 80 Abs. 4 S. 3 VwGO muss das Vollzugsinteresse regelmäßig zurücktreten, wenn die Prüfung des VA ergibt, dass dieser rechtswidrig ist[167]. Umgekehrt unterliegt der Bürger mit seinem Aussetzungsantrag, wenn nach Prüfung des VA dessen Rechtmäßigkeit feststeht. Lässt sich die Frage der Rechtmäßigkeit bzw. Rechtswidrigkeit nicht sicher klären, ist die oben bereits angesprochene Interessenabwägung durchzuführen[168]. Vollzugsinteressen sind regelmäßig als überwiegend zu bewerten, wenn Leben und Gesundheit unbeteiligter Dritter gefährdet werden, etwa durch einsturzgefährdete Gebäude oder gesundheitsgefährdende Lebensmittel. Das Aussetzungsinteresse überwiegt typischerweise, wenn der betroffene Bürger unzumutbar belastet wird, ohne dass öffentliche Interessen dies rechtfertigen (§ 80 Abs. 4 S. 3 VwGO). Wichtig ist außerdem, ob es möglich erscheint, die Vollzugsfolgen nachträglich zu korrigieren oder nicht (Gedanke der Reversibilität)[169].

Zu II. 2. Neben der Zuständigkeit der anordnenden Behörde (§ 80 Abs. 2 Nr. 4 S. 1 VwGO) muss die Anordnung schriftlich und mit gesonderte Begründung vorgenommen werden (§ 80 Abs. 3 S. 1 VwGO). Nur bei ausdrücklich als solchen bezeichneten Notstandsmaßnahmen darf man auf die gesonderte Begründung verzichten (§ 80 Abs. 3 S. 2 VwGO). Eine Anhörung vor Erlass der Anordnung der sofortigen Vollzie-

162 *Erbguth*, § 21, Rn. 10; **a.A.** *Kopp/Schenke*, § 80, Rn. 139.
163 *Würtenberger*, § 28, Rn. 529 a m.w.N.; *Erbguth*, § 21, Rn. 10.
164 *Würtenberger*, § 28, Rn. 505; *Erbguth*, § 21, Rn. 3; *Hufen*, § 32, Rn. 5 f.
165 *Erbguth*, § 21, Rn. 11; *Kopp/Schenke*, § 80, Rn. 20; *Hufen*, § 32, Rn. 44; *Würtenberger*, § 28, Rn. 525.
166 *Hufen*, § 32, Rn. 35; *Würtenberger*, § 28, Rn. 529 c.
167 *Würtenberger*, § 28, Rn. 522; *Hufen*, § 32, Rn. 25; *Erbguth*, § 21, Rn. 14.
168 *Kopp/Schenke*, § 80, Rn. 152 ff. m.w.N.
169 *Würtenberger*, § 28, Rn. 533 f.; *Hufen*, § 32, Rn. 39.

hung wird nicht für erforderlich gehalten[170]. Ist die formelle Seite der Begründetheit behandelt, kann auf der materiellen Seite wie unter II. 1. weitergeprüft werden

Fallbezogene Vertiefung

Hummel, JuS 2011, 317 ff. u. 413 ff.

170 *Erbguth*, § 21, Rn. 6; *Würtenberger*, § 28, Rn. 519; *Kopp/Schenke*, § 80, Rn. 82; **a.A.** *Hufen*, § 32, Rn. 16.

Prüfungsprogramm 14:
Zulässigkeit und Begründetheit eines Antrags nach § 123 VwGO

I. Zulässigkeit
1. Eröffnung des **Verwaltungsrechtsweges** (§ 40 VwGO)[171]
2. Statthafte Antragsart (§ 123 Abs. 1, Abs. 5 VwGO), **Antragsziel**: vorläufigen Rechtsschutz durch Sicherung eines status quo (§ 123 Abs. 1 S. 1 VwGO) oder Regelung eines Zustandes erreichen (§ 123 Abs. 1 S. 2 VwGO)
3. **Antragsbefugnis** (§ 42 Abs. 2 VwGO analog)[172]
4. Form (§ 81 VwGO analog)
5. Allgemeines Rechtsschutzbedürfnis[173]

II. Begründetheit
Anträge auf einstweilige Anordnungen gemäß § 123 VwGO sind begründet, wenn die Antragsteller einen **Anordnungsanspruch** und einen **Anordnungsgrund** glaubhaft machen.

Hinweise

Zu I. 2. In Abgrenzung zu den vorläufigen Rechtsschutzverfahren nach § 80 Abs. 4, Abs. 5 VwGO will der Antragsteller eine Leistung oder eine Feststellung, er wehrt sich nicht gegen einen belastenden Verwaltungsakt (s.a. § 123 Abs. 5 VwGO). Im Hauptsacheverfahren ginge es also um eine Verpflichtungs-, Leistungs- oder Feststellungsklage, nicht aber um eine Anfechtungsklage[174].

Die Sicherungsanordnung des § 123 Abs. 1 S. 1 VwGO erhält den status quo, sie wehrt Veränderungen ab[175]. Z.B. verhindert sie die Ernennung eines Konkurrenten bis über die Klage des nichtberücksichtigten Kandidaten entschieden wurde. Die Regelungsanordnung des § 123 Abs. 1 S. 2 VwGO zielt auf die Gestaltung eines streitigen Rechtsverhältnisses und erweitert den Rechtskreis des Antragstellers[176]. Beispiele hierfür wären Anträge auf Widerruf einer behördlichen Aussage oder auf vorläufige Bewilligung einer staatlichen Subvention.

Zu I. 4. Das zuständige Gericht folgt aus § 123 Abs. 2 VwGO.

Zu I. 5. Möchte die Antragstellerin eine Leistung, muss sie diese in der Regel zunächst bei der Verwaltung beantragen, bevor sie sich mit einem Antrag nach § 123 Abs. 1

---

171 Prüfungsprogramm 1.
172 Prüfungsprogramm 2.
173 Prüfungsprogramm 5.
174 *Würtenberger*, § 28, Rn. 501; *Kopp/Schenke*, § 123, Rn. 18.
175 *Kopp/Schenke*, § 123, Rn. 6 f.; *Erbguth*, § 23, Rn. 27; *Würtenberger*, § 28, Rn. 539; *Hufen*, § 33, Rn. 1.
176 *Würtenberger*, § 28, Rn. 540; *Kopp/Schenke*, § 123, Rn. 6 u. 8; *Hufen*, § 33, Rn. 1; *Erbguth*, § 23, Rn. 27.

S. 2 VwGO an das Gericht wendet[177]. Eine Ausnahme hiervon gilt dann, wenn die Zeitverzögerung durch die Antragstellung bewirken würde, dass vollendete Tatsachen geschaffen werden.

Zu II. Für den Anordnungs**anspruch** wird das materielle Recht geprüft, welches der Antragsteller vorübergehend schützen oder erhalten will. Besteht dieses voraussichtlich zu seinen Gunsten, wird also der Antragsteller in der Hauptsache obsiegen, ist ein Anordnungsanspruch zu bejahen[178]. Existiert das geltend gemachte Recht voraussichtlich nicht, wird also der Antragsteller in der Hauptsache voraussichtlich verlieren, ist ein Anordnungsanspruch nicht gegeben[179]. Ist der Hauptsacheerfolg ungewiss, entscheidet eine Abwägung zwischen den Nachteilen, die der Antragsteller durch die Ablehnung seines Eilantrages erleiden muss, sollte sich in der Hauptsache ein Erfolg einstellen und den Nachteilen, die eine vorübergehende Zurückstellung der öffentliche Interessen bedeutet, sollte sich in der Hauptsache herausstellen, dass der Antrag nicht begründet war[180].

Der Anordnungs**grund** liegt in der Dringlichkeit und Eilbedürftigkeit der Sache[181]. Die einstweilige Anordnung muss erforderlich sein, weil bei Abwarten des Hauptverfahrens sonst vollendete Tatsachen geschaffen werden oder nicht mehr rückgängig zu machende Nachteile entstehen (s.a. die entsprechenden Formulierungen in § 123 Abs. 1 VwGO).

Glaubhaftmachung bedeutet, dass die geltend gemachten Tatsachen nicht bewiesen werden, aber überwiegend wahrscheinlich sein müssen (§ 123 Abs. 3 VwGO i.V.m. § 920 ZPO)[182].

Der Grundsatz, dass die einstweilige Anordnung nach § 123 VwGO die Hauptsache nicht vorwegnehmen darf, begrenzt ihren möglichen Inhalt[183]. Ausnahmen hiervon werden allerdings gemacht, wenn die Entscheidung in der Hauptsache so spät käme, dass sie für den Antragsteller sinnlos wäre oder unzumutbare Nachteile verursacht[184]. Beispiele für diese Ausnahmekonstellation aus Gründen des effektiven Rechtsschutzes (Art. 19 Abs. 4 GG) wären etwa die einstweilige Anordnung auf Zulassung zu einem Studium oder auf Versetzung in die nächsthöhere Klasse[185].

Fallbezogene Vertiefung

Hummel, JuS 2011, 504 ff.

177 *Erbguth*, § 23, Rn. 28; *Hufen*, § 33, Rn. 10; *Würtenberger*, § 28, Rn. 544; *Kopp/Schenke*, § 123, Rn. 22.

178 *Hufen*, § 33, Rn. 16; *Kopp/Schenke*, § 123, Rn. 25; *Würtenberger*, § 28, Rn. 548.

179 *Würtenberger*, § 28, Rn. 548; *Hufen*, § 33, Rn. 16.

180 *Würtenberger*, § 28, Rn. 549; *Hufen*, § 33, Rn. 16; **a.A.** *Kopp/Schenke*, § 123, Rn. 23.

181 *Würtenberger*, § 28, Rn. 547; *Hufen*, § 33, Rn. 16; *Erbguth*, § 23, Rn. 28.

182 *Erbguth*, § 23, Rn. 29.

183 *Erbguth*, § 23, Rn. 30; *Würtenberger*, § 28, Rn. 550; *Hufen*, § 33, Rn. 17; *Kopp/Schenke*, § 123, Rn. 14.

184 *Kopp/Schenke*, § 123, Rn. 14; *Hufen*, § 33, Rn. 18; *Würtenberger*, § 28, Rn. 551; *Erbguth*, § 23, Rn. 30.

185 *Würtenberger*, § 28, Rn. 551; *Hufen*, § 33, Rn. 17; *Kopp/Schenke*, § 123, Rn. 14 a.

VIII. Prüfungsprogramme zum Staatshaftungsrecht (StH)

Prüfungsprogramm 1: Anspruchsgrundlagen im Staatshaftungsrecht

I. Unrechtshaftung
1. Amtshaftung
2. Unionsrechtliche Staatshaftung
3. Öffentlich-rechtliche Schuldverhältnisse
4. Spezialgesetzlich geregelte Unrechtshaftung
5. Gefährdungshaftung

II. Eingriffe in das Eigentum
1. Gesetzliche Regelungen
   a) Enteignungsentschädigung
   b) Ausgleichspflichtige Inhalts- und Schrankenbestimmung
2. Aufopferungsgewohnheitsrecht (subsidiär)
   a) Enteignender Eingriff
   b) Enteignungsgleicher Eingriff

III. Eingriffe in nichtvermögenswerte Rechtsgüter
1. Gesetzlich geregelte Aufopferungsentschädigung
2. Aufopferungsgewohnheitsrecht (subsidiär): allgemeiner Aufopferungsanspruch

IV. Beseitigung-, Unterlassungs- und Herstellungsansprüche
1. Abwehr-/Unterlassungsanspruch
2. Folgenbeseitigungsanspruch
3. Sozialrechtlicher Herstellungsanspruch
4. Erstattungsanspruch

Hinweise

Zu I. Kern der Unrechtshaftung ist die auf Schadensersatz in Geld gerichtete Amtshaftung[1] (§ 839 BGB i.V.m. Art. 34 Satz 1 GG). Gegebenenfalls kann sich der Bürger daneben mit demselben Ziel des Geldersatzes auf die unionsrechtliche Staatshaftung[2] berufen, auf Schadensersatz wegen Leistungsstörung in einem öffentlich-rechtlichen Schuldverhältnis[3], auf spezialgesetzliche Anspruchsgrundlagen (z.B. § 7 BDSG, § 56 Abs. 1 Satz 2 BremPolG, § 39 Abs. 1 Buchst. b OBG NRW) und ggfs. auf Rechtsnormen, die eine Gefährdungshaftung (z.B. § 7 StVG, § 2 HaftPflG, § 33 LuftVG, Art. 5 Abs. 5 EMRK) begründen.

1 Prüfungsprogramm 2.
2 Prüfungsprogramm 3.
3 Prüfungsprogramm 4.

Zu II. Je nach Art des Eingriffs in eine nach Art. 14 Abs. 1 GG geschützte Eigentumsposition[4] kommen unterschiedliche Anspruchsgrundlagen für eine Entschädigung in Betracht:

Liegt eine Enteignung[5] im Sinne des Art. 14 Abs. 3 GG vor, stützt sich der Entschädigungsanspruch auf die für die Enteignung zwingend erforderliche einfachgesetzliche Enteignungsentschädigungsregelung (vgl. Art. 14 Abs. 3 Satz 2 GG)[6]. Fehlt sie, ist die Enteignung rechtswidrig und abzuwehren[7]. Ein Entschädigungsanspruch besteht dann nicht. Beispiele für Enteignungsentschädigungsregelungen sind §§ 93 ff. BauGB, §§ 17 ff. LBG, § 9e AtG, § 4 RettungsG, § 42 WVG, § 5 HmbEnteignungsG. Salvatorische Entschädigungsregelungen genügen den Anforderungen an eine Enteignungsentschädigungsregelung nicht[8]. Enteignungsentschädigungsansprüche sind auf dem ordentlichen Rechtsweg geltend zu machen (Art. 14 Abs. 3 Satz 4 GG, § 17 Abs. 2 Satz 2 GVG).

Ist bei einer Inhalts- und Schrankenbestimmung[9] des Eigentums ausnahmsweise eine Entschädigungsregelung für besondere Fallkonstellationen zur Wahrung der Verhältnismäßigkeit erforderlich (sog. ausgleichspflichtige Inhalts- und Schrankenbestimmung), muss der Gesetzgeber auch ohne ausdrückliche verfassungsrechtliche Vorgabe[10] einen gesetzlichen Entschädigungsanspruch begründen,[11] wenn sich die Verhältnismäßigkeit nicht auf andere Weise (Übergangsregelungen, Ausnahmen, Befreiungen) herstellen lässt[12]. Fehlt es daran, ist die Inhalts- und Schrankenbestimmung rechtswidrig[13] und abzuwehren[14]. Ein Entschädigungsanspruch besteht in diesen Fällen nicht. Beispiele für derartige Entschädigungsregelungen sind § 18 BauGB, § 21 Abs. 4, § 42 BImSchG, § 8a Abs. 5, § 17 Abs. 4 Satz 2 FStrG, § 4 Abs. 2 HmbPEG, § 7 PEG NRW, § 1 Nr. 5 PEG BW, § 49 Abs. 6, § 74 Abs. 2 Satz 3 VwVfG; zweifelhaft sind in der Regel sog. salvatorischen Entschädigungsklauseln[15]. Entschädigungsansprüche wegen einer ausgleichspflichtigen Inhalts- und Schrankenbestimmung sind auf dem Verwaltungsrechtsweg geltend zu machen (§ 40 Abs. 1 i.V.m. Abs. 2 Satz 1 zweiter Halbsatz VwGO)[16].

Entschädigung wegen unvorhersehbarer und atypischer faktischer Nebenfolgen einer rechtmäßigen Eigentumsbeeinträchtigung wird aufgrund des gewohnheitsrechtlich anerkannten Anspruchs wegen enteignenden Eingriffs[17] gewährt. Kommt es zu nicht hinnehmbaren Eigentumsbeeinträchtigungen aufgrund rechtswidrigen Handelns, ist

4 Prüfungsprogramm GR 6, 7.
5 Prüfungsprogramm GR 7.
6 *Detterbeck*, Rn. 1130; *Ramsauer*, Rn. 24.46; Prüfungsprogramm GR 7.
7 *Erbguth*, § 39, Rn. 30.
8 *Erbguth*, § 39, Rn. 14; *Detterbeck*, Rn. 1127.
9 Prüfungsprogramm GR 7.
10 BVerfGE 100, 226, 246.
11 BVerfGE 100, 226, 244; *Detterbeck*, Rn. 1176 ff.
12 BVerfGE 100, 226, 345 f.; *BVerwG*, NJW 1993, 2949, 2450 f.; Prüfungsprogramm AVR 10.
13 BVerfGE 100, 226, 247; *Erbguth*, § 39, Rn. 27.
14 *Erbguth*, § 39, Rn. 15; *Detterbeck*, Rn. 1177.
15 *Erbguth*, § 39, Rn. 27.
16 *Erbguth*, § 39, Rn. 29; *Ramsauer*, Rn. 24.07, 24.75; früher str.: *BVerwG*, NJW 1993, 2949, 2450 f., vs. *BGH*, NJW 1995, 964, 965.
17 Prüfungsprogramm 5.

an einen Anspruch aus dem ebenfalls gewohnheitsrechtlich begründeten Institut des enteignungsgleichen Eingriffs zu denken[18].

Zu III. Kommt es zu einem Eingriff in nichtvermögenswerte Rechtsgüter (Leben, körperliche Unversehrtheit, Freiheit), bestehen vielfach gesetzliche Anspruchsgrundlagen, die eine Entschädigung vorsehen[19]. Das Aufopferungsgewohnheitsrecht findet nur subsidiär Anwendung in Gestalt des allgemeinen Aufopferungsanspruchs[20].

Zu IV. Der Bürger kann sich in unterschiedlicher Form gegen öffentlich-rechtliches Verwaltungshandeln wehren.

Geht es ihm um die Abwehr künftiger Beeinträchtigungen, kann er in seltenen Fällen einen vorbeugenden Unterlassungsanspruch[21] geltend machen mit dem Ziel, dass die Beeinträchtigung erst gar nicht erfolgen soll.

Liegt eine Beeinträchtigung durch öffentlich-rechtliches Verwaltungshandeln bereits vor, kann er versuchen, dieses Verwaltungshandeln i.w.S. beseitigen bzw. korrigieren zu lassen. Besteht die Beeinträchtigung in einem wirksamen belastenden Verwaltungsakt, kommt dessen Aufhebung durch Rücknahme[22] (§ 48 VwVfG) oder Widerruf[23] (§ 49 VwVfG) in Betracht. Die Aufhebung kann aber auch in einem Widerspruchsverfahren[24] durch Abhilfebescheid (§ 72 VwGO) bzw. Widerspruchsbescheid (§ 73 VwGO) erfolgen oder in einem Anfechtungsprozess[25] durch verwaltungsgerichtliches Urteil (§ 42 Abs. 1, § 113 Abs. 1 Satz 1 VwGO). Will sich der Bürger gegen die Versagung eines begünstigenden Verwaltungsakts wehren, kann er sich auf die einfachgesetzliche Anspruchsgrundlage gegenüber der Verwaltung berufen und ggfs. versuchen, sein Recht im Widerspruchsverfahren[26] (§§ 68 ff. VwGO) oder im Verpflichtungsprozess[27] (§ 42 Abs. 1, § 113 Abs. 5 VwGO) durchzusetzen. Geht es um die Beseitigung schlichten Verwaltungshandelns, kann sich der Bürger auf einen schlichten Abwehr-/Unterlassungsanspruch[28] berufen. Geht um begünstigendes schlichtes Verwaltungshandeln, muss dem Bürger ein entsprechender Leistungsanspruch zur Verfügung stehen.

Wendet sich der Bürger nicht gegen das öffentlich-rechtliche Verwaltungshandeln selbst, sondern dessen beeinträchtigenden Folgen, kann er möglicherweise eine Restitution aufgrund eines Folgenbeseitigungsanspruchs[29] verlangen. In Sozialrechtsver-

18 Prüfungsprogramm 6.
19 Prüfungsprogramm 7.
20 Prüfungsprogramm 7.
21 Prüfungsprogramm 8.
22 Prüfungsprogramm AVR 12 ff.
23 Prüfungsprogramm AVR 15 ff.
24 Prüfungsprogramm VerwPR 6.
25 Prüfungsprogramm VerwPR 7.
26 Prüfungsprogramm VerwPR 6.
27 Prüfungsprogramm VerwPR 8.
28 Prüfungsprogramm 8.
29 Prüfungsprogramm 9.

hältnissen könnte der weitergehende sozialrechtliche Herstellungsanspruch[30] eingreifen. Ungerechtfertigte Vermögensverschiebungen werden durch einen öffentlich-rechtlichen Erstattungsanspruch[31] korrigiert.

30 Prüfungsprogramm 10.
31 Prüfungsprogramm 11.

Prüfungsprogramm 2:
Amtshaftung, § 839 BGB i.V.m. Art. 34 Satz 1 GG

I. Anspruchsgrundlage: § 839 BGB i.V.m.[32] Art. 34 Satz 1 GG

II. Anspruchsvoraussetzungen

1. Jemand
2. Handeln in Ausübung eines öffentlichen Amtes
3. Kein Ausschluss des Schuldübergangs
4. Verletzung einer drittbezogenen Amtspflicht
5. Verschulden (§§ 276, 839 Abs. 2 BGB)
6. Adäquat kausaler Schaden
7. Ausschlüsse: §§ 839 Abs. 1 Satz 2, Abs. 3 BGB
8. Mitverschulden:[33] § 254 BGB

III. Anspruchsinhalt

- Geldersatz nach Maßgabe der §§ 249 ff. BGB
- Naturalrestitution ist nicht möglich

IV. Verjährung:[34] grds. 3 Jahre (§§ 195, 199 BGB)

Hinweise

Zu I. Es geht um eine Haftung des Schädigers und seines Dienstherrn gegenüber einem außerhalb dieser Zweierbeziehung stehenden Dritten (sog. Außenhaftung[35]). Art. 34 Satz 1 GG modifiziert zum einen den Inhalt des § 839 BGB[36]. In dieser modifizierten Form kann ein Anspruch des Dritten gegen den Schädiger entstehen, allerdings nur für eine „logische/juristische Sekunde", da Art. 34 Satz 1 GG zum anderen sogleich einen gesetzlichen Schuldübergang vom Schädiger auf dessen Anstellungskörperschaft vorsieht, der den Schädiger von der Haftung gegenüber dem Dritten befreit und die Anstellungskörperschaft mit der Haftung belastet (so für Beamte schon Art. 131 WRV 1919 und §§ 1, 3 RHBG 1910, fortgeltend)[37]. Ein Regress der Anstellungskörperschaft gegenüber dem Schädiger wegen dieses sog. Fremdschadens[38] ist nach Art. 34 Satz 2 GG i.V.m. § 48 BeamtStG bzw. § 75 BBG, ggf. i.V.m. Vertragsrecht (§ 3 Abs. 7 TV-L bzw. TVöD) möglich. Amtshaftungsanspruch und Regress sind ausschließlich vor den Zivilgerichten (Landgerichten) durchzusetzen (Art. 34 Satz 3 GG, § 40 Abs. 2 Satz 1 erster Halbsatz, dritter Fall VwGO, § 17 Abs. 2 Satz 2 GVG; § 71 Abs. 2 Nr. 2 GVG). Die zwingende Zuständigkeit der Zivilgerichte führt dazu, dass der Dienstherr seinen Re-

32 Zwingende Verbindung: *Detterbeck*, Rn. 1054; *Erbguth*, § 37, Rn. 3; *Maurer*, § 26, Rn. 7.
33 Dazu *Ramsauer* 24.28; *Detterbeck*, Rn. 1094.
34 Dazu *Ramsauer* 24.27; *Detterbeck*, Rn. 1095; *Erbguth*, § 37, Rn. 32.
35 *Maurer*, § 26, Rn. 10.
36 *Detterbeck*, Rn. 1055; *Erbguth*, § 37, Rn. 4; *Maurer*, § 26, Rn. 8 f.
37 *Erbguth*, § 37, Rn. 1 f.; zur historische Erklärung des Amtshaftungsmodells siehe *Maurer*, § 26, Rn. 2 ff.
38 *Leppek*, Rn. 196; *Schnellenbach*, § 8, Rn. 3, 7 ff.

gressanspruch gegen den schädigenden Beamten nach § 48 BeamtStG bzw. § 75 BBG nicht alternativ zur Klage durch Verwaltungsakt geltend machen kann, da anderenfalls die verfassungsrechtliche Rechtswegregelung ausgehebelt würde[39].

Zu II. 1. Jede natürliche Person, die öffentlich-rechtlich handeln kann, also nicht nur Beamte im Sinne des Beamtenrechts, sondern insbesondere auch Arbeitnehmer, Beliehene, Verwaltungshelfer („haftungsrechtlicher Beamtenbegriff")[40].

Zu II. 2. Der Organwalter muss im Rahmen seines Amtes (äußerer und innerer Zusammenhang zum Dienst, nicht nur bei Gelegenheit[41]; ohne Zurechnungszusammenhang: Eigenhaftung) gegenüber dem Dritten öffentlich-rechtlich (Abgrenzung zum privatrechtlichen Handeln)[42] gehandelt oder etwas unterlassen[43] haben. Privatrechtlich handelnde (statusrechtliche) Beamte haften selbst nach § 839 BGB und Arbeitnehmer nach §§ 823 ff. BGB[44]. Eine Haftung des Hoheitsträgers besteht im privatrechtlichen Bereich nur nach Maßgabe des § 831 BGB bei Verrichtungsgehilfen bzw. §§ 823, 31, 89 BGB bei Organen[45].

Zu II. 3. Bei öffentlich-rechtlichen Dienstverhältnissen haftet grundsätzlich die Anstellungskörperschaft, bei Beliehenen und Verwaltungshelfern die Körperschaft, die das öffentliche Amt übertragen hat[46]. Die Verantwortlichkeit trifft nicht die Anstellungs-, sondern ausnahmsweise die Funktionskörperschaft, wenn der Beamte eine Doppelstellung innehat oder abgeordnet ist[47]. Das Land haftet für den beim Kreis angestellten Landrat, wenn dieser Aufgaben des Landes im Wege der Organleihe wahrnimmt und eine Landeshaftung gesetzlich vorgesehen ist (siehe nur § 6 AULBErG SH[48])[49]. Die Amtshaftung kann durch ein verhältnismäßiges Gesetz ausgeschlossen werden (z.B. persönliche Haftung des beliehenen Notars, vgl. § 19 Abs. 1 Satz 4 BNotO), sodass kein Schuldübergang erfolgt und der Schädiger selbst nach § 839 BGB in Anspruch genommen werden kann[50].

---

39 *Schnellenbach*, § 8, Rn. 8, 52, 55; *Leppek*, Rn. 270.

40 *Ramsauer*, Rn. 24.13; *Detterbeck*, Rn. 1056; *Erbguth*, § 37, Rn. 4 f.; *Maurer*, § 26, Rn. 12 f.; *Schmidt*, Allg. VerwR, Rn. 1066 ff.

41 *Ramsauer*, Rn. 24.14; *Detterbeck*, Rn. 1058 ff.; *Erbguth*, § 37, Rn. 7; *Maurer*, § 26, Rn. 15; *Schmidt*, Allg. VerwR, Rn. 1070.

42 *Ramsauer*, Rn. 24.13, 32.01 ff.; *Detterbeck*, Rn. 1056 f.; *Erbguth*, § 37, Rn. 4; *Maurer*, § 26, Rn. 12; *Schmidt*, Allg. VerwR, Rn. 1071; Prüfungsprogramm AVR 1.

43 *Detterbeck*, Rn. 1063; *Erbguth*, § 37, Rn. 11.

44 *Ramsauer*, Rn. 24.13; *Erbguth*, § 37, Rn. 6; *Maurer*, § 26, Rn. 55 ff.

45 *Ramsauer*, Rn. 24.13; *Erbguth*, § 37, Rn. 6; *Maurer*, § 26, Rn. 9, 55 ff.; *Schnellenbach*, § 8, Rn. 6.

46 BGH, NJW 1987, 2737, 2738 m.w.N.; NVwZ 2006, 966, 966 m.w.N.; *Ramsauer*, Rn. 24.11; *Detterbeck*, Rn. 1096 f.; *Erbguth*, § 37, Rn. 31; *Maurer*, § 26, Rn. 41 ff.; *Schmidt*, Allg. VerwR, Rn. 1112.

47 BGH, NJW 1987, 2737, 2738; *Ramsauer*, Rn. 24.11; *Jarass*, in: Jarass/Pieroth, GG, Art. 34, Rn. 24; *Detterbeck*, Rn. 1097; *Schnellenbach*, § 8, Rn. 7; *Schmidt*, Allg. VerwR, Rn. 1112.

48 Gesetz über die Errichtung allgemeiner unterer Landesbehörden in Schleswig-Holstein i.d.F. der Bekanntmachung vom 03.04.1996 mit späteren Änderungen.

49 *Detterbeck*, Rn. 1097.

50 *Maurer*, § 26, Rn. 35 f.; *Schmidt*, Allg. VerwR, Rn. 1109 f.

Zu II. 4. 1. Es geht um die Pflichten des Amtswalters gegenüber seiner Anstellungskörperschaft,[51] z.B. aus den Beamtengesetzen (§§ 60 ff. BBG, §§ 33 ff. BeamtStG i.V.m. Landesbeamtengesetzen), aus der Gesetzesbindung des Staates (Art. 20 Abs. 3 GG) und seiner Amtswalter (vgl. § 63 Abs. 1 BBG, § 36 Abs. 1 BeamtStG), aus allgemeinen Pflichten, z.B. § 823 BGB (Sorgfaltspflichten)[52]. 2. Drittbezogen sind diese Pflichten, wenn sie zumindest auch dazu bestimmt sind, Außenstehende von Schäden freizuhalten[53]. Bsp.: Verstöße gegen Abwehr- und Leistungsrechte des Bürgers, gegen Gehorsampflichten, gegen besondere Sorgfaltspflichten (Vertrauensgrundsätze, Fürsorgepflichten, Gebot sachgerechter Entscheidungen), gegen allgemeine Sorgfaltspflichten (Gebote, die jeder Bürger nach §§ 823 ff. BGB beachten muss)[54]. 3. Liegt ein rechtskräftiges Urteil eines Verwaltungsgerichts vor, das über Rechtmäßigkeit bzw. Rechtswidrigkeit des Handelns entschieden hat, ist der Zivilrichter daran nach § 121 VwGO gebunden[55]. Ob ein lediglich bestandskräftiger Verwaltungsakt ebenso eine Bindungswirkung auslösen kann, ist umstritten[56]. Der BGH verneint eine Bindungswirkung[57].

Zu II. 5. Es gilt der zivilrechtliche objektivierte Fahrlässigkeitsmaßstab des § 276 Abs. 2 BGB[58]. Es liegt kein Verschulden bei einem Rechtsanwendungsfehler vor, wenn der Schädiger bei zweifelhafter Rechtslage nach sorgfältiger Prüfung mit vernünftigen Überlegungen zu einer objektiv vertretbaren Rechtsauffassung gekommen ist[59]. Für Richter gilt das Spruchrichterprivileg nach § 839 Abs. 2 Satz 1 BGB.

Zu II. 6. Kausalität fehlt, wenn der Schaden auch ohne die Amtspflichtverletzung eingetreten wäre oder das Eintreten des Schadens außerhalb jeder Lebenserfahrung liegt (Adäquanztheorie)[60]. Bei fehlerhaften Ermessensentscheidungen muss feststehen, dass der Schaden bei pflichtgemäßem Handeln nicht eingetreten wäre[61]. Geht es um ein Unterlassen, muss der Schaden bei pflichtgemäßem Handeln mit an Sicherheit grenzender Wahrscheinlichkeit vermeidbar gewesen sein[62].

Zu II. 7. Das Subsidiaritätsprinzip des § 839 Abs. 1 Satz 2 BGB ist restriktiv auszulegen[63]. Keine Subsidiarität besteht gegenüber Versicherungsleistungen an den Geschädigten, wenn diese auf seinen eigenen Leistungen beruhen, Ersatzansprüchen wegen Pflichtverletzungen im Straßenverkehr (Ausn. § 35 StVO) und wegen Verletzung öffentlich-rechtlicher Verkehrssicherungspflichten sowie Ansprüchen gegen andere

51 *Maurer*, § 26, Rn. 16.
52 *Ramsauer* 24.15; *Detterbeck*, Rn. 1065; *Erbguth*, § 37, Rn. 9; *Schmidt*, Allg. VerwR, Rn. 1075 ff.
53 *Detterbeck*, Rn. 1066 ff.; *Erbguth*, § 37, Rn. 12; *Maurer*, § 26, Rn. 19; *Schmidt*, Allg. VerwR, Rn. 1089.
54 *Detterbeck*, Rn. 1066 ff.; *Erbguth*, § 37, Rn. 12, und *Maurer*, § 26, Rn. 20 ff., jeweils mit Beispielen.
55 *Detterbeck*, Rn. 1099; *Erbguth*, § 37, Rn. 10; *Schmidt*, Allg. VerwR, Rn. 1116.
56 *Ramsauer* 24.17; *Detterbeck*, Rn. 1100; *Maurer*, § 26, Rn. 47a; *Schmidt*, Allg. VerwR, Rn. 1117; siehe ferner dazu *Erbguth*, § 37, Rn. 10.
57 *BGH*, NJW 1991, 1168, 1169 f.; zustimmend *Beaucamp*, DVBl 2004, 352ff.
58 *Ramsauer*, Rn. 24.21; *Detterbeck*, Rn. 1079; *Erbguth*, § 37, Rn. 15.
59 *Ramsauer*, Rn. 24.21; *Detterbeck*, Rn. 1081; *Erbguth*, § 37, Rn. 17 f.; *Maurer*, § 26, Rn. 25; *Schmidt*, Allg. VerwR, Rn. 1093.
60 *Detterbeck*, Rn. 1085; *Erbguth*, § 37, Rn. 22; *Maurer*, § 26, Rn. 26.
61 *Detterbeck*, Rn. 1085; *Erbguth*, § 37, Rn. 23.
62 *Detterbeck*, Rn. 1085.
63 *Detterbeck*, Rn. 1087; *Erbguth*, § 37, Rn. 27; *Maurer*, § 26, Rn. 30; *Schmidt*, Allg. VerwR, Rn. 1103 ff.

öffentlich-rechtliche Körperschaften[64]. § 839 Abs. 3 BGB begründet einen Vorrang des zumutbaren Primärrechtsschutzes.

Zu III. Eine Naturalrestitution (§ 249 Abs. 1 BGB) scheidet aus; es kommt grundsätzlich nur Geldersatz nach Maßgabe der §§ 249 ff. BGB in Betracht, auch Schmerzensgeld nach § 253 Abs. 2 BGB[65].

Fallbezogene Vertiefung

Durner, JuS 2005, 793 ff.; *Greim/Michl*, Jura 2012, 373 ff.; *Hoppe*, JA 2011, 167 ff.; *Sauer*, JuS 2012, 695 ff., 800 ff.; *Wittreck/Wagner*, Jura 2013, 1213 ff.

64 *Ramsauer*, Rn. 24.25; *Detterbeck*, Rn. 1087; *Erbguth*, § 37, Rn. 27; *Maurer*, § 26, Rn. 31; *Schmidt*, Allg. VerwR, Rn. 1105.
65 *Ramsauer* 24.28; *Detterbeck*, Rn. 1093; *Erbguth*, § 37, Rn. 24; *Maurer*, § 26, Rn. 44; *Schmidt*, Allg. VerwR, Rn. 1095 ff.

Prüfungsprogramm 3: Unionsrechtliche Staatshaftung

I. Anspruchsgrundlage: Unionsrechtliche Staatshaftung (EuGH-Rspr.)

II. Anspruchsvoraussetzungen (EuGH-Rspr.; EU-Recht)
1. Verstoß gegen eine individualschützende Norm des EU-Rechts
2. Hinreichend qualifizierter Verstoß gegen die Norm
3. Unmittelbarer Kausalzusammenhang zwischen Normverstoß und Schaden

III. Anspruchsinhalt:
1. Schadensersatz
2. Begrenzungen des Anspruchs:
   a) Vorrang des Primärrechtsschutzes (Rechtsgedanke des § 839 Abs. 3 BGB)
   b) Mitverschulden (entsprechend § 254 BGB)

IV. Verjährung (entsprechend §§ 194 ff. BGB)

Hinweise

Zu I. Der EuGH leitet die unionsrechtliche Staatshaftung aus dem Wesen der Rechtsordnung der Europäischen Union ab, insbesondere aus Art. 4 Abs. 3 UAbs. 2, 3, Art. 19 Abs. 1 Satz 2 EUV, Art. 340 Abs. 2 AEUV (entsprechend)[66]. Nach h.M. handelt es sich um ein eigenständiges unionsrechtliches Haftungsinstitut,[67] das neben den (deutschen) Amtshaftungsanspruch tritt. Die Mitgliedstaaten haften originär für Verstöße aller ihrer Organe[68] gegen das EU-Recht[69]. Der Anspruchsgegner ist wie nach Art. 34 Satz 1 GG zu ermitteln[70]. Der unionsrechtliche Haftungsanspruch ist vor den Zivilgerichten (Landgerichten) durchzusetzen (Rechtsgedanke aus Art. 34 Satz 3 GG, § 40 Abs. 2 Satz 1 erster Halbsatz, dritter Fall VwGO, § 71 Abs. 2 Nr. 2 GVG)[71].

Zu II. 1. Die gemeinschaftsrechtliche Norm, gegen die verstoßen worden ist, muss die Verleihung von Rechten an die Geschädigten bezwecken[72]. Individualschützende Normen des EU-Rechts sind nicht nur solche, die den Schutz des Bürgers zumindest neben der Allgemeinheit bezwecken im Sinne der Schutznormtheorie, sondern darü-

---

66 *EuGH*, NJW 1992, 165, 166 f.; NJW 1996, 1267, 1268; BeckRS 2004, 77498 Rn. 24; NJW 1996, 3141; NVwZ 2004, 79, 82; NVwZ 2009, 771, 772; zur Ableitung *Maurer*, § 31, Rn. 8; *Erbguth*, § 38, Rn. 13 f.; *Detterbeck*, Rn. 1308 f.

67 *BGH*, NJW 1997, 123, 124 f.; NJW 2008, 3558, 3559; *Ramsauer*, Rn. 24.77, 24.82; *Detterbeck*, Rn. 1310 ff.; *Dörr*, DVBl 2006, 598, 602.; a.A. *Maurer*, § 31, Rn. 9, mit Hinweis auf Tendenz in neueren EuGH-Entscheidungen; a.A. wohl auch *Schmidt*, Allg. VerwR, Rn. 1357 ff.

68 Legislative: *EuGH*, NJW 1996, 1267; Exekutive: *EuGH*, BeckRS 2004, 77498; Judikative: *EuGH*, NVwZ 2004, 79; siehe ferner *Erbguth*, § 38, Rn. 16.

69 Hinweis: Amtshaftung der EU für EU-Organe ergibt sich aus Art. 340 Abs. 2 AEUV, durchzusetzen im Wege der Amtshaftungsklage (Art. 268 AEUV, Prüfungsprogramm EuR 10).

70 *BGH*, NVwZ-RR 2006, 28, 32; *Ramsauer*, Rn. 24.82; *Detterbeck*, Rn.1315.

71 *Maurer*, § 31, Rn. 17; *Ramsauer*, Rn. 24.82; *Detterbeck*, Rn. 1315.

72 *EuGH*, NVwZ 2009, 771, 772 m.w.N.; *BGH*, NJW 2009, 2534, 2535 m.w.N.

ber hinausgehend auch diejenigen hinreichend bestimmten und unmittelbar vollziehbaren Normen, die tatsächlich den Schutz des Bürgers bewirken[73].

Zu II. 2. Der Verstoß gegen diese Norm muss hinreichend qualifiziert sein[74]. Das ist der Fall, wenn der Mitgliedstaat die rechtlichen Grenzen seiner Befugnisse offenkundig und erheblich überschritten hat[75]. Insoweit ist eine Wertung erforderlich[76]. Ein Verschulden, das keine haftungsbegründende Voraussetzung ist, kann hier berücksichtigt werden[77].

Zu II. 3. Zwischen dem Verstoß gegen die Norm und dem entstandenen Schaden muss ein unmittelbarer Kausalzusammenhang bestehen[78]. Maßgeblich ist die Adäquanztheorie[79].

Zu III. und IV. Der Anspruch ist auf Schadensersatz gerichtet, der nicht nur in Geldersatz, sondern – anders als bei der Amtshaftung – auch in einer Naturalrestitution bestehen kann[80]. Anspruchsbegrenzend wirken die Rechtsgedanken des Vorrangs des Primärrechtsschutzes (Rechtsgedanke des § 839 Abs. 3 BGB),[81] und des Mitverschuldens (entsprechend § 254 BGB)[82] sowie – durchsetzungshindernd – der Verjährung (entsprechend §§ 194 ff. BGB)[83]. Aus den Rechtsgedanken des § 839 Abs. 1 Satz 2, Abs. 2 BGB leiten sich keine Haftungsbeschränkungen ab[84].

Fallbezogene Vertiefung

Frenz/Götzkes, JA 2009, 759 ff.; *Schöndorf-Haubold*, JuS 2006, 112 ff.

73 *Ramsauer*, Rn. 24.78, 33.05; enger im Sinne der Schutznormtheorie *Erbguth*, § 38, Rn. 15, 18.
74 *EuGH*, NVwZ 2009, 771, 772 m.w.N.; *BGH*, NJW 2009, 2534, 2535 m.w.N.; *Maurer*, § 31, Rn. 11.
75 *EuGH*, NVwZ 2004, 79, 82; IStR 2007, 249, Rn. 118; *BGH*, NJW 2009, 2534, 2536 ff m.w.N.
76 *Ramsauer*, Rn. 24.79; *Erbguth*, § 38, Rn. 16; *Schöndorf-Haubold*, JuS 2006, 112, 113; *Dörr*, DVBl 2006, 598, 600.
77 *Maurer*, § 31, Rn. 13.
78 *EuGH*, NVwZ 2009, 771, 772 m.w.N.; *BGH*, NJW 2009, 2534, 2535 m.w.N.
79 *Maurer*, § 31, Rn. 12; *Erbguth*, § 38, Rn. 17; *Kling*, Jura 2005, 298, 303.
80 *Maurer*, § 31, Rn. 16; *Detterbeck*, Rn. 1315.
81 *BGH*, NJW 2004, 1241, 1242; *Maurer*, § 31, Rn. 14; *Ramsauer*, Rn. 24.80; *Erbguth*, § 38, Rn. 18.
82 *BGH*, NJW 2004, 1241, 1242; *Maurer*, § 31, Rn. 14; *Ramsauer*, Rn. 24.80; *Erbguth*, § 38, Rn. 18.
83 BGHZ 181, 199, 214 ff.; *Maurer*, § 31, Rn. 14; *Ramsauer*, Rn. 24.81; *Erbguth*, § 38, Rn. 18.
84 *Erbguth*, § 38, Rn. 18.

Prüfungsprogramm 4: Ansprüche aus öffentlich-rechtlichen Schuldverhältnissen

I. Öffentlich-rechtlicher Vertrag

II. Andere öffentlich-rechtliche Sonderbeziehungen

1. Anspruch
   a) Anspruchsgrundlage: Rechtsgedanke des § 280 BGB
   b) Anspruchsvoraussetzungen
      aa) Besonders enges Rechtsverhältnis mit Rechten und Pflichten
      bb) Sachlicher Grund für die Gewährung von Schadensersatzansprüchen neben der Amtshaftung
   c) Anspruchsinhalt: Schadensersatz
2. Fallgruppen besonderer Rechtsverhältnisse
   a) Öffentlich-rechtliche Verwahrung
   b) Öffentlich-rechtliche Leistungs- und Benutzungsverhältnisse
   c) Beamtenverhältnis
   d) Sonstige öffentlich-rechtliche Sonderbeziehungen

Hinweise

Zu I. Für den öffentlich-rechtlichen Vertrag[85] gelten die Vorschriften des BGB gemäß § 62 Satz 2 VwVfG entsprechend und damit insbesondere auch die Schadensersatzansprüche wegen Pflichtverletzungen nach den §§ 280 ff. BGB. Die Ansprüche sind vor den Verwaltungsgerichten durchzusetzen (§ 40 Abs. 1 VwGO i.V.m. Wortlaut des § 40 Abs. 2 Satz 1 erster Halbsatz VwGO)[86].

Zu II. Besteht ein besonders enges Rechtsverhältnis zwischen dem Hoheitsträger und dem Bürger mit gegenseitigen Rechten und Pflichten, so kann es ein Bedürfnis geben, entsprechend § 280 BGB Schadensersatz zu gewähren[87]. Anerkannt ist dies für die öffentlich-rechtliche Verwahrung, die eine Obhutspflicht des Staates begründet[88]. Liegt ein öffentlich-rechtliches Leistungs- oder Benutzungsverhältnis vor, bei dem der Leistungsaustausch im Vordergrund steht, zum Beispiel bei der Benutzung gemeindlicher Einrichtungen (Wasserversorgung, Kanalisation, Schlachthof, Schwimmbad), kommt ebenfalls ein Schadensersatzanspruch bei Pflichtverletzungen in Betracht[89]. Ein besonderes Rechtsverhältnis ist schließlich das Beamtenverhältnis. Namentlich bei Verletzung des Fürsorgegrundsatzes wird Schadensersatz gewährt. Die Anspruchsgrundlage wird hier teilweise in § 280 BGB (entsprechend) gesehen,[90] teilweise in den Rechts-

85 Prüfungsprogramm AVR 19.
86 *Detterbeck*, Rn. 1292; *Ramsauer*, Rn. 24.03, str. bei culpa in contrahendo, §§ 280, 311 Abs. 2 BGB.
87 *Detterbeck*, Rn. 1263 f.
88 *Ramsauer*, Rn. 24.30; *Detterbeck*, Rn. 1272 f.; *Schmidt*, Allg. VerwR, Rn. 1341.
89 *Ramsauer*, Rn. 24.34; *Detterbeck*, Rn. 1269 m.w.N.; *Schmidt*, Allg. VerwR, Rn. 1345 ff.
90 *Battis*, BBG, § 78, Rn. 21; *Detterbeck*, Rn. 1288.

gedanken der §§ 276, 278, 618 Abs. 3 BGB[91] und neuerdings unmittelbar im Beamtenverhältnis selbst[92]. Sonstige relevante öffentlich-rechtliche Sonderbeziehungen werden nur selten angenommen, z.B. das Zivildienstverhältnis,[93] nicht aber das Schulverhältnis,[94] das Strafgefangenenverhältnis[95] oder das Verhältnis Jugendamt und Pflegekind[96] bzw. Pflegeeltern[97].

Für Ansprüche aus öffentlich-rechtlicher Verwahrung und aus sonstigen öffentlich-rechtlichen Sonderbeziehungen ist der Zivilrechtsweg eröffnet (§ 40 Abs. 2 Satz 1 erster Halbsatz 2. bzw. 3. Fall VwGO)[98]. Der Anspruch aus dem Beamtenverhältnis muss vor dem Verwaltungsgericht verfolgt werden (§ 126 Abs. 1 BBG, § 54 Abs. 1 BeamtStG, § 40 Abs. 2 Satz 2 VwGO)[99].

91 Vgl. *BVerwG*, NJW 1961, 2364, 2366; NVwZ 2001, 685, 686; Einzelheiten bei *Schnellenbach*, § 9, Rn. 58 ff.
92 *Ramsauer*, Rn. 24.33.
93 *BVerwG*, NVwZ 2004, 1372, 1372 f.; *Detterbeck*, Rn. 1290.
94 *BGH*, NJW 1963, 1828; *Detterbeck*, Rn. 1290.
95 *BGH*, NJW 1956, 1399, 1399 f.; *Detterbeck*, Rn. 1290.
96 *BGH*, NJW 2006, 1121, 1123.
97 *BGH*, NJW 2006, 2553, 2554.
98 *Detterbeck*, Rn. 1292; *Ramsauer*, Rn. 24.08.
99 *Detterbeck*, Rn. 1291 f.; *Ramsauer*, Rn. 24.09.

Prüfungsprogramm 5: Enteignender Eingriff

I. Anspruchsgrundlage
- allgemeiner Aufopferungsgedanke der §§ 74, 74 Einleitung PrALR
- gewohnheitsrechtlich anerkannt (h.M.)

II. Anspruchsvoraussetzungen
1. Keine vorrangige gesetzliche Regelung[100]
2. Eigentum i. S. v. Art. 14 Abs. 1 GG[101]
3. Rechtmäßiger öffentlich-rechtlicher Eingriff
4. Unmittelbarkeit
5. Sonderopfer („enteignend")
6. Mitverschulden analog § 254 BGB

III. Anspruchsinhalt: angemessene Entschädigung

IV. Verjährung: grds. 3 Jahre (§§ 195, 199 Abs. 1, 3 BGB)[102]

Hinweise

Zu I. Der Anspruch aus enteignendem Eingriff wird aus dem allgemeinen Aufopferungsdanken der §§ 74, 75 der Einleitung zum PrALR abgeleitet. Er ist gewohnheitsrechtlich anerkannt[103]. Eine Analogie zu Art. 14 Abs. 3 GG scheidet aus (so noch die frühere Rspr.). Der Anspruch ist auf dem ordentlichen Rechtsweg durchzusetzen (§ 40 Abs. 2 Satz 1 erster Halbsatz erster Fall VwGO, str.)[104].

Zu II. 1. Vorrangige gesetzliche Regelungen sind z.B. § 78 BLG, § 8 a Abs. 4 FStrG, § 74 Abs. 2 Satz 3 VwVfG und der allgemeine öffentlich-rechtliche Nachbarausgleichsanspruch analog § 74 Abs. 2 Satz 3 VwVfG i.V.m. § 42 Abs. 2 BImSchG, § 906 Abs. 2 Satz 2 BGB (BVerwG[105]; anders der BGH[106]).

Zu II. 3. Es muss sich um eine rechtmäßige hoheitliche Maßnahme handeln, die zu atypischen, unvorhergesehenen und zufälligen Eigentumsbeeinträchtigungen führt[107]. Maßnahmen, die zu typischen, vorhersehbaren, zu erwartenden oder gar beabsichtig-

100 *Detterbeck*, Rn. 1175.
101 Siehe Prüfungsprogramm GR 6.
102 *Ramsauer*, Rn. 24.74.
103 BGH, NJW 1984, 1876, 1877 m.w.N.; *Ramsauer*, Rn. 24.69; *Erbguth*, § 39, Rn. 41; *Detterbeck*, Rn. 1163.
104 *Ramsauer*, Rn. 24.07; *Erbguth*, § 5, Rn. 27, § 39, Rn. 48, und *Maurer*, § 27, Rn. 117, jeweils m.w.N. zum Streitstand.
105 *BVerwG*, NJW 1988, 2396, 2398.
106 *BGH*, NJW 1993, 1700, 1700 f. m.w.N.
107 *BGH*, NJW 1984, 1876, 1877 m.w.N., NVwZ 1988, 1066, 1066 f.; *Ramsauer*, Rn. 24.69; *Erbguth*, § 39, Rn. 41; *Detterbeck*, Rn. 1162; *Maurer*, § 27, Rn. 109 m.w.N., 112; *Schmidt*, Allg. VerwR, Rn. 1241 f.

ten Eigentumsbeeinträchtigungen führen, werden nicht erfasst. Derartige Maßnahmen müssen je nach Art den Anforderungen an eine – ggfs. ausgleichspflichtige – Inhalts- und Schrankenbestimmung[108] oder entschädigungspflichtige Enteignung[109] gerecht werden[110].

Zu II. 4. Die hoheitliche Maßnahme muss unmittelbare Auswirkungen auf eine durch Art. 14 Abs. 1 GG geschützte Eigentumsposition haben[111]. Erforderlich ist zum einen mindestens ein adäquater Kausalzusammenhang[112]. Zum anderen muss sich die Beeinträchtigung als notwendiger, aus der Eigenart der hoheitlichen Maßnahme folgender Nachteil darstellen[113].

Zu II. 5. Ein Sonderopfer liegt vor, wenn die an sich[114] rechtmäßige hoheitliche Maßnahme bei einzelnen Betroffenen zu – meist atypischen, unvorhergesehenen, zufälligen – Nachteilen führt, die die Schwelle des enteignungsrechtlich Zumutbaren überschreiten (Schweretheorie; Sonderopfertheorie)[115]. Die Umstände des Einzelfalls sind umfassend zu beurteilen[116]. Für Immissionen kommt der Maßstab des § 906 BGB zur Anwendung[117]. Ein Anspruch wegen legislativen Unrechts scheidet aus[118].

Zu II. 6. Ein Ausschluss wegen schuldhaften Versäumens des Primärrechtsschutzes kommt nicht in Betracht. Das hoheitliche Handeln ist rechtmäßig und wegen der Unvorhersehbarkeit und der Atypik wird der Betroffene die nachteiligen Nebenfolgen des an sich rechtmäßigen hoheitlichen Handelns in der Regel nicht mit den Mitteln des verwaltungsgerichtlichen Rechtsschutzes wirksam abwenden können[119]. Als sonstiges Mitverschulden kommt die Missachtung der Schadensminderungspflicht in Betracht[120].

Fallbezogene Vertiefung

Lege, Jura 2011, 826 ff.

---

108 *Maurer*, § 27, Rn. 108 f.
109 *Detterbeck*, Rn. 1161.
110 *Detterbeck*, Rn. 1167 f.
111 *BGH*, NVwZ 1988, 1066, 1068 m.w.N.; *Detterbeck*, Rn. 1165; *Maurer*, § 27, Rn. 112; *Schmidt*, Allg. VerwR, Rn. 1243.
112 *BGH*, NVwZ 1988, 1066, 1068 m.w.N.
113 *BGH*, NVwZ 1988, 1066, 1068 m.w.N.; NJW 1988, 478, 479; *Ramsauer*, Rn. 24.72; kritisch *Detterbeck*, Rn. 1166.
114 Zu dieser unklaren Formulierung siehe *Maurer*, § 27, Rn. 110: rechtmäßige Maßnahme führt zum rechtswidrigen Erfolg.
115 *BGH*, NJW 1984, 1876, 1877 m.w.N.; NVwZ 1988, 1066, 1066 f.; *Ramsauer*, Rn. 24.69; *Erbguth*, § 39, Rn. 41; *Detterbeck*, Rn. 1171; *Schmidt*, Allg. VerwR, Rn. 1244; *Maurer*, § 27, Rn. 112: rechtswidriger Erfolg indiziert das Sonderopfer.
116 BGH, NVwZ 1988, 1066, 1067.
117 *Ramsauer*, Rn. 24.73.
118 *Detterbeck*, Rn. 1172.
119 *BGH*, NJW 1984, 1876, 1877 m.w.N.; *Detterbeck*, Rn. 1174; *Maurer*, § 27, Rn. 107.
120 *Erbguth*, § 39, Rn. 47; *Detterbeck*, Rn. 1174.

Prüfungsprogramm 6: Enteignungsgleicher Eingriff

I. Anspruchsgrundlage
- allgemeiner Aufopferungsgedanke der §§ 74, 74 Einleitung PrALR
- gewohnheitsrechtlich anerkannt (h.M.)

II. Anspruchsvoraussetzungen
1. Keine vorrangige gesetzliche Regelung[121]
2. Eigentum i. S. v. Art. 14 Abs. 1 GG[122]
3. Rechtswidriger öffentlich-rechtlicher Eingriff
4. Unmittelbarkeit
5. Sonderopfer infolge der Rechtswidrigkeit des Eingriffs („enteignungsgleich")
6. Mitverschulden analog § 254 BGB

III. Anspruchsinhalt: angemessene Entschädigung

IV. Verjährung: grds. 3 Jahre (§§ 195, 199 Abs. 1, 4 BGB)[123]

Hinweise

Zu I. Das richterrechtliche Haftungsinstitut des enteignungsgleichen Eingriffs leitet der BGH aus dem allgemeinen Aufopferungsgedanken der §§ 74, 75 der Einleitung zum PrALR ab,[124] nicht mehr wie früher[125] aus einer analogen Anwendung des Art. 14 Abs. 3 GG. Der Anspruch ist mittlerweile gewohnheitsrechtlich anerkannt[126]. Es besteht Anspruchskonkurrenz zum Amtshaftungsanspruch[127]. Der Anspruch aus enteignungsgleichem Eingriff ist vor den ordentlichen Gerichten durchzusetzen (§ 40 Abs. 2 Satz 1 erster Halbsatz erster Fall VwGO)[128].

Zu II. 3. Rechtswidrige Enteignungen und legislatives Unrecht werden vom enteignungsgleichen Eingriff nicht erfasst[129]. Sie sind im Wege des Primärrechtsschutzes abzuwehren[130]. Der enteignungsgleiche Eingriff kommt nur noch bei rechtswidri-

121 *Detterbeck*, Rn. 1135; *Maurer*, § 27, Rn. 102, mit Nachweisen aus dem Polizei- und Ordnungsrecht.
122 Prüfungsprogramm GR 6.
123 Abweichungen und Einzelheiten bei *Ramsauer*, Rn. 24.67; *Erbguth*, § 39, Rn. 19, 38.
124 *BGH*, NJW 1984, 1169, 1172 f.; NJW 1997, 3432, 3434 m.w.N.; *Ramsauer*, Rn. 24.54 f.; *Erbguth*, § 39, Rn. 30; *Detterbeck*, Rn. 1135; *Schmidt*, Allg. VerwR, Rn. 1210; Art. 14 Abs. 1 GG ist nach *Maurer*, § 27, Rn. 87, näherliegende Grundlage.
125 BGHZ 6, 270, 274 ff.; *BGH*, NJW 1971, 607, 607; *Ramsauer*, Rn. 24.54; *Erbguth*, § 39, Rn. 30; *Detterbeck*, Rn. 1133; *Schmidt*, Allg. VerwR, Rn. 1204.
126 *Detterbeck*, Rn. 1135; *Schmidt*, Allg. VerwR, Rn. 1204.
127 *BGH*, NJW 1997, 3432, 3433; *Ramsauer*, Rn. 24.67; *Erbguth*, § 39, Rn. 40; *Detterbeck*, Rn. 1135; *Maurer*, § 27, Rn. 104.
128 *Detterbeck*, Rn. 1160; *Erbguth*, § 39, Rn. 39; *Ramsauer*, Rn. 24.09 (dritter Fall).
129 *Erbguth*, § 39, Rn. 32; *Detterbeck*, Rn. 1148; *Maurer*, § 27, Rn. 91 m.w.N. zum Streitstand; *Schmidt*, Allg. VerwR, Rn. 1221 ff.
130 *Erbguth*, § 39, Rn. 30.

gen Maßnahmen in Betracht, bei denen der Primärrechtsschutz nicht möglich oder nicht zumutbar ist[131]. Das trifft namentlich auf unvorhergesehene, zufällige, faktische Eingriffe zu[132]. Nach h.M. wird ein Unterlassen nicht erfasst,[133] es sei denn, es ist einem Handeln gleichzustellen (qualifiziertes Unterlassen, vor allem beim präventiven Verbot mit Erlaubnisvorbehalt)[134].

Zu II. 4. Erforderlich ist zum einen mindestens ein adäquater Kausalzusammenhang[135]. Zum anderen muss sich die Beeinträchtigung als notwendiger, aus der Eigenart der hoheitlichen Maßnahme folgender Nachteil darstellen[136].

Zu II. 5. Die Rechtswidrigkeit des Eingriffs indiziert das Sonderopfer[137].

Zu II. 6. Der Anspruch ist ausgeschlossen wegen schuldhaften Versäumens des möglichen und zumutbaren Primärrechtsschutzes[138]. Als sonstiges Mitverschulden kommt eine Verletzung der Schadensminderungspflicht in Betracht[139].

Zu III. Es ist eine angemessene Entschädigung für den erlittenen Substanzverlust zu gewähren[140], kein Schadensersatz[141].

Fallbezogene Vertiefung

Lege, Jura 2011, 826 ff.

131 *Erbguth*, § 39, Rn. 30; *Detterbeck*, Rn. 1134.
132 *Erbguth*, § 39, Rn. 30, 33.
133 *Erbguth*, § 39, Rn. 32, und *Maurer*, § 27, Rn. 92, m.w.N. zum Streitstand.
134 *Erbguth*, § 39, Rn. 32; *Detterbeck*, Rn. 1140; *Schmidt*, Allg. VerwR, Rn. 1214 ff.
135 *BGH*, NVwZ 1988, 1066, 1068 m.w.N.; *Erbguth*, § 39, Rn. 33; *Detterbeck*, Rn. 1142.
136 *BGH*, NVwZ 1988, 1066, 1068 m.w.N.; NJW 1988, 478, 479; *Ramsauer*, Rn. 24.72; *Erbguth*, § 39, Rn. 33 (wertende Zurechnung); *Detterbeck*, Rn. 1143; *Maurer*, § 27, Rn. 93.
137 *Ramsauer*, Rn. 24.64; *Erbguth*, § 39, Rn. 34; *Detterbeck*, Rn. 1146; *Maurer*, § 27, Rn. 94.
138 *BGH*, NJW 1984, 1169. 1172; *Erbguth*, § 39, Rn. 35; *Detterbeck*, Rn. 1154 f.; *Maurer*, § 27, Rn. 95 ff.; *Schmidt*, Allg. VerwR, Rn. 1228 f.
139 *Erbguth*, § 39, Rn. 35; *Detterbeck*, Rn. 1156; *Schmidt*, Allg. VerwR, Rn. 1231.
140 *BGH*, NJW 1997, 3432, 3434; *Ramsauer*, Rn. 24.68; *Maurer*, § 27, Rn. 100; *Schmidt*, Allg. VerwR, Rn. 1230.
141 *BGH*, NJW 1997, 3432, 3434 m.w.N. zur Gegenansicht; *Ramsauer*, Rn. 24.68.

Prüfungsprogramm 7: Allgemeine Aufopferung

I. Vorrangige gesetzliche Anspruchsgrundlagen (Auswahl)
- §§ 60 ff. IFSG (Impfschäden)
- § 2 Abs. 1 Nr. 8 SGB VII (Schulunfälle)
- §§ 1 ff. OEG (Opferentschädigung)
- §§ 1 ff. StrEG (rechtswidrige Strafverfolgung)
- Entschädigung von Nichtstörern und unbeteiligten Dritten im Polizeirecht der Länder,[142] z.B. Art. 70 Abs. 1, 2 BayPAG, § 10 Abs. 3 HmbSOG, §§ 72, 73 SOG M-V, § 80 Abs. 1 Nds. SOG.
- Art. 5 Abs. 5 EMRK (Festnahme, Freiheitsentziehung)

II. Allgemeiner Aufopferungsanspruch
1. Anspruchsgrundlage: allgemeiner Aufopferungsanspruch
   - zurückgehend auf §§ 74, 75 Einleitung PrALR[143] (teilweise i.V.m. den Grundrechten[144])
   - gewohnheitsrechtlich anerkannt[145] (im Rang von Verfassungsrecht[146])
2. Anspruchsvoraussetzungen
   a) Keine Subsidiarität gegenüber geregelten Ansprüchen
   b) Nichtvermögenswertes Rechtsgut (Leben, Gesundheit, Freiheit)
   c) Unmittelbarer öffentlich-rechtlicher Eingriff im Gemeinwohlinteresse[147]
   d) Sonderopfer
4. Anspruchsinhalt
   - Ausgleich des eingetretenen Vermögensnachteils
   - Kein Schmerzensgeld
5. Verjährung: grds. 3 Jahre (§§ 195, 199 Abs. 1, 2 BGB)[148]

Hinweise

Zu I. und II. 2. a) Gesetzliche Entschädigungsregelungen verdrängen den allgemeinen Aufopferungsanspruch[149]. Sie gehen oftmals über das aufgrund des Aufopferungsgewohnheitsrechts zu gewährende Maß der Entschädigung hinaus[150]. Der allgemeine Aufopferungsanspruch ist auf dem ordentlichen Rechtsweg durchzusetzen (§ 40 Abs. 2 Satz 1 erster Halbsatz erster Fall VwGO)[151].

142 Prüfungsprogramm BVR 3.
143 *BGH*, NJW 1953, 857, 857 ff.; *Erbguth*, Rn. 2 m.w.N.; *Maurer*, § 28, Rn. 1.
144 *Detterbeck*, Rn. 1185, 1200.
145 *BGH*, NJW 1953, 857, 857 ff.; *Erbguth*, Rn. 2 m.w.N.; *Detterbeck*, Rn. 1185; *Maurer*, § 28, Rn. 1.
146 So *Maurer*, § 28, Rn. 1.
147 *Ramsauer*, Rn. 24.51; *Detterbeck*, Rn. 1191.
148 Dazu *Ramsauer*, Rn. 24.53.
149 *Ramsauer*, Rn. 24.47; *Erbguth*, Rn. 3; *Detterbeck*, Rn. 1184; *Maurer*, § 28, Rn. 2, 5 f.; *Schmidt*, Allg. VerwR, Rn. 1251 ff.
150 *Erbguth*, Rn. 1; *Maurer*, § 28, Rn. 5.
151 *Ramsauer*, Rn. 24.07.

Zu II. 2. b) Nach h.M.[152] sind nur die in Art. 2 Abs. 2 GG genannten Rechtsgüter erfasst, nach der Gegenansicht auch die Geheimsphäre, die Ehre und der Namensschutz sowie die Berufsfreiheit[153].

Zu II. 2. c) Es genügt, wenn das öffentlich-rechtliche Handeln eine besondere Gefahrenlage geschaffen hat, die sich verwirklicht[154]. Das können auch schon Aufklärungsmaßnahmen oder Anreize sein, die den Bürger zum Handeln bewegen[155]. Auf die Rechtmäßigkeit („aufopfernder Eingriff"[156]) oder Rechtswidrigkeit („aufopferungsgleicher Eingriff"[157]) des Eingriffs kommt es ebenso wenig an wie auf seine Schuldlosigkeit oder Schuldhaftigkeit[158]. Ein freiwilliges Tätigwerden des Bürgers schließt die Unmittelbarkeit aus[159].

Zu II. 2. d) Eine ungleiche Belastung ist im Vergleich zu anderen erforderlich, die sich nicht als Konkretisierung einer für alle bestehenden Pflicht darstellt und auch nicht als Verwirklichung des allgemeinen Lebensrisikos[160]. Fieber als Folge einer Impfung ist z.B. kein Sonderopfer, eine Querschnittslähmung aber schon[161]. Die Rechtswidrigkeit des Eingriffs indiziert das Sonderopfer[162]. Bei rechtmäßigem Eingriff ist eine besondere Prüfung erforderlich[163].

Zu III. Nur der eingetretene Vermögensnachteil (z.B. Verdienstausfall, Arzt- und Pflegekosten)[164] ist angemessen auszugleichen[165]. Ein Schmerzensgeldanspruch besteht nicht[166]. Wurde kein Primärrechtsschutz gegen den rechtswidrigen Eingriff gesucht, entfällt der Anspruch wegen Mitverschuldens analog § 254 BGB[167].

Fallbezogene Vertiefung

Durner, JuS 2005, 900 ff.; *Sauer*, JuS 2012, 695 ff.

---

152 *BVerfG*, NVwZ 1998, 271, 272; *BGH*, NJW 1996, 2422, 2423; NJW 1994, 2229, 2230; NJW 1953, 857, 857 ff.; *Detterbeck*, Rn. 1188; *Erbguth*, Rn. 1, 4; *Schmidt*, Allg. VerwR, Rn. 1257; kritisch *Ramsauer*, Rn. 24.49.

153 *Detterbeck*, Rn. 1187 f. m.w.N. zum Streitstand; *Maurer*, § 28, Rn. 3, 12; *Schmidt*, Allg. VerwR, Rn. 1257.

154 *BGH*, NJW 1955, 1109, 1109 f.; NJW 1973, 1322, 1323 f.; Maurer, § 28, Rn. 10; *Schmidt*, Allg. VerwR, Rn. 1260 ff.

155 *Maurer*, § 28, Rn. 11.

156 *Ramsauer*, Rn. 24.47; *Detterbeck*, Rn. 1182.

157 *Ramsauer*, Rn. 24.47; *Detterbeck*, Rn. 1182; *Maurer*, § 28, Rn. 4.

158 *Erbguth*, Rn. 5; *Ramsauer*, Rn. 24.50; *Maurer*, § 28, Rn. 4.

159 *Ramsauer*, Rn. 24.50; *Maurer*, § 28, Rn. 10; *Schmidt*, Allg. VerwR, Rn. 1261.

160 *Erbguth*, Rn. 6; *Ramsauer*, Rn. 24.51; *Detterbeck*, Rn. 1193, 1195; *Maurer*, § 28, Rn. 13 f.; *Schmidt*, Allg. VerwR, Rn. 1266 f.

161 *Detterbeck*, Rn. 1193.

162 *Ramsauer*, Rn. 24.51.

163 *Erbguth*, Rn. 6.

164 *Detterbeck*, Rn. 1192; *Maurer*, § 28, Rn. 15; *Schmidt*, Allg. VerwR, Rn. 1269.

165 *Erbguth*, Rn. 7; *Ramsauer*, Rn. 24.53; *Detterbeck*, Rn. 1196.

166 *BGH*, NJW 1956, 629, 630; *Erbguth*, Rn. 7; *Ramsauer*, Rn. 24.53; *Detterbeck*, Rn. 1196; *Maurer*, § 28, Rn. 15; a.A. *Schmidt*, Allg. VerwR, Rn. 1270.

167 *Erbguth*, Rn. 7 (Ausschluss); *Ramsauer*, Rn. 24.51 (kein Sonderopfer) und Rn. 24.53 (Minderung durch Mitverschulden); *Detterbeck*, Rn. 1194.

Prüfungsprogramm 8: Unterlassungsansprüche

I. Schlichter Abwehr-/Unterlassungsanspruch
1. Anspruchsgrundlage: Sonderbeziehung, Gesetze, Grundrechte
2. Anspruchsvoraussetzungen
   a) Öffentlich-rechtliche unmittelbare Beeinträchtigung eines subjektiven Rechts
   b) Gegenwärtige Beeinträchtigung (andauernd, wiederholend)
   c) Keine Duldungspflicht durch Verwaltungsakt, ö.-r. Vertrag, Gesetz
3. Anspruchsinhalt
   a) Beseitigung der Beeinträchtigung
   b) Möglichkeit und Zumutbarkeit der Beseitigung
   c) Kein Mitverschulden und keine Verwirkung

II. Vorbeugender Unterlassungsanspruch
1. Anspruchsgrundlage str., aber gewohnheitsrechtlich anerkannt
2. Anspruchsvoraussetzungen
   a) Drohende öffentlich-rechtliche Beeinträchtigung eines subjektiven Rechts
      aa) Erstbegehungsgefahr
      bb) Wiederholungsgefahr
   b) Abwarten der Beeinträchtigung ist unzumutbar
   c) Rechtswidrigkeit der drohenden Beeinträchtigung
3. Anspruchsinhalt: Untätigkeit der Behörde
   a) Nichterlass des VA
   b) Nichtvornahme des schlichten Verwaltungshandelns

Hinweise

Zu I. Ein schlichter Unterlassungsanspruch kommt in Betracht, wenn es darum geht, dass eine gegenwärtig andauernde unmittelbare öffentlich-rechtliche Beeinträchtigung eines subjektiven Rechts beseitigt werden soll. Erfolgt die Beeinträchtigung durch einen Verwaltungsakt, muss dieser durch die Behörde (§§ 48, 49 VwVfG; §§ 72, 73 Abs. 1 Satz 1 VwGO)[168] oder das Gericht (§ 42 Abs. 1, § 113 Abs. 1 Satz 1 VwGO)[169] aufgehoben werden. Erfolgt die Beeinträchtigung durch schlichtes Verwaltungshandeln, ist der Anspruch auf künftiges Ausbleiben des schlichten Verwaltungshandelns gerichtet (schlichter Abwehr-/Unterlassungsanspruch). Reicht die bloße Einstellung des Verwaltungshandelns nicht aus, muss die sodann erforderliche weitere Handlung hinzukommen.

Zu I. 1. Bestehen weder Sonderbeziehungen noch spezielle Gesetze, folgt der Anspruch auf Aufhebung des Verwaltungsakts bzw. Unterlassen der faktischen Beein-

168 Prüfungsprogramm AVR 12 ff.
169 Prüfungsprogramm VerwPR 7.

trächtigung aus den Grundrechten, denn sie schützen unabhängig von der Qualität einer Beeinträchtigung[170]. Teilweise werden auch die §§ 906, 1004 BGB analog herangezogen[171]. Da der Unterlassungsanspruch anerkannt ist, kann die Frage seiner Ableitung offen bleiben[172].

Zu I. 2., 3. Anspruchsvoraussetzungen und Anspruchsinhalt entsprechen bei Beeinträchtigungen durch schlichtes Verwaltungshandeln denen des FBA[173] mit dem Unterschied, dass die Störung, die beseitigt werden soll, unmittelbar durch öffentlich-rechtliches Verwaltungshandeln erfolgt und nicht dessen Folge ist. Zurechnungsfragen stellen sich also nicht. Geht es um die Aufhebung eines Verwaltungsakts, kommt es auf die Vorgaben des Prozessrechts an[174].

Zu II. Ein vorbeugender Unterlassungsanspruch ist gegen zu erwartendes künftiges Verwaltungshandeln gerichtet[175].

Zu II. 1. Wegen des effektiven einstweiligen Rechtsschutzes besteht in der Regel kein Bedürfnis, vorbeugend gegen künftiges Verwaltungshandeln vorzugehen. Vorbeugende Unterlassungsansprüche sind dem öffentlichen Recht daher fremd. Für die Ausnahmefälle, in denen ein Bedürfnis nicht von der Hand zu weisen ist, kann der Rechtsgedanke des § 1004 Abs. 1 BGB herangezogen werden: Ein Abwehrrecht bestünde, sollte die Verwaltung handeln, und ein Abwarten des Verwaltungshandelns ist unzumutbar,[176] insbesondere weil die Wahrscheinlichkeit des Verwaltungshandelns groß ist[177] und trotz einstweiligen Rechtsschutzes irreparable Schäden entstünden.

Fallbezogene Vertiefung

Kemmler, JA 2005, 908 ff.

170 *BVerwG*, NJW 2006, 1303, 1303; *VGH Mannheim*, NJW 1997, 754, 755; *Erbguth*, § 41, Rn. 18 m.w.N.
171 *VGH München*, BeckRS 2010, 45670, Rn. 8; *Erbguth*, § 41, Rn. 18 m.w.N.
172 So auch *BVerwG*, NJW 1989, 1291, 1291; *Erbguth*, § 41, Rn. 18 m.w.N.; *Schmidt*, Allg. VerwR, Rn. 1320.
173 Prüfungsprogramm 9; *Ramsauer*, Rn. 25.26 ff., erwähnt den schlichten Unterlassungsanspruch gar nicht erst und ordnet ihn implizit gleich dem FBA zu (Rn. 25.26).
174 Prüfungsprogramm VerwPR 6, 7.
175 *Ramsauer*, Rn. 25.26; *Erbguth*, § 41, Rn. 17; *Schmidt*, Allg. VerwR, Rn. 1318.
176 *Ramsauer*, Rn. 25.27.
177 *Erbguth*, § 41, Rn. 21.

Prüfungsprogramm 9: Folgenbeseitigungsanspruch (FBA)

I. Anspruchsgrundlage
1. Spezialgesetzliche Regelungen
2. FBA als gewohnheitsrechtlicher Grundsatz
   a) Allgemein anerkannt
   b) Ableitung umstritten, aber nicht entscheidungsrelevant:
      - §§ 12, 862, 1004 BGB analog
      - Art. 20 Abs. 3 GG: Gerechtigkeit, Rechtsstaat, Gesetzmäßigkeit der Verwaltung (Rspr.)
      - Freiheitsrechte als umfassende Abwehrrechte (Lit.)

II. Anspruchsvoraussetzungen
1. Geschütze Rechtsposition: jedes subjektive Recht
2. Beeinträchtigung der Rechtsposition
   a) Beeinträchtigung durch öffentlich-rechtliches Handeln
   b) Andauernde Beeinträchtigung
   c) Beeinträchtigung ist unmittelbare Folge öffentlich-rechtlichen Handelns
   d) Rechtswidrigkeit – keine Duldungspflicht

III. Anspruchsinhalt
1. Beseitigung unmittelbarer Folgen
2. Möglichkeit und Zumutbarkeit der Folgenbeseitigung
3. Mitverschulden

Hinweise

Der Folgenbeseitigungsanspruch (FBA) ist – wie der Begriff schon sagt – auf die Beseitigung der Folgen öffentlich-rechtlichen Handelns gerichtet,[178] nicht auf die Beseitigung oder Verhinderung des Handelns selbst. Für Letzteres kommt der öffentlich-rechtliche Abwehr-/Unterlassungsanspruch in Betracht[179].

Zu I. In wenigen Fällen hat der Gesetzgeber einen FBA geregelt (z.B. § 20 BDSG). Zumeist kommt es auf den von Literatur und Rechtsprechung entwickelten FBA an, dessen Ableitung zwar umstritten (Analogie zu §§ 1004, 862, 12 BGB;[180] Art. 20 Abs. 3 GG: Gerechtigkeit, Rechtsstaat, Gesetzmäßigkeit der Verwaltung; Freiheitsrechte als umfassende Abwehrrechte), aber nicht relevant ist, da seine Existenz nicht angezweifelt wird[181]. Für die Fallbearbeitung genügt daher der Hinweis auf die gewohnheits-

178 *Erbguth*, § 41, Rn. 17.
179 Prüfungsprogramm 8.
180 *Brugger*, JuS 1999, 631; *Schmidt*, Allg. VerwR, Rn. 1284.
181 *BVerwG*, NJW 1985, 817, 818; NJW 1989, 2483, 2483; NJW 1989, 2272, 2277 (offen gelassen); NVwZ 1994, 275, 276 m.w.N.; *OVG Münster*, NVwZ 2000, 217, 218; *Kopp/Schenke*, VwGO, § 113, Rn. 81 m.w.N.; *Ramsauer*, Rn. 25.02; *Erbguth*, § 41, Rn. 3 m.w.N.; *Maurer*, § 30, Rn. 4 f.; *Detterbeck*, Rn. 1204; *Schmidt*, Allg. VerwR, Rn. 1284.

rechtliche Anerkennung[182]. Die Unterscheidung in Vollzugsfolgenbeseitigungsanspruch (Folgen eines rechtswidrigen Verwaltungsakts, vgl. § 113 Abs. 1 Satz 2 VwGO)[183] und allgemeinen FBA (Folgen schlichten Verwaltungshandelns)[184] ist ebenfalls nicht relevant. Der nur von den Sozialgerichten anerkannte sozialrechtliche Herstellungsanspruch[185] geht über den FBA hinaus[186]. Durchgesetzt wird der FBA auf dem Verwaltungsrechtsweg (§ 40 Abs. 1 VwGO)[187] je nach Anspruchsinhalt im Wege der Leistungs-[188] oder Verpflichtungsklage[189], ggfs. als Annexantrag ohne Vorverfahren im Anfechtungsprozess (§ 113 Abs. 1 Sätze 2 und 3 VwGO[190])[191].

Zu II. 1. Zu den geschützten Rechtspositionen gehören die Grundrechte und jedes andere subjektive Recht[192]. Von besonderer Bedeutung sind Art. 1 Abs. 1 i.V.m. Art. 2 Abs. 1 GG (APR[193]), Art. 2 Abs. 2 Satz 1 GG (Leben und körperliche Unversehrtheit[194]), Art. 14 Abs. 1 GG (Eigentum[195])[196].

Zu II. 2. a) Andauernde öffentlich-rechtliche Beeinträchtigungen bereiten keine Probleme (z.B. Besitzstörung nach Sicherstellung). Der Anspruch auf Abwehr/Beseitigung folgt unmittelbar aus dem jeweils beeinträchtigten subjektiven Recht, insbesondere aus den Grundrechten, deren Schutzbereiche berührt werden (schlichter Abwehr-/Unterlassungsanspruch)[197]. Problematisch sind Beeinträchtigungen, die auf öffentlich-rechtliches Handeln zurückzuführen sind (z.B. Zahlung aufgrund eines Abgabenbescheids)[198]. In diesen Fällen muss festgestellt werden, dass die Beeinträchtigung auf öffentlich-rechtlichem in Abgrenzung zum privatrechtlichen Handeln der Verwaltung[199] beruht,[200] also die Folge des Verwaltungshandelns ist. Es genügt jedwedes Handeln,[201]

182 *BVerwG*, NJW 1985, 817, 818, ausführlich zu Rechtsentwicklung und m.w.N.; NVwZ 1994, 275, 276; *Kopp/Schenke*, VwGO, § 113, Rn. 81; *Erbguth*, § 41, Rn. 3; *Detterbeck*, Rn. 1204.
183 *OVG Lüneburg*, NVwZ-RR 2013, 585, 585; *Kopp/Schenke*, VwGO, § 113, Rn. 80; *Ramsauer*, Rn. 25.02; *Maurer*, § 30, Rn. 3; *Detterbeck*, Rn. 1202.
184 *Erbguth*, § 41, Rn. 2, *Detterbeck*, Rn. 1202.
185 Prüfungsprogramm 10.
186 *Maurer*, § 30, Rn. 20 ff.; *Ramsauer*, Rn. 25.02 m.w.N.
187 Prüfungsprogramm VerwPR 1.
188 Prüfungsprogramm VerwPR 9.
189 Prüfungsprogramm VerwPR 8.
190 Prüfungsprogramm VerwPR 7.
191 *Ramsauer*, Rn. 25.03; *Erbguth*, § 41, Rn. 6, 16; *Maurer*, § 30, Rn. 19.
192 *BVerwG*, NVwZ 1994, 275, 276; NVwZ 2011, 1388, 1389 m.w.N.; *Erbguth*, § 41, Rn.5; *Detterbeck*, Rn. 1206; *Schmidt*, Allg. VerwR, Rn. 1288.
193 Prüfungsprogramm GR 6.
194 Prüfungsprogramm GR 6.
195 Prüfungsprogramm GR 6.
196 *Ramsauer*, Rn. 25.04.
197 *Ramsauer*, Rn. 25.05; Prüfungsprogramm 8.
198 *Ramsauer*, Rn. 25.05; *Schmidt*, Allg. VerwR, Rn. 1294 ff.
199 *Ramsauer*, Rn. 25.07; *Erbguth*, § 41, Rn. 4; *Maurer*, § 30, Rn. 9.
200 *BVerwG*, NVwZ 1994, 275, 276 m.w.N.; NVwZ 2011, 1388, 1389 m.w.N.; *OVG Lüneburg*, NVwZ-RR 2013, 585, 585; *Maurer*, § 30, Rn. 8; *Detterbeck*, Rn. 1205.
201 *Erbguth*, § 41, Rn. 4; *Ramsauer*, Rn. 25.07; *Maurer*, § 30, Rn. 3.

ggfs. sogar ein Unterlassen bei bestehender Handlungspflicht[202]. Ein Verwaltungsakt ist als Ursache nicht zwingend.

Zu II. 2. b) Die Beeinträchtigung der Rechtsposition muss andauern[203].

Zu II. 2. c) Die Beeinträchtigung muss unmittelbare Folge öffentlich-rechtlichen Handelns sein (Zurechnungszusammenhang)[204]. Unmittelbar sind solche Folgen des Verwaltungshandelns, bei denen sich die typischerweise mit dem Handeln verbundenen Risiken realisieren (z.B. Wohnungsbelegung durch eingewiesene Personen, nicht aber die Beschädigung der Wohnung durch die Eingewiesenen; Abgabenzahlung aufgrund eines Abgabenbescheids, nicht aber die für die Zahlung erforderliche vorherige Kreditaufnahme)[205].

Zu II. 2. d) Die Beeinträchtigung muss rechtswidrig sein[206]. Ein – ggfs. auch erst später erlassener – wirksamer Verwaltungsakt kann insoweit, insbesondere wenn er Bestandskraft erlangt hat,[207] legalisierende Wirkung haben, sodass eine Aufhebung der Vollzugsfolgen eines Verwaltungsakts nicht verlangt werden kann, solange der Verwaltungsakt noch besteht[208]. Bei schlichthoheitlichem Handeln hat eine existierende Ermächtigungsnorm Legalisierungswirkung[209]. Bei Gefahrenabwehrmaßnahmen kann die ordnungsbehördliche Generalklausel herangezogen werden[210]. Ob bloße Aufgabenzuweisungen als Rechtfertigung ausreichen, ist umstritten, wird von der h.M. aber bejaht bei Warnungen und Empfehlungen sowie bei ehrverletzenden Behauptungen[211]. Bei Immissionen kann sich eine Duldungspflicht aus den Rechtsgedanken der §§ 906 ff. BGB, § 22 BImSchG ergeben[212].

Zu III. 1. Es sind die durch die Beeinträchtigung entstandenen Folgen grundsätzlich in der Weise zu beseitigen, dass der ursprüngliche[213] rechtmäßige Zustand (wieder) hergestellt und gerade dadurch die Fortdauer des rechtswidrigen Zustandes beendet wird (Restitutionsanspruch; z.B. Herausgabe der sichergestellt Sache, der Wohnung, Rückzahlung der Abgabe nach Aufhebung des Abgabenbescheids)[214]. Der Inhalt des

---

202 *BVerwG*, ZUR 2008, 316, 317; *Ramsauer*, Rn. 25.07; *Maurer*, § 30, Rn. 9; a.A. *Erbguth*, § 41, Rn. 4; offengelassen vom *VGH Mannheim*, NVwZ-RR 1996, 381, 381.

203 *BVerwG*, NVwZ 1994, 275, 276 m.w.N., 277; NVwZ 2011, 1388, 1389 m.w.N.; *OVG Lüneburg*, NVwZ-RR 2013, 585, 585.

204 *BVerwG*, NJW 1985, 817, 819; *OVG Münster*, NVwZ 2000, 217, 218; *Maurer*, § 30, Rn. 16; *Detterbeck*, Rn. 1207 f.; *Schmidt*, Allg. VerwR, Rn. 1294 ff.

205 *Ramsauer*, Rn. 25.08 m.w.N.; *Erbguth*, § 41, Rn. 13; *Detterbeck*, Rn. 1208.

206 *BVerwG*, NVwZ 1994, 275, 276 m.w.N., 277; NVwZ 2011, 1388, 1389 m.w.N.; *OVG Lüneburg*, NVwZ-RR 2013, 585, 585; *Erbguth*, § 41, Rn. 6; *Detterbeck*, Rn. 1209.

207 *OVG Lüneburg*, NVwZ-RR 2013, 585, 585 m.w.N.; *Erbguth*, § 41, Rn. 6.

208 *Ramsauer*, Rn. 25.10; *Erbguth*, § 41, Rn. 6; *Maurer*, § 30, Rn. 10, 15; *Detterbeck*, Rn. 1210.

209 *Ramsauer*, Rn. 25.11.

210 *Ramsauer*, Rn. 25.12.

211 *Ramsauer*, Rn. 25.13 ff.

212 *Erbguth*, § 41, Rn. 6.

213 *Maurer*, § 30, Rn. 2, 11.

214 *BVerwG*, NJW 1985, 817, 818 f.; NVwZ 1994, 275, 280 m.w.N.; NVwZ 2011, 1388, 1389 m.w.N.; *OVG Münster*, NVwZ 2000, 217, 218; siehe auch *BGH*, NJW 1995, 2918, 2919 m.w.N.; *Erbguth*, § 41, Rn. 12; *Maurer*, § 30, Rn. 1, 11.

FBA ist jedoch darauf begrenzt, die Beeinträchtigung der subjektiven Rechtsstellung zu beseitigen[215]. Analog § 251 Abs. 1 BGB kann es auch um Geldersatz gehen[216].

Zu III. 2. Möglichkeit und Zumutbarkeit der Folgenbeseitigung betreffen die Grenzen des Anspruchs, nicht seine tatbestandlichen Voraussetzungen[217]. Die Folgenbeseitigung muss dem Hoheitsträger tatsächlich[218] und rechtlich[219] möglich sein. Rechtliche Unmöglichkeit liegt vor, wenn der Hoheitsträger nicht (mehr) die Rechtsmacht besitzt, den ursprünglichen Zustand wiederherzustellen,[220] z.B. weil der erstrebte Zustand nach der derzeitigen Rechtsordnung unzulässig ist[221]. Erfordert die Folgenbeseitigung eine Beeinträchtigung Dritter, liegt rechtliche Unmöglichkeit vor, wenn die für die Beeinträchtigung Dritter erforderliche Rechtsgrundlage gänzlich fehlt bzw. ihr Tatbestand nicht erfüllt ist[222]. Liegen indes die tatbestandlichen Voraussetzungen der Rechtsgrundlage vor, ist umstritten, ob die „Folgenbeseitigungslast" das Ermessen reduziert[223].

Die Folgenbeseitigung darf nicht unzumutbar sein[224]. Unzumutbar ist sie, wenn mit ihr ein unverhältnismäßig hoher Aufwand verbunden ist, der zu dem erreichbaren Erfolg in keinem vernünftigen Verhältnis mehr steht (z.B. auch unverhältnismäßig hoher finanzieller Aufwand)[225].

Zu III. 3. Mitverschulden mindert bzw. schließt den Anspruch aus[226] und kann ihn, dem Rechtsgedanken des § 251 Abs. 1 BGB folgend, in einen entsprechend gekürzten Entschädigungsanspruch umwandeln[227].

Fallbezogene Vertiefung

Bumke, JuS 2005, 22 ff.; *Durner*, JuS 2005, 900 ff.; *Kemmler*, JuS 2005, 908 ff.; *Voßkuhle/Kaiser*, JuS 2012, 1079 ff.

---

215 *BVerwG*, NVwZ 1994, 275, 280.

216 *Kopp/Schenke*, VwGO, § 113, Rn. 81; *Erbguth*, § 41, Rn. 10; *Detterbeck*, Rn. 1219.

217 So *BVerwG*, NVwZ 1994, 275, 278.

218 *Ramsauer*, Rn. 25.19 f.; *Erbguth*, § 41, Rn. 8; *Maurer*, § 30, Rn. 14; *Detterbeck*, Rn. 1213; *Schmidt*, Allg. VerwR, Rn. 1298.

219 *BVerwG*, NVwZ 1994, 275, 278; *Ramsauer*, Rn. 25.19; *Erbguth*, § 41, Rn. 8 f.; *Maurer*, § 30, Rn. 14; *Detterbeck*, Rn. 1213; *Schmidt*, Allg. VerwR, Rn. 1299.

220 *BVerwG*, NVwZ 1994, 275, 278; *Ramsauer*, Rn. 25.21; *Erbguth*, § 41, Rn. 9; *Detterbeck*, Rn. 1215.

221 *BVerwG*, NVwZ 1994, 275, 278.

222 *Erbguth*, § 41, Rn. 9; *Detterbeck*, Rn. 1215.

223 Bejaht von *BVerwG*, ZfBR 2000, 490, 491; *BGH*, NJW 1995, 2918, 2919; *Erbguth*, § 41, Rn. 9 m.w.N.; verneint von *Ramsauer*, Rn. 25.21 m.w.N.

224 *BVerwG*, NVwZ 1994, 275, 279; NVwZ 2004, 1511, 1511; *Ramsauer*, Rn. 25.19, 25.22; *Maurer*, § 30, Rn. 14; *Detterbeck*, Rn. 1216; *Schmidt*, Allg. VerwR, Rn. 1300; kritisch *Erbguth*, § 41, Rn. 10, der bei Unzumutbarkeit für Entschädigung plädiert.

225 *BVerwG*, NVwZ 2004, 1511, 1511; *Maurer*, § 30, Rn. 14.

226 *BVerwG*, NJW 1985, 817, 819; NJW 1989, 2484, 2485; *Kopp/Schenke*, VwGO, § 113, Rn. 81; *Ramsauer*, Rn. 25.25; *Erbguth*, § 41, Rn. 11; *Maurer*, § 30, Rn. 18 mit Hinweisen zum Streitstand; *Detterbeck*, Rn. 1219 f.; *Schmidt*, Allg. VerwR, Rn. 1302.

227 *BVerwG*, NJW 1989, 2484, 2485; *Raumsauer*, Rn. 25.25; *Schmidt*, Allg. VerwR, Rn. 1304 ff.

Prüfungsprogramm 10:
Sozialrechtlicher Herstellungsanspruch

I. Anspruchsgrundlage: Gewohnheitsrecht

II. Anspruchsvoraussetzungen
1. Sozialleistungsverhältnis zwischen Bürger und Behörde
2. Rechtswidriges Behördenhandeln
3. Kausale Fehldispositionen des Bürgers
4. Kausaler Schaden
5. Kein grobes Mitverschulden des Bürgers

III. Anspruchsinhalt: Herstellung des Zustandes, der bei rechtmäßigem Behördenhandeln bestehen würde

Hinweise

Der vom BSG[228] entwickelte sozialrechtliche Herstellungsanspruch ist gewohnheitsrechtlichen Ursprungs[229]. Er wird weitgehend nur in Sozialleistungsverhältnissen angewandt[230]. Selten findet er in anderen Rechtsbereichen Erwähnung[231]. Durch den sozialrechtlichen Herstellungsanspruch wird der Zustand eingefordert, der bestehen würde, wenn die Behörde nicht rechtswidrig gehandelt hätte[232]. Rechtswidriges Verwaltungshandeln einer anderen im Verhältnis zum Bürger zu beteiligenden Behörde ist gleichfalls relevant[233]. Ein Verschulden ist nicht erforderlich[234]. Grobes Mitverschulden des Bürgers schließt den Anspruch aus[235].

Fallbezogene Vertiefung

Kemmler, JA 2005, 908 ff.; *Schmidt/Schmidt*, Jura 2005, 372 ff.

228 BSGE 49, 76, 79; 57, 288, 290; *BVerwG*, NJW 1997, 2966, 1967 m.w.N.; *Maurer*, § 30, Rn. 20 ff. m.w.N. zu Rspr. und Lit..
229 *Erbguth*, § 41, Rn. 23; *Maurer*, § 30, Rn. 20, 23.
230 *Erbguth*, § 41, Rn. 23; *Maurer*, § 30, Rn. 20.
231 Nachweise bei *Maurer*, § 30, Rn. 24.
232 *Erbguth*, § 41, Rn. 24; *Maurer*, § 30, Rn. 22.
233 *Maurer*, § 30, Rn. 21 m.w.N.
234 *Maurer*, § 30, Rn. 21 m.w.N.
235 *Maurer*, § 30, Rn. 21 m.w.N.

Prüfungsprogramm 11: Allgemeiner öffentlich-rechtlicher Erstattungsanspruch

I. Anspruchsgrundlage
1. Vorrang spezialgesetzlicher Regelungen
2. Gewohnheitsrecht; Ableitung teilweise aus Art. 20 Abs. 3 GG (Gesetzesbindung), aus Grundrechten und früher teilweise §§ 812 ff. BGB analog

II. Anspruchsvoraussetzungen
1. Öffentlich-rechtliche Rechtsbeziehung (actus-contrarius-Theorie)
   a) Hoheitsträger → Bürger
   b) Bürger → Hoheitsträger
   c) Hoheitsträger → Hoheitsträger
2. Vermögensverschiebung
   a) Vermögenswert
   b) Leistungsempfänger (bei Zweifeln: objektvierter Empfängerhorizont)
3. Kein Rechtsgrund für die Vermögensverschiebung
   a) Wirksamer Verwaltungsakt
   b) Wirksamer öffentlich-rechtlicher Vertrag
   c) Materielle Rechtslage

III. Anspruchsinhalt (Rechtsgedanken des § 818 BGB)
1. Herausgabe des Vermögenswertes und von Nutzungen etc.
2. Wertersatz
3. Einrede des Wegfalls der Bereicherung nur zugunsten des leicht fahrlässig handelnden Bürgers

IV. Verjährung, §§ 195, 199 BGB

Hinweise

Zu I. 1. Wichtige spezialgesetzliche Ausgestaltungen sind: § 49a Abs. 1 Satz 1 VwVfG (wichtigster Fall[236]), § 37 Abs. 2 AO, § 12 Abs. 2 Satz 1 BBesG (und entsprechende Regelungen der LandesBesGe, z.B. Art. 15 Abs. 2 Satz 1 BayBesG, § 15 Abs. 2 Satz 1 LBesGBW, § 16 Abs. 2 Satz 1 HmbBesG, § 98 LBG NRW, § 15 Abs. 2 Satz 1 SHBesG), § 52 Abs. 2 Satz 1 BeamtVG (und entsprechende Regelungen der LandesBeamtVGe, z.B. Art. 7 Abs. 2 Satz 2 BayBeamtVG, § 5 Abs. 2 Satz 1 LBeamtVGBW, § 63 Abs. 2 Satz 1 HmbBeamtVG, § 63 Abs. 2 Satz 1 SHBeamtVG).

Zu I. 2. Nicht spezialgesetzlich erfasste Vermögensverschiebungen sind nach dem gewohnheitsrechtlich anerkannten allgemeinen öffentlich-rechtlichen Erstattungsan-

236 *Erbguth*, § 42, Rn. 3; *Detterbeck*, Rn. 1238.

spruch zu beurteilen[237]. Ob eine frühere Auffassung[238] einer analogen Anwendung der §§ 812 ff. BGB zutreffend ist oder die heute h.M.,[239] die sich auf Art. 20 Abs. 3 GG (Gesetzesbindung der Verwaltung) und die Grundrechte[240] stützt, kann letztlich offenbleiben. Sieht man den öffentlich-rechtlichen Erstattungsanspruch nicht als Unterfall des allgemeinen Folgenbeseitigungsanspruchs[241] (h.M.), konkurrieren beide Ansprüche miteinander[242].

Der Bürger muss einen Erstattungsanspruch auf dem Verwaltungsrechtsweg durchsetzen (§ 40 Abs. 1 VwGO, § 126 Abs. 1 BBG, § 54 Abs. 1 BeamtStG; ggfs. Annexantrag gemäß § 113 Abs. 1 Satz 2 VwGO[243]). Ein Hoheitsträger hat neben der Klage die Möglichkeit, einen Leistungs-/Erstattungsbescheid zu erlassen. Ob das nur in den ausdrücklich geregelten Fällen zulässig ist (z.B. § 49 a Abs. 1 Satz 2 VwVfG) oder auch in jenen, in denen keine Rechtsgrundlage für einen Leistungs-/Erstattungsbescheid vorhanden ist, ist umstritten[244]. Bejaht wird dies nach Maßgabe der Kehrseitentheorie bei Leistungserbringung durch Verwaltungsakt (Rspr.[245]) und in Sonderrechtsverhältnissen (h.M.[246]). Besteht die Möglichkeit des Leistungs-/Erstattungsbescheides fehlt es einer gleichwohl erhobenen Klage nur dann nicht am Rechtsschutzbedürfnis, wenn der Bürger streitbereit ist[247].

Zu II. 1. Fand die Vermögensverschiebung öffentlich-rechtlich statt, so ist auch die Erstattung dem öffentlichen Recht zuzuordnen (actus-contrarius-Theorie)[248]. Fehlgeleitete Leistungen an Dritte (z.B. Erben) werden von der Rechtsprechung privatrechtlich rückabgewickelt[249].

Zu II. 2. Ein Vermögenswert muss durch Leistung[250] oder in sonstiger Weise[251] erlangt worden sein (Vermögenszuwachs[252]; Bereicherung[253]).

237 *BVerwG*, NVwZ 2008, 1369, 1369 m.w.N.; NJW 2006, 3225, 3226; *Erbguth*, § 42, Rn. 3; *Detterbeck*, Rn. 1239 f., 1260; *Ramsauer*, Rn. 25.36; *Ossenbühl*, NVwZ 1991, 513, 516..
238 Vgl. *BVerwG*, NJW 1980, 2538, 2538; zum Streitstand insgesamt siehe *Ossenbühl*, NVwZ 1991, 513, 516; *Schmidt*, Allg. VerwR, Rn. 1325.
239 *BVerwG*, NVwZ 2008, 1369, 1369 m.w.N.; NJW 2006, 3225, 3226; NJW 1985, 2436, 2436; *Erbguth*, § 42, Rn. 3; *Detterbeck*, Rn. 1239; *Ramsauer*, Rn. 25.35.
240 *Ramsauer*, Rn. 25.35.
241 Prüfungsprogramm 9.
242 *Detterbeck*, Rn. 1237, 1260; *Ramsauer*, Rn. 25.39.
243 *Detterbeck*, Rn. 1255; *Ramsauer*, 25.41.
244 Ausführlich zum Streit *Detterbeck*, Rn. 1257 ff.; *Ramsauer*, Rn. 25.41; *Schmidt*, Allg. VerwR, Rn. 1322 ff.
245 *BVerwG*, NVwZ 1992, 769, 770 f.; *Ramsauer*, Rn. 25.41.
246 *BVerwG*, NVwZ 1985, 905, 906; *Ramsauer*, Rn. 25.41.
247 *Detterbeck*, Rn. 1259.
248 *Erbguth*, § 42, Rn. 5; *Detterbeck*, Rn. 1245 f.
249 *Erbguth*, § 42, Rn. 5 m.w.N. und Kritik an der Rechtsprechung; *Detterbeck*, Rn. 1246 m.w.N. zum Streitstand; *Ramsauer*, Rn. 25.37.
250 *VGH München*, NVwZ 1993, 794, 795; *Schmidt*, Allg. VerwR, Rn. 1327.
251 *BVerwG*, NJW 2006, 3225, 3226; *Schmidt*, Allg. VerwR, Rn. 1327.
252 *Erbguth*, § 42, Rn. 4.
253 *Detterbeck*, Rn. 1241; *Schmidt*, Allg. VerwR, Rn. 1327.

Zu II. 3. Rechtsgrundlosigkeit besteht bei einem Widerspruch der Vermögensverschiebung zur materiellen Rechtslage[254]. Beruht die Vermögensverschiebung auf einem Verwaltungsakt, besteht ein Rechtsgrund bei dessen Wirksamkeit (§ 43 Abs. 2, 3 VwVfG)[255]. Auch ein öffentlich-rechtlicher Vertrag[256] kann Rechtsgrund sein, soweit er nicht nichtig ist (§§ 58, 59 VwVfG)[257].

Zu III. Einzelheiten der Herausgabe richten sich grundsätzlich, aber eingeschränkt nach den Rechtsgedanken des § 818 BGB[258]. Ein Hoheitsträger kann sich auf den Wegfall der Bereicherung nicht berufen (Art. 20 Abs. 3 GG)[259]. Der Bürger kann sich auf Vertrauen hinsichtlich des Bestands der Vermögensverschiebung berufen, wenn er weder vorsätzlich noch grob fahrlässig gehandelt hat[260]. Dem Erstattungsanspruch kann vom Hoheitsträger und vom Bürger auch treuwidriges Verhalten entgegengehalten werden[261].

---

254 *Erbguth*, § 42, Rn. 6; *Detterbeck*, Rn. 1248; *Ramsauer*, Rn. 25.38.

255 *Erbguth*, § 42, Rn. 6; *Detterbeck*, Rn. 1248; *Ramsauer*, Rn. 25.38; *Schmidt*, Allg. VerwR, Rn. 1328; zur Nichtigkeit eines Verwaltungsakts siehe Prüfungsprogramm V.7.

256 Prüfungsprogramm V.19.

257 *Erbguth*, § 42, Rn. 6; *Detterbeck*, Rn. 1248; *Ramsauer*, Rn. 25.38.

258 *Erbguth*, § 42, Rn. 7; *Detterbeck*, Rn. 1249; *Schmidt*, Allg. VerwR, Rn. 1329, 1336.

259 *Erbguth*, § 42, Rn. 8; *Detterbeck*, Rn. 1251.

260 *Erbguth*, § 42, Rn. 9; *Detterbeck*, Rn. 1251; *Ramsauer*, Rn. 25.39; *Schmidt*, Allg. VerwR, Rn. 1330.

261 *BVerwG*, NVwZ 2009, 1109, 1110; NJW 1998, 3135, 3135; *OVG Münster*, NJW 1992, 2245, 2245; *Erbguth*, § 42, Rn. 10; *Detterbeck*, Rn. 1253; *Ramsauer*, Rn. 25.39.

Stichwortverzeichnis